중국 현대미술의 얼굴들

베이징과 상하이,
두 도시와 함께 걸어온
중국 현대미술의
어제와 오늘

중국 현대미술의 얼굴들

베이징과 상하이,

두 도시와 함께 걸어온

중국 현대미술의

어제와 오늘

김지연 지음

두성북스

차 례

"중국 현대미술에 대해 아시나요?"

"중국미술을 아시나요?"

이런 물음을 던지면 사람들은 대부분 당대 혹은 송대의 전통 수묵화나 화려한 공예품을 떠올린다.

"중국 현대미술에 대해 아시나요?"

이렇게 다시 물어보면 '중국'과 '현대미술'이란 단어가 나란히 있는 것 자체를 낯설어 하는 이들이 많다. 간혹 몇몇이 문화대혁명 시기의 선전화를 현대적으로 재구성한 왕광이王广义나 무표정한 가족초상화 시리즈로 유명한 장샤오강張曉剛 혹은 웃는 얼굴로 가득 찬 그림을 그리는 웨민쥔岳敏君 정도는 들어보았다는 표정을 한다. 미술계에 관심이 있는 이들이라면 지난 몇 년간 소더비 등 각종 국제 미술품 경매에서 고가로 낙찰된 작품들이라는 헤드라인 아래 이들의 이름을 종종 보았을 터다.

2006년 즈음부터 세계 유수의 경매회사에서 중국 현대미술 작가들의 작품이 사상 최고가로 낙찰됐다는 활약상이 끊임없이 들려왔고, 국내에서도 중국 작가들은 '아시아의 블루칩' 혹은 '차이나 아방가르드'로 불리며 대접받았다. 2008년 전 세계를 뒤흔든 미국 발 금융위기로 지금은 약간 주춤

거리는 형국이지만 중국 현대미술은 여전히 선전하고 있다.

그래도 일반 사람들이 '중국은 현대미술의 강국'이란 등식을 자연스레 떠올리기는 쉽지 않다. 중국 작가들이 국제 미술계에서 두각을 나타낸 지 고작 10년이 조금 넘었을 뿐이고, 중국 현대미술사의 지층은 극히 얇다. 게다가 마오쩌둥의 초상이나 문화대혁명 시기의 이미지들이 중국 현대미술의 클리셰로 재생산되면서 중국 현대미술의 실체를 들여다보는 것을 방해한다.

하지만 1980년대 후반부터 중국 5세대 감독들이 만든 영화들이 독특한 영화문법으로 우리나라 관객들의 마음을 사로잡은 것처럼, 어느새 중국 현대미술은 반세기 동안 예술 전 분야에 걸쳐 중국과 교류가 거의 없었던 우리 관객들과 공감대를 형성하면서 문화적 공백과 정서적 간극을 좁히고 있다. 특히 1990년대 이후 중국미술이 장족의 발전을 이루며 세계적 위상이 높아지고, '차이나 아방가르드'가 하나의 고유한 장르로 부상함에 따라 중국미술은 현대미술의 메카인 뉴욕, 런던의 뒤를 바짝 좇으며 미술시장에서 무시할 수 없는 영향력을 발휘하고 있다. 또한 여태껏 고색창연한 전통문화 유적을 관광상품으로 내세웠던 중국이 '798 따산즈 예술구'를 독특하고 세련된 관광명소로 적극 발전시킨 것은 중국 현대미술의 국제적인 활약에 힘입은 바 크다. 1990년대만 해도 제대로 된 갤러리조차 없어 호텔 로비나 표구점에서 작품을 선보이던 베이징에서 현재 미술작품 전시를 하고 있는 갤러리가 무려 1,000여 곳에 이른다고 하니, 놀라운 일이 아닐 수 없다.

이런 중국미술의 저력은 어디에서 기인하는 것일까? 일단 서구회화에서는 쉽게 발견하기 어려운 뛰어난 '손맛'과 어디에서도 본 적 없는 참신한 발상과 형식, 현란한 색감과 더불어 관객을 압도하는 규모와 당당함에서 찾아볼 수 있을 것이다. 또한 중국 현대미술은 강한 정치성과 현실성을 띠고 있으며, 어떤 작품들은 과거 사회주의 리얼리즘의 흔적이 강하게 남아 있다. 그들이 구현한 독특한 조형언어 속에는 정치와 사회가 개입되어 있고, 그로 인해 삶에 영향을 받은 중국인들의 맨얼굴이 숨겨져 있다는 뜻이다.

● ● ●

필자는 중국 근현대미술의 원동력은 격동의 중국 근현대사 속에서 작가들이 감내해야 했던 역사적 경험과 투쟁에 있다고 생각한다. 제국열강의 침략, 사회주의 혁명과 신新중국 건립 후 아시아 최초의 사회주의 노선 실험, 문화대혁명과 개혁개방으로 인한 자본주의 시장경제 도입 등 중국의 20세기는 숨 가쁘게 달려왔다. 그런 변혁을 겪었던 인민들의 신산한 삶이야말로 중국 전위미술가들에게는 고유한 예술적 자원이었을 것이다.

그들에게 예술은 단지 사회를 반영하는 거울에 그치는 것이 아니라 새로운 사회를 일궈내는 망치나 다름없었다. 1930년대 루쉰魯迅의 목판화운동에서 1979년 싱싱화회星星畵會의 결성, 85신조운동, 1989년 《차이나/아방가르드전》으로 이어지는 중국 전위미술의 생성 과정을 살펴보면 이 말에 공감할 수 있을 것이다. 그저 멋있고 새로워 보이는 그들의 작품 내면에 혹독했던 현실이 숨어 있다는 것을 알기 위해서는 그들이 겪어온 예술적 삶의 여정을 들여다봐야 한다.

삶의 모든 것을 정치적 문제로 환원할 수는 없지만, 60년대 전후에 태어난 중국 작가들의 작품에서 나타나는 어떤 공통적 경향을 부정하기는 힘들다. 최근에는 문화대혁명 이후 출생한 포스트 89 세대들에 이어 80년 이후 태어난 '빠링허우(80後) 세대'들이 전 세대와는 또 다른 사회적, 문화적 경험과 조형감각, 각자의 미적 감수성이 조합된 새로운 작품들을 선보이고 있다. 문화대혁명이라는 정치적 광풍을 겪지 않은 이들 젊은 작가들은 상대적으로 정치 이데올로기에서 자유롭다. 대신 대중문화, 환경문제 등 다양한 사회적 관심사를 작품에 반영한다.

이 책에서는 중국 현대미술이 어떠한 역사적 배경과 지적 풍토에서 생성되었는지 본격적으로 정리해보고자 한다. 이를 위해 중국 현대미술의 진원지인 베이징과 상하이 두 도시의 독특한 문화적 배경을 중심으로 살펴볼 것이다. 오늘날 중국 현대미술의 역동적 변화를 일으킨 일등 공신은 바로 베이징과 상하이라는 두 도시 자체다. 800년이란 역사를 매트릭스, 즉 모체로 삼은 베이징은 중국 전통문화에 대한 자긍심 및 창조적인 영감과 대륙적 기질을 당대 미술가들의 유전자에 각인시켜주었다. 반면 상하이는 20세기 초반부터 쌓아온 국제도시로서의 정체성, 특유의 개방성으로 근대문화의 토대를 쌓고 유럽의 전위미술을 적극 소개하며 중국 현대미술에 첫 숨결을 불어넣어주었다. 한때 중국정부에 의해 반체제 지식인이란 낙인이 찍혀 자의 반 타의 반으로 해외로 망명했던 중국 작가들은 이제 더 이상 미국이나 유럽으로 거처를 옮기지 않고 베이징과 상하이의 스튜디오에서 작업하고 있다.

두 도시는 중국문화의 양대 축을 이루면서 동시에 대척점도 형성하고 있다. 19세기 후반 중국사회가 근대로 진입하면서 베이징과 상하이는 각각 '경파京派'와 '해파海派'로 갈라졌다. 이는 단순한 예술 유파의 차이를 넘어

오래된 고도古都와 새로운 도시문화 사이의 대립으로 확대되었다. 북방문화와 남방문화를 대표하는 경파와 해파는 두 도시의 지리적인 차이만큼이나 정서적인 거리감도 벌어지게 만들면서 문화적 주도권 다툼으로 이어졌다. 베이징을 대변하는 경파문화는 '고상함', '엄격함', '전통적' 같은 수식어를 수반하는 궁정화풍이 강했다. 반면 근대 이래 중국의 주요 회화유파로 상하이의 자유로운 분위기가 반영된 해파에는 '세속적', '대중적', '오락적', '상업적'이라는 수식어가 따라다녔다. 이후 두 도시 사람들의 미감과 예술관에는 서로에 대한 미묘한 견제와 라이벌 의식이 깔리게 됐다.

● ● ●

이렇듯 전통과 현대, 경파와 해파, 동양과 서양이 교차하면서 생성된 중국 근현대미술은 그 역사적 배경에 대한 이해 없이는 제대로 알기 어렵다. 책 속으로 들어가기 전에 간단하게나마 두 도시의 정치, 사회, 문화적 배경을 짚어본 이유다. 이 책의 방점은 앞에서도 말했지만 '중국 미술계에서는 현재 어떤 일이 벌어지고 있는가'에 앞서 '그동안 중국 현대미술이 국제미술 무대에서 발흥하기까지 어떤 일들이 있었는가'에 좀 더 치우쳐 있다.

중국이 서구에 비하면 아직은 현대미술의 주변부에 있음을 감안해도, 지난 10여 년간 전 세계의 미술지형에 미친 중국 현대미술의 영향력은 가히 파괴적이다. 물론 미술의 내적, 외적 형식의 급속한 변화와 미술시장의 급진적인 세계화에 따른 부작용도 간과할 수 없으며, 이런 현상은 우리 미술계에도 성찰의 기회를 던져주고 있다. 이처럼 중국의 미술문화는 어느 날 갑자기 발생한 현상이 아니라 수천 년을 이어온 장구한 역사를 가지고 있고, 전통문화가 현대미술에 끼친 영향력과 잠재력도 무궁무진하다. 이 책에서는 전통미술에 대한 부분은 장황해질 수 있어 생략하고 '차이나 아방가르드' 혹은 중국 '당대미술当代美術, Contemporary art'의 생성과 발전과정을 중심으로 관련 미술관과 아트 신을 집중적으로 조명했다.

한 도시의 쇠락은 곧 다른 도시의 번영이라는 엇박자로 이어진 중국 근현대사와 미술사는 이제 옛말이 되었다. 2008년 베이징 올림픽과 2010년 상하이 엑스포를 계기로 끊임없이 경쟁해왔던 두 도시는 언제부터인가 중국 현대미술의 쌍두마차 역할을 하며 국제미술 무대에서 전성기를 맞이했다. 또한 인터넷과 영상문화의 발달로 획일적인 이미지들이 범람하는 전지구화의 물결 속에서 끊임없이 고유한 조형언어를 모색해야 하는 공통된 고민도 지니고 있다.

중국 현대미술과 첫 인사를 나눌 독자들을 위해 모아둔 작은 파편들을 퍼즐처럼 하나하나 맞춰가며 동시대 중국미술의 조감도를 완성해보길 바란다.

베이징, 상하이 두 도시의 사연

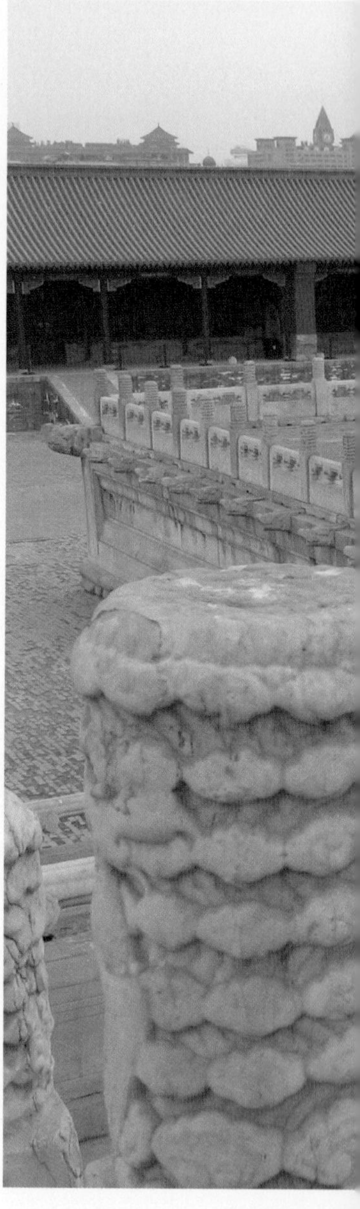

베이징, 그 도시의 이야기

비행기가 곧 베이징 서우두首都 국제공항에 도착한다는 안내방송이 나온다. 여느 때처럼 창공에서 베이징 주변 풍광을 내려다본다. 산커녕 고원 하나 없이 사통팔달 드넓게 펼쳐진 광활한 대지를 보고 있노라면 비로소 중국대륙의 품으로 진입했음을 실감한다. 봄이라 사방이 한층 더 황톳빛이다. 듬성듬성 보이는 녹색이 없다면 베이징은 거대한 사막처럼 보였을 것이다.

베이징은 어떻게 여기가 800년 동안 중국의 수도였는지 선뜻 이해가 안 될 정도로 자연적으로 척박한 곳이다. 강이 없어 물도 부족하고, 봄이면 황사에 시달리고, 여름에는 40도 가까이 기온이 오르면서 도시 전체가 찜통이 되는가 하면, 겨울에는 영하 20도의 강추위가 몰려온다.

덩샤오핑鄧小平(1904~97)의 개혁개방 정책으로 연안과 가까운 광저우廣州, 선전深圳, 상하이 등 여러 경제특구가 제아무리 화려하게 옷을 갈아입고 국제적인 도시로 거듭났어도 중국의 얼굴은 앞으로도 변함없이

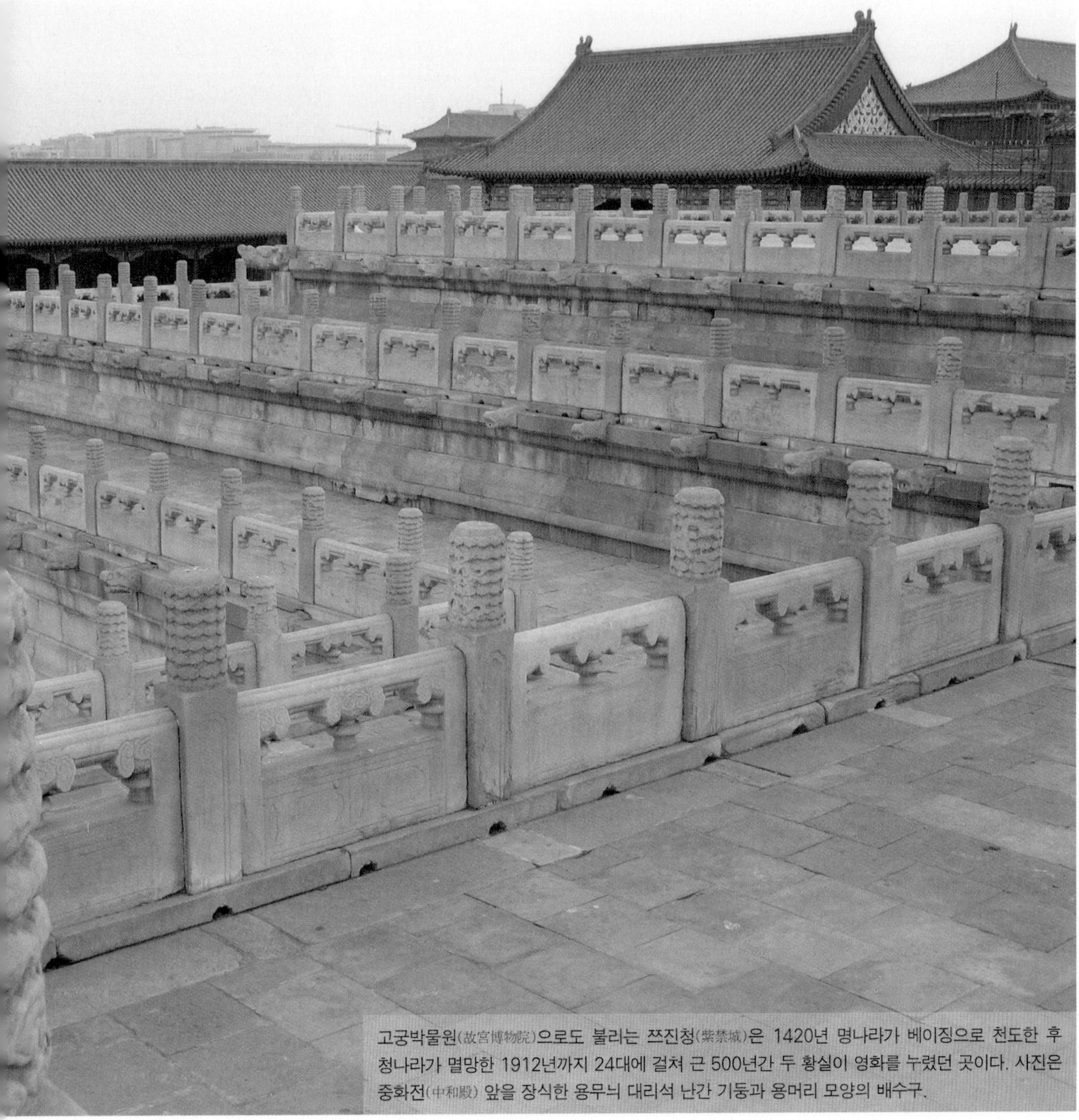

고궁박물원(故宮博物院)으로도 불리는 쯔진청(紫禁城)은 1420년 명나라가 베이징으로 천도한 후 청나라가 멸망한 1912년까지 24대에 걸쳐 근 500년간 두 황실이 영화를 누렸던 곳이다. 사진은 중화전(中和殿) 앞을 장식한 용무늬 대리석 난간 기둥과 용머리 모양의 배수구.

베이징일 것이다. 그 이유 중 하나는 베이징이 고궁古宮을 품고 있기 때문이다. 고대로부터 중국은 하나의 왕조가 멸망할 때마다 궁도 함께 철저히 파괴됐다. 천년왕국을 꿈꾸던 진시황의 아방궁도 항우가 99일 동안 불태워 없애지 않았나. 베이징의 쯔진청紫禁城(자금성)은 중국 대륙에서 유일하게 원형 그대로 살아남은 궁궐이자, 귀중한 인류문화유산이다.

중국은 예로부터 왕성한 생명력을 지닌 용에 비유되곤 했다. 쯔진청을 한 바퀴 돌아보면 특히 청 왕조가 용의 이미지에 얼마나 집착했는지 알 수 있다. 문의 장식, 담장, 돌계단은 물론 왕의 도포와 세숫대야나 도자기 같은 일상용품에도 예외 없이 용이 새겨져 있다. 특히 보화전 뒤쪽 계단 중앙에 새겨진 아홉 마리 용이 한데 엉켜 꿈틀거리는 모습의 거대한 석조장식은 스케일이나 조형미를 통틀어 따라올 예가 없는, 그야말로 압권이다. 그 조형물에는 천년만년 대를 이어 왕조를 지속시키고자 했던 청 왕조의 염원과 강박증이 고스란히 반영되어 있다.

하지만 19세기 후반부터 중화제국의 운명은 내리막길을 걷기 시작했다. 영원한 생명력을 지닌 용의 화신임을 자부했던 청 왕조는 서구열강과 내적 분열에 의해 그 자태를 한 세기도 유지하지 못한 채 쇠락하고 만다. 이후 신해혁명을 거쳐 항일전쟁과 국공내전의 혼란과 소용돌이 속에서 베이징은 점차 수도로서의 위상이 흔들린다. 쑨원孫文에 의해 신해혁명이 일어난 후 공화국 정부가 성립된 민국民國 시기에는 수도가 난징으로 천도되고(1928), 베이징은 수도를 뜻하는 '京'자가 탈각되어 '베이핑北平'으로 바뀌었다. 게다가 당시 상대적으로 보잘것없

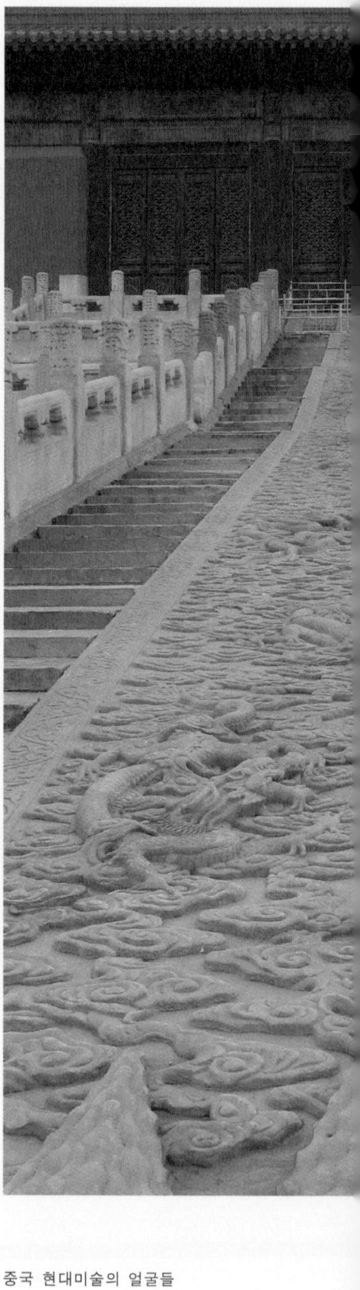

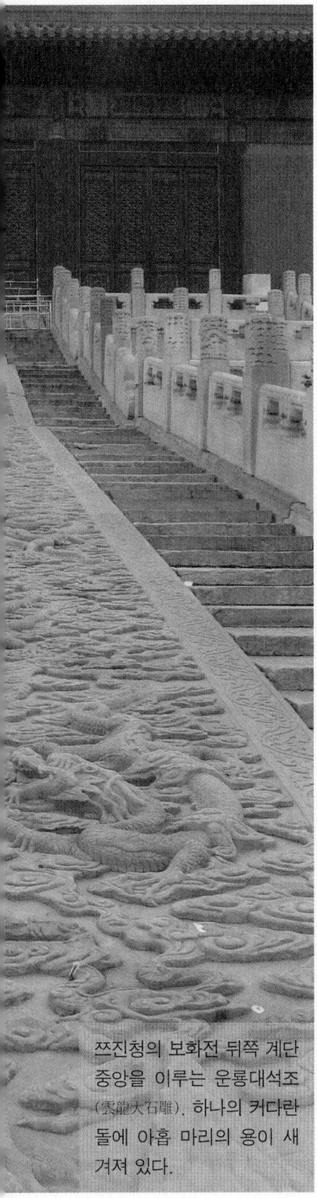

쯔진청의 보화전 뒤쪽 계단 중앙을 이루는 운룡대석조(雲龍大石雕). 하나의 커다란 돌에 아홉 마리의 용이 새겨져 있다.

던 상하이가 갑자기 번성하기 시작하자 소위 잘나가는 사람들이 모두 상하이로 몰려가는 바람에 베이징은 한껏 위축되고 말았다.

베이징이 새로운 모습으로 다시 태어난 것은 1949년 '중화인민공화국', 즉 신중국 건립 직후였다. 중국공산당이 국민당 정권을 대륙에서 몰아내고 국공내전에서 승리를 거두면서 마오쩌둥을 비롯한 혁명영웅들이 대거 베이징에 입성한 것이다. 이에 베이징은 다시 수도로서의 면모를 되찾고 정치, 경제, 문화, 교육의 중심지라는 타이틀을 탈환했다.

개혁개방 이후 중국의 거의 모든 대도시들이 그렇지만 특히 올림픽 전후의 베이징은 세계에서 가장 큰 건설현장이 되었다. 인류 역사상 유례없이 도시를 허물고 또 짓는 데 엄청난 자원과 에너지를 쏟아붓고 있는 것이다. 새 둥지 모양의 기발한 올림픽 주경기장을 비롯해 포스트모던한 외양의 최신식 빌딩이 속속 들어서면서 베이징은 미래형 신도시로 재빠르게 옷을 갈아입었다. 반면 '후퉁胡同'과 '쓰허위안四合院'으로 상징되는 베이징의 전통가옥은 해마다 기하급수적으로 사라져 고도로서의 면모는 급속히 지워지고 있다. 많은 이들이 아쉬움을 표하는 부분이다. 최근 몇 년간 베이징은 매해 1949년 당시 베이징 면적에 필적하는 수억 평방미터에 달하는 지역에 열심히 빌딩을 올리고 있다. 필자가 불과 4년 전에 묵었던 멀쩡한 호텔과 건너편에 있던 시장 건물도 지금은 송두리째 없어져버렸다.

1949년 이후 베이징은 신중국 미술 정책의 산실이자 그 예술적 성과물의 집결지였다. 하지만 문화대혁명 시기에는 소위 '마오쩌둥 양식'으로 대변되는 사회주의 프로파간다 미술만이 유일한 조형언어로 인정되었다. 10년에 걸친 문화대혁명이 끝나고 젊은 예술가들은 근 30년간 이어진 틀에 박힌 예술형식에 염증을 느끼고, 각종 미술단체를 조직해 전위미술운동을 이끌었다. 그 신호탄이 바로 1979년 아마추어 화가들이 이끈《싱싱미술전》이었다. 그 뒤 1985년 중국 전역을 뒤덮었던 85신조미술운동과 1989년 베이징 중국 미술관에서 열린《차이나/아방가르드전》의 성공을 계기로 베이징은 아방가르드 미술의 전진기지가 되었다. 전위미술가들은 중앙정부와 사사건건 충돌하며 갈등을 빚었다.

정부에게 탄압받고 추방당한 중국 작가들을 처음으로 발굴해 세상에 소개한 곳은 바로 서구 미술계였다. 1990년대 이후 중국 작가들이 베니스 비엔날레에 초대되면서 국제미술 무대에서 많은 작가들이 주목을 받고 중국미술의 전성기가 시작되었다. 때마침 중국정부도 개혁개방으로 인한 고도성장을 따라오지 못하고 있던 빈약한 문화적 인프라의 간극을 메우기 위해 소위 '문화창의산업'을 육성하려던 참이었다. 그 일환으로 2008년 베이징 올림픽을 계기로 '따산즈大山子 798 예술구'에 별도의 예산을 배정해 주변 경관을 대대적으로 정비하는 등 미술을 중요한 국가산업으로 인식하기 시작했다. 그 결과 베이징은 경제발전이나 올림픽 말고도 역동적이고 생명력 넘치는 미술도시로서 전 세계에 그 이름을 알렸다. 이제 따산즈 798은 관광객들이 꼭 들르는 여행 코스가 되었고, 국가의 중요한 산업기지로 자리 잡았다.

따산즈 798 외에도 베이징 외곽에 차오창디, 쑹좡, 지우창 등의 예술지구가 연이어 조성됐는데, 모두 다 돌아보려면 몇 날 며칠을 다녀도 모자란다. 상하이나 광저우, 선전 같은 도시들도 경쟁하듯 비엔날레나 트리엔날레를 개최하고 예술지구를 조성했지만, 한동안 규모나 역량 면에서 베이징을 따라가기는 어려울 것 같다. 800년 고도로서의 자부심과 전통문화유산이라는 영감의 원천을 품고 있는 베이징은 중국 각지에서 우수한 예술 천재들을 빨아들이는 블랙홀이다. 현재 세계 미술시장에서 주가를 올리고 있는 블루칩 작가들은 출신지가 어디건 대부분 베이징을 거점으로 활동하고 있다는 것은 이에 대한 반증이 아닐까?

그 도시의 이야기, 상하이

필자는 상하이에 가면 해 질 무렵 꼭 와이탄外灘으로 향한다. 쑤저우강이 석양을 받아 황금빛으로 일렁일 때 와이탄을 하염없이 바라보기 위해서다. 서구 제국주의 열강이 그 세력을 과시하듯 지어놓은 1920~30년대 스타일의 근대 건물들이 잔뜩 들어서 있는 와이탄은 100년 전이나 지금이나 상하이 여행의 절정으로 꼽힌다. 당시 해외에서 배를 타고 황푸강으로 들어서는 서양인들이나 중국인들을 제일 먼저 맞이한 것은 와이탄을 따라 늘어서 있던 유럽식 건축물이었다. 베이징의 톈안먼(천안문)이 과거 찬란했던 중화제국의 얼굴을 보여준다면, 와이탄의 랜드마크 동방명주는 개혁개방 시대 자본주의 중국의 얼굴을 보여준다. 개인적으로 1960년대 B급 SF영화에 나올 법한 우주선 같은 기괴한 모양의 동방명주나 진마오타워 같은 최첨단 고층건물이 즐비한 푸둥浦東 지역보다는 그 반대편의 와이탄에 자꾸 눈길이 간다. 황푸강에서 유람선을 타고 와이탄을 바라보면 소설가이자 평론가인 마오둔茅盾(1896~1981)의 대표작 『자야子夜』('한밤중'이란 뜻, 1933)의 도입부가 떠오른다.

> 해가 막 지평선 아래로 떨어졌다. 부드러운 바람이 살랑살랑 사람들의 얼굴에 간지럽게 스쳤다.(중략) 와이바이 철교의 높이 솟은 아치형 철골은 저녁노을과 옅은 안개에 둘러싸여 어렴풋이 자태를 드러내고 있었다. 전차가 지나가자 철골 아래에 걸린 전깃줄에서 새파란 불꽃이 튀었다. 다리 위에서 동쪽을 바라보면 포구의 창고 건물이 마치 거대한 괴물처럼 황혼 속에 웅크리고 있고, 그 건너로 수백 개의 눈동자 같은 등불이 반짝였다. 서쪽에는 서양식 빌딩의 옥상 위에 설치된 높다란 네온사인 광고판에서 'Light, Heat, Power'라는 글자가 붉고 푸르게 깜박거려 사람들을 무척 놀라게 했다.●

전통과 근대, 유토피아와 디스토피아가 뒤얽힌 반식민지 도시 상하이의 조계지租界地가 제공하던 서구 근대의 스펙터클은 당시 중국인들에게 시각적 황홀경 및 문화적 충격을 주었을 것이다. 당시 대중들은 상하이라는 창을 통해 이성보다 감각으로 먼저 서구 근대를 체득했으리라. '동방의 진주', '동양의 파리'라는 수식어로 일컬어지는 상하이 역시 베이징만큼이나 우여곡절도 많고 사연 많은 도시다.

● 마오둔, 김하림 옮김, 『칠흑 같이 어두운 밤도』, 한울출판사, 1997.

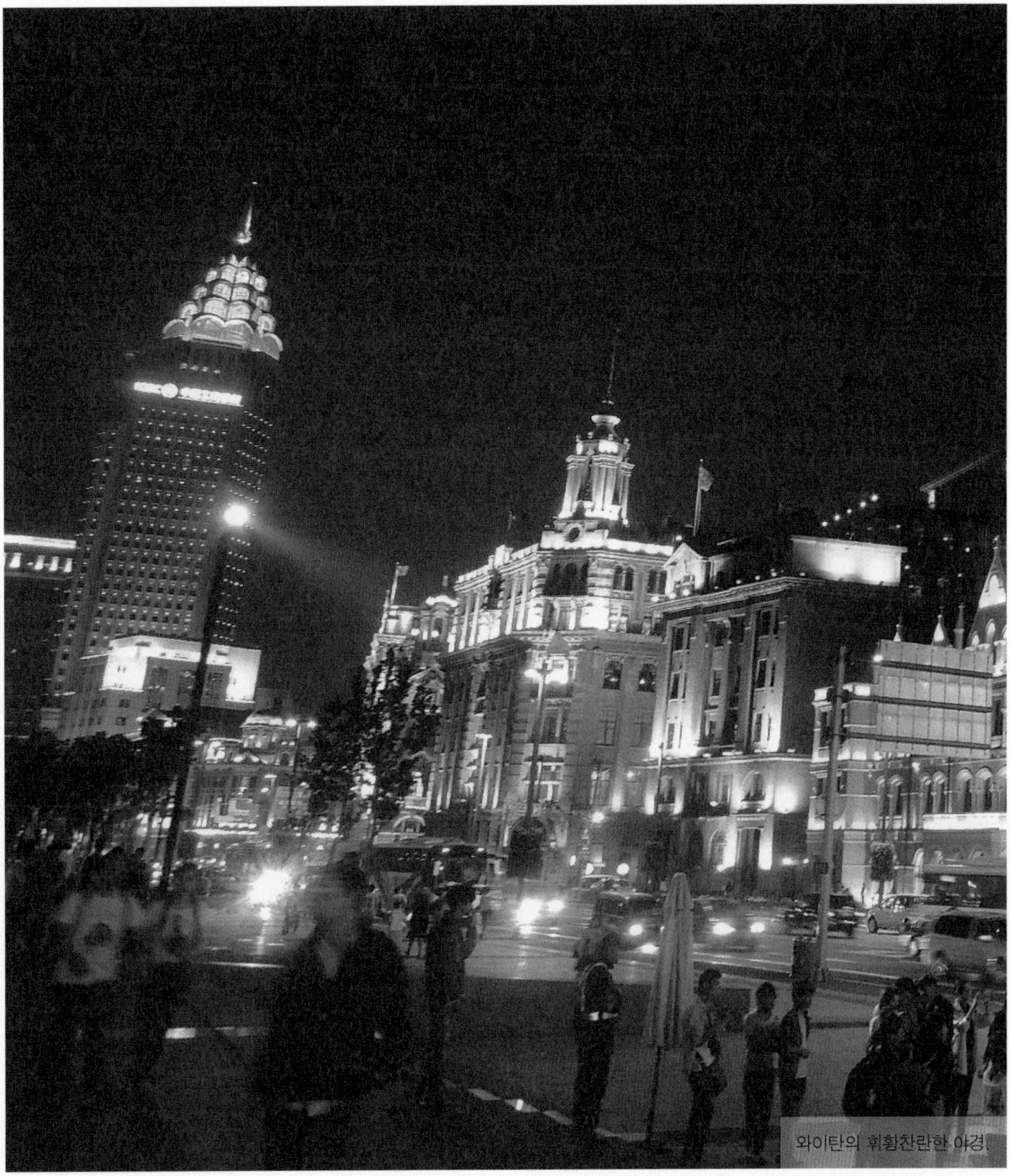

와이탄의 휘황찬란한 야경.

18세기 후반까지만 해도 상하이는 중국 변두리의 황량한 어촌에 지나지 않았다. 19세기 초반 영국, 포르투갈, 스페인, 프랑스, 일본 등 제국주의 열강들이 중국을 넘보면서 국가는 위기를 맞이했으나, 이 작은 도시는 오히려 새로운 기회를 얻었다. 결정적인 계기는 아편전쟁(1840~42, 1856~60)이었다. 당시 영국은 쇄국정책을 펴다시피 한 청나라와 교역을 통해 겨우 말을 트는 데 성공한다. 하지만 모든 것이 자급자족이 가능해 아쉬울 것 없던 중국과의 무역에서 영국은 늘 적자를 면치 못했다. 이를 타개하려고 지불 수단인 은 대신 아편을 떠올린 것이다. 인도산 아편을 광저우항 해상에서 밀수출하면서 영국의 대 청나라 무역은 흑자로 돌아서고, 청나라 사람들은 점차 아편에 중독되면서 사회 전반이 황폐해지기 시작했다. 이에 청 왕조가 아편 수입 금지령을 내리자 영국은 이를 빌미로 두 차례나 아편전쟁을 일으켰다. 이를 계기로 다국적 제국주의 열강들의 본격적인 중국 침략이 이어지고, 양쯔강 하류에 자리 잡고 있던 상하이는 난징조약을 맺으며 개항을 했다.

굴욕적인 근대화 과정이었지만 제국주의 열강들은 상하이를 한껏 단장시켰다. 황푸강 유역, 즉 현재의 와이탄에 원래 있던 촌락을 밀어버리고 신고전주의, 아르데코, 바로크 등 각양각색의 양식으로 건물들을 세우고 올렸다. 도로가 건설되고 전차가 다니고 중국 최초로 전화가 개통되는 등 사회 전반에 인프라가 조성되자 상하이는 유럽, 미국, 일본 등 각지의 투자가들과 서구 상류층 사람들이 들락거리는 메트로폴리스로 변신했다.

1940년대 상하이는 유럽, 일본, 아랍 등 여러 나라의 문화와 다양한

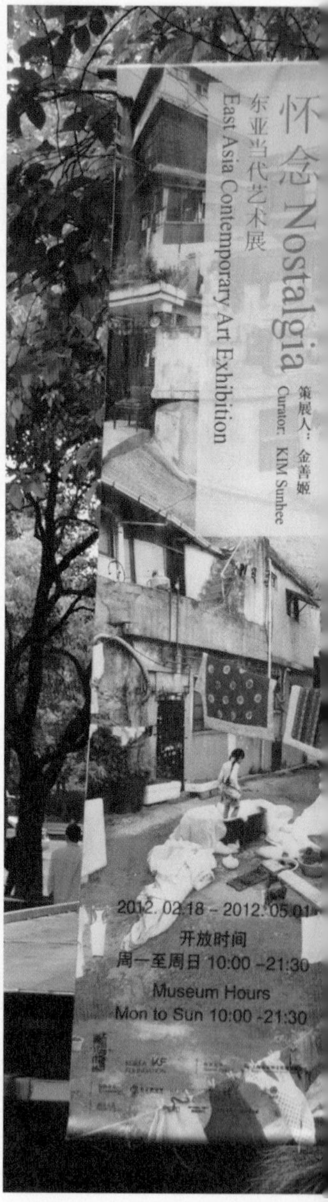

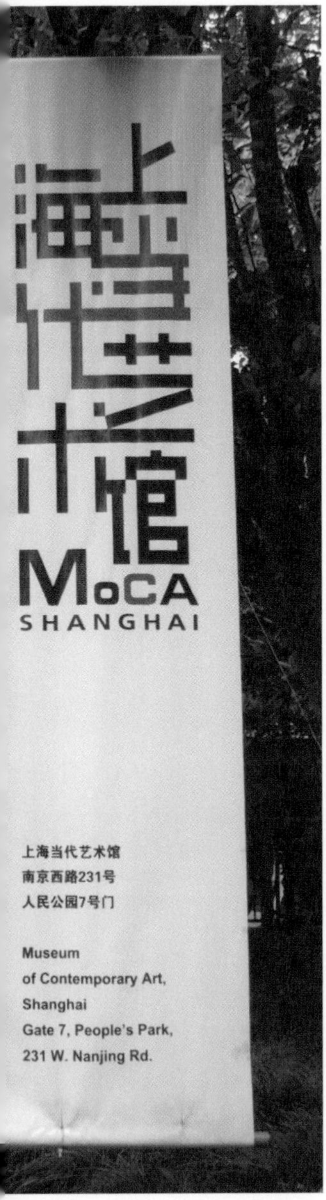

인종이 공존하는 용광로였다. 심지어 혁명을 피해 온 러시아인들과 나치의 핍박에서 피신한 유대인들의 흔적까지 남아 있다. 또한 상하이 특유의 개방적이고 자유로운 분위기에 이끌린 예술가들도 끊임없이 이 도시를 찾았다. 청불전쟁(1884~85), 청일전쟁(1894~95), 각종 내란과 신해혁명으로 수도 베이징이 어수선해지며 미술시장이 붕괴되자, 생활의 근거지가 사라진 베이징의 화가들도 생계를 위해 상하이로 몰려들었다.

중국 근현대미술은 상하이로부터 시작되었다고 봐도 과언이 아니다. 19세기 중엽 상하이가 새로운 미술시장으로 부상하면서 소위 '해파'라고도 불리는 '상해파'는 '경파'로 불리는 베이징과달리 과감하고 새로운 화풍을 구사해서 중국 근대회화의 신기원을 이뤘다. 중국 최초로 근대적인 미술학교가 생긴 곳도 바로 상하이다. 1930년대까지만 해도 상하이는 모더니즘 등 서구 미술사조의 각축장이자 상업미술의 본거지였다. 최근을 제외하고 중국 미술계가 그처럼 다양한 스펙트럼을 보였던 때는 없었다. 상하이가 중국 최초로 비엔날레를 개최할 수 있었던 것도 이 도시가 20세기 초 근대미술의 실험실이었다는 역사적 배경이 작용했기 때문이다.

1937년 중일전쟁이 일어나면서 성장일로를 걷던 상하이는 내리막길을 맞이한다. 국제도시로서의 전성기는 일본의 침략으로 와해되고, 1949년 신중국 건립과 동시에 베이징이 다시 정치와 문화의 중심지로서의 위상을 회복하면서 상하이는 역사의 뒤안길로 잠시 물러난다. 1920~40년대에 상하이에서 활약했던 예술가들도 대부분 근거지를 베이징으로 옮겼다. 게다가 지난날 제국주의의 보루이자 식민지 조계지였다는 자격지심 탓에 문화대혁명 시기의 상하이에서는 그 어느 도시보다 극좌문화가 성행했다. 때문에 지난날의 자유분방했던 풍모는 지워지고, 국제도시이자 중국 최대 문화기지국이었던 도시의 위상은 급격히 쪼그라들었다. 그렇다고 자유로운 개방도시로서의 면모를 완전히 잃어버렸던 것은 아니다. 올드 상하이만의 풍격은 이 도시에 매혹된 사람들의 마음속에서 되살아나 문학이나 영화 등 다방면에 걸쳐 지속적으로 재현되어 대중의 사랑과 갈채를 받았다.

상하이가 다시 도약한 계기는 1984년 덩샤오핑 주석이 광저우와 상하이를 포함, 동남부 14개 연안도시를 개방한 이후부터다. 급속한 경제성장으로 외국 투자가들이 다시 몰려들면서 상하이는 제2의 전성기를 맞이한다. 90년대 이후부터는 박물관과 갤러리, 그리고 예술지구가 연이어 조성되면서 예술도시로서 이름을 알리기 시작한다.

사실 베이징은 1979년 싱싱화회 같은 전위미술그룹의 활약을 통해 전 세계의 주목을 받으며 급속한 발전을 이루었지만, 상하이는 1994년에서야 비엔날레를 개최하면서 뒤늦게 미술도시로서의 체면을 살렸다. 도시 특성상 집단적으로 뭉치고 단체를 형성하는 베이징과 달리 상하이 사람들은 겉으로 드러내지 않고 각자 묵묵히 일을 추진하는 편이다. 이를 북방인과 남방인의 기질 차이로 보는 견해도 있다. 상하이 미술인들은 독립된 문화인으로서의 면모가 강해 외형적으로 드러나지 않았을 뿐 베이징에 비해 결코 뒤떨어졌던 것은 아니다. 이미 개혁개방 직전 상하이에서는 중국 전역에서 보기 힘든 추상미술과 개념미술이 등장하기도 했다.

20세기 후반에 들어서면서 비록 베이징에 주도권을 빼앗기기는 했지만, 21세기 중국 현대미술의 또 다른 얼굴은 상하이다. 온몸으로 받아들일 수밖에 없었던 서구문물, 근대화, 제국주의 전쟁 등이 켜켜이 쌓인 도시의 운명이 거대한 원동력이 되어 상하이 미술을 끊임없이 달리게 만들기 때문이다.

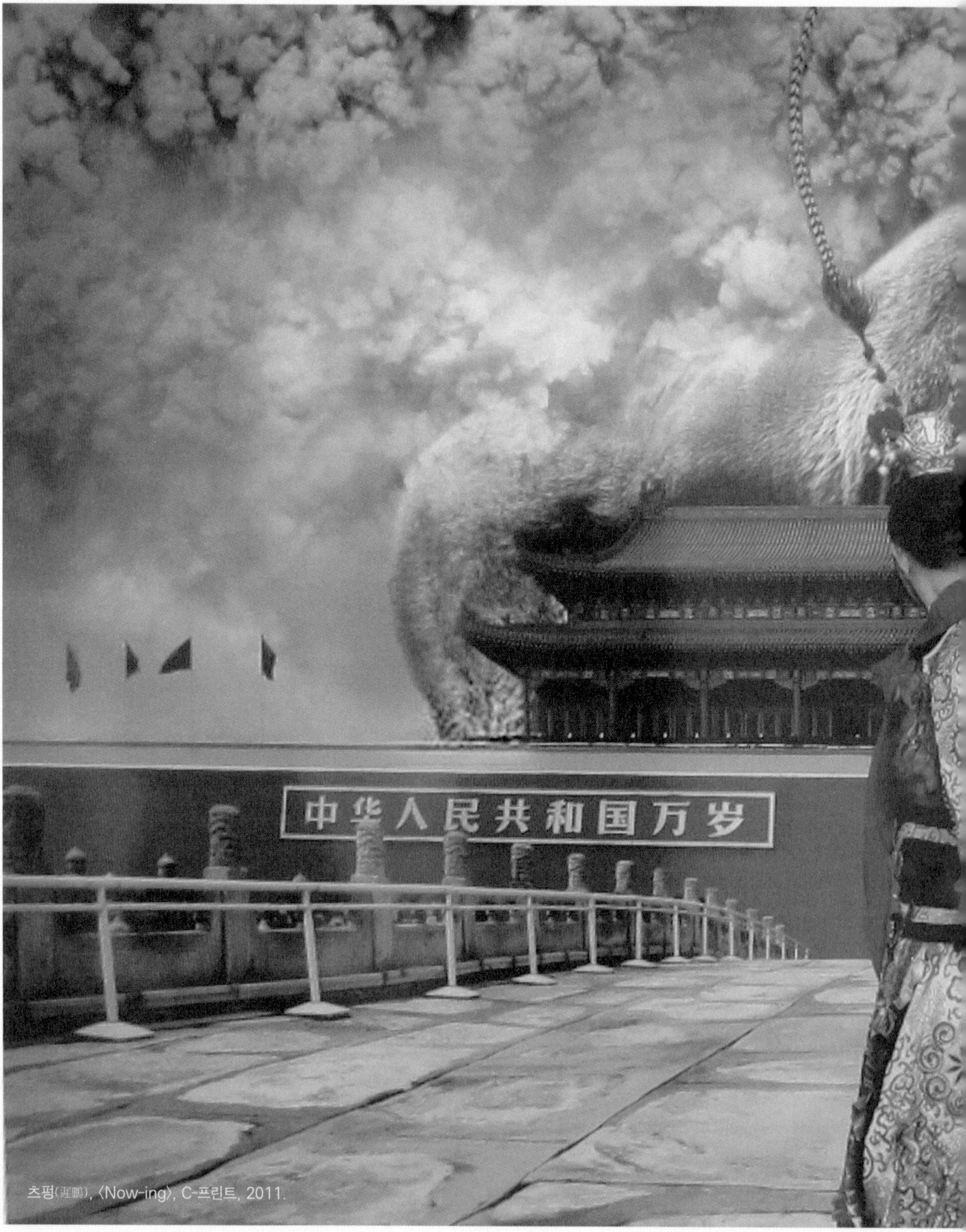

츠펑(遲鵬), 〈Now-ing〉, C-프린트, 2011.

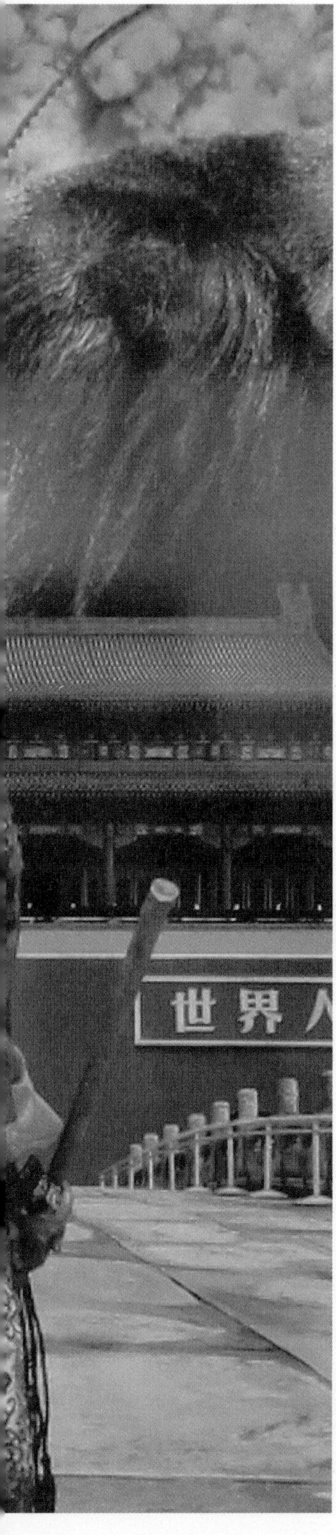

광장, 중국 현대미술의 매트릭스

신중국이 들어서면서 중국 모든 도시에는 광장이 조성되었다. 광장은 언제나 시대적 격변의 구심점이었고, 중국인들의 운명은 반복되는 정치적 격랑의 소용돌이 속으로 빨려들어가 출렁였다. 명, 청대에 걸쳐 정치, 군사적 중심지로 자리 잡은 베이징은 지금도 여전히 놀라운 흡인력을 발휘하고 있다. 특히 톈안먼 앞에서 항의시위로 시작된 '5·4신문화운동'의 불길이 중국 전역으로 번진 이후 톈안먼 광장은 저항과 시대정신의 상징이 됐다. 반면 상하이 런민 광장은 규모나 역사, 중요도 측면에서는 톈안먼 광장과는 비교가 되지 않는다. 하지만 광장을 중심으로 난징루와 와이탄으로 이어지는 주변 풍경은 근대와 현대를 자연스럽게 연결해주면서 보행자들에게 많은 이야깃거리를 제공한다.

이처럼 베이징과 상하이는 광장문화에서도 차이점을 보인다. 베이징 톈안먼 광장이 선 굵은 선비의 얼굴이라면 상하이 런민 광장은 풋풋한 모던 보이를 닮았다. 두 광장은 참으로 다르면서도 도시문화의 매트릭스 구실을 한다는 점에서는 같다. 중국 현대미술 작가들에게 무한한 소재를 제공하면서, 그 자체로 역사와 문화의 무대 역할을 하는 두 도시의 광장을 들여다보면 중국 현대미술의 과거와 오늘을 이해할 수 있을 것이다.

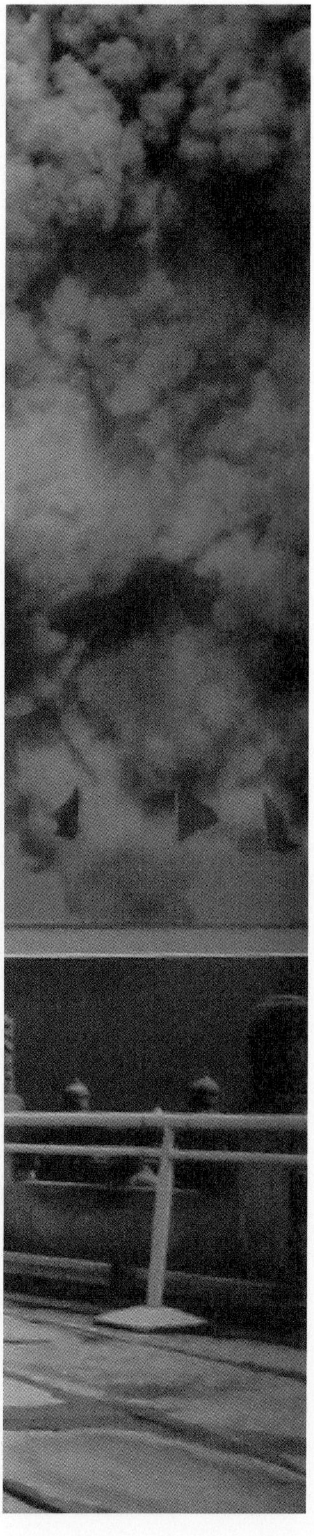

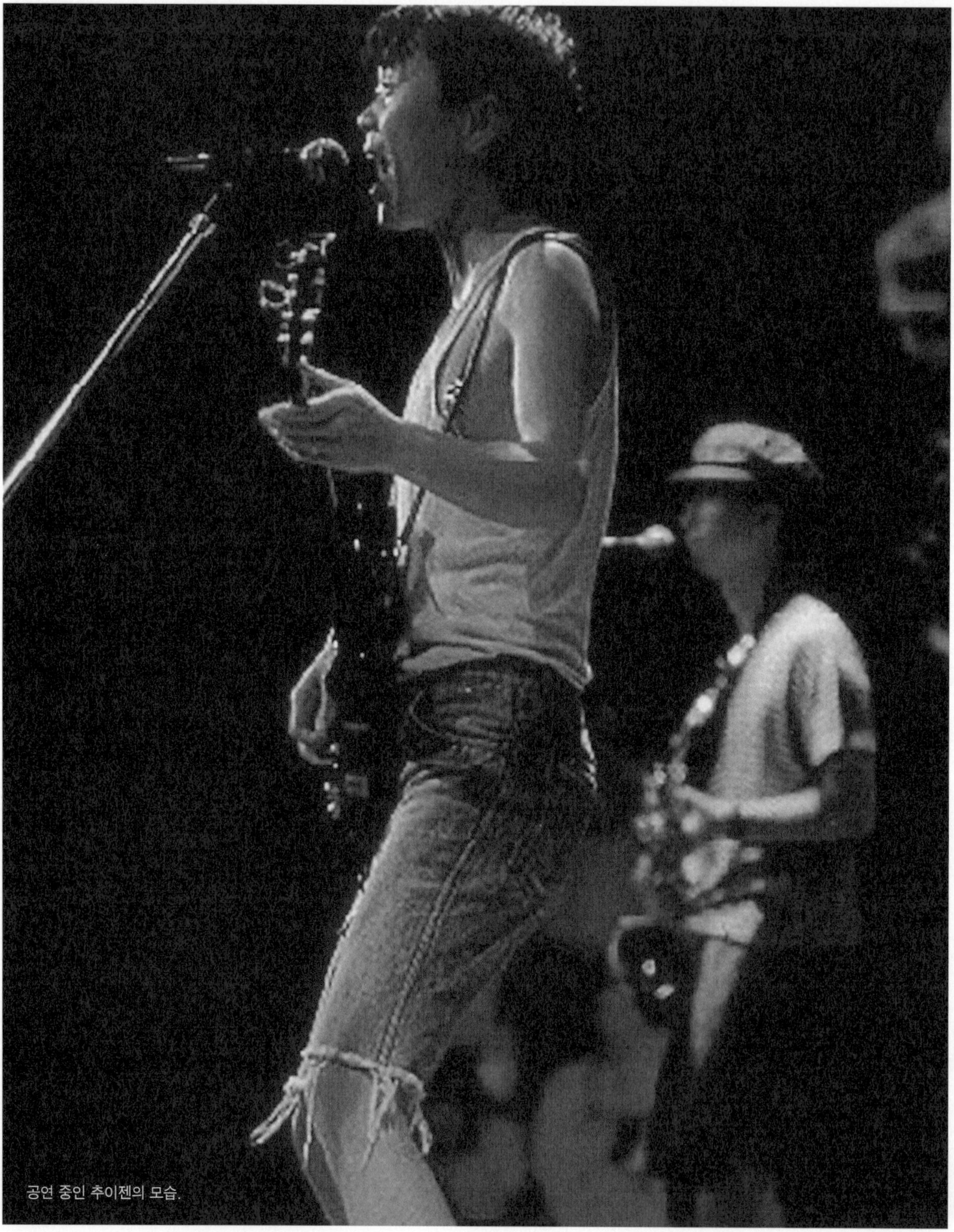
공연 중인 추이젠의 모습.

27

톈안먼 광장의 얼굴들

〈일무소유〉를 노래하던 그들은 어디에

내 비록 아무것도 가진 것 없지만
난 네게 항상 물었어
언제 나와 함께 갈 것인지
그러나 넌 아무것도 가진 것 없는 날 비웃었지
난 네게 내 꿈을 주겠어
내 자유도 함께
오, 넌 언제 나와 갈 거니
–추이젠崔建●, 〈일무소유一無所有〉 중에서

● 일명 최건. 1961년 조선족 3세로 태어났다. 부친은 공군정치부 문공단의 트럼펫 주자, 모친은 중앙민족가무단의 무용수였다. 소년 시절부터 군악대 행진곡을 듣고 자랐으며, 아버지에게 트럼펫을 배우며 자연스레 음악인으로 성장했다. 1981년 베이징 가무단에 입단, 교향악단에서 트럼펫 주자로 활약하던 중 중고 기타를 손에 넣으면서 록 음악과 인연을 맺는다. 1984년 중국 최초의 보컬밴드 치허판(七合板)을 조직해 해방군의 선전음악과 중국 전통음악 스타일을 조합해 큰 반향을 일으키며 '중국 록의 대부'로 떠올랐다. 이후 중국 6세대 영화감독인 장위엔의 인디 영화 〈북경 녀석들〉(1993)에 제작, 각본, 주연으로 참여해 화제를 낳기도 했다.

중국 현대미술의 진면모를 마주하고 싶다면, 가장 먼저 찾을 곳은 베이징의 톈안먼天安門 광장이다. 오래 전, 필자가 베이징에 도착하자마자 톈안먼 광장을 찾았을 때는 한여름이었다. 대륙성 기후 탓에 40도에 육박하는 폭염이 춤을 추던 한낮, 그늘이라곤 찾아볼 수 없는 톈안먼 광장은 거대한 복사열을 뿜어내는 아스팔트 덩어리였다. 두 번째로 톈안먼 광장을 찾았을 때는 엄동설한에 북풍이 몰아칠 때였다. 바람을 막아줄 나무나 담벼락 따위는 찾아볼 수 없는 드넓은 광장 한복판에서 세차게 몰아치는 대륙성 한파에 떠밀려 정신없이 걷고 또 걸었다. 베이징에 사는 사람들은 매년 여름과 겨울 이렇게 극단적인 기온 차를 온몸으로 겪고 있을 것이다. 어쩌면 이곳 사람들이 험난했던 정치적, 사회적 격변을 묵묵히 버틸 수 있는 지구력을 키우는 데 이런 가혹한 자연 환경도 한몫하지 않았을까 싶다.

'천하를 편안하게 하다'라는 뜻을 지닌 톈안먼 광장은 아이러니하게도 '민국' 이래 늘 학생운동, 시민운동의 거점 역할을 해왔다. 특히 지난 20세기 이 광장은 견고한 국가권력을 상징하면서 동시에 그에 맞서는 중국인민들이 모여들어 한 줌의 자유와 꿈을 희구하는 마지막 비상구였다. 최인훈의 소설 『광장』의 문구를 빌려 말하자면, 최후까지 "목숨을 묻고 싶은 광장"이자 개인의 "밀실"에서 남몰래 숨죽이던 흐느낌을 거대한 함성으로 바꾸어놓은 혁명의 광장이기도 했다.

1919년 5월 4일에는 일본의 중국 지배를 사실상 승인하는 베르사유 조약에 성난 군중들이 광장을 채웠고, 1935년 12월에는 일본의 중국 침략에 저항하는 시위가 있었다. 1947년 5월에는 국공내전 기간 동안 국민당의 독재에 반하는 항거가 일어났고, 1976년 4월에는 저우언라이周恩來 총리 추모행사가 발단이 된 제1차 톈안먼 사건, 그리고 1989년 제2차 톈안먼 사건이 있었다. 수많은 역사적 사건 중 사람들의 머릿속에 생생히 각인된 것은 '6·4 톈안먼 민주화운동'이라고 알려진 제2차 톈안먼 사건일 것이다. 1989년 4월, 개혁주의자 후야오방胡耀邦이 지병으로 사망하자 수많은 학생과 시민 들이 톈안먼 앞에 운집한다. 이를 계기로 톈안먼 민주화 운동이 전개되고, 자유를 요구하는 학생, 노동자, 표현의 자유를 외치는 예술가 등이 끊임없이 광장으로 향한다. 그중 톈안먼 광장의 신화를 만든 한 청년의 얼굴이 눈에 띈다. 바로 중국 최초의 록 가수인 추이젠이다.

추이젠崔建은 광장을 무대로 그곳에 모인 시위 인파과 함께 자신이 몇 달 전 갓 취입했던 노래, 그 유명한 〈일무소유〉를 불렀다. 추이젠 특유의 허스키하면서 시원한 목소리는 지난 10년 동안 문혁의 그늘에서 '마오 주석님의 착한 아이'로 성장할 것을 강요당했던 젊은이들의 분노와 가슴속에 맺힌 응어리를 일거에 날려버렸다. 독창으로 시작된 추이젠의 〈일무소유〉는 순식간에 거대한 합창의 파도로 물결치며 수십만 인파의 마음을 하나로 엮었다. "아무것도 가진 것 없지만, 내 꿈을, 자유를 네게 주겠어"라는 노랫말은 자유를 갈망하는 젊은이들이 단체로 암송하는 시가 되었다.

광장을 채운 합창의 메아리가 점차 견고한 연대의 끈으로 전환되자 학생들의 소요를 반란으로 규정한 정부는 1989년 6월 4일 군부대를 투입하여 시위대를 진압한다. 5월 31일, 중앙미술학원 학생들이 스티로폼으로 만들어 광장 한복판에 세워놓았던 '민주의 여신상'이 인민해방군의 장갑차에 의해 가장 먼저 짓밟혔다. 물론 광장이 낳은 록스타 추이젠 역시 한동안 광장은커녕 중국 어디에서도 노래를 부를 수 없었고, 〈일무소유〉는 금지곡이 되었다.

당시 한 무명 록커의 과감한 행동에 주목한 것은 공안이나 시위대만이 아니었다. 톈안먼 사태를 취재했던 외신기자들에 의해 추이젠은 '반체제 록가수' '민주화운동의 상징'이라는 타이틀 아래 해외 여러 매체에 크게 보도되었다. 추이젠의 명성은 대륙을 넘어 세계로 뻗어갔다. 그는 계속해서 개혁개방 이후 급속히 변화하는 사회 속에 던져진 젊은이들의 이상과 고민, 자유에 대한 갈망을 노래로 표현해 중국 젊은 세대들의 우상으로 우뚝 섰다. 한 소수민족 청년이 20여 년 전 광장에 남긴 작은 몸짓, 그러나 큰 울림은 오랜 세월 중국공산당 찬양 일색인 음악에 길들여진 중국인민들의 귀에 균열을 일으키기에 충분했다.

사실 지금도 톈안먼 광장의 주인은 여전히 중국인민이 아닌 중국정부와 광장을 통제하는 공안들로 보인다. '광장' 하면 자유 혹은 일탈을 떠올리게 마련이지만, 늘 짐 수색을 받아야 하고 공안의 굳은 얼굴과 마주해야 하는 톈안먼 광장은 경직되게 느껴진다. 밤 10시 이후에는 출입도 금지된다. 자본주의 강대국으로 변신하고 있는 중국에서 그나마 사회주의 국가의 흔적을 찾을 수 있는 곳이 톈안먼 광장이라는 것도 참으로 역설적이다. 또 하나의 역설은 마오쩌둥이 톈안먼 광장의 얼굴을 상징한다는 점이다. 특히 두 가지 상충되는 역사적 사건 속 마오의 얼굴이 예술가들의 소재로 자주 쓰인다. 1949년 항일전쟁 및 국민당과의 지난한 내전을 종식시키고 톈안먼 광장에서 중화인민공화

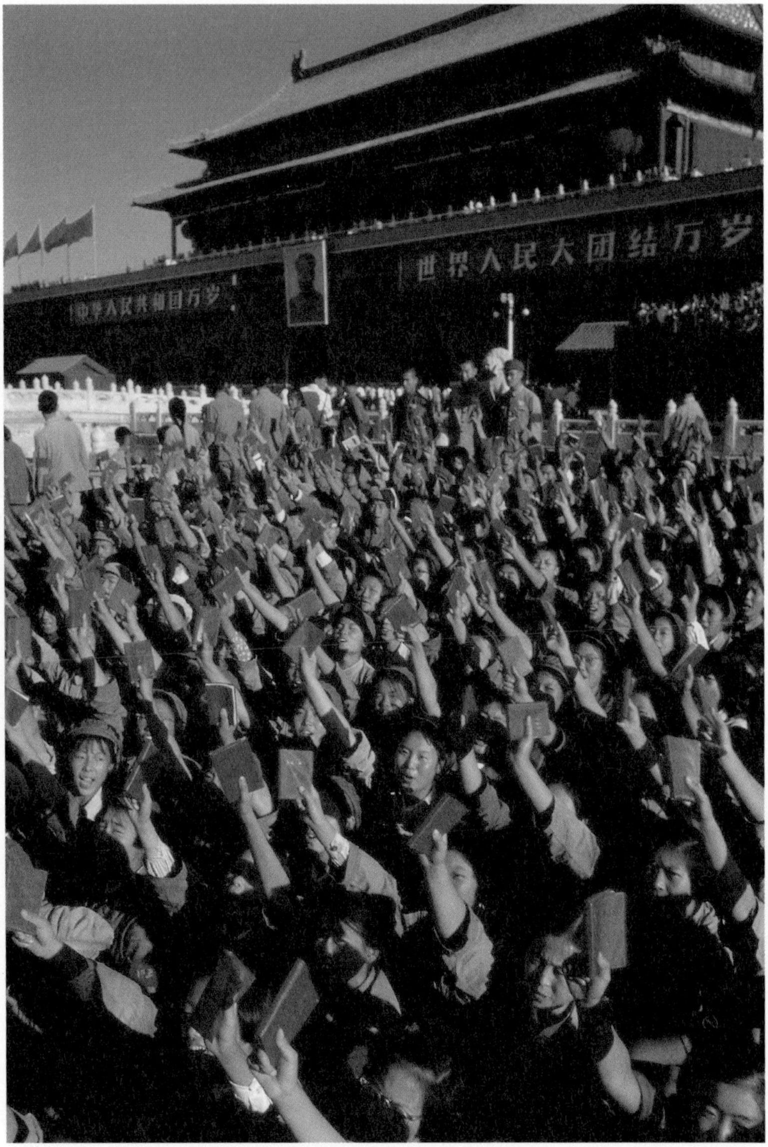

문화대혁명 시기 마오쩌둥 어록을 들고 열광하는 홍위병들. (사진: Weng Naiqiang, 1966)

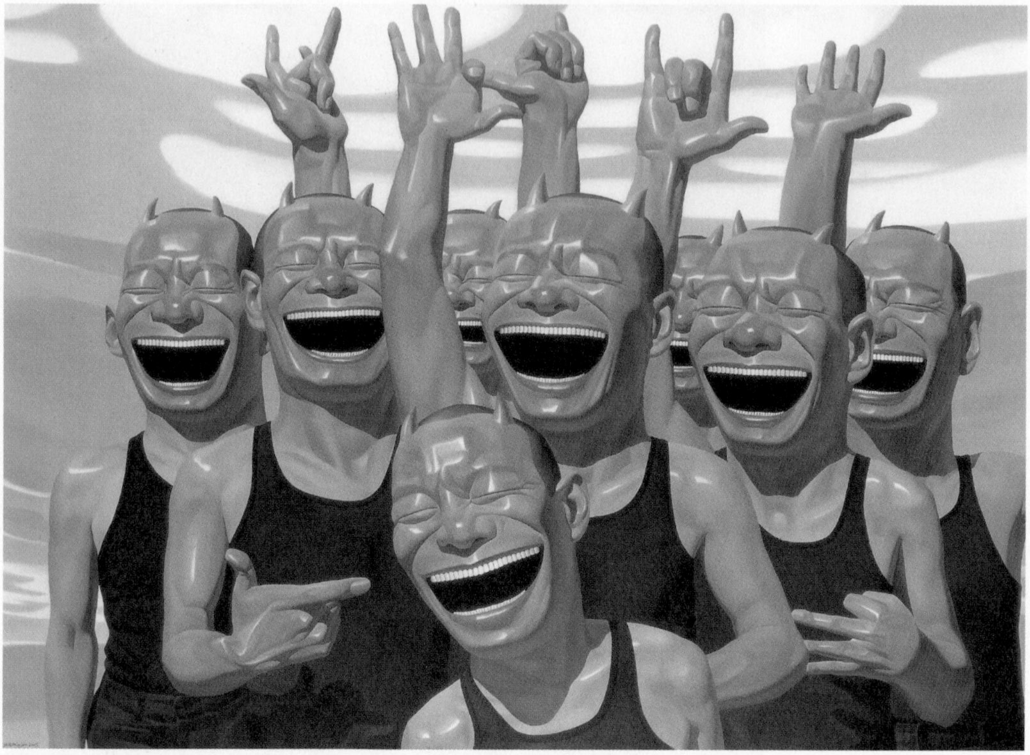

웨민쥔, 〈사람과 짐승 사이〉, 캔버스에 유채, 2005. (© Artist and Arario Gallery)

국을 선포하던 위풍당당한 혁명영웅 마오쩌둥의 얼굴과, 1966년 문화대혁명이 시작될 때 백만 홍위병에 둘러싸인 노쇠한 마오 주석의 얼굴이다. 문혁 시기 톈안먼 광장은 퇴색된 구호와 관료주의, 그리고 홍위병들의 광기만이 맴도는 죽은 공간이었다. 똑같은 복장에 마오의 어록을 손에 쥐고 한결같은 구호를 반복하는 홍위병들의 표정은 단 하나였다. 광기와 파괴 본능에 장악된 사이보그 같은 얼굴들. 훗날 국제미술계의 스타로 떠오른 작가 웨민쥔과 장샤오강은 이 소름 끼치는 장면을 복제 인간처럼 똑같은 표정으로 웃는 얼굴을 한 군상으로 조롱하거나, 무표정한 인물들의 초상으로 승화시켰다. 이처럼 한 시대의 광기는 오랜 세월이 흐른 뒤에도 그림 속에서조차 다양한 얼굴을 찾아보기 힘들게 만들었다.

시간의 힘은 강력하다. 정치적 과도기가 도래하면 사회, 문화의 지각 변농이 일어나고 사람들의 심리, 생활습관 등 다방면에 걸쳐 진부함을 밀어내고 새로운 것을 창조하려는 거대한 시대적 조류가 밀려온다. 중국 미술계에도 지난 반세기 동안 엄청난 변화가 일어났다. 인간의 다양한 얼굴만큼이나 다채로운 미술사조와 실험들이 오가면서 오늘날 중국미술의 독특한 얼굴들이 탄생한 것이다.

톈안먼을 화폭에 담은 화가들

중국 현대미술 작가들이 가장 많이 인용하고 패러디하는 이미지는 무엇일까? 바로 마오쩌둥과 톈안먼이다. 특히 톈안먼 광장은 중국인들에게 정치, 역사의 중심이자 사회의 구심점이며 다른 한편으론 관광자원 역할도 하는 복합적 공간이다. 이와 관련된 대표적인 작품 몇 점을 살펴보자.

우선 톈안먼 광장을 긍정적으로 묘사한 대표작은 둥시원董希文의 1953년 작품 〈개국대전開國大典〉이다. 〈개국대전〉은 1949년 10월 1일 중화인민공화국중앙인민정부 수립식을 묘사한 작품으로, 당시 마오쩌둥이 톈안먼 성루 위에서 전 세계를 향해 "중국인민은 여기서 일어섰다"라고 선포하는 장면을 포착하고 있다. 오후 3시에 시작된 이 개국행사에는 약 30만 명의 군중이 집결해 신중국의 탄생을 지켜보았다. 압박과 설움에서 해방된 민족의 환희와 감격을 어떻게 가늠할 수 있을까? 아마 톈안먼이라는 기표가 마오와 동일시된 시점은 바로 이때일 것이다.

신중국 건설 후 중국혁명박물관 문화부는 1952년 중앙미술학원 교수였던 37세의 둥시원에게 이 역사적 사건의 기록화를 맡겼다. 그는 훗날 자신의 그림이 어떤 수모를 겪게 될지 꿈에도 모른 채 매우 감격했다고 한다. 실제로 개국행사를 지켜보았던 둥시원은 중국인민과 새로 탄생한 신중국이 일체감을 느끼며 하나로 통합되는 상황을 극적으로 연출해냈다. 그는 사실주의에 기초해 작품을 완성했지만, 스펙터클한 장면의 묘미를 살리기 위해 구도상 불필요한 기둥이나 홍등은 과감히 생략했다. 그러다 보니 건축학적으로 보았을 때 반드시 있어야 할 구조물들이 그림에서 많이 빠져 있다. 그 결과 넓은 톈안먼 광장은 훨씬 더 개방되어 보이고, 그 자체로 스펙터클인 인민들과 마오쩌둥, 연

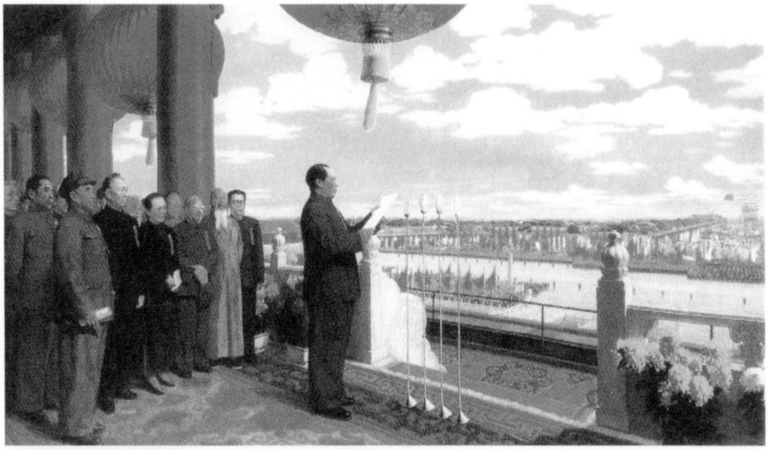

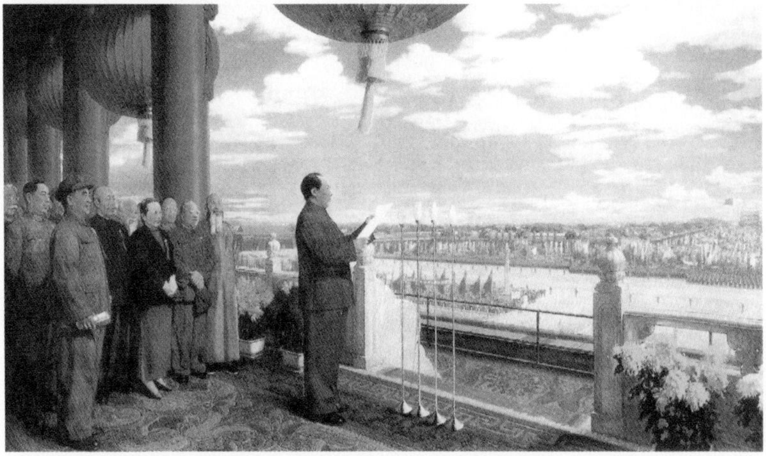

둥시원, 〈개국대전〉, 유화, 1952~3. 위: 마오쩌둥의 측근이었던 린바이취(林伯渠), 저우언라이, 주더(朱德), 류사오치(刘少奇), 쑹칭링(宋庆龄), 리지선(李济深), 장란(张澜), 가오강(高岗)이 차례로 묘사되어 있다(왼쪽부터). 아래: 이후 1955년부터 1968년까지 권력투쟁의 여파로 마오쩌둥의 정적으로 몰린 가오강, 류사오치, 린바이취의 모습이 차례로 삭제되었다가 이들은 1979년에 다시 복원되었다.

단의 개국공신들이 서로 하나가 되는 구도와 밝은 색감은 이 행사가 축제였음을 상기시킨다.

특히 이 작품은 작가가 사회주의 리얼리즘 양식과 중국 전통화의 선명한 색채를 결합시켜 '중국풍 유화' 혹은 '유화 민족화'라는 독특한 장르를 개척한 모범적인 사례로 평가된다. 이 작품을 제작하기 전 둥시원은 1943년 둔황석굴 연구팀에 합류해 수백 점의 둔황벽화를 임모하는 데 혼신을 기울였다. 실크로드 여행의 필수 코스인 둔황 막고굴을 가본 사람이라면 수천 년이 흘렀어도 여전히 현란한 색감을 자랑하는 둔황벽화의 생생한 원색이 기억 속에 남아 있을 것이다. 밝고 선명한 전통벽화의 색감은 둥시원의 작품에 그대로 녹아들어 현대중국 최대의 역사적 사건을 고스란히 기록하고 있다.

〈개국대전〉은 정치적 격변을 겪으며 몇 번이나 수정되는 고초를 치른 속사정으로도 유명하다. 당시 중앙인민정부 혁명군사위원회 주석이었던 마오쩌둥과 중앙인민정부 정무원 총리 겸 외교부장 저우언라이, 그리고 중국인민해방군 총사령관 주더 등 주요 인물을 제외하고 몇몇 인물은 10~20년의 시차를 두고 이 그림에서 지워졌다 부활하는 등 수난을 겪었다. 첫 번째 비운의 주인공은 국가부주석 가오강으로, 1954년 당시 권력다툼에서 실각하고 자살한 뒤 당권을 박탈당하고 마오의 심사에 의해 그림 속에서 지워지고 말았다. 문화대혁명 기간에는 류사오치, 린바이취가 차례로 삭제되는 수모를 겪었다. 그중 린바이취는 1970년 마오의 부인 장칭의 지시에 따라 삭제됐는데, 옌안 시절 그가 마오와 자신의 결혼을 반대했다는 것이 이유였다. 이로 인해 위암 등 지병이 있던 둥시원은 1972년 사망하기 한 해 전까지 아픈 몸을 이끌고 개국공신들을 화폭에서 지워나가는 작업을 수차례 해야 했다. 자신의 일생일대의 작품이 정치적인 이유로 거듭 수난을 당하는 것을 지켜보고, 직접 수정을 하면서 그는 화가로서 참담함을 맛보았을 것이다.

하지만 그림에서 지운다고 역사적 사실이 지워지지는 않는 법이다. 결국 문화대혁명이 끝나고 화폭 속에서 사라졌던 인물들이 복권되면서 〈개국대전〉은 1979년에 이르러서야 둥시원의 제자들에 의해 최초 모습 그대로 복원된다. 둥시원은 그제야 무덤 속에서 편히 잠들 수 있었으리라. 1997년 웨민쥔은 〈개국대전〉을 패러디한 작품 〈성루의연城樓依然〉(성루는 전과 다름이 없다)을 통해 아무도 없는 텅 빈 성루와 톈안먼 광장을 묘사하기도 했다. 수백 년, 수천 년을 이어져 내려오는 인류의 문화유산이나 유구한 자연에 비하면 인간의 권력이나 명성은 얼마나 유한하고 헛된 것인지! 이 작품은 현재 중국 국가박물관 중앙홀에 전시되어 있다.

신중국 건립 이후 톈안먼 광장을 소재로 한 또 하나의 유명한 작품으로 쑨쯔시孫滋溪의 〈톈안먼 앞에서天安門前〉를 들 수 있다. 이 작품은 각양각색의 전통의상을 입은 중국의 소수민족들과 해군으로 보이는 군인들이 톈안먼 앞에서 기념사진을 찍으며 즐거워하는 모습을 정감 있게 담고 있다. 댕기머리를 하고 치마저고리를 입은 조선족 처녀의 뒷모습도 눈에 띈다. 그림 속 인물들은 하나같이 즐겁고 들뜬 얼굴이다. 문화대혁명이 발발하기 전인 1964년에 그려진 이 작품은 마오 및 사회주의 중국과 동일시되는 톈안먼이란 상징을 통해 중국인들의 마오쩌

등에 대한 존경과 충성심을 표현한다. '위대한 지도자 마오 주석의 영도력 아래 사회주의 중국을 살아가는 인민들이 어찌 기쁘지 아니한가' 라는 명제가 한눈에 읽히는 그림이다. 이처럼 이상화된 사회를 살아가는 (혹은 이상화된 신체구조를 지닌) 인민들의 행복한 모습은 소련의 사회주의 리얼리즘 미술부터 동구권, 북한 등 주로 사회주의권 미술의 반복적인 모티프이기도 하다. 정도만 다를 뿐이지 자본주의 미술계에서도 이러한 모티프는 흔히 볼 수 있다. 주로 광고에서 말이다. 이 작품이 완성된 지 40년이 넘은 지금도 여행이나 업무 때문에 베이징을 방문한 중국 사람들은 반드시 톈안먼 앞에 서서 조국에 대한 사랑과 중화민족으로서의 자부심을 담아 사진으로 그 흔적을 남긴다. 톈안먼 광장에서 사진 찍기에 몰두하는 숱한 사람들을 보면 이젠 그런 행위가 중국인들에게는 죽기 전에 꼭 해봐야 하는 이벤트로 자리 잡은 것 같다.

그런가 하면 전혀 다른 방식으로 톈안먼 광장을 소재로 삼은 예술가가 있다. 1996년 영하 9도의 매서운 추위 속에서 〈입김Breathing〉이라는 퍼포먼스를 선보였던 쑹둥宋冬이다. 1996년 새해 전야, 쑹둥은 얼음사막 같은 톈안먼 광장의 차가운 시멘트 바닥에 바짝 엎드려 40분 동안 입김 퍼포먼스를 한다. 그의 숨결이 닿은 거대한 광장의 작은 점에는 얇은 얼음막이 형성됐다. 이 무모한 퍼포먼스를 통해 쑹둥은 무엇을 얘기하고 싶었을까? 그가 온몸으로 만들어낸 얼음은 다음 날 아침 햇살에 녹아 사라졌고, 그 퍼포먼스는 사진으로만 남아 있다. 광장 저 멀리 쯔진청이 조명을 받아 찬란한 빛을 발하고, 바닥에 엎드린 쑹둥과 쯔진청 사이에는 광활한 광장이 있다.

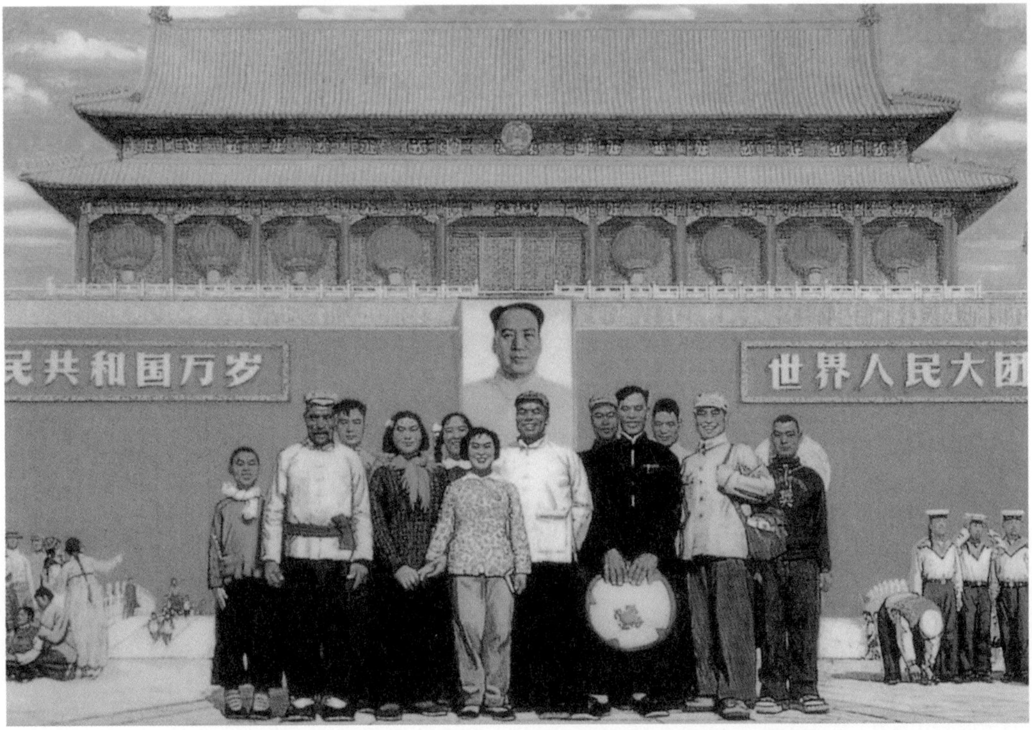

쑨쯔시, 〈톈안먼 앞에서〉, 캔버스에 유채, 1964, 중국 국가박물관.

톈안먼을 방문한 사람들이라면 누구나 쯔진청, 인민대회당을 비롯한 주변의 건물들을 보느라 바쁘다. 광장 바닥을 유심히 바라보는 이는 아무도 없을 것이다. 쑹둥은 '입김'를 통해 관객의 시선을 국가권력의 상징인 톈안먼이 아닌 광장 바닥으로 이끈다. 지난 100여 년 동안 인민들이 목소리를 높이고 의지를 관철시켜왔던 마지막 비상구는 바로 광장이라는 것을 얘기하고 있는 것이다. 1989년 톈안먼 사태에서 얼마나 많은 사람들이 인민해방군의 총탄에 쓰러져 광장 바닥에 피를 흘리며 최후의 가쁜 숨을 쏟아냈을까? 쑹둥은 광장을 채우고 있던 인민들만이 그 답을 알고 있다는 것을 시사한다.

6·4 톈안먼 민주화운동은 중국의 정치, 경제뿐 아니라 문화계에도 엄청난 파장을 일으켰다. 수많은 예술가들이 정부의 탄압을 피해 해외로 망명해 활동하면서 중국 현대미술이 해외에 알려지기 시작했다. 그 결과 1993년 베니스 비엔날레에 13명의 중국 작가들이 초대되었고, 중국미술은 순식간에 국제미술의 변방에서 중심부로 떠오른다. 쑹둥 역시 톈안문 광장에서 행한 퍼포먼스로 국제미술계의 주목을 받았고, 그로부터 10년 후인 2006년 광주 비엔날레에 참가해 미국의 마이클 주와 공동수상을 거머쥐기도 했다.

언젠가 톈안먼 광장을 소재로 삼은 차세대 중국 현대미술 작가가 국제미술계 및 경매시장에서 화제가 된 적이 있다. 바로 베이징 중앙미술학원에서 수학한 인차오양尹朝陽이다. 그는 주로 급변하는 시대를 헤쳐나가며 불안과 우울로 휘청이는 톈안먼의 풍경과 군중을 작품에 담아온 작가다. 2002년 이후 "이상적인 것의 콜라주"라는 테마 아래 마

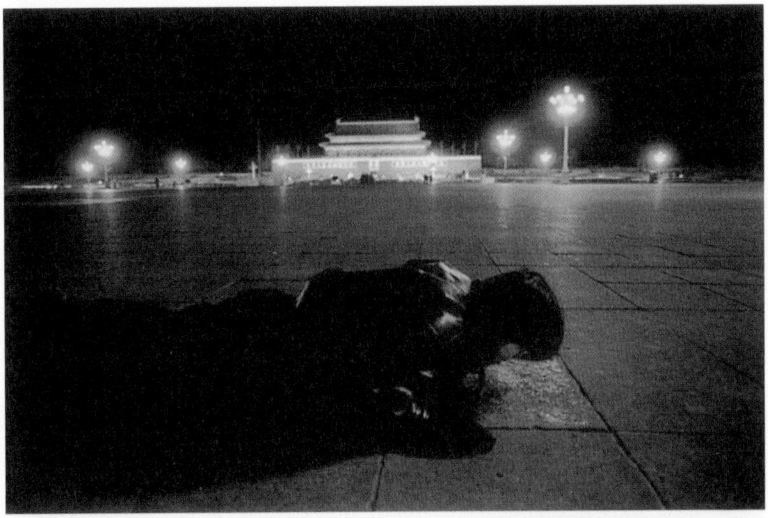

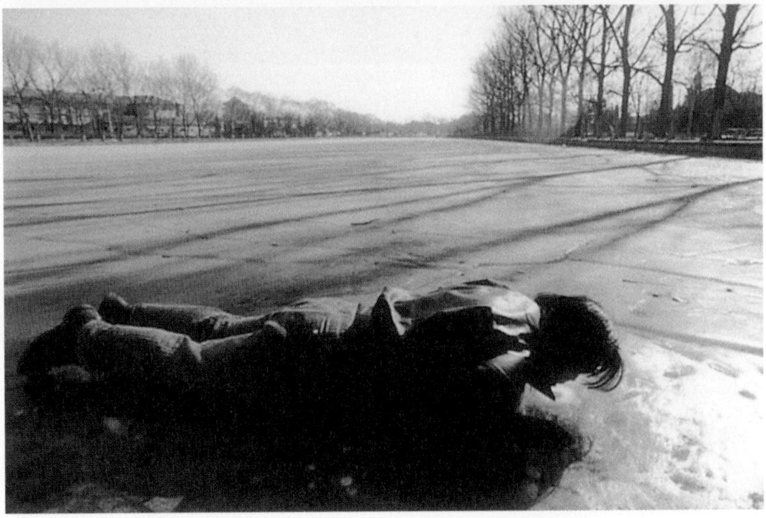

쑹동, 〈입김〉, 행위예술, 1996.

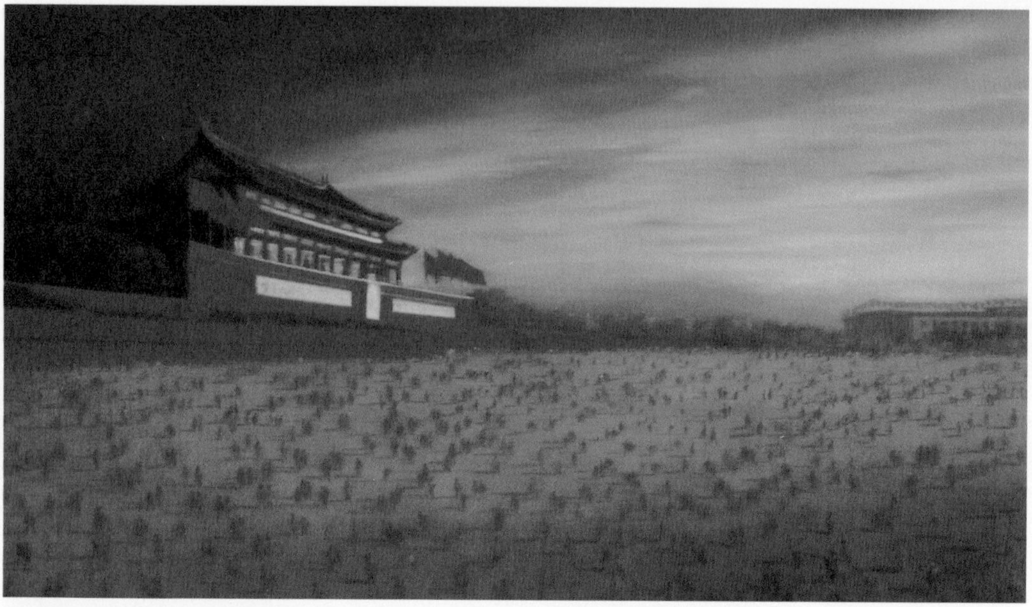

인차오양, 〈광장〉, 캔버스에 유채, 2007.

오, 톈안먼 광장, 붉은 깃발, 그리고 인민영웅비 등을 소재로 한 작업들을 선보이며 그는 자신의 유년기에 지대한 영향을 미친 혁명적 이상들과 대면한다. 인차오양은 개혁개방 이후 격변에 몸을 맡긴 중국인 군상을 통해 사람들의 억압된 심리를 표현하고자 했다. 중국에서 가장 정치적인 공간인 톈안먼 앞에서 그가 묘사한 군중들은 방향을 못 잡고 서성거리고 있어 탈정치적 형상으로 보인다. 이 얼굴 없는 군중들은 역사적 확신이나 정체성 없이 그저 톈안먼의 화려한 불빛을 좇는 불나방처럼 보인다. 지난날 톈안먼 광장에서 굵직한 역사적 사건과 함께하던 중국인민들에 비해, 인차오양의 그림 속 군중들은 그저 미미하고 상처받기 쉽고 조그만 자극에도 쉽게 흩어질 것 같다. 그의 대표작 '톈안먼 광장 시리즈'는 2008년 폴리 옥션에서 11억 원에, 2010년 중국 가디언 옥션에서 약 20억 원에 팔렸다.

이처럼 톈안먼의 이미지는 긍정적이건 부정적이건 오늘날 중국 현대미술에 자주 등장한다. 보는 사람에 따라 톈안먼은 근대와 현대를 가로지르는 역사의 경계로, 혹은 절대권력의 몰락을 의미하면서 급변하는 중국사회를 반영하고 있다. 20세기 격변하는 중국 현대사 속에서 중국인민들은 국가권력의 들러리로, 혹은 정치적 의지를 관철시키기 위해 광장으로 모여들었다. 21세기, 저마다의 욕망을 현시하기 위해 몰려드는 다양한 '개인'의 얼굴들은 톈안먼 광장의 성격을 무정형적으로 해체하고 있다. 이 광장을 들고 나가는 수많은 인파들 못지않게 톈안먼은 앞으로도 숱한 예술가들에 의해 바쁘게 호명될 것이다.

| 중국 국가박물관 |

둥시원의 〈개국대전〉은 현재 톈안먼 광장 동편에 있는 중국 국가박물관 1층 중앙홀 현대경전미술작품 전시실에서 볼 수 있다. 원래 혁명박물관이었던 이곳은 우리나라의 국립중앙박물관과 비슷한 곳으로 중국 각지에 흩어져 있던 국보급 보물들을 전시하고 있다. 원래는 1959년 8월, 톈안먼 광장의 서쪽 인민대회당 맞은편에 혁명 박물관과 역사 박물관으로 각각 따로 있다가 2003년에 중국 국가박물관으로 합병되었다. 2007년 4월부터 확장 공사를 시작해 무려 4년간의 개보수 공사를 거쳐, 2011년 세계 최대 규모의 박물관으로 재탄생했다.

총 49개의 전시실에는 중국 고대부터 근대에 이르는 문물자료부터 '고대중국'과 '부흥의 길'이라는 두 개의 상설 전시관이 있으며, 각종 예술 부문 기획전시 및 국제교류전을 선보인다. 소장품은 약 100만 점에 달한다. 1949년 중국공산당과의 전투에서 패배한 장제스蔣介石가 쯔진청의 보물들을 모두 약탈해 가서 대만의 고궁박물관만큼 눈길을 잡아끄는 유물은 많지 않지만, 1950년대 이후 중국 전역에서 발굴된 유물들을 두루 접할 수 있다.

중앙전시 로비의 《박물관 소장 현대미술작품전》에는 신중국 건립 이후 과거 60년 동안 격동의 역사를 소재로 한 걸작들을 엄선해놓았다. 진상이靳尚谊의 〈12월 회의에서의 마오쩌둥〉, 아이중신艾中信의 〈야도황하〉, 뤄궁류罗工柳의 〈지도전〉과 〈마오쩌둥이 정강산에서〉, 잔젠쥔詹建俊의 〈랑아산의 다섯 용사〉 등 70여 점의 유화와 조각 작품들이 드넓은 전시장을 가득 채우고 있다. 이 작

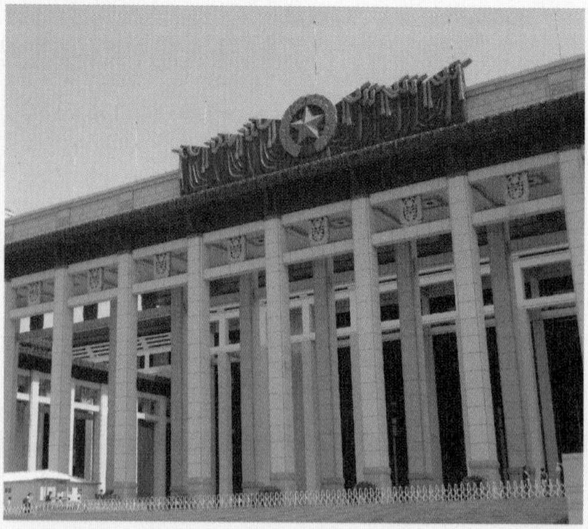

중국 국가박물관 입구.

품들은 신중국의 미술 정책이었던 사회주의 리얼리즘 양식의 최고봉을 보여주면서 격동의 중국 근현대사의 주요 장면들을 생생하게 포착하고 있다. 그중 둥시원의 〈개국대전〉은 전시장 양쪽에 두 점이 걸려 있어서 중국정부가 이 작품을 얼마나 중요시 여기는지 가늠할 수 있다. 좌측이 원작이고, 우측은 1972년 마오쩌둥의 '옌안문예강화' 발표 30주년을 기념해 중앙미술학원 학생들이 모사한 복제본이다.

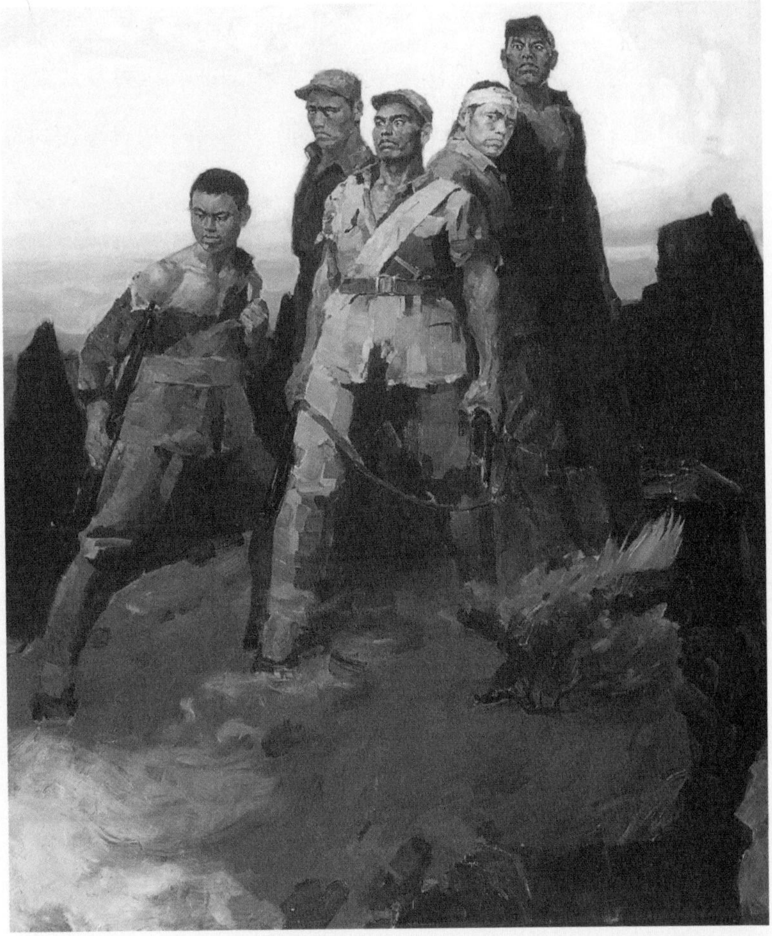

잔젠쥔, 〈랑아산의 다섯 용사〉, 캔버스에 유채, 1959. 1941년 항일전쟁 때 허베이성 랑아산 전투에서 실제 일어난 일을 묘사한 작품이다. 랑아산에서 일본군에게 포위된 팔로군을 구하기 위해 살신성인한 다섯 명의 전사들이 비장한 최후를 맞이하기 직전의 모습을 담고 있다.

인민영웅기념비

수평적으로 펼쳐져 있는 톈안먼 광장 한복판에는 하늘 높은 줄 모르고 우뚝 돌출된 탑이 하나 있다. 태양의 궤도가 점점 지평선에 근접하는 오후, 부서지는 역광은 광장 한가운데 솟아오른 이 육중한 기념비에 숭고한 아우라를 드리워준다. 이 기념비가 바로 '인민영웅기념비人民英雄紀念碑'다. 1958년 5월 1일에 세워진 이 기념비는 혁명을 위해 목숨을 바친 전사들을 기리기 위한 추모비다. 또한 제국주의 열강과 국민당 독재정권과의 투쟁에서 끝내 승리를 일군 신중국의 업적을 고지하는 정치적 오브제이기도 하다.

얼핏 단순해 보이는 이 기념비를 멀리서나마 찬찬히 바라보면 밑동이 부조로 장식된 것을 알 수 있다. 계단을 올라가 자세히 들여다보고 싶지만 사방에서 공안들이 철통같이 경비를 서고 있어 일반인들은 가까이 갈 수가 없다. 2008년 베이징 올림픽 이후 톈안먼 광장을 다시 찾아가니 이 기념비 바로 앞에 좌우 대칭으로 뜬금없이 대형 전광판이 설치되어 있었다. 쉼 없이 이어지는 현란한 영상 때문에 기념비는 한껏 주눅 들어 보이고, 존재감까지 위협받는 것 같았다. 이런 상황에서도 이 기념비가 여전히 유의미하다면, 그 까닭 중 하나는 각 부문의 여러 주요 지도자들은 물론 당대 최고의 미술가들이 한데 모여 만들어낸 공동창작물이라는 점에 있을 것이다.

1953년 중국 현대건축의 권위자였던 량쓰청梁思成● 이 설계한 이 기념비는 높이 약 38미터에, 화강암과 백옥으로 만들어졌다. 비석의 북면

● 1901~72. 광둥 출신, 청나라 말기 학자이자 변법자강운동의 지도자 량치차오(梁啓超)의 차남이다. 베이징의 도시계획과 건축설계에 주요한 역할을 했으며, 베이징 도시계획사업, 국가 휘장 디자인 및 인민영웅기념비, 양주감진중기념당 등의 설계에 참가했다. 건축설계의 민족 형식에 대해 탐구하여 '중국 건축의 아버지'로 불린다. 신중국 건설 이후 개발 위주 정책으로 베이징 곳곳이 온통 철거되는 분위기에서 현재 수준의 문화 유적지가 남아 있는 것에 공헌한 인물이기도 하다.

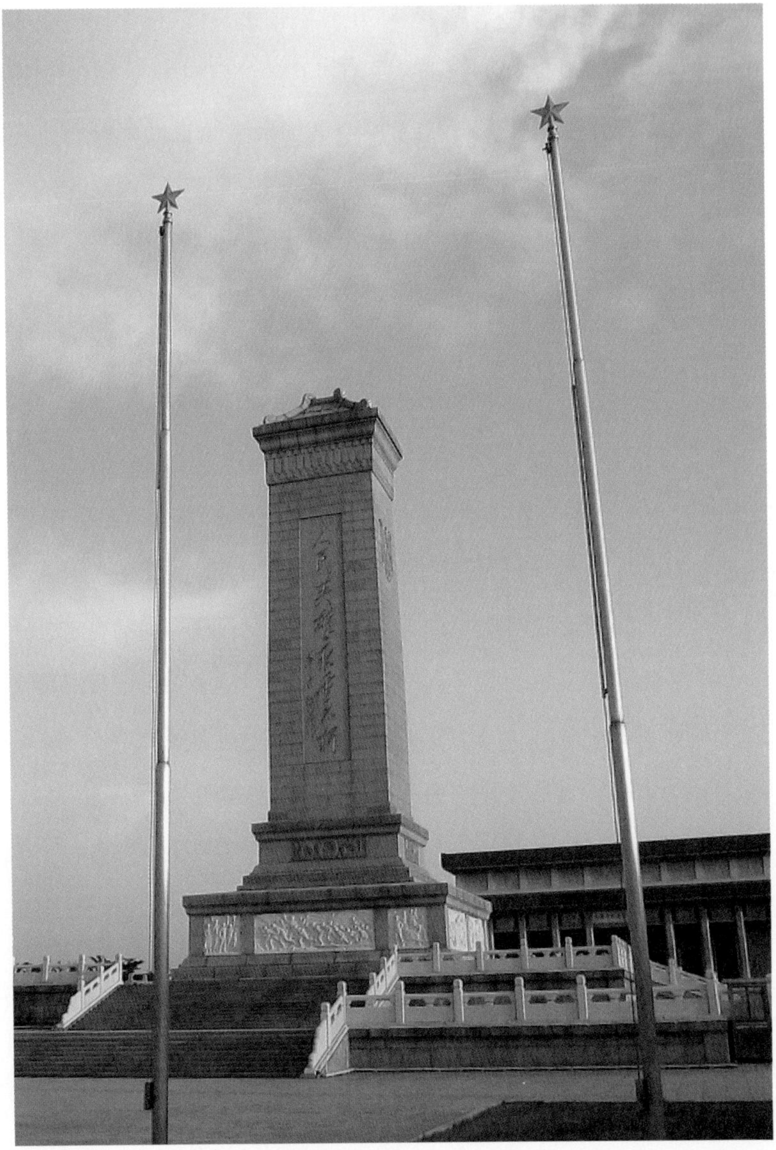

톈안먼 광장 한복판에 서 있는 인민영웅기념비.

에는 마오쩌둥이 짓고 친필로 쓴 '人民英雄永垂不朽'(인민의 영웅은 영원히 전해지며 썩지 않는다)라는 글귀가 새겨져 금도금되어 있다. 기념비 하단 높이 2미터의 대형부조에는 지난 100년간의 혁명의 역사가 정교하게 새겨져 있는데, 그 내용은 1840년 아편전쟁부터 항일전쟁을 거쳐 1949년 중화인민공화국 탄생까지 반제국주의, 반봉건 투쟁을 거쳐 민족의 독립과 혁명의 승리를 이끌어낸 혁명영웅들의 투쟁사다. 중국은 1840년부터 1949년까지 약 100여 년간을 외국 열강으로부터 억압과 착취를 당한 치욕의 시기로 간주한다. 오죽하면 마오쩌둥이 그 시기를 '구중국'으로 규정하고 공산혁명 이후를 '신중국'이라고 명명했을까.

인민영웅기념비의 설립 취지는 지난날 선대들이 겪었던 고난과 굴욕을 자자손손 되새겨 다시는 침략도 간섭도 받지 않으리라는 신중국의 원대한 각오를 보여주는 것이다. 그 교훈적 취지를 떠나 인민영웅기념비 부조의 제작은 신중국 성립 이후의 중국 미술사에서 획기적이고 중대한 사건이었다. 우선 이 조형물은 중화인민공화국 건설 후 최초로 국가로부터 전폭적인 지원을 받은 공공 기념비다. 중국의 정치, 경제, 문화, 행정의 상징인 수도 베이징의 심장부 톈안먼 광장에 기념비를 세운다는 것은 신중국의 출범만큼이나 새로운 조형 의지를 보여주려는 중국공산당의 야심이 깃들어 있다.

일단 비석 밑동을 둘러싼 릴리프 시리즈는 당의 역사학자 판원란范文瀾이 기획하고 이것을 조각으로 형상화하기 위해 조각가 류카이취劉開渠•가 미술시각 부문을 책임졌다. 베이징 중앙예술학원 교수와 조각가들은 물론 당대의 저명한 화가들도 인민영웅기념비 부조 제작에 참여

• 건축가, 미술 교육자. 1927년 베이국립미술학교 졸업 후 1928년 파리에 유학, 앙리 보우차드 밑에서 조각을 배웠다. 신중국 건립 후 항저우아카데미 학장을 역임하고, 인민영웅기념비 제작에 주도적 역할을 했으며, 대표작으로 〈무명영웅기념상〉이 있다.

했는데, 얼마나 많은 사람들이 참여했는지 광대한 조직을 결성할 정도였다. 결국 1952년 착공되어 1958년에야 완성된 이 기념비는 전국 각지에서 모인 미술가들이 무려 7년 동안 기념비 밑동을 꾸밀 시리즈를 완성하는 데 심혈을 기울였던 역작이다.

이 기념비에는 신중국의 상징과 새로운 정신을 담고자 했는데, 각각의 조각가들이 동서남북 4면의 부조를 맡아 저마다 다른 스타일을 보이지만 나름대로 통일성을 갖추려고 노력한 흔적이 보인다. 하지만 그 완성도나 스타일이 일관되지 않아 작품의 질이 불균질하다는 비판도 일었다. 부조작업에 참여했던 조각가들 중 절대다수가 유럽 유학파였던 관계로, 서구의 조형감각을 기준으로 작업을 했지만, 개중에는 의복의 문양 등을 통해 민족적 색채를 나타내려 한 작가도 있었다.

사실 중국 전통미술에서 조각은 공예의 영역에 머물렀을 뿐 예술의 범위에 포함된 적이 없고 조각가들의 사회적 지위도 매우 낮았다. 1920년대까지만 해도 중국 어디에도 조소가 정규 미술학교 과목으로 채택된 적이 없으며, 교사도 없었다. 그러다가 리진파李今發, 류카이취, 쉬베이훙徐悲鴻, 그리고 판위량潘玉良 같은 유럽 유학파들이 조소를 배우고 돌아와 미술대학에서 교편을 잡으면서 조각에 대한 중국 내 인식이 점차 향상되기 시작했다. 공공미술이란 개념도 거의 없어서 (화가이자) 조각가인 작가들은 기껏해야 스승이나 친구들 혹은 역사적 위인들의 흉상이나 두상을 제작하는 정도에 그쳤다. 항일전쟁과 국공내전의 혼란기에는 그런 수요마저 고갈되어 전업 조각가들은 경제적으로 절박한 상황에 처하기도 했다.

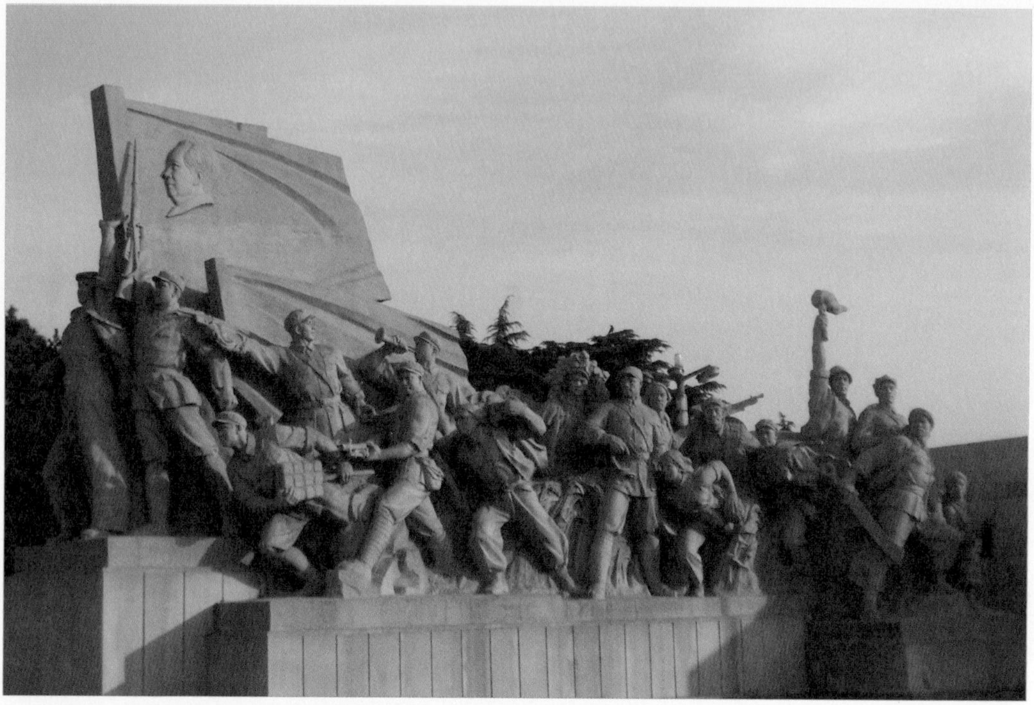

텐안먼 광장 마오주석기념당 앞에 세워진 인민해방군 조각상. 1950년대 소비에트 리얼리즘 양식의 영향을 받은 작품이다.

국가적으로 조각가들을 대거 양성하고 대량의 일거리를 제공한 것은 1949년 신중국 탄생 이후다. 새로운 사회에 걸맞게 도시를 계획하고 공원과 광장을 조성했던 공산당 정권은 그런 곳에 세울 기념비라던가 혁명영웅의 동상을 필요로 했다. 그리하여 1950~60년대 초기까지 수도 베이징은 물론 지방 대도시의 공공건물이나 광장 곳곳에 마오의 입상이나 건국영웅들의 동상들이 대거 들어섰다. 당시만 해도 숙달된 조각가들이 부족해 대다수의 서양화가들이 소련으로 보내지거나 소련에서 유명 작가를 초빙해 조각의 기초부터 교육을 시키기도 했다. 지금도 톈안먼 광장을 비롯한 중국 전역에서 소비에트 리얼리즘 사조에 영향을 받거나 베라 무히나Vera Mukhina 같은 유명 작가들의 작품을 모방한 '노농병'(노동자, 농민, 병사)상을 쉽게 찾아볼 수 있다. 인민영웅기념비는 그런 사회적 분위기 속에서 탄생한 대규모 공공미술 프로젝트의 결과물 중 대표적인 사례다.

톈안먼 광장을 방문하게 된다면, 이 기념비를 배경으로 사진만 찍고 돌아서지 말고 거기 아로새겨져 있는 부조에도 관심을 기울여보길 권한다.

| 중국 근현대사의 한 장면, 신해혁명 |

인민영웅기념비에는 아편전쟁부터 신중국 설립까지 중국을 뒤흔든 여덟 개의 역사적 사건이 새겨져 있다. 그중 기념비 남면에 새겨진 〈우창봉기武昌蜂起〉(원화: 둥시원, 조각: 푸톈처우傅天仇)는 1911년 신해혁명의 도화선이 된 사건을 형상화한 것이다. 작가는 명운을 다한 봉건왕조가 새로운 시대를 갈망하는 신진 세력들, 즉 자산계급에 의해 무너지고 역사의 뒤안길로 사라지는 찰나의 순간을 캡처하듯 생생하게 묘사하고 있다.

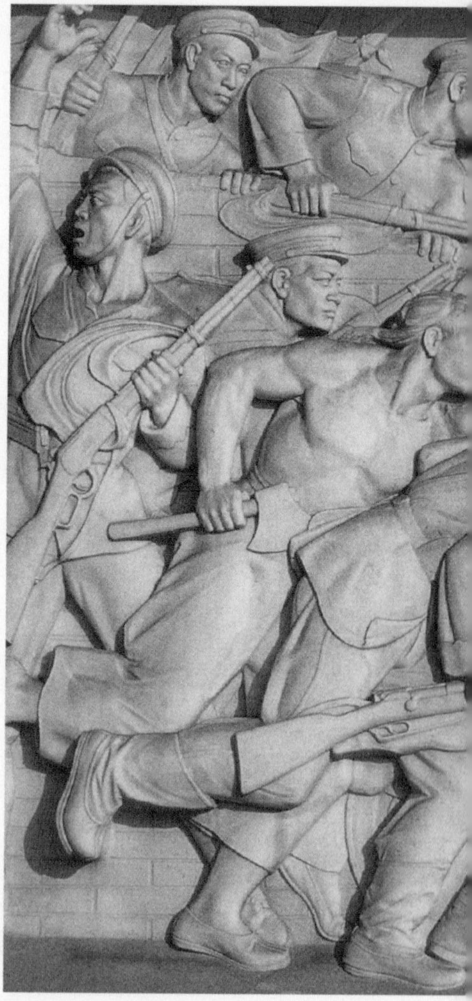

1911년 10월 11일 새벽, 혁명에 동조하는 군인들과 민간인들이 후베이湖北 총독부를 습격한다. 반란군들 너머 원경에는 우창의 랜드마크이자 중국의 3대 누각 중 하나인 '황허루'가 공간적 배경을 지시하고 있다. 총독부 건물은 불타오르고 간판은 계단 밑에 떨어져 나뒹군다. 정문을 부수고 돌진하는 병사는 왕실의 상징인 '용기龍旗'를 짓밟고 있어 왕조의 몰락을 은유한다. 병사들 사이로 우뚝 선 사자 석상이 보이는데, 이는 세르게이 에이젠슈타인의 영화 〈전함 포템킨〉(1925)에서 몽타주 기법으로 등장했던 사자 석상을 연상시킨다(영화사상 전설적인 장면으로 회자되는 '오데사 계단에서의 학살' 장면에서 에이젠슈타인은 학살 장면 사이사이에 잠자던 사자 석상이 깨어나 포효하는 모습을 넣어 전제군주의 압제에서 깨어난 인민들의 봉기를 상징적으로 표현했다).

1911년 신해년 10월 10일 저녁 7시, 후베이성 우창에서 발생한 신군의 반란은 우발적이라는 외양을 띠고 중국 역사의 수레바퀴를 새로운 궤도로 진입시킨 필연적 사건이었다. 역사상 모든 혁명 전야가 그랬듯이 신해혁명 직전 청조 말기의 중국은 이미 각종 사회적 모순이 극대화되어 민란이 끊임없이 일어나는 등 혼란이 극심했다. 두 차례의 아편전쟁과 1900년 의화단 사건 이후 만주족이 세운 청조와 새로운 국가를 건설하려는 한족 지식인들의 갈등이 증폭되어 중국 전역에서 간헐적으로 군사 행동이 표출되면서 시국은 점점 복잡한 양상으로 흘러갔다. 위기감을 느낀 청조는 입헌제를 도입하는 등 상부로부터의 개혁을 통

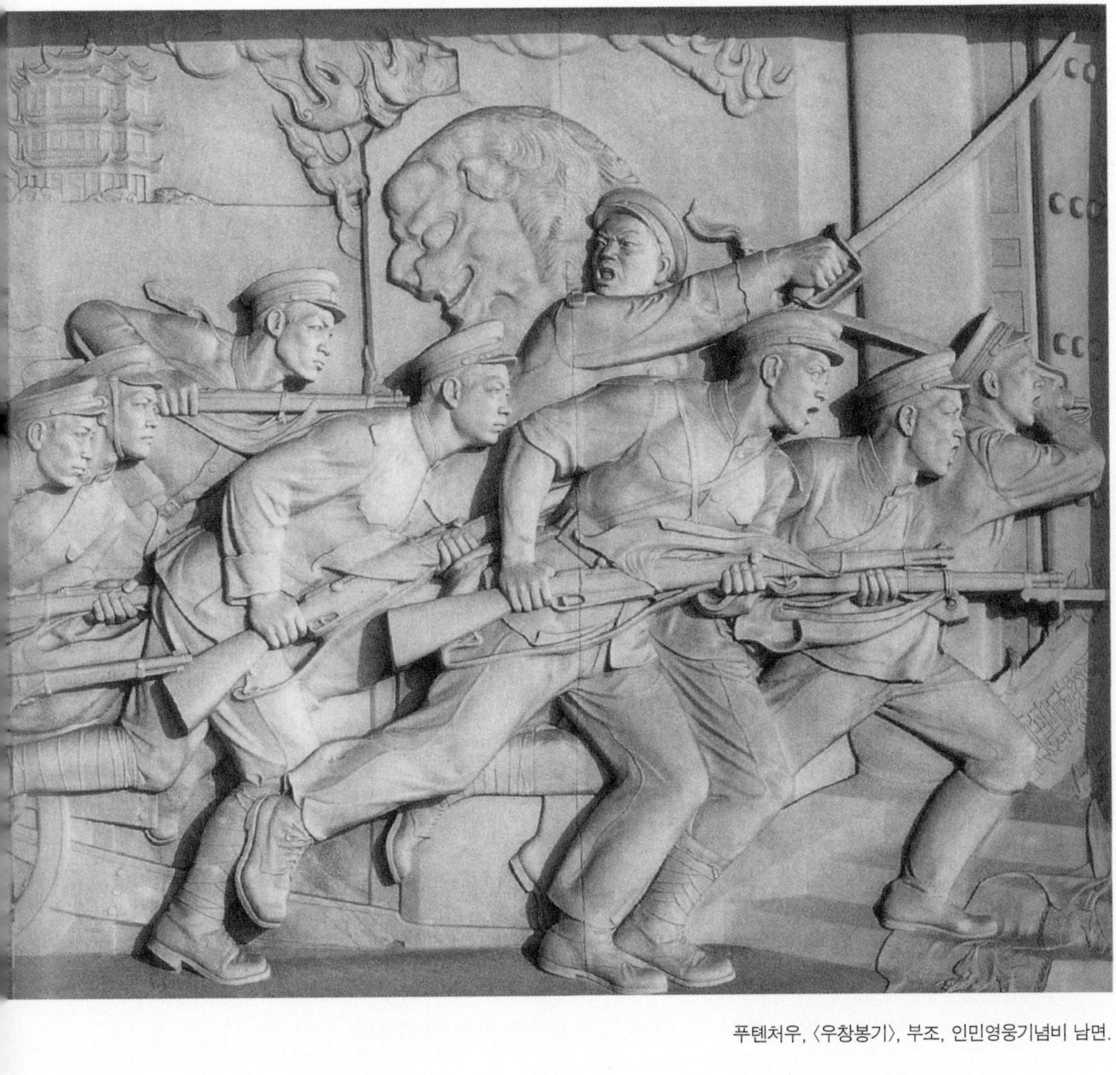

푸톈처우, 〈우창봉기〉, 부조, 인민영웅기념비 남면.

해 자발적으로 근대국가로 탈바꿈하려고 했다. 이런 노력의 일환으로 서구식 장비와 훈련을 받는 신군新軍을 창설했다. 하지만 황실을 보위하기 위해 만든 신군은 청조의 심장부를 겨누게 된다. 신군 장교들 대부분이 이전 군대와 달리 교육 수준이 높은 젊은 엘리트들로 구성되어 군주에 대한 충성심보다는 혁명사상에 경도되었기 때문이다.

쑨원은 1905년 혁명 단체이자 국민당의 전신이었던 '동맹회同盟會'를 설립하여 10여 차례 봉기를 일으켰지만 번번이 실패했다. 하지만 우창봉기의 성공을 계기로 중국 전역으로 혁명의 기운이 들불처럼 번져나가 한 달 만에 16개의 성이 황실의 지배에서 벗어나 독립선언을 한다. 이것이 바로 신해혁명이다. 우창봉기가 성공을 거두자 쑨원은 전국에서 반란군을 모집해 혁명을 성공으로 이끈다. 곧 청의 황제 선통제(푸이)가 폐위당하고 쑨원이 임시 대총통에 선출되어 1912년 1월 1일, 중화민국의 설립을 선포한다. 신해혁명을 통해 중국은 동아시아에서 최초로 공화국을 수립하고, 2천 년 넘게 지속되었던 황제 지배 체제를 무너뜨렸다.

2011년 신해혁명 100주년을 맞아 중국 본토는 물론 중화권에서 성대한 기념식이 열렸고, 중화권 스타들이 총동원되어 영화까지 제작되었다. 대만에서는 신해혁명의 기폭제가 된 우창봉기일 10월 10일을 쌍십절이라 하여 가장 중요한 경축일로 기념하고 있다.

사실 신해혁명은 소수 혁명파 인사들에 의해 주도된 혁명이었다. 당시 주요 혁명당원 대다수는 청년 지식인들과 유학생들이었으며, 대다수 민중들은 혁명에 냉담했고 그 개념 자체도 알지 못했다. 신해혁명 당시 우매한 중국 민중의 표본은 훗날 루쉰의 『아큐정전』(1921) 속 주인공 아큐로 형상화되었다.

쑨원을 중심으로 한 혁명파는 중화민국을 건국했지만 민중의 지지 없이 통치 기반을 확고히 하고 근대화의 길로 나아가기에는 역부족이었다. 결국 쑨원은 청조의 군사실력자 위안스카이袁世凱에게 임시 대총통직을 이양하면서 임시정부의 재원 조달을 받고 내부 갈등을 봉합하려 했다. 하지만 임시 대총통이 된 위안스카이는 1914년 국회를 없애버리고 다시 황제 체제를 부활시켜 독재를 하는 등 공화국을 유명무실하게 만들었다. 결국 쑨원은 "혁명은 아직 성공하지 못했다"는 유언을 남긴 채 1925년 세상을 떠났다. 이후 군벌들 간의 다툼으로 동아시아 최초의 공화국은 사분오열되었고, 신해혁명은 미완으로 남게 된다. 마오쩌둥이 국공내전에서 승리를 거둬 장제스가 이끌던 국민당을 몰아내고 대륙을 통일하기 전까지는 말이다.

모더니티의 수도, 상하이의 노스탤지어

런민 광장에서 와이탄까지

> 상하이, 지옥 위에 지어진 천국이여!
>
> –무스잉穆時英의 소설 『상하이 폭스트롯上海的狐步舞』(1933) 중에서

베이징에 톈안먼 광장이 있다면, 상하이에는 런민人民 광장이 있다. 자로 잰 듯 정방형에 경직된 분위기의 톈안먼 광장과는 달리 런민 광장에서는 자유롭고 경쾌한 활력이 넘친다. 근처에는 잘 조성된 녹지가 우거진 런민 공원이 있어서 공원을 오가며 휴식을 취하는 상하이 시민들의 일상을 엿볼 수 있다. 문혁 시기에도 런민 광장은 인민들에게 정치적 구호로 가득한 현실로부터 잠시나마 벗어날 수 있는 탈출구 역할을 했다. 밤이 되면 여자들은 홍위병 스타일의 인민복 겉옷을 벗어버

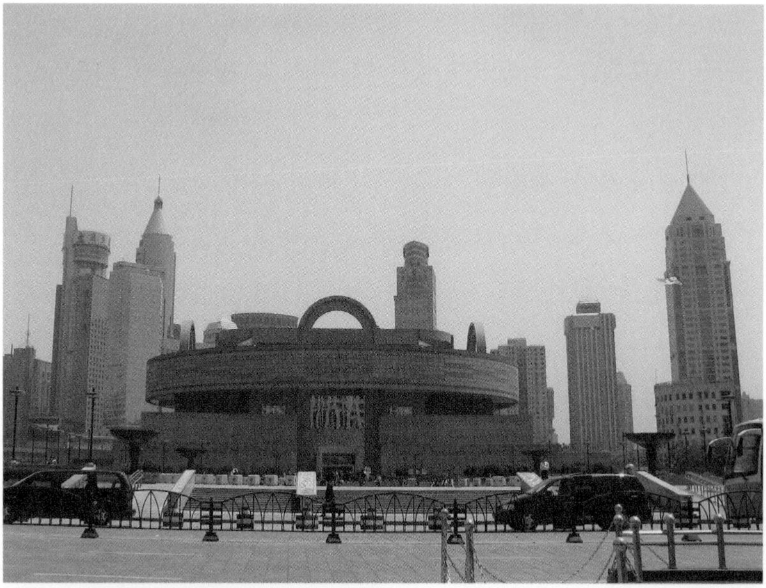

상하이 런민 광장 전경.

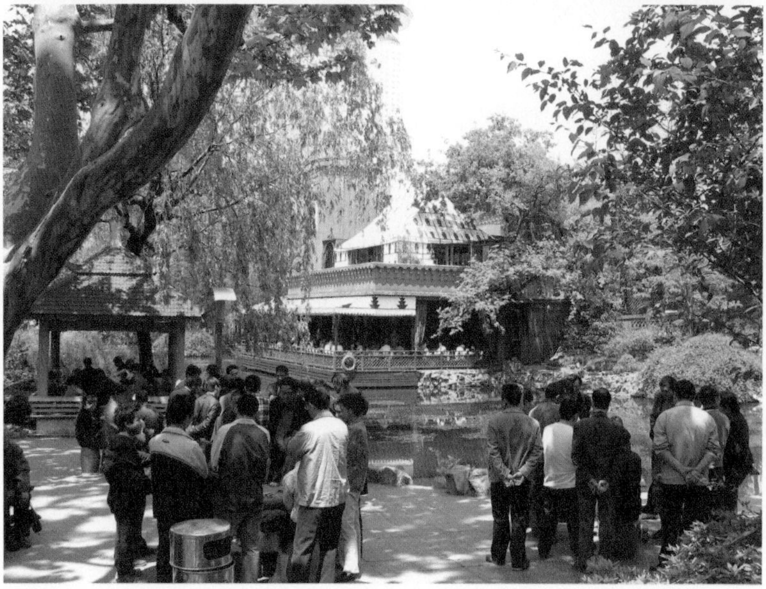

녹음이 우거진 런민 공원 풍경.

리고, 옷깃과 소매 끝에 꽃무늬 장식을 하고 세련된 스웨터 차림으로 광장을 활보했다고 전해진다. 예나 지금이나 이 광장은 세련된 도시남녀들의 해방구로 남아 있다.

1990년대 초반, 경제특구이긴 하나 아직 자본주의의 때가 덜 묻은 시절 선전深圳에 간 적이 있다. 무더위를 피해볼 요량으로 밤늦은 시간에 광장에 갔더니 수많은 선남선녀들이 그 개방된 공간에서 진한 애정 표현에 몰두하고 있는 모습에 적잖이 놀랐었다. 광장의 공공성을 감안할 때 중국의 주요 대도시에 있는 광장이 연인들의 은밀한 데이트 코스로 손꼽힌다는 점은 꽤나 역설적이다. 하긴 집 안에서 사생활을 지키는 것이 좀처럼 쉽지 않은 중국의 젊은이들이 데이트를 즐기기 위해 광장을 찾는 것은 어쩌면 당연한 일이다. 게다가 개혁개방 이전까지 우리나라처럼 카페나 클럽, 모텔 같은 청춘 남녀들이 손쉽게 찾을 수 있는 공간이 없었으니 말이다.

광장 바로 앞은 난징루가 지나가고 있다. 난징루는 영국 조계지의 대표적인 도로였던 난징시루南京西路와 프랑스 조계지 도로 난징둥루南京東路로 나뉜다. 런민 공원과 맞닿아 있는 난징시루 쪽은 우아한 근대식 석조건물과 초현대식 건물들이 병풍처럼 둘러싸고 있어 식민지 시대의 낭만과 향수를 자극한다. 무엇보다 상하이 박물관, 상하이 미술관, 상하이 대극장이 모두 이곳에 모여 있어 시민들의 문화 광장이기도 하다. 조계지는 외국인 거주지를 말한다. 조계지 내에서 살던 외국인들은 스스로 행정자치권이나 경찰권을 행사할 수 있었다. 그들은 심지어 "중국인과 개는 출입금지"라는 굴욕적인 문구가 쓰인 간판을 공원 입구에 세우기도 했다. 1927년 장제스가 상하이를 접수한 후 간판은 철거되었지만, 중국 사람들의 가슴에 모욕적이고 쓰라린 상처로 남았을 것이다.

1949년 신중국이 건립되면서 도박과 경마가 금지되고 경마장 부지는 런민 광장으로 탈바꿈했다. 이처럼 광장의 역사가 상대적으로 짧다 보니 톈안먼 광장에서처럼 런민 광장을 주제로 한 굵직한 미술작품이 아직 등장하지 않은 것은 어쩌면 당연한 일일 것이다. 대신 광장 주변을 에워싼, 시차를 달리하며 세워진 근현대 건축물 자체가 거대한 설치작품처럼 다가온다. 게다가 미술관과 박물관을 무려 세 곳이나 품고 있어 사람들이 런민 광장에 오래 머무르게 만든다. 어디 한군데 제대로 앉을 곳 없는 톈안먼 광장과 달리 상하이 사람들은 런민 광장을 걷다가 런민 공원으로 발길을 돌려 벤치에 앉아 장기도 두고 잡담을 하거나 차를 마시며 일상을 그 안에 녹여내고 있다.

런민 광장에서 관광객들이 제일 많이 찾는 장소는 상하이 박물관일 것이다. 중국 고대의 전통 의식용 도기인 '딩鼎'을 모티프로 삼은 독창적인 외관이 시선을 끄는 이 시립박물관은 1993년 8월 공사를 시작하여 1996년 10월에 개방했으며 중국에서 가장 규모가 큰 박물관에 속한다. 고대 조각, 청동기 유물, 도자기, 서화 등 테마 하나만 정하고 봐도 반나절 이상 걸릴 정도로 방대한 소장품을 자랑한다.

개인적으로 추천하고픈 코스는 우선 상하이 박물관 안에서 고대 유물들을 보며 중국 전통문화의 정수를 만끽한 다음 박물관 밖으로 나와 상하이 미술관이나 MOCA 상하이에서 중국 근현대미술을 감상하는

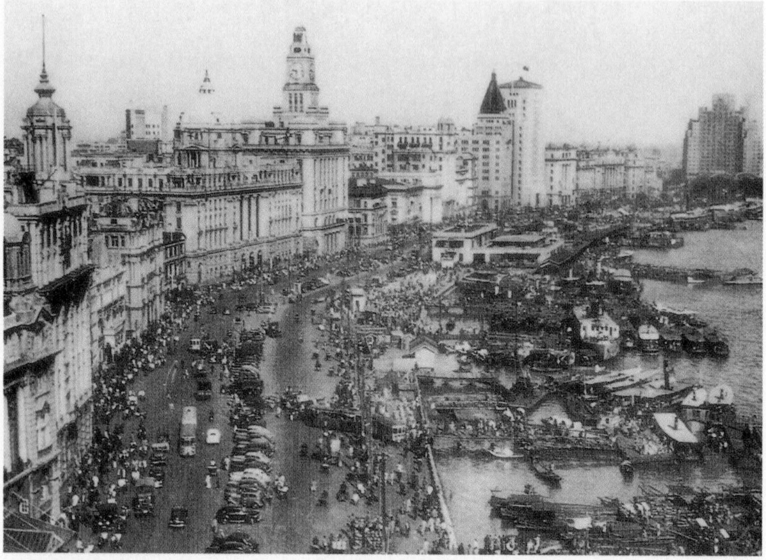

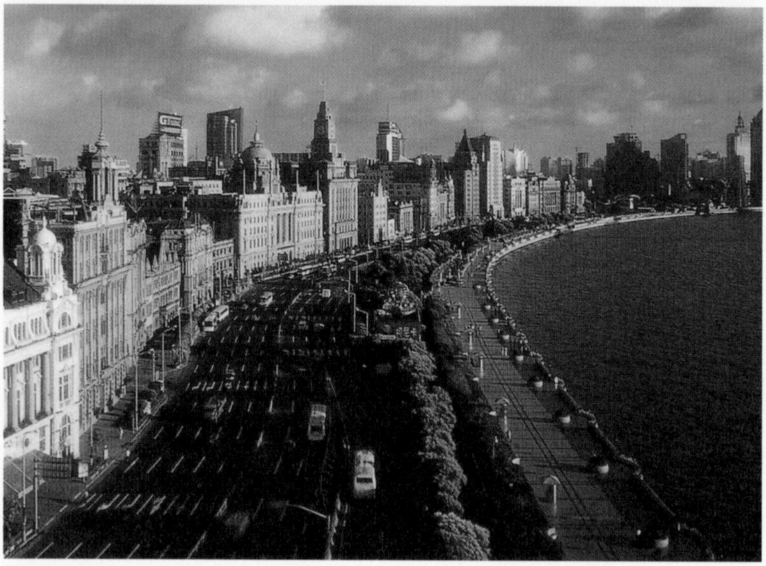

상하이 와이탄의 과거(1920년대)와 현재 모습.

것이다. 그 밖에 근처의 상하이 대극장, 시정부청사 등 인상적인 건축물들을 찬찬히 둘러보는 것도 좋다. 런민 광장에서 가장 사연 많은 건축물은 조계지 시절 경마클럽으로 지어졌다가 1990년대에 미술관으로 환골탈태한 상하이 미술관일 것이다. 상하이 미술관 이야기는 3장에서 자세히 하기로 하고, 우선 런민 광장에서 가장 모던한 건물로 향해보자. 바로 상하이 당대미술관이다.

탈근대를 지향하다: MOCA 상하이

상하이 미술관을 나와 바로 옆에 있는 런민 공원의 잘 정비된 산책길을 따라가다 보면 숲 속에서 작은 유리성 하나가 나타난다. 그곳이 바로 규모는 크지 않지만 세련되기 그지 없는 상하이 당대미술관이다. '상하이 현대미술관'으로도 불리며, 'MOCA'(Museum of Contemporary Art)로도 알려졌다가, 'MOCA 베이징'이 개관하면서 현재는 'MOCA 상하이'로 불린다. 런민 공원의 잘 조성된 울창한 숲과 연못에 둘러싸인 이곳은 상하이 최초의 비영리 현대미술관이다.

상하이 출신의 홍콩 보석상 궁밍광龔明光의 자금으로 상하이 시의회의 인준을 받아 2005년 9월에 설립된 MOCA 상하이는 중국 및 세계 컨템퍼러리 아트의 발전을 위해 지어졌다. 미술관의 벽과 천장은 온통 유리로 되어 있어 마치 거대한 온실 같다. 유리 외벽 너머로 런민 공원의 무성한 숲이 비치는, 안과 밖이 전도된 온실이라고 할까? 근대와 초

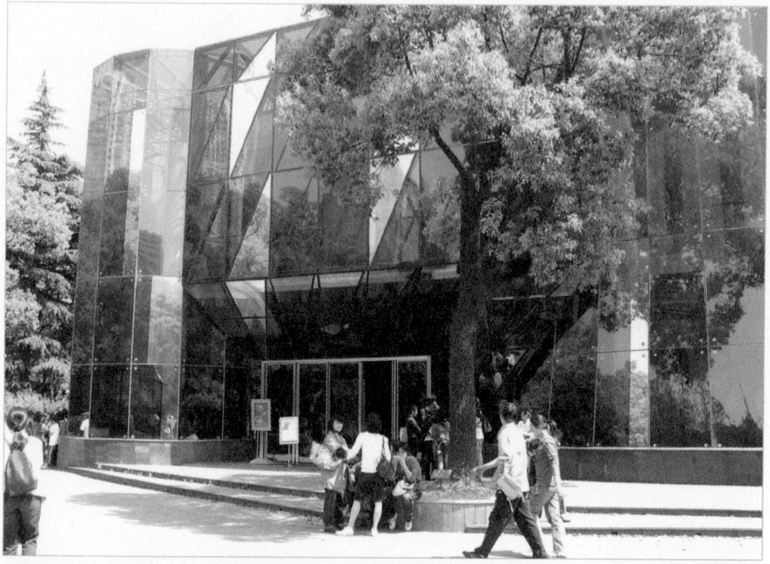

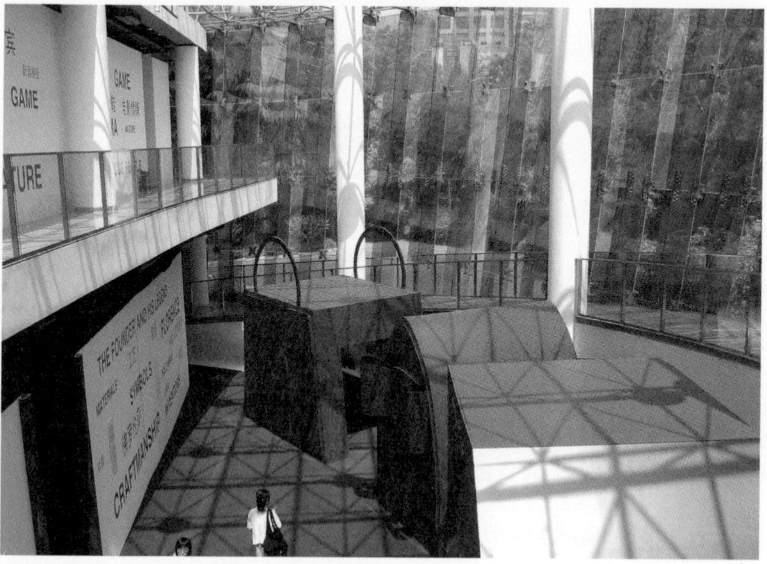

MOCA 상하이의 외관과 내부 풍경.

현대식 건물이 사이좋게 어깨를 마주하고 있는 난징시루에 둘러싸인 런민 공원의 고적한 녹음 속에 자리 잡은 이 미술관은 상하이 시민들은 물론 관광객들에게 많은 사랑을 받고 있다.

이곳은 바로 옆에 있는 상하이 미술관과 외관은 물론 전시 내용도 큰 차별성을 보인다. 주로 서구 고전주의 미술이나 중국 근대미술을 선보이는 상하이 미술관과는 달리 MOCA 상하이는 중국 및 전 세계의 컨템퍼러리 아트와 디자인을 소개하는 데 주력하고 있다. 개관과 동시에 《피에르와 질 회고전》, 《스위스 디자인전》을 시작으로 구겐하임 재단과 함께 진행한 《아트 인 아메리카 나우》, 《픽사애니메이션 전》 등으로 참신하고 트렌디한 성향을 한껏 드러냈다. MOCA 상하이는 베이징보다 덜 실험적이고 상업적이라는 평가를 받는 상하이 미술계에 젊은 피를 적극 수혈하겠다는 의지가 엿보이는 곳이다. 또한 《페라가모전》, 《샤넬전》 등 유명 디자이너를 중심으로 한 전시도 기획하며 현대미술과 디자인 분야의 만남을 추구하고 있다. 2012년 봄에는 한중국제교류재단과 공동으로 한국 작가 5인이 포함된 《그리움, 동아시아 현대미술전》을 열기도 했다.

역동적인 창조의 공간, 난징루

MOCA 상하이를 둘러본 다음에는 런민 광장 동쪽 끝으로 이어지는 상하이 최대 번화가 난징둥루 쪽으로 가보자. 보행자 전용 도로 양옆으로 쇼핑센터, 백화점, 기념품점, 음식점 등이 늘어선 모습이 베이징의 왕푸징과 흡사하다. 1990년대 본격적인 쇼핑가로 변모한 난징루는 사실 1930년대부터 물질적 풍요를 누릴 만큼 누려온 곳이다. 또한 '유럽 모더니즘'이라는 단비를 갈구하던 지식인, 작가, 화가, 사진가, 영화 제작자 등이 삼삼오오 커피 하우스에 모여 정치, 사회, 문화에 관해 대화를 하고, 중국의 미래가 나아가야 할 방향에 대해 열띤 논쟁을 펼친 담론의 생산지이기도 하다. 분야를 막론하고 이들 지성인들의 공통된 목표는 모더니티를 위해 새로운 예술 표현양식을 추구하는 것이었다. 베이징 사람들이 자랑스럽게 여기고 지키려 애썼던 전통문화나 유교사상은 상하이 사람들에겐 관심 밖이었다.

'서구적인 것=근대적인 것'이었던 동아시아 근대도시 상하이에서 난징루는 20세기 초 자본주의의 환영을 극명하게 보여준 거대한 파사주Passage● 였다. 미국 할리우드에서 만든 영화가 상하이 시민들의 새로운 오락거리가 되었고, 유럽식 레스토랑과 카페, 경마가 인기를 끌었다. 파리에서 유행하는 최신 스타일은 일주일 후면 난징루를 활보했다. 서구식 라이프스타일에 매료된 모던 걸과 모던 보이들은 난징시루에서 낮에는 영화를 보고 공원과 거리를 산책하다 백화점에서 쇼핑을 하고 커피 하우스에서 다리쉼을 하다가, 해가 지면 댄스홀과 나이트클럽에서 하루를 마감했다.

하지만 이런 사람들은 부유한 집안 출신으로 극소수였고, 상하이 사람들 중 절반 이상은 이런 혜택과 거리가 멀었다. 1930년대에 인구 300만의 메트로폴리스로 세계 5대 도시로 부상했지만 상하이의 주민

● 날씨와 무관하게 이용할 수 있는 도시의 거대한 상점가를 뜻한다. 여기서는 인간들의 관계가 상품들 간의 관계로 나타나는 자본주의의 상징적인 공간이라는 뜻으로 사용했다.

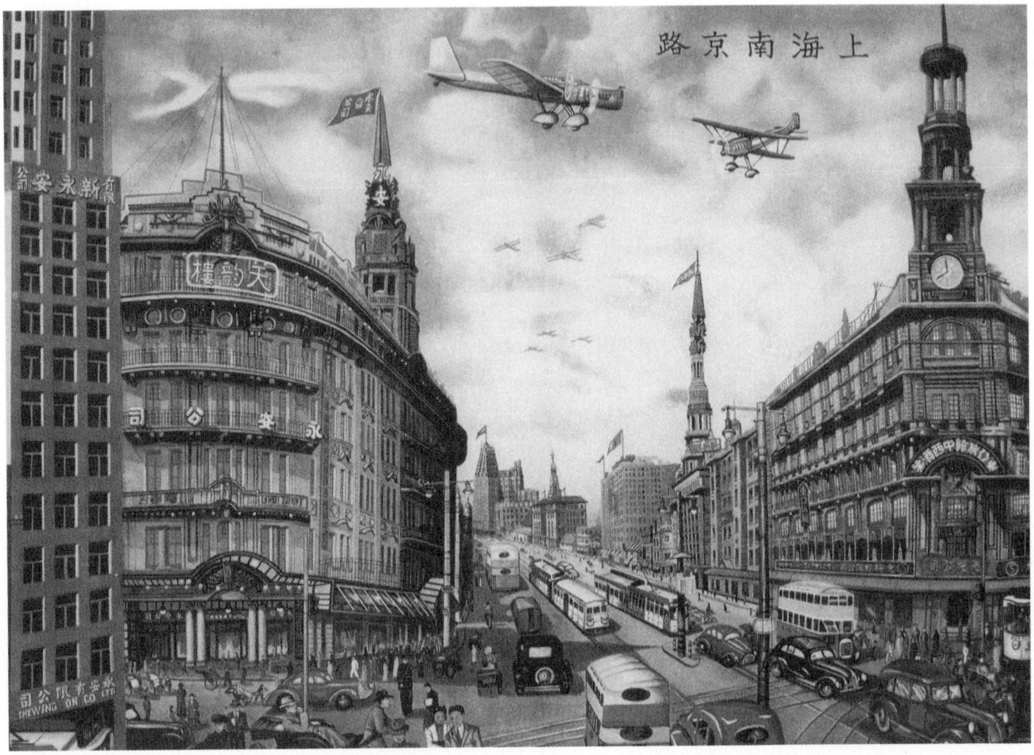

1930년대 상하이 난징루의 모습을 담은 그림엽서.

중 85퍼센트는 외지인들이었다. 새로운 일자리와 기회를 찾아 상하이로 흘러들었지만, 외지인들 대부분은 도시빈민으로 전락했으며 생활은 비참하기 이를 데 없었다. 극심한 빈부격차와 노동계급의 증가로 상하이는 공산주의가 자리를 잡는 근간이 되었다.

이 시기에는 서양식 교육의 보급과 함께 지식인들을 중심으로 문화운동이 활발하게 전개되었다. 당시 대표적인 계몽사상가이자 공산주의 운동의 창시자로 알려진 천두슈陳獨秀(1879~1942)가 편집한 잡지 『신청년新青年』(1915)이 탄생한 곳도 바로 상하이였다. 『신청년』은 이 시기 신문화운동의 기수로 구사상, 구문화, 구도덕, 구습관 등 봉건제도의 청산, 개인의 독립과 개성의 해방을 추구했다. 이에 각지에서 청년사상단체가 생성되고, 상하이는 이른바 혁명운동의 온상이 되었다. 아편전쟁 이후 상하이 외국인 조계지에서의 중국인 차별대우와 그들만의 특권적 지위 또한 중국인들의 민족주의를 자극시키는 데 한몫했을 것이다.

이 무렵 신문화운동인 '5·4운동'이 일어나고 해외 유학파가 등장해 근대문화 보급의 주체로서 능동적인 역할을 담당했다. 근대 중국사회에서 첫 대중운동으로 자리매김한 1919년 5·4운동의 바람은 베이징 톈안먼 광장에서 불어와 상하이 난징루까지 도달했다. 서양의 물질주의 세례에 흠뻑 젖어 있던 난징루에서도 대규모 시위와 노동자들의 파업, 그리고 시민들의 일본제품 불매운동이 이어졌다. 1925년 5월 30일, 일본계 방적공장의 공장주가 파업 노동자를 총살하는 사건이 일어나자, 이에 격분한 상하이의 열혈학도들과 시민들이 난징루에 모여 시위

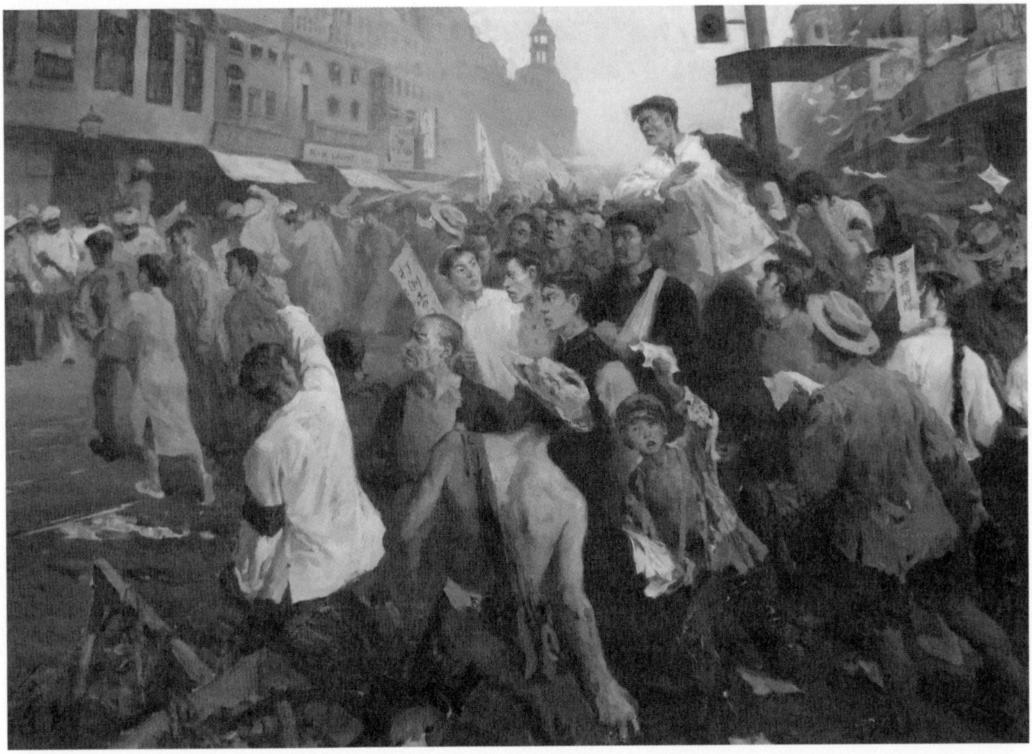

천다칭(陳達青), 〈5·4운동〉, 캔버스에 유채, 1959, 중국 국가박물관.

를 벌였다. 이를 진압하는 과정에서 영국경찰의 발포로 5·30운동이 일어나고, 시위대 중 9명이 사망하는 등 수많은 사상자를 냈다. 이를 계기로 중국 전역에 반제국주의운동, 노동운동이 들불처럼 번진다.

그때의 아우성은 온데간데없고 복잡한 쇼핑가로 변해버린 난징루를 벗어나면 너른 강변이 눈에 들어온다. 바로 상하이 관광 명소 1번지 와이탄이다. '십리양장十里洋場'이라는 말이 있다. '십 리에 걸친 서양인의 세상'이라는 뜻으로 중국에서 조계지를 일컫는 말이다. 이 십리양장의 중추 격인 와이탄은 상하이란 도시의 풍격을 가장 잘 나타내는 곳으로 상하이의 얼굴이나 마찬가지다. 영어로 'The Bund'라 불리는 이곳은 지난날 올드 상하이의 '화양연화'가 곳곳에 아로새겨져 있다.

독일의 사회학자 게오르크 지멜(1858~1918)은 도시의 모더니티는 시각 중심으로 펼쳐진다고 했다. 1930년대 상하이는 온갖 상품과 시각적 현란함이 넘쳐나는 근대도시였다. 런민 광장에서 난징루를 거쳐 와이탄으로 이어지는 산책로는 근대적 욕망에 기꺼이 온몸을 던질 채비를 갖춘 상하이 모던 보이, 모던 걸 들에게는 달콤한 휴식처였다. 문인들에게는 낭만적인 로맨스를 다룬 스토리텔링의 배경, 화가들에게는 새로운 영감의 원천이었다. 이런 상하이에서 20세기 벽두를 뒤흔든 수많은 예술 사조가 꽃을 피웠던 것은 지극히 자연스러운 일이다.

와이탄의 근대건물들은 제각기 품고 있는 사연을 알고 접근하면 한층 흥미롭다. 중국대륙 남과 북을 대표하는 거대도시 상하이와 베이징의 외형적 차이는 두 도시를 채우고 있는 대표적 건물들에서도 드러난다. 러시아, 프랑스, 영국에서 온 당대 최고의 건축가들이 다양한 스타

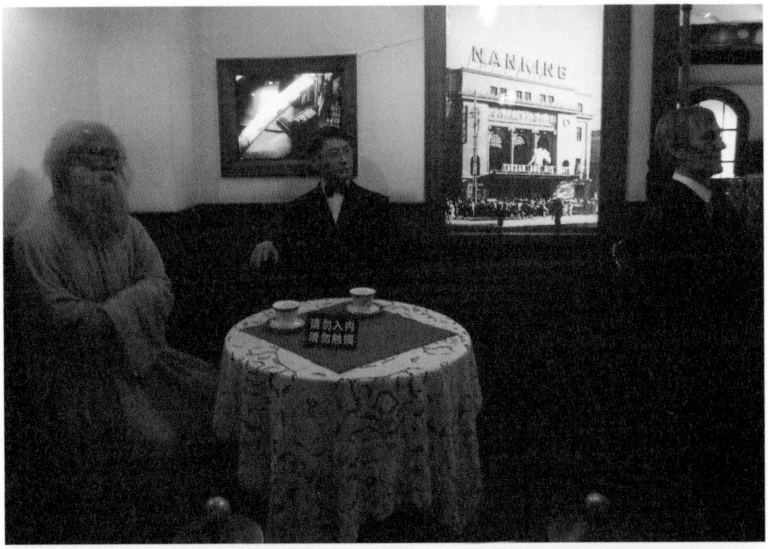

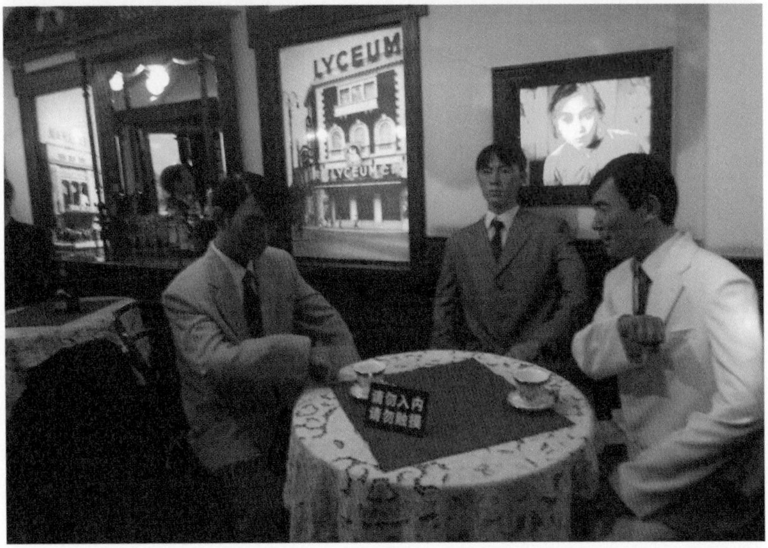

1930년대 상하이에서 번성했던 서구식 카페를 재현한 모습. 동방명주 내에 있는 상하이역사발전진열관에서 볼 수 있다.

일로 각축을 벌인 듯, 신고전주의, 아르데코, 바로크, 시카고 양식 등이 얽히고설켜 빚어내는 풍경은 시각적으로 압도적일뿐더러 세월의 유구함도 절감하게 한다. 베이징이 전통문화를 기반으로 한 오래된 도시의 면모를 과시한다면, 상하이는 동아시아 모더니티의 수도라고 해도 부족함이 없다. 특히 전통과 초현대가 갑작스럽게 조우한 듯한 베이징에서는 느낄 수 없는 전통, 근대, 현대의 연속성이 이곳 상하이에서는 자연스럽게 배어난다.

20세기 초반 상하이는 동서양의 여러 문화와 예술 사조가 복잡하게 교차하며 충돌했던 역동적인 공간이었다. 중국 미술사에 있어서도 20세기 초 근현대 미술운동이 꽃피었던 공간이기도 하다. 상하이는 중국 모던 아트의 발생지이자 중심이었다. 상하이에선 모든 것이 중국 최초였다. 중국 최초의 영화관, 미술학교, 근대문학, 근대건축 등 무엇이든 모던한 것은 상하이에서 나왔다고 해도 과언이 아니다. 이 시기 예술가는 곧 혁명가였고 예술을 한다는 것은 혁명을 도모하는 것이나 마찬가지였다. 상하이의 이런 모던한 기질은 20세기 내전과 문화대혁명을 거치면서도 면면히 살아남아 중국 현대미술 부흥의 밑거름이 되었다.

근대 미술교육의 산실, 상하이

20세기 초반, 상하이가 중국 미술사에 끼친 결정적인 공헌은 거대한 문화적 인프라와 광대한 미술시장을 조성했다는 것이다. 특히 상업적 자본을 바탕으로 속속 설립된 미술교육기관들을 통해 수많은 미술가들을 양성하면서 근대미술의 메카 노릇을 톡톡히 수행했다.

중국미술의 근대화는 민국 이후 유럽과 일본에서 돌아온 유학파들이 세운 서양식 미술학교를 통해서도 시작되었다. 특히 메이지 유신을 통해 서양문물을 충분히 섭취하고 소화시킨 일본의 미술교육 제도를 도입해 본격적으로 확산되었다. 당시 일본 도쿄미술학교 서양화과에서 수학하고 돌아온 유학생들이 그 선봉에 섰는데, 대표적인 인물로 리수퉁李淑同을 들 수 있다. 그는 귀국 후 상하이에서 『태평양 화보』를 편집하는 한편, 청둥城東여자학교에서 미술과 음악을 가르치고, 저장浙江사범학교에서 석고 데생 등 최초의 근대식 미술교육을 선보였다.

중국 전역에서 가장 먼저 유화가 보급된 곳은 상하이였다. 1912년에 개교한 상하이미술전과학교(상하이미전)는 중국 최초의 미술학교로 류하이쑤劉海粟를 교장으로 임명하여 서양화 교육에 주력했다. 1920년대 후반에는 쉬베이훙이나 린펑멘任豊眠 등 선진 문물과 새로운 조형감각으로 무장한 예술청년들이 미술교육과 문화운동의 선구자가 되었다.

젊은 미술학도들이 이 새로운 조류의 수혜자가 되면서 1930년대에 이르면 각종 전시가 줄을 잇고, 중국 전역에 사립미술학교들이 급격히 늘어났다. 이미 이때부터 상하이는 유럽 미술계와 미적, 문화적 간격을 좁히며 중국 현대미술의 중심지로 발돋움하고 있었던 것이다.

사실 이 시기의 중국에서는 학교에서조차 여성 모델을 세워 누드 소묘를 하는 것은 터부시 되었으며, 자유롭게 인체 데생을 할 수 있는 분위기는 아니었다. 서구에서는 수백 년 동안 중요한 분야로 다루어졌던

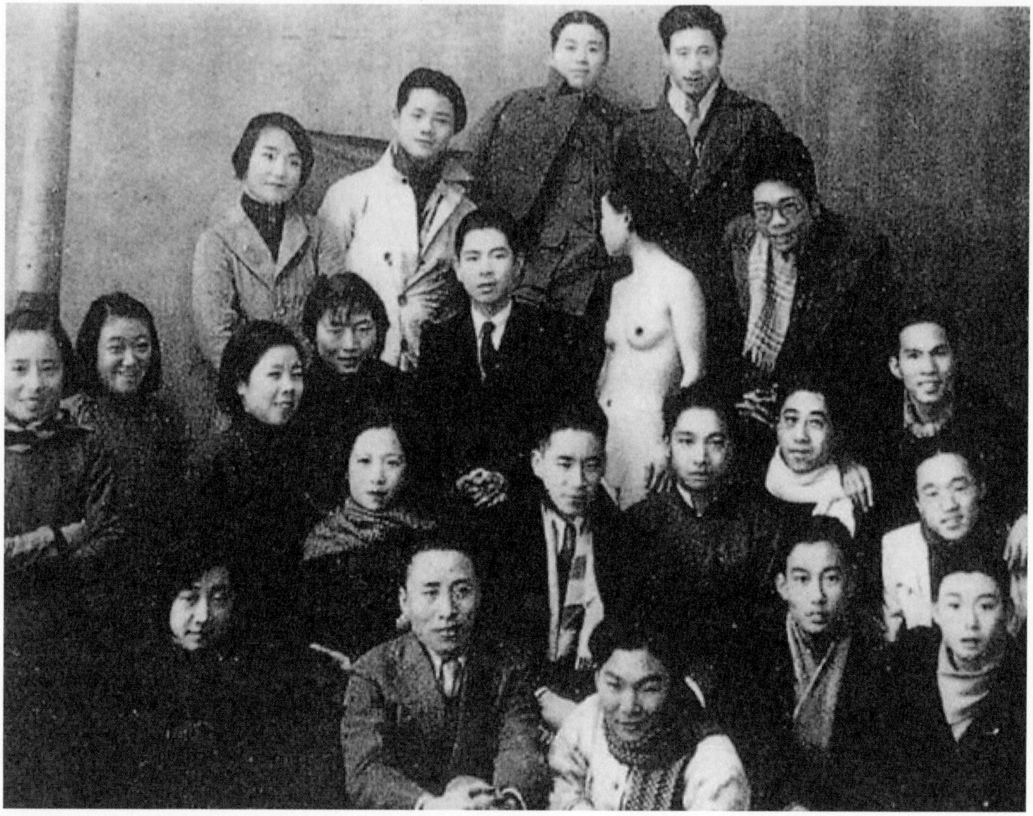

1917년 상하이미전 학생들과 누드모델의 기념사진. 모델인 천샤오쥔은 수치심 때문인지 고개를 돌리고 있다. 이후 천샤오쥔은 학교에서 퇴학당하는가 하면 누드모델 금지령까지 내릴 정도로 파장이 큰 사건이었다.

누드화가 중국의 유교문화권에서는 강한 거부감을 일으켰다. 심지어 모델을 직접 보고 그리는 누드 소묘조차 미술학교 교장들이 나서서 반대했다.

1917년 마침내 상하이미전에서 최초로 중국 여성을 모델로 한 누드 소묘가 이루어진다(그 전까지만 해도 누드화를 그릴 때 주로 러시아여성을 모델로 삼았다). 청둥여자학교에 다니고 있던 천샤오쥔陳曉君이란 여학생이 남자친구가 다니고 있던 상하이미전 학생들을 위해 희생(?)을 한 것이다. 덕분에 그해 학생들은 전람회에 50점이 넘는 누드 사생화를 출품했다. 하지만 결과는 지식인, 일반인 모두 한목소리로 성토 일변도의 반응이 쏟아져 사회적 물의를 일으켰다. 류하이쑤 교장과 학생들은 '교육계의 버러지', '정신병자' 같은 험한 소리를 들으며 사회적 지탄을 받고 누드 모델을 섰던 천샤오쥔은 학교에서 퇴학당하는 등 한바탕 난리가 났다. 그것도 모자라 1926년에는 아예 누드화 사생 금지령까지 선포됐다. 5·4운동이 일어난 지 한참 지났어도 상하이 역시 구습의 잔재를 피해갈 순 없었던 것이다. 이 일화를 통해 당시 모든 예술이 그렇듯, 중국 현대미술은 그 기초를 다지기 위한 인체 사생 단계부터 시련을 머금고 성장했다는 것을 알 수 있다.

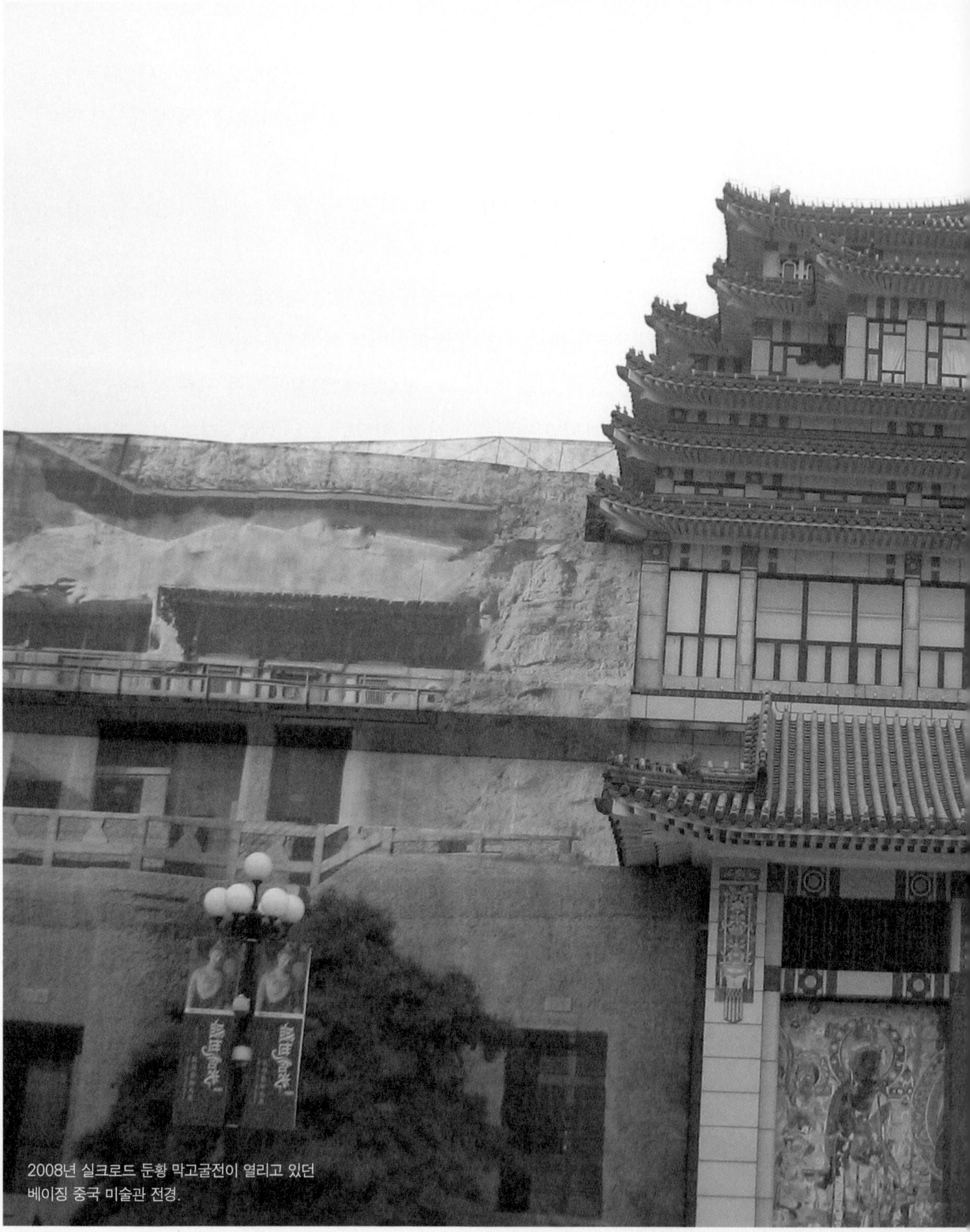

2008년 실크로드 둔황 막고굴전이 열리고 있던
베이징 중국 미술관 전경.

미술관의 화양연화

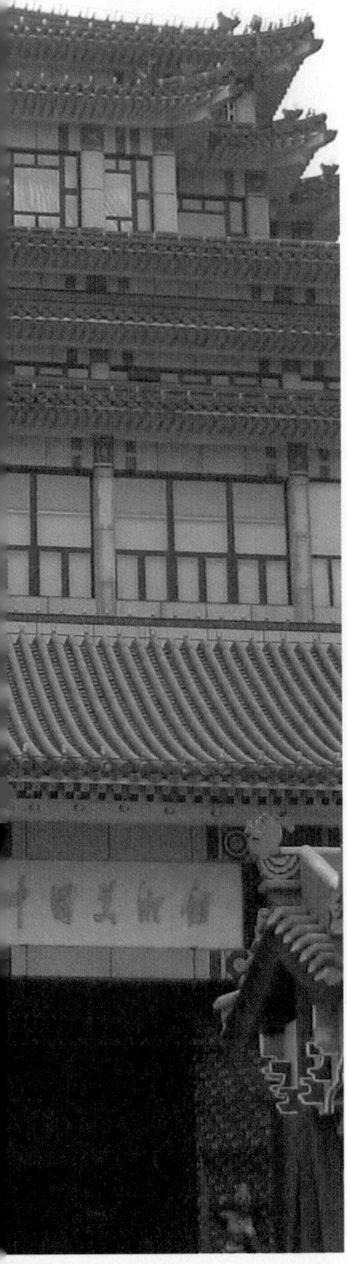

세계적으로 유서 깊은 도시에는 대부분 그 도시를 상징하는 미술관이 있다. 베이징과 상하이 역시 마찬가지다. 베이징의 중국 미술관, 상하이의 상하이 미술관, 이 두 미술관은 건물 외관만큼이나 다양한 역사적 사건을 겪어왔다. 중국미술의 세계적인 붐을 타고 두 도시 중심부와 외곽에 우후죽순으로 최첨단 양식의 미술관과 갤러리 들이 들어서면서, 이 두 미술관은 도시의 대표 미술관이라는 타이틀을 빼앗기지 않기 위해 분투 중이다. 특히 관제미술관으로 출발해 다소 구태의연한 미감을 선보이던 중국 미술관은 중국 현대미술의 성공에 힘입어 세련된 행보를 선보이려 노력하고 있다. 상하이 미술관 역시 상하이 비엔날레를 통해 국제 미술계의 트렌드를 중국 미술계에 이식하는 데 지대한 공을 세우고 있다. 그 결과 지금은 중국정부의 지원을 받으며 세계적인 미술관으로 발돋움하고 있다. 두 미술관을 통해 격동의 중국 미술사 현장을 들여다보자.

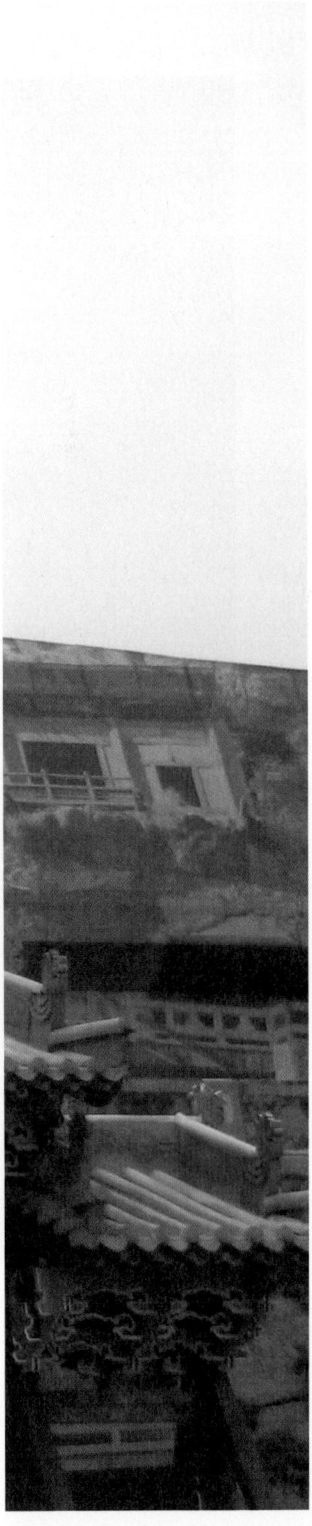

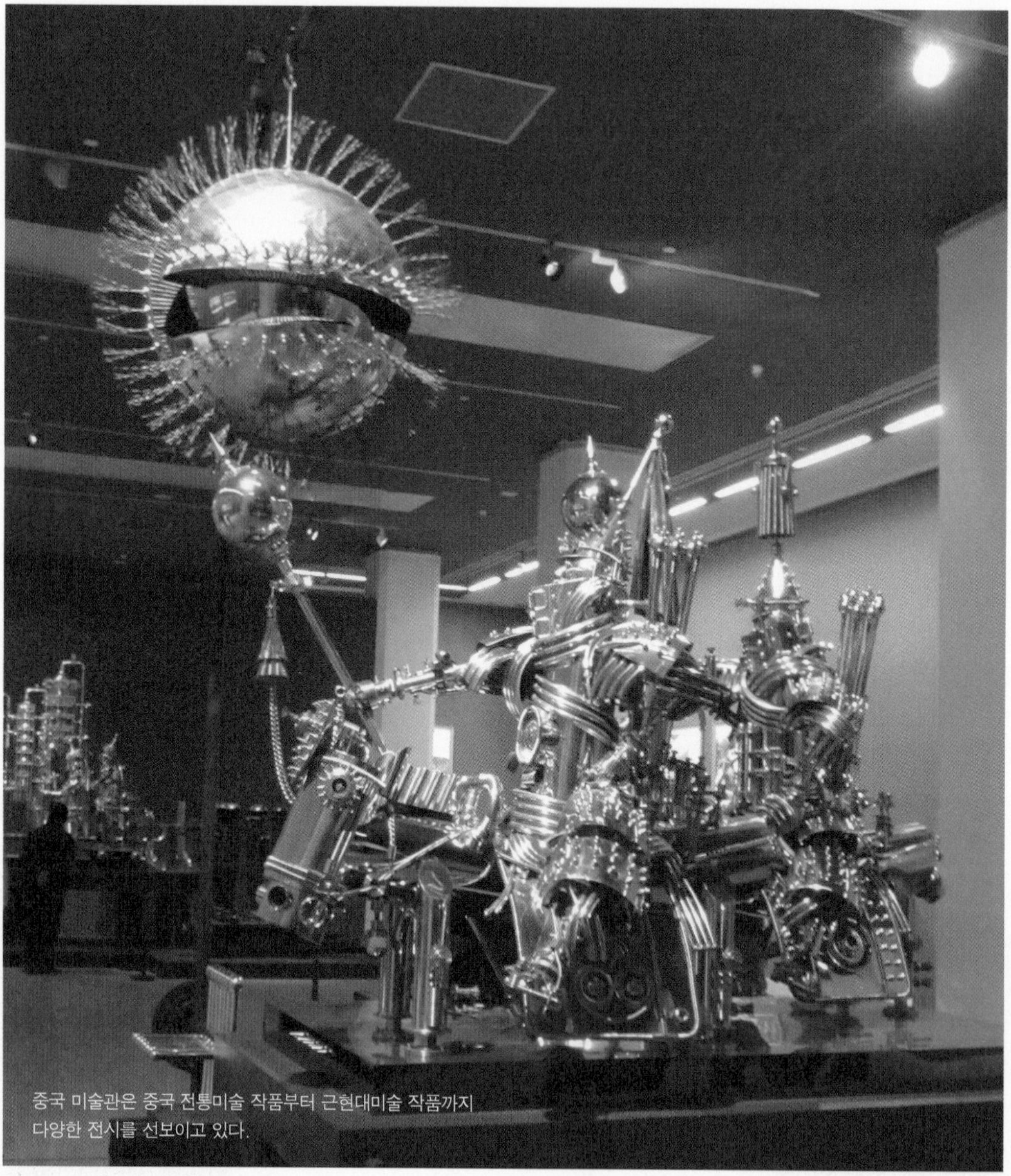
중국 미술관은 중국 전통미술 작품부터 근현대미술 작품까지
다양한 전시를 선보이고 있다.

중국 전위미술 스타들의 놀이터, 중국 미술관

만인의 미술관

서울로 치면 명동에 해당하는 베이징의 왕푸징 다제王府井 大街는 온갖 쇼핑몰과 오래된 유명 음식점, 카페가 즐비한 번화가다. 그렇다고 마냥 복잡하고 상업적인 곳은 아니다. 100여 년의 전통이 자아내는 고풍스러운 분위기가 기본으로 깔려 있고, 보도가 넓고 잘 정비되어 있어 무척 쾌적하다. 왕푸징 서점을 비롯한 대형 서점들과 중국 최대의 국립 미술관인 중국 미술관이 근처에 있어서 왕푸징 거리는 늘 사람들로 가득하다.

대형 쇼핑몰과 샤오츠제小吃街 같은 먹자골목의 유혹을 뿌리치고 왕푸징 다제를 따라 북쪽으로 한참 올라가면 우쓰다제五四大街와 만나는 지점이 나온다. 그곳에 전통과 현대의 건축양식을 뒤섞어놓은 외양의 중국 미술관이 위풍당당하게 자리 잡고 있다. 마오쩌둥이 직접 현판을 쓴 중국 미술관은 베이징 시내 중심부에 있는 유일한 국립미술관이다. 중국 미술관 건물은 중화인민공화국 건국 10주년을 맞이하여 중국 정부에서 인민대회당과 역사 박물관, 인민영웅기념비 등과 함께 야심차게 세운 '10대 건축물' 중 하나다. 1958년에 착공하여 1962년에 완공, 그 다음 해에 일반에 공개되어 거의 반세기의 역사를 갖고 있는 이곳은 근래에 새로 지은 미술관들이 대부분 인적이 뜸한 외곽에 위치한 것에 반해 유동 인구가 많은 시내 한복판에 있다. 그래서 교통도 편리하고 접근성도 좋다. 중국 미술관은 현지인들에게는 그냥 '메이슈관(미술관)'으로 통할 정도다. 적어도 따산즈가 생기기 전까지 "베이징이 중국의 심장이라면 왕푸징은 베이징의 심장이고, 중국 미술관은 미술계의 심장이었다"라는 말이 과장은 아닌 것 같다.

이곳에서는 상설전보다는 다양한 기획전이 열리는데, 중국 전통미술부터 근대, 현대미술까지 총망라한 전시를 선보인다. 또한 중국화, 유화, 판화, 조각은 물론 연환화連環畫(현대 중국에서의 연속만화 또는 극화劇畫. 연환도화라고도 한다. 원형은 판본삽화와 달력, 연화年畫에 있다), 만화, 패션, 전통공예 등 약 7만 여 점의 다양한 소장품을 보유하고 있다. 소장품 중 대부분은 신중국 설립 이후의 창작물이고 나머지는 명, 청 시대와 민국 시대의 걸작들로 구성되어 있다. 또한 근현대미술을 대표하는 우창숴吳昌碩, 치바이스齊白石, 황빈훙黃賓虹, 쉬베이훙, 리커란李可染, 우쭤런吳作人, 우관중吳冠中 등 대가들의 작품들을 대량 보유하고 있는데, 그중 치바이스의 작품만 무려 410점이나 된다.

하지만 예전에는 공산주의 이념이나 정치선전화 관련 작품을 주로

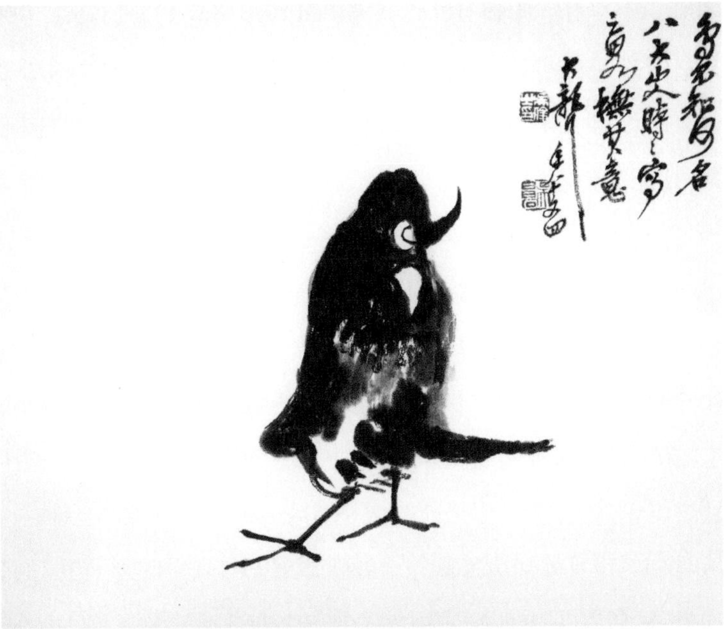

우창숴, 〈묵필화조산수도〉, 수묵, 1927, 중국 미술관.

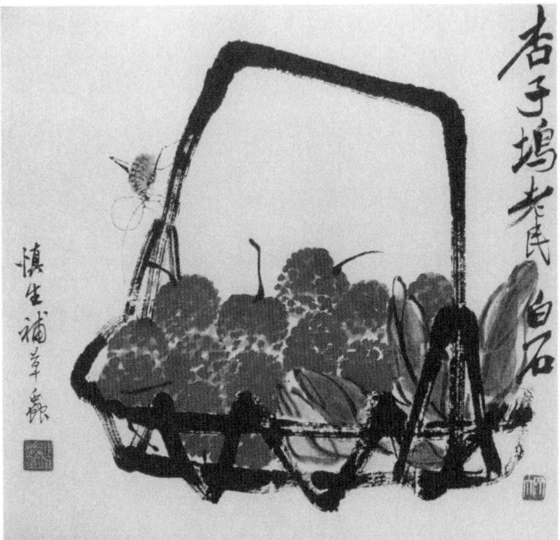

치바이스, 〈화과초충도〉, 수묵, 연도 미상, 중국 미술관.

전시하여 사회주의 리얼리즘 작품들의 아성이나 다름없었다. 현재는 지난날의 정치적 규제와 관 주도의 관리에서 벗어나 현대미술의 중심지로 거듭나기 위해 노력하고 있다. 그 일례로 한때 거의 외면하다시피 했던 중국 전위미술 작가들의 작품 전시도 하고, 1999년부터 피카소를 포함한 유럽과 미국의 미술작품을 117점 가까이 수집하면서 세계 미술시장의 흐름에 맞추고 있다. 최근에는 베이징 올림픽 주경기장인 냐오차오 부근에 대규모 신관 건립을 추진하고 있다.

중국 미술관에 가면 전시장은 물론 주변에도 눈길이 간다. 1979년과 1989년 두 차례에 걸쳐 중국 미술사에 큰 획을 그은 역사적 사건들이 이 미술관 안팎에서 일어났기 때문이다. 1979년, 관제미술관인 이곳 옥외 전시장에서 미술그룹 싱싱화회 회원들이 게릴라 전시인《싱싱미술전》을 열었다. 1989년에는 미술관 앞마당에서《차이나/아방가르드전》에 참여한 전위예술가들이 'U턴 금지'라는 거대한 배너를 바닥에 깔아놓는 퍼포먼스를 벌였다.

1979년과 1989년, 이 미술관 마당에서는 대체 무슨 일이 벌어졌을까? 그리고 그날의 해프닝이 30여 년이 흐른 현재의 중국 미술계에서 차지하는 위상은 과연 어떤 것일까? 당시 중국 미술계의 지형도를 바꾼 이 사건을 추적하려면 1976년 저우언라이 사망 직후의 톈안먼 광장으로 돌아가야 한다.

돌아와, 아니면 영원히 떠나.
그렇게 입구에 서서

석상같이
결코 대답을 바라지 않는 눈빛으로
우리 사이의 모든 것을 말하지 마라.

사실 상상하기 어려운 것은
결코 어둠이 아니라, 새벽이다.
등불이 어떻게 계속 밝을 것인지
어쩌면 혜성이 나타나서
폐허 속의 깨어진 기와 조각과
실패자의 이름을 질질 끌면서
그것들을 빛내고, 태우고, 잿더미가 되게 할지도 모른다.

돌아와, 우리 가원家園을 다시 꾸미자.
아니면 영원히 떠나, 혜성같이
찬란하지만 서리처럼 차갑게
어둠을 내쫓고, 또 어둠에 빠져
두 개의 밤을 잇는 백색 복도를 뚫고
메아리가 사방에서 일어나는 골짜기에서
너 혼자 노래를 불러.

– 베이다오北島●, 「혜성彗星」

● 1970년대 베이징에는 일군의 저항 시인과 미술인 들이 등장했는데, 그들은 긴밀한 관계를 맺고 있었다. 대표적인 사례가 백양정시파(白洋淀時派)와 싱싱화회의 연계였는데, 이러한 아방가르드 시인들을 훗날 몽롱시파(朦朧時派)라고 불렀다. 대표적 인물로는 베이다오와 망커(芒克) 등이 있다.
이 시는 『한밤의 가수』(베이다오, 배도임 옮김, 문학과지성사, 2005)에서 인용했다.

좌절된 베이징의 봄, 제1차 톈안먼 사건

1976년 1월 8일, 신중국 건국 영웅이며 마오의 오른팔이자 영원한 2인자였던 저우언라이 총리가 세상을 떠난다. 마오보다 정치적으로나 인격적으로나 균형 잡혀 있고, 국제무대에서 뛰어난 외교 감각을 발휘했던 그는 중국인들이 가장 존경하는 인물로 손꼽힌다. 마오처럼 글이나 저작을 많이 남기지 않았지만, 프랑스 유학파이기도 했던 저우언라이는 합리적인 사고와 유교사상에서 최고의 덕목으로 치는 '중용'을 지킬 줄 아는 사람이었다. 또한 문화대혁명이라는 광풍 속에서 예술가들에게 가해지는 통제를 줄곧 반대하며 그들을 보호하려고 애썼다. 문화적 암흑기에 예술가들에게 그는 한줄기 빛과 같은 존재였다. 부질없는 가정이긴 하지만 저우언라이가 마오보다 좀 더 오래 살았다면 중국의 정치, 사회, 나아가 문화의 지평은 어떻게 바뀌었을까?

만인에게 사랑받던 인민의 영웅이 사라진 1976년 4월 5일 청명절, 그를 추도하기 위해 수많은 지식인과 예술인, 그리고 시민들이 톈안먼 광장에 집결한다. 그들은 광장의 인민영웅기념비 앞에서 헌화하고 시를 낭송하고 연설을 하는 등 1949년 이래 민간 최초로 퍼포먼스가 결합된 시위를 전개했다. 그들의 목적은 망자에 대한 추도만은 아니었다. 톈안먼 광장은 삽시간에 지난 10년간 모든 것을 파괴하고 황폐화시킨 문화대혁명과 이를 이끈 4인방을 성토하는 시국토론의 장이 되었다. 또한 예술인들에게는 오랫동안 통제당했던 예술표현과 상상력의 자유를 목 놓아 외치는 장이 되었다. 훗날 제1차 톈안먼 사건이라

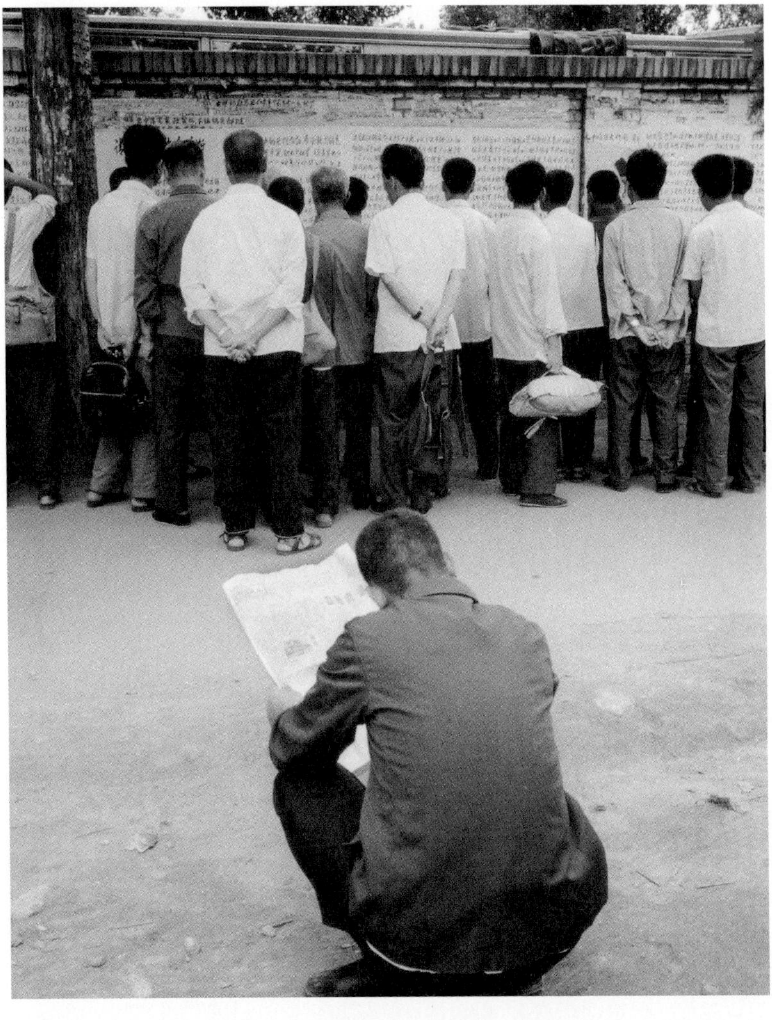

마오쩌둥의 서거와 함께 문혁이 끝나자 당국의 감시와 통제가 소홀해지며 이른바 '베이징의 봄'(1976~79)이 도래한다. 그 시기에 중국의 지식청년들은 베이징 시단에 민주벽을 만들어 민주화, 예술과 표현의 자유 등을 요구하는 대자보를 붙였다. 이때 이데올로기의 제약에서 벗어난 모더니즘 시인 그룹인 '몽롱파' 시인들과 전위미술그룹 싱싱화회는 민주벽을 통해 시를 발표하고 전람회 소식을 전했다. 수많은 시민들이 민주벽 앞에서 걸음을 멈추고 대자보와 유인물을 읽고 시국을 논했다.
(사진: Liu Heung Shing, 1979)

불린 이들의 데모는 곧 강제 진압되었다. 하지만 같은 해 9월, 마오쩌둥이 서거하고 4인방 세력이 체포되면서 문화대혁명이 마침내 종지부를 찍게 된다. 그렇다고 '베이징의 봄'이 선뜻 찾아온 것은 아니었다. 뒤를 이어 등장한 화궈펑華國鋒은 마오 살아생전 정치적 신임을 받았던 인물로 마오의 노선을 그대로 이어받은 '리틀 마오'에 불과했다.

그 누구보다 개인의 자유와 권리에 민감하고 '베이징의 봄'을 기원했던 예술인들의 좌절은 이만저만이 아니었다. 그 선봉에는 베이다오나 망커와 같은 현실 참여 시인들이 있었다. 이들은 1978년 그 유명한 『금천今天』('오늘'이라는 뜻)이라는 반체제 성향의 언더그라운드 문예지를 발간하며 민주화운동을 이끌어나갔다. 지금은 베이징 '따산즈 798 페스티벌'의 총책임자로 유명한 황루이黃銳●는 당시 『금천』 창간을 주도했던 시인이자, 잡지의 미술편집위원이었다. 그는 베이징의 전위예술가인 마더성馬德升, 왕커핑王克平, 취레이레이曲磊磊, 아이웨이웨이艾未未 등과 함께 전위미술그룹 싱싱화회를 조직했다. 이들은 마오쩌둥이 인민들의 태양인 양 받들어지고, 모든 예술이 마오를 향해 종속된 것에 반기를 들었다. '싱싱화회星星畵會'(Stars Group)라는 이름은 '우주에는 태양과 동등하게 수많은 별들이 공존하며, 무수한 별들의 존재처럼 다양한 표현의 자유가 있다'라는 뜻을 담아 만든 것이다. 기나긴 암흑의 밤을 견디고 중국 현대미술을 밝히는 새벽별은 희미하게나마 빛을 발하기 시작한다.

● 1952년 베이징 출생, 시인이자 화가. 문혁 시기 내몽고에 하방되었다가 베이징으로 돌아와 《싱싱미술전》이 열리기 직전까지 피혁공장 노동자로 일했다. 1978년 지하 문예지 『금천』을 발간, 시를 발표하고 표지 디자인도 했다. 1979년에 전위미술 그룹 싱싱화회를 결성하고 화가의 길을 걷기 시작했다. 1980년대부터 미니멀리즘에 중국 전통 소재를 결합한 작품에 몰두하며 새로운 조형언어 탐색에 힘쓰던 중 공안의 탄압을 받아 전시가 취소되기도 했다. 1984년 일본 유학생과 결혼한 뒤 일본에 거주하면서 회화와 사진, 설치작업을 거쳐 행위예술을 시도했다. 2002년, 다시 베이징에 돌아와 798 예술구에 자리 잡고, 바우하우스 스타일의 옛 공장건물을 '시태공간'(時態空間)이라 이름 짓고 전시장으로 리모델링했다. 이후 각종 예술 이벤트 및 문화 활동을 벌여 '798 예술구 현상'이라는 신조어를 낳는 등 큰 성공을 거두었다. 현재는 옛 베이징의 흔적을 찾는 작업과 퍼포먼스를 계속하고 있다.

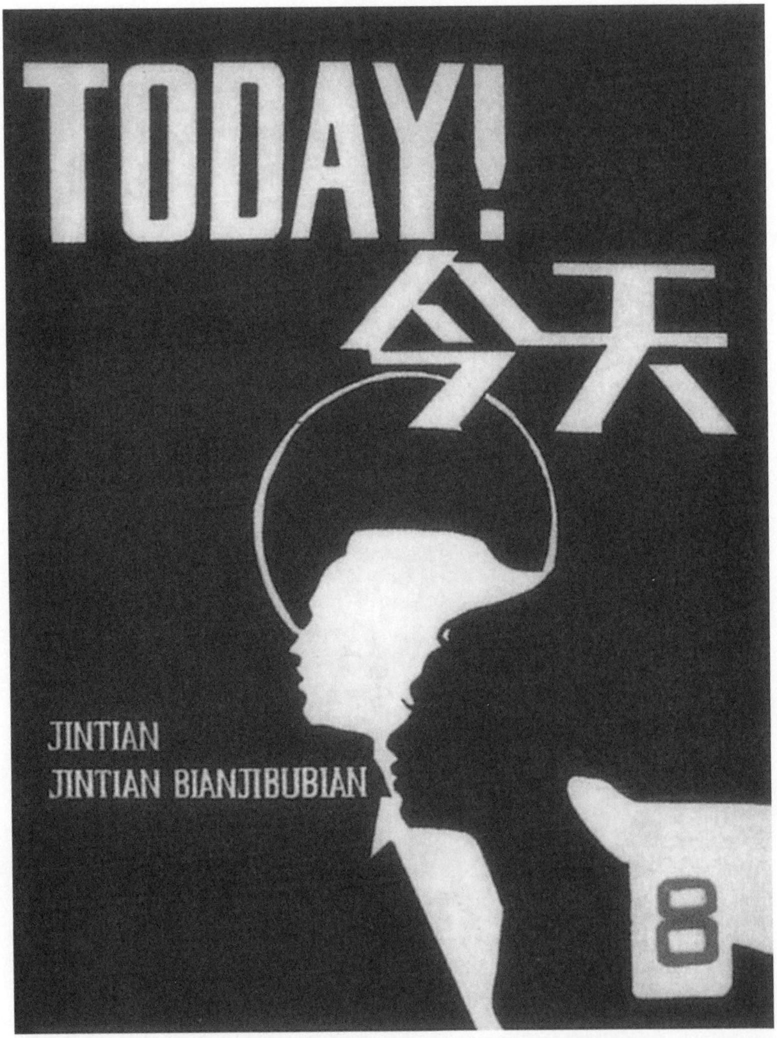

1978년 시인이자 아마추어 화가였던 황루이가 발간한 지하 간행물 『금천』. 이 잡지는 당시로서는 독특한 디자인과 색다른 컬러 감각으로 베이징 젊은이들의 시선을 끌었다. 황루이는 훗날 문혁 당시 세상이 온통 붉은색인 것에 거부감을 느껴 잡지 표지를 푸른색으로 디자인했다고 술회했다.

| 중국정부의 뜨거운 감자, 아이웨이웨이 |

끊임없는 체제 비판과 도발적인 작품으로 중국정부와 불화를 겪고 있는 예술가 아이웨이웨이. 그는 태어날 때부터 자신이 속한 사회와 불협화음을 내는 운명을 타고난 사람 같다. 아이웨이웨이는 1957년 베이징에서 저명한 현대시인 아이칭艾青의 아들로 태어났다. 아이칭은 1920년대 프랑스에서 미술교육을 받고 귀국하여 중국좌익미술가연맹에서 활동하다가 시인으로 변모한 인물이다. 옌안에서 중국공산당에 가입해 항일운동에 전념하며 '옌안문예강화'를 입안할 정도로 마오쩌둥의 신임을 받았고, 신중국 건국 이후에는 여러 문화 관련 위원회 의원으로 활동했다. 하지만 1950년대 아이칭은 반우파 투쟁에서 우파로 몰려 박해를 받아 가족들과 함께 고비사막 노동개조대로 쫓겨난다. 당시 두 살이던 아이웨이웨이도 부모와 함께 사막에서 16년을 보냈다.

1978년 문혁이 끝나고 아이웨이웨이는 베이징 필름 아카데미에 입학해 첸카이거, 장이머우 등 훗날 유명 영화감독이 된 이들과 같이 수학한다. 아버지의 예술가적 면모를 고스란히 이어받은 그는 무대미술을 전공하며 취미로 회화를 배웠으며, 1979년 제1회《싱싱미술전》과 1980년 제2회《싱싱미술전》에도 참여했다. 이후 싱싱화회가 정부의 탄압을 받자 1981년 미국 뉴욕으로 유학, 파슨스 스쿨 오브 디자인에서 공부한다. 당시 그는 기성품을 이용한 퍼포먼스 아트와 개념미술을 선보이며 명성을 얻었다. 1993년 베이징으로 돌아온 아이웨이웨이는 동춘의 실험미술가들을 지원하며 저술 활동도 활발히 했다. 또한 'China Art Archives and Warehouse'를 설립하면서 2005년 시카고 현대미술관에서 전시를 열고, 2006년 시드니 비엔날레 등에 참여하며 왕성하게 활동을 이어간다. 그 밖에도 '페이크 디자인Fake Design'이란 이름으로 건축사무소를 열고 베이징 올림픽 주경기장 냐오차오를 공동설계해서 화제를 모으기도 했다.

현재 아이웨이웨이는 중국사회의 고질적인 병폐를 파헤치고 이를 자신의 블로그, 페이스북, 트위터 등에 올려 전 세계인들과 소통을 꾀하고 있어 중국정부와 마찰을 빚고 있다. 2008년에는 쓰촨성 지진으로 희생된 아이들의 죽음이 부실공사 및 사회 전반의 부조리 때문이라고 주장하다 공안에게 맞아 머리를 다쳐 수술을 받기도 했다. 2011년 4월 3일, 그는 반체제 지식인 류샤오보劉曉波의 석방을 요구하는 등 노벨평화상 지지 운동을 벌이다 홍콩으로 출국하는 도중 공항에서 체포되었다. 80일 만에 보석으로 풀려나기는 했지만 세무당국으로부터 미납세금 등 약 1,200만 위안(20억 원)을 추징당했다.

끊임없이 자신의 목소리를 내며 문화예술계 안팎에서 놀라운 활약을 하고 있는 아이웨이웨이는 2010년 유명 미술 매체인 『아트 리뷰』에서 선정한 '국제 예술계에서 영향력 있는 100인' 중 13위에 올랐으며, 중국 미술계에서도 매년 가장 영향력 있는 인물 1위를 차지하고 있다.

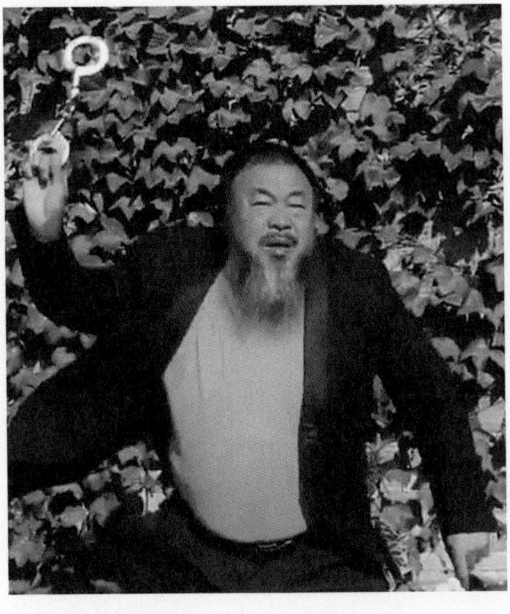

가수 싸이의 노래 '강남 스타일'에 맞춰 수갑을 휘두르며 말춤을 추는 아이웨이웨이의 동영상 차오니마 스타일의 한 장면.

2012년 10월에는 가수 싸이의 '강남 스타일'을 패러디한 '차오니마草泥馬 스타일'이라는 제목의 유튜브 동영상으로 다시 한 번 전 세계인들의 이목을 끌었다. '차오니마'는 중국어 욕설과 발음이 비슷해 정부의 인터넷 통제를 비판하는 은어로 중국의 누리꾼들 사이에서 통용되는 용어다. 영상에서 아이웨이웨이는 말춤을 추다가 주머니에서 수갑을 꺼내 흔들면서 중국정부의 인터넷 검열을 조롱하고 있다. 중국정부가 그를 핍박하면 할수록 반체제 예술가 아이웨이웨이의 국제적 입지는 더욱 견고해지고 있다.

붉은 태양에 맞선 별들의 선전포고

이번 전람회는 '4인방'의 문화전제주의와 10년간의 사상적 속박을 타파하는 데 가장 큰 의의가 있다. 저들은 용감하게도 영혼의 언어로써 자신들의 번뇌와 사색을 표현하고, 자신의 영혼이 받은 상처를 대중들에게 이야기했다. 그것은 당연히 사상 해방의 산물이라고 할 것이다. 지난 10년간의 역사적 시기에 인민들이 공유했던 상처와 사상 해방에 대한 요구가 그들 작품의 주제와 일치했기 때문에 이번 전시가 큰 반향을 일으킨 것이다.

–리셴팅栗宪庭●, 『미술』 1980년 3호 《싱싱미술전》 리뷰 중

사실 싱싱화회의 핵심 멤버들 대다수는 직업 예술가가 아니었다. 리더 격인 황루이는 베이징의 가죽공장 노동자였고, 마더성은 기계연구소의 직원이며, 왕커핑은 중앙TV의 편집기사였다. 당연히 정규 미술교육이라고는 받아본 적이 없는 아마추어 청년 작가들이 대다수였다. 이들은 또한 문화혁명 시기에 농촌으로 하방된 지식 청년들로, 70년대 중반 문혁이 끝나자 다시 도시로 돌아와 각자 자신의 자리에서 문학, 조각, 미술 등 다양한 창작행위를 하며 새로운 사상을 추구하던 열혈 청년들이었다.

1979년 9월, 싱싱화회의 예술가들은 베이징 정부관헌미술협회에 전시 개최를 신청한다. 이는 평범한 시민들이 당국과 교섭해 얻어낸 최초

● 1949년생, 미술평론가이자 전시기획자. 차이나 아방가르드 아트의 대부이자 정신적 지주로 알려져 있다. 1978년 중앙미술학원 졸업 후, 1983년까지 미술잡지 『미술』의 편집장을 맡았다. 1970~80년대에 중국에서 아방가르드 미술을 발전시키는 데 지대한 공을 세웠다. 1990년대에 시니컬 리얼리즘, 폴리티컬 팝이라는 용어를 만들기도 했다. 중화권은 물론, 구미와 아시아에서 중국미술 전시를 열어 팡리쥔, 왕광이, 장샤오강 같은 거물급 스타들을 발굴했다. 현재 베이징 쑹좡 미술관 관장으로 있다.

의 미술전람회이자 주로 관이 주도해왔던 미술전을 민간인이 개최할 수 있는 권리를 쟁취한 역사적인 사건이었다. 그 결과 1979년 9월 27일, 중국 미술관 야외 동쪽 공원에서 전시가 열렸고, 이것이 제1회《싱싱미술전》이다.

그들은 개막 전날 베이징 시내 각지에 전단지를 뿌리고 청명한 가을 하늘과 햇빛 아래에서 전시를 개최했다. 150여 점의 유화, 수묵화, 펜화, 판화, 그리고 조각 작품들이 좌대나 흰 벽이 아닌 미술관 담장 철책 혹은 땅바닥에 전시되었다. 내용이나 형식뿐 아니라 전시 방식 자체도 당시로서는 획기적이었다. 『금천』의 시인들도 각각의 작품에 시를 배치시켜 한편으로는 시화전을 연상시키기도 했다. 직업 화가가 아니었던 이들의 작품은 완성도나 기량이 떨어지기는 하지만, 내용과 형식 면에서 그동안 사회주의 리얼리즘 양식 혹은 마오 양식에 길들여져 있던 대중들에게 시각적 충격을 안겨주기엔 충분했다. 당시 이들이 선보인 작품은 사회 비판적 테마의 작품부터 온건한 수묵화까지 무척 다양했다. 또한 인민이나 사회주의 혁명과 같은 정치선전이나 이데올로기 문제의식에서 벗어나 건국 이후 처음으로 개인의 내면이나 취향을 반영한 작품들이 대부분이었다.

문화대혁명 시기의 획일적이고 고정된 미의식을 뒤집고 대중들의 뇌리에 새로운 조형감각을 불어넣으려는 소수 예술가들의 몸짓은 그 자체로 전위적이고 체제 전복적인 성격을 띠고 있었다. 신중국 건립 이후 중국에는 사회주의 리얼리즘 양식만이 발붙일 수 있었다. 따라서 서구보다 한 세기가량 뒤처진 초현실주의나 후기 인상파, 큐비즘 등

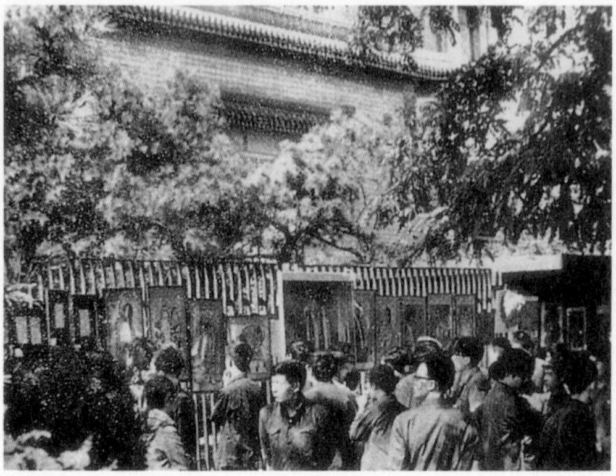

1979년 9월, 중국 미술관 동편 소공원 철책에서 열린 제1회《싱싱미술전》을 감상하는 관객들. 신중국 건국 이후 최초로 민간인이 주도한 전시였다.

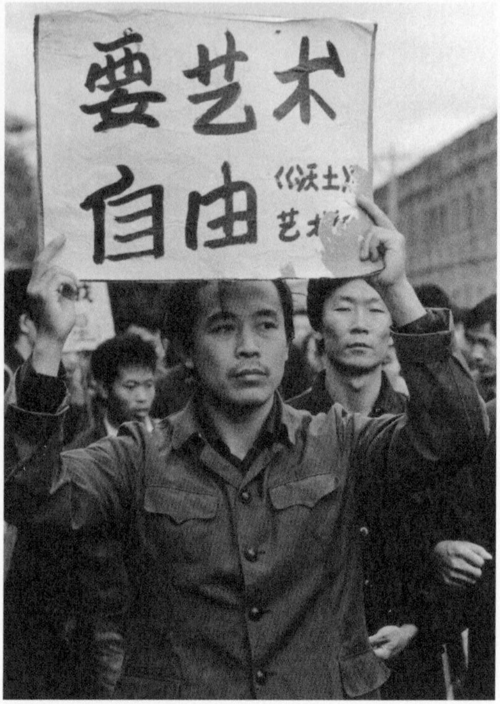

《싱싱미술전》 탄압에 맞선 시위대의 행진. 싱싱화회의 일원인 조각가 왕커핑이 "예술표현의 자유를 요구한다"는 내용의 푯말을 들고 있다. 이 시위는 『뉴스위크』에 실릴 정도로 전 세계적인 관심을 받으며 중국 현대미술의 발전을 촉진시켰다. (사진: Liu Heung Shing, 1979)

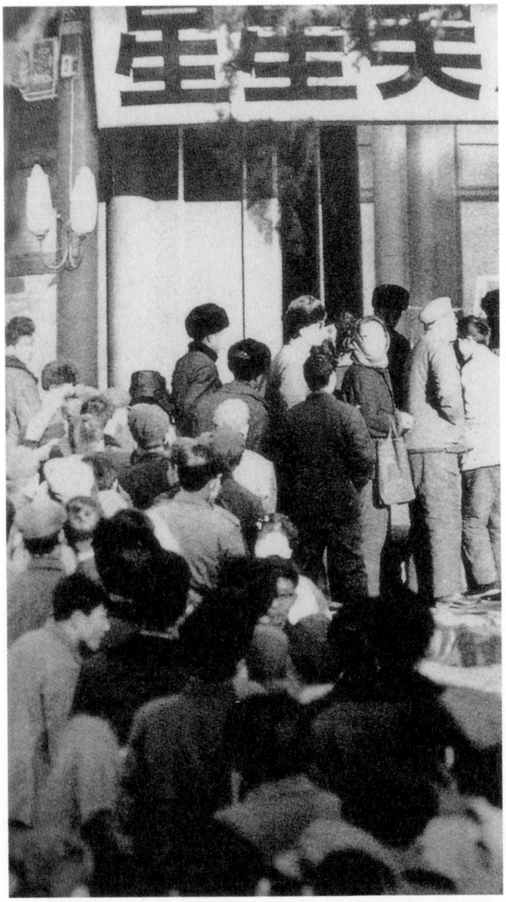

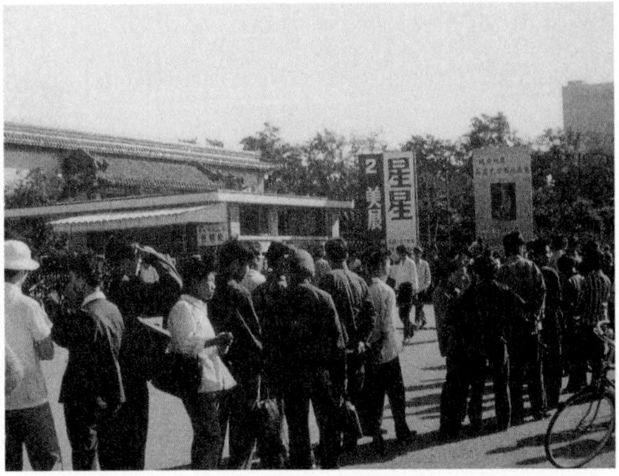

1980년 중국 미술관에서 열린 제2회 《싱싱미술전》에 몰려든 관객들. 전시는 대성황을 이뤘지만 당국의 집요한 탄압으로 이 전시를 끝으로 싱싱화회는 해체되고 구성원들은 대부분 해외로 이주했다.

제1회 《싱싱미술전》이 3일 만에 폐쇄되자 항의 시위의 일환으로 같은 해 11월 베이하이 공원에서 열린 연장전에 몰려든 인파.

이 당시 중국에선 전위예술이나 마찬가지였다.《싱싱미술전》에 온 관람객들은 새로운 조형언어를 온전히 이해하지는 못했지만 새로운 미술이 주는 정서적 충격을 신선하게 받아들였다. 하지만 정부에서 이런 현상을 곱게 봐줄 리가 없었다. 전시가 열린 바로 다음 날 공안이 개입해서 황루이와 마더성을 연행해 갔으며, 공공질서를 교란시킨다는 이유로 전시회를 폐쇄시키고 작품들을 몰수했다.

왕커핑을 비롯한 혈기왕성한 멤버들은 이에 반발하고 나섰다. 전시회 폐쇄 이후 이들은 10월 1일 건국 30주년 기념일을 맞아 예술과 개인의 자유를 외치며 항의시위를 벌인다. 이는 신중국 건국 이래 일어난 최초의 민간 시위여서 세계 언론의 관심이 집중됐고, 중국정부는 상당한 부담감을 느꼈다. 이들의 주장에 호응하는 일반 시민들까지 합류하여 1,000여 명에 달하는 인파가 모여 경찰과 맞선 결과, 베이징의 한 공원에서 11월 23일부터 12월 3일까지《싱싱미술전》을 다시 개최하라는 허가를 받아내고, 정식으로 베이징 미술가협회에 등록까지 한다. 여기에서 그치지 않고, 1980년 3월과 8월에 두 번째 전시까지 연다. 미술관 바깥이나 공원에서 열렸던 1회와는 달리 제2회《싱싱미술전》은 중국 미술관 안에서 좀 더 많은 작가들이 다양한 작품을 선보여 뜨거운 반향을 일으켰다. 미술관 밖의 아웃사이더들이 미술관 안으로 진입한 것이다. 관객도 늘어 보름 동안 무려 20만 명 이상이 다녀갔다.

두 번에 걸친《싱싱미술전》을 통해 등장해 지금까지 화제가 되고 있는 작품은 왕커핑의 나무 조각 연작 〈침묵〉과 〈우상〉, 그리고 〈만만세〉일 것이다. 〈침묵〉은 당시《싱싱미술전》에서 선보였던 작품들 중 가장 반체제적이고 강렬한 인상을 남겼다. 눈과 입이 봉인된 사람의 형상을 보여주는 이 작품은 문혁 시기 4인방에 의해 억압받고 고통받는 중국 인민들을 상징하는 동시에, 새로운 시대의 도래와 자유에 대한 갈구를 보여준다. 또한 마오쩌둥과 부처의 얼굴을 합성한 듯한 조각으로 마오의 초상화를 패러디해 관료주의를 비판한 〈우상〉은 관객들에게 정서적 충격을 주었다. 문혁이 끝났어도 아직 집집마다 마오의 초상화나 사진을 신주단지 모시듯 했던 그 시절, 이목구비 비례도 제대로 맞지 않고 왜곡된 형상의 마오의 모습에 사람들은 적잖이 충격을 받았을 것이다. 마오 어록을 든 손을 형상화한 〈만만세〉는 문혁 시기 광기에 사로잡혀 '마오 주석 만세'를 외쳤던 홍위병을 풍자하고 있다. 이 작품들 때문에 왕커핑은 한때 종교처럼 받들어졌던 마오에 대한 신성모독을 처음으로 감행한 전위예술가로 유명세를 타게 된다. 훗날 '마오 이미지 비틀기'로 국제무대에서 유명해진 왕광이나 위여우한余友涵 같은 후배들에게 길을 터주었다고 볼 수 있다.

《싱싱미술전》의 성과는 문학, 예술뿐만 아니라 정치적 자유에 대한 갈망으로 이어졌다. 이는 중국 현대예술운동의 기본 방향성을 제시한 미술계의 일대 사건이었다. 저명한 미술사학자 우훙巫鴻의 말에 따르면 미술계의 아웃사이더였던 이들로 인해 탈문화혁명 미술운동이 시작된 것이다. 싱싱화회의 움직임은 기존의 미의식에 종언을 고하고 중국 현대미술의 막을 올린 계기로 작용했다. 이들은 미술을 사회주의 중국을 위한 도구나 수단에서 완전히 해방시킴으로써 본래의 심미적 영역으로 되돌아가도록 하는 데 이바지했다.

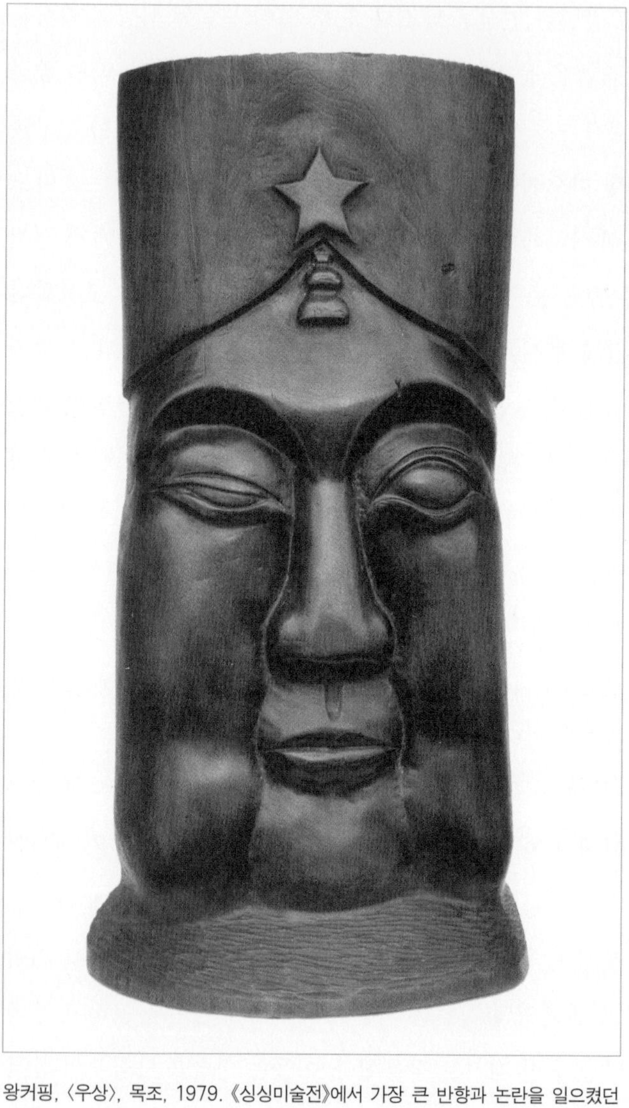

왕커핑, 〈우상〉, 목조, 1979. 《싱싱미술전》에서 가장 큰 반향과 논란을 일으켰던 작품으로, 마오쩌둥의 형상을 패러디한 작가의 의도가 한눈에 엿보인다. 당시 신성시되었던 마오의 형상을 이처럼 비튼 작가는 왕커핑이 처음으로 훗날 폴리티컬 팝에 지대한 영향을 미쳤다.

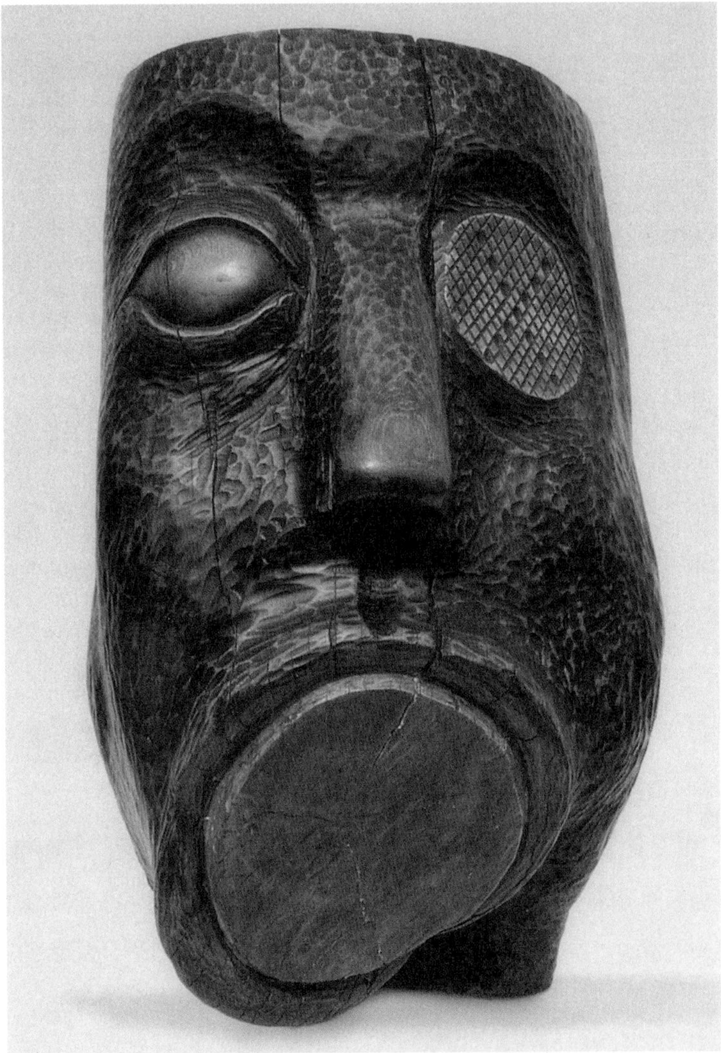

왕커핑, 〈침묵〉, 목조, 1979. 눈과 입이 봉쇄된 듯한 모습을 하고 있는 이 작품은 문혁 시절 4인방이 중국인민들의 눈을 멀게 하고 문호를 봉쇄해버린 사회 현실을 은유한다.

80년대 초반, 싱싱화회의 구성원들 대다수는 당국의 규제와 이런저런 개인적인 이유로 망명하듯 해외로 뿔뿔이 흩어졌다. 때마침 중국정부는 개방적이고 자유를 갈구하는 공기가 민주화운동으로 확산될 것을 두려워한 나머지 '반정신오염운동'이라는 캠페인을 하며 자유분방한 예술가들을 탄압하기 시작했다. 이에 1984년 왕커핑이 프랑스로 이주하고, 마더성은 일본으로, 그리고 아이웨이웨이나 다른 멤버들은 미국 혹은 영국으로 떠났다. 황루이 역시 1983년 일본으로 건너가 2002년 다시 베이징에 정착하기까지 오랜 시간을 해외에서 보냈다. 비록 그들은 세계 각지에 흩어져 유랑하는 별 같은 신세가 되었지만 자신만의 정치적, 예술적 경험을 간직한 채 각자의 자리에서 찬란히 빛을 발해 국제무대에서도 시선을 끌었다. 현재 그들 중 몇몇은 중국 미술계는 물론 국제 미술계에서 엄청난 영향력을 행사하는 거물급 인사가 되었다. 이들의 무모한 도전이 없었다면 90년대 이후부터 세계 미술시장에 중국 현대미술의 르네상스를 일궈낸 85신조나 89미술운동은 아마 태동조차 힘들었을 것이다.

캄캄한 밤하늘에 점점이 흩어진 별들이 이어져 하나의 별자리를 형성해 좌표를 제시하듯이, 싱싱의 별들 역시 후배 미술가들에게 향후 중국 현대미술의 이정표를 제시했다. 그들의 역량은 새로운 후배 예술가들이 이어나가고 있는데, 바로 85신조운동을 주도하고 지금은 국제 미술계의 스타가 된 왕광이, 장샤오강, 웨민쥔 같은 거성들이다. 중국 현대미술사에 큰 획을 그은 85신조에 관해서는 이 책의 후반에서 다시 언급하기로 하고, 1989년의 역사적 현장으로 가보자.

《차이나/아방가르드전》과 제2차 톈안먼 사건

10년이면 강산이 변한다고 했다. 《싱싱미술전》이 열렸던 1979년 이후 10년, 1989년을 맞이한 중국의 정치적, 문화적 지형도는 엄청난 지각 변동을 겪고 있었다. 화궈펑의 뒤를 이어 덩샤오핑이 등장했고, 개혁 개방 정책 아래 중국은 극적으로 자본주의 경제를 일구어냈다. 정치, 경제의 변화에 발맞춰 중국인민들의 사회적, 문화적 삶에도 많은 변화가 일어났다. 극장에서는 할리우드 영화와 홍콩 무협물이 상영되고, TV에서는 외국 드라마와 패션쇼가 나왔다.

미술계에도 많은 변화가 찾아왔다. 미국 출신의 저명한 팝아티스트 로버트 라우센버그의 첫 중국 전시에 이어 외국 작가들의 작품이 국가적 차원에서 수입되어 전시되었다. 또한 미술잡지를 통해 해외에서 유행하는 최신 예술 사조들이 소개되어 작가들을 자극하고, 새로운 예술에 대한 열망을 불러일으켰다. 하지만 여전히 중국 내에서 해외 유명 작가들의 작품을 실견한다는 것은 미술 관계자들에겐 꿈과 같은 이야기였다. 이들은 도서관이나 외국 대사관을 통해 입수한 해외 미술잡지를 보며 새로운 조형언어를 익히고 베끼면서 기존의 억압적 형식과 내용으로부터 탈출을 꿈꾸었다. 이러한 움직임은 결국 시스템 바깥에서 자유롭게 기존 미술형식의 보수성을 뒤흔드는 계기를 마련했다.

이들은 당시만 해도 사회주의 리얼리즘 양식의 유화와 이를 기반으로 한 '국화國畵'(전통화) 일색이던 중국화단에 새로운 미술의 에너지를 담아낼 수 있는 여러 제도적 틀을 고안하거나, 서구로부터 도입했다.

이 시기 미술평론가이자 작가이기도 한 독립 큐레이터들의 활약이 두드러지면서 대안공간을 중심으로 작가 발굴과 새로운 전시 형태도 나타났다.

이러한 사회적 분위기 속에서 1985년, 중국 당대 미술계의 중추적인 전환점 역할을 한 '85미술운동'이 엄청난 반향을 일으킨다. 이듬해인 1986년부터 심상치 않은 조짐이 나타나기 시작하는데, 이를테면 새로운 조형개념을 선보이는 데 열성적이던 전국 각지의 미술대학 학생들과 졸업생들이 서로 연계하여 합동 전시를 열고 연구나 모임을 활성화했던 것이다. 이러한 시도를 통해 전위예술가들은 전국적인 연대를 구축하고, 중국미술의 현대화, 국제화에 한층 더 가속도가 붙는다. 베이징의 선도적인 미술평론가들에 의해 중국 내의 다양한 실험미술 그룹도 꾸준히 소개되었다. 이러한 분위기에 맞춰 동시대 해외미술의 동향을 소개하는 미술 주간지도 발행되어 베이징은 실험미술의 선구적 역할을 톡톡히 하게 된다.

1989년 2월 5일, 전국 각지의 전위예술 그룹이 모여 중국 미술관에서 《차이나/아방가르드전》으로 알려진 《중국 현대미술전》을 열기에 이른다. 당시 사회 분위기에서 국립미술관이 아방가르드 미술을 후원한다는 것은 획기적인 사건이었다. 현재 중국 미술계에서 가장 영향력 있는 인물이 된 평론가 리셴팅이 전반적인 기획을 맡아 지난 10여 년 동안 새로운 미술을 선보였던 작가들을 중국 각지에서 섭외했다. 이들은 싱싱화회의 반체제적 저항정신을 이어받아 전시장 메인 홀에서 거리까지 긴 검정색 카펫을 깔고 'No U-Turn'이라는 거대한 엠블럼을

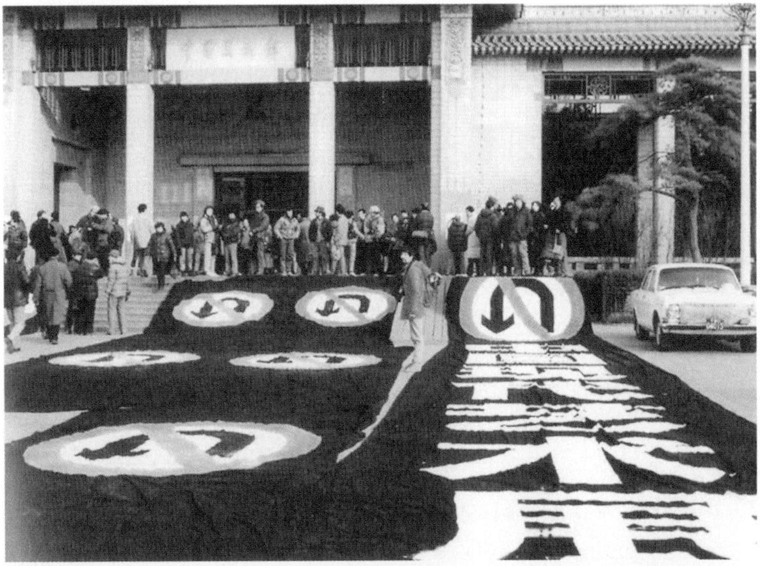

'No U-turn'이라고 쓰인 거대한 엠블럼이 깔린 《차이나/아방가르드전》(1989) 전시장 입구. 중국 전역의 아방가르드 미술 전사들이 대거 제도권 미술관으로 진입한 역사적인 사건이었다.

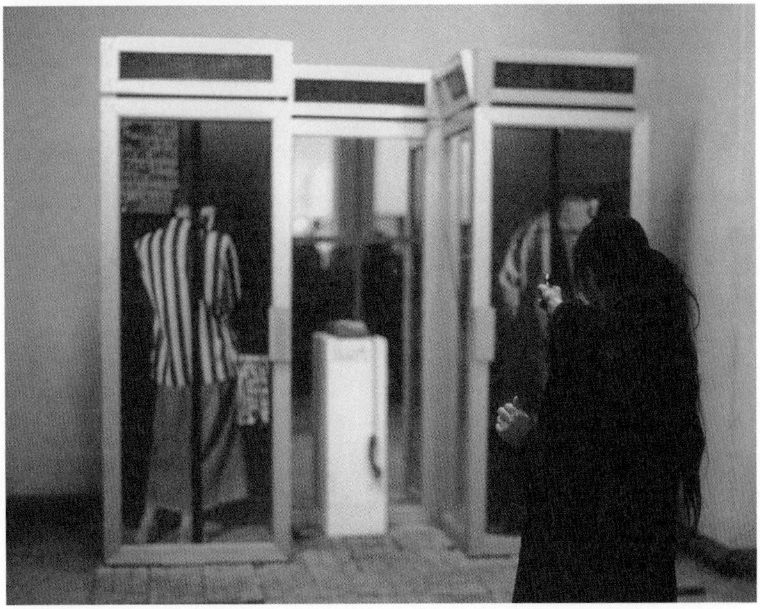

1989년 《차이나/아방가르드전》 때 정부 측이 전시 폐쇄의 이유로 삼은 샤오루와 탕쑹의 〈대화〉. 이 사건이 있고 얼마 안 돼서 6·4톈안먼민주화운동이 발생했다.

새겨 중국사회의 경직된 체제를 한껏 비판했다. 전시된 작품들은 신중국 건립 이후 지속된 획일적인 사회주의 리얼리즘이나 관 주도의 미술 정책을 직접적으로 공격하는 설치작품이나 퍼포먼스 아트가 대다수였다. 공안 당국은 당연히 이들의 움직임에 촉각을 세우고 지켜보았다.

아니나 다를까, 오프닝 당일 여성 행위예술가 샤오루肖魯와 그녀의 파트너 탕쑹唐宋 콤비가 〈대화〉라는 작품에서 행한 퍼포먼스에서 실탄이 발사된 것이 빌미가 되어 두 사람은 경찰에 연행되고 만다. 이들은 두 개의 공중전화 부스에 실물 크기의 통화하는 남녀 사진을 붙여놓고 그 사이에 1미터 간격의 보도를 깔고 중간에 거울을 세워놓았다. 그런 다음 총으로 거울을 쏘아 서서히 금이 가는 효과를 기대했으나 결과는 공안의 급습과 전시장 봉쇄였다. 설상가상으로 미술관을 폭파시키겠다는 협박편지가 날아들면서 전시는 두 차례의 봉쇄를 겪고 예정보다 일찍 막을 내렸다.

이로부터 석 달 후인 1989년 6월 4일, 톈안먼 민주화운동이 일어나고 《차이나/아방가르드전》에 참여했던 기획자들과 작가들 대다수도 시위에 참여한다. 하지만 강경파의 무리한 진압으로 민주화를 요구하는 시위대를 향해 인민해방군이 실탄을 발사하는 사건이 발생한다. 우연의 일치였을까? 《차이나/아방가르드전》에서의 총격 해프닝이 인민을 위해 봉사해야 마땅할 인민해방군이 인민에게 총구를 겨누고 대량 학살을 야기한 '6·4 톈안먼 사건'의 예언처럼 되어버렸으니 말이다. 톈안먼 사건으로 인해 수많은 예술가들은 새로운 사회 분위기 속에서 자신의 역량을 펼치려 했던 소박한 꿈이 한낱 몽상에 지나지 않음을

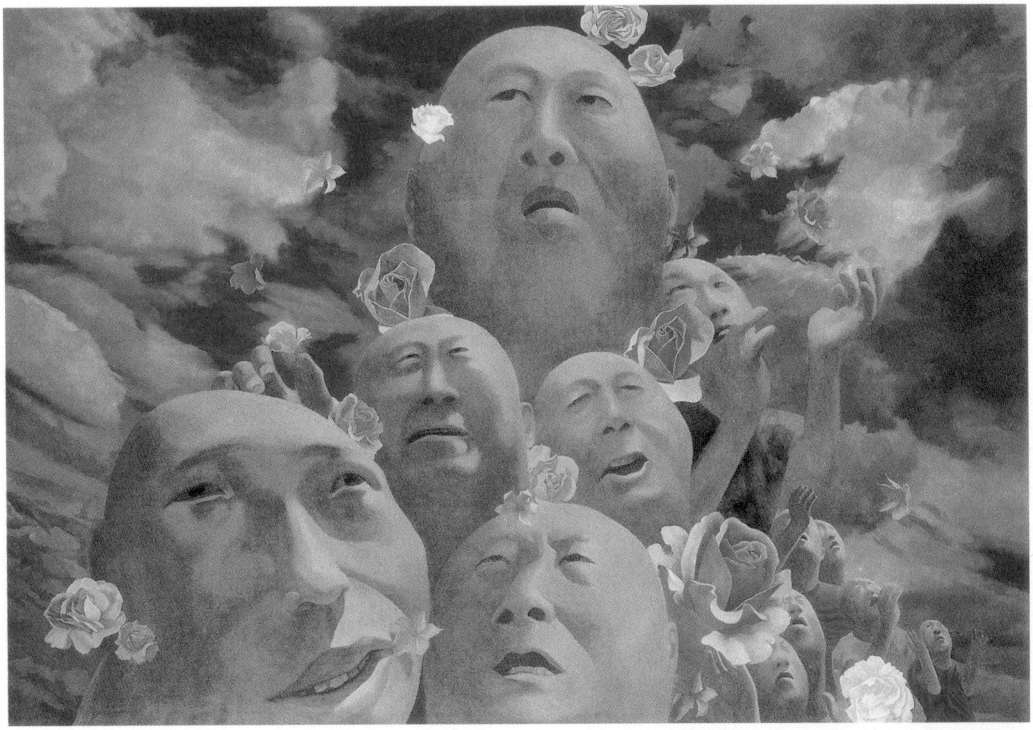

팡리쥔, 〈98.10.1〉, 유화, 1998. (도판 제공: 민성 미술관)

깨닫고 좌절했다.

표현의 자유를 맘껏 누리며 세상과 소통하려던 예술가들의 이상주의는 곧 냉소주의로 퇴색한다. 이들은 청 왕조의 휴양지였다가 제국주의 열강에 의해 폐허가 된 '위안밍위안圓明園'에 모여 예술가 마을을 이룬다. 이때 거대한 상실감을 맛보고 스스로를 사회로부터 격리시킨 채 고독을 즐기는 듯한 그들의 태도는 작품세계에 그대로 녹아들었다. 1990년대를 풍미했던 소위 '시니컬 리얼리즘玩世寫實主義'이라는 독특한 장르가 탄생한 것이다. 그리고 톈안먼 사태에 대한 냉소적인 대응을 담은 정치성 짙은 작품이 나오기 시작한다. 대표적인 작가로 팡리쥔方力鈞과 웨민쥔을 들 수 있다. 또 다른 무리들은 90년대 중반 베이징 동춘東村에 실험미술 그룹을 조직한다. 장환張洹, 마류밍馬六明 등이 주축이 된 이들은 다소 엽기적으로 보이는 과격한 퍼포먼스를 선보이며 기존 미술에 대한 거부와 체제 저항적 성격을 드러냈다. 이들은 더 나아가 1960년대 유럽과 미국의 실험예술가들처럼 주로 육체 학대를 통해 억압적인 사회 지배질서와 국가권력을 폭로하고 비판하고자 했다.

이리하여 1979년《싱싱미술전》이후 잠시 양지에 나와 왕성한 생명력을 자랑하던 전위예술가들은 다시 음지로 칩거한 형국이 되어버렸다. 대신 각자 다른 지역과 해외로 흩어진 이들은 작품의 경향도 점차 각자의 색깔이 뚜렷해지고 다원화되었다. 그 결과 국제적으로 주목을 받고 90년대에 다시 차이나-아방가르드의 기치를 내걸고 베니스 비엔날레, 카셀 도큐멘타 등 국제무대에서 화려하게 부활한 이들은 아시아의 블루칩 작가로 대거 등극하면서 부와 명예를 동시에 거머쥔다.

10년의 시차를 두고 발생한 중국 미술계의 지각 변동을 야기한 두 사건을 오롯이 목격한 중국 미술관은 이제 중국 현대미술의 메카로 부상한 따산즈에 주도권을 넘겨주고, 아무 일도 없었다는 듯 관람객들을 맞이하고 있다.

| '성루城樓'에서 '후퉁胡同'까지 |

전통건축과 갤러리의 만남

홍먼 화랑의 붉은 기둥

베이징은 조선시대 한양처럼 성곽으로 둘러싸인 도시였다. 하지만 1949년 신중국이 건설되면서 교통에 방해되고 과거 봉건체제의 산물이라는 이유로 베이징 전역의 성곽들은 순식간에 허물어졌다. 개혁개방 정책으로 외국인 관광객들이 몰려들면서 중국정부는 뒤늦게 전통문화의 가치를 깨달았다. 하지만 훼손된 문화재를 복구하려 해도 이미 흔적조차 찾을 수 없는 경우가 대부분이었다. 그나마 2008년 올림픽을 전후로 남아 있던 성곽을 정비하고 공원을 조성하는 등 뒤늦게 전통문화유산을 복구하기 위해 정부 차원에서 많은 노력을 기울이고 있다.

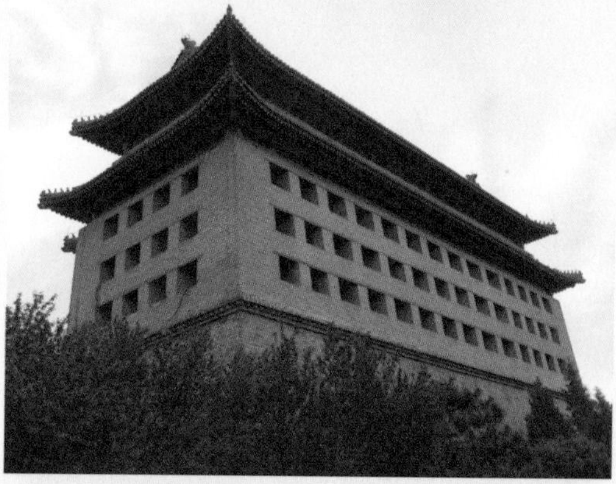

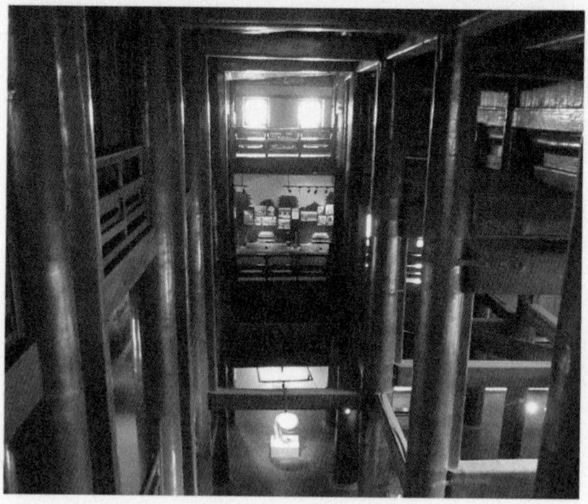

명나라 시절의 성곽 망루를 개조한 홍먼 화랑.

베이징 역 남쪽에 위치한 베이징 '둥볜먼东便门'에는 명나라 시절의 성곽 망루를 통째로 개조한 갤러리가 있다. 홍먼 화랑红门画廊 혹은 레드 게이트 갤러리Red Gate Gallery라 불리는 이곳은 1991년 호주 출신의 브라이언 월러스Brian Wallace가 설립했으며, 중국 최초의 사설 갤러리로 잘 알려져 있다. 월러스는 중국에 배낭여행을 갔다가 중국 현대미술에 관심을 갖게 돼 1984년부터 중국 중앙미술학원에서 미술사를 공부한 특이한 경력의 소유자다. 그가 600년 전통을 지닌 명대의 망루에 젊은 중국 작가들의 작품을 전시한 것은 80년대 후반의 일이다. 월러스는 중국에 뛰어난 현대미술 작가들은 많은데 작품을 전시할 공간이 없는 것에 착안, 직접 갤러리를 만들었다. 중앙미술학원 출신 친구들의 후원으로 그는 베이징 기차역 주변에 있던 문화재로 지정된 성곽 안에 홍먼 화랑을 세웠다. 우리나라로 치면 외국인이 수원 화성의 전각을 개조해 갤러리를 만든 셈이니, 정말 파격적인 발상이 아닐 수 없다. 이후 그는 중국의 유수한 미술 인재들을 발굴하고 영입해 홍먼 화랑을 세계적인 갤러리로 키웠다.

이제 홍먼 화랑 주변은 문화유적지로 주목받고 있다. 과연 이런 곳에 갤러리가 있을까 반신반의하며 마차와 말들을 올리기 위해 만들어진 가파른 언덕길을 개조한 계단을 올라가면 마침내 그 실체가 드러난다. 망루라고 하기엔 무척 고급스러워 오히려 궁궐 전각 같은 명대 고건축물이 나타나는데, 갤러리를 알리는 표식이 없다면 안으로 들어갈 엄두가 나지 않는 장엄한 분위기다. 붉은 문을 지나 내부로 들어가면 우선 거대한 스케일과 분위기에 압도된다. 3층으로 이루어진 고성 내부는 우람한 선홍색 기둥이 천장과 복도를 종횡으로 가로지르고 있어 탄성을 지르게 만든다. 짙은 붉은색의 실내, 전통 목조건물의 웅장한 기둥 등 홍먼 화랑에 온 이들의 머릿속에 가장 오래 남는 것은 작품이 아니라 건물일 것이란 생각이 들 정도다.

1, 2층에서는 주로 기획전이 열리고, 3층에는 과거 '라오베이징老北京'의 모습과 지금은 사라져버린 성곽의 흔적과 규모를 알 수 있는 옛 사진 자료들이 전시되어 있다. 미술계에 종사하는 사람들을 위한 레지던시도 운영하고 있으며, 2005년에는 따산즈 798에 분관을 냈다.

오래된 골목길의 애로 팩토리

베이징 시내에 있는 갤러리 애로 팩토리는 중국의 전통가옥 후퉁을 개조해 들어선 곳이다. 후퉁은 1215년 칭기즈칸이 베이징을 정복한 뒤, 우물을 중심으로 길을 내 형성된 마을을 일컫는다. 2008년 베이징 올림픽을 전후로

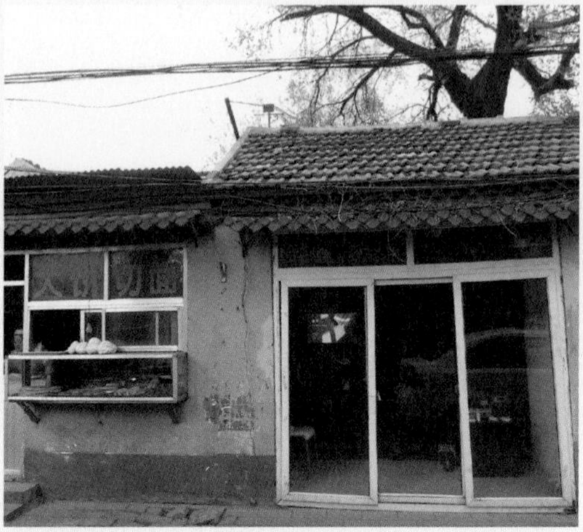

사합원을 개조한 소규모 갤러리, 애로 팩토리.

도시정비라는 명목 아래 베이징 중심부의 후통은 대부분 헐렸지만, 스차하이什刹海, 징산景山, 용허궁雍和宮, 궈쯔젠國子監 등의 후통은 그나마 잘 보존되어 있다.

애로 팩토리는 중국 최대 라마 사원인 용허궁 맞은편 후통 거리에 있다. 용허궁 주변 큰길과 연결된 수많은 골목 중 궈쯔젠 거리라는 간판이 달린 길을 따라 들어가면 공자의 묘와 명청 시대 최고 대학인 궈쯔젠(국자감)이 있던 거리가 나온다. 이 길을 따라가다 '젠창 후퉁箭厂胡同'이라는 비좁은 골목으로 들어서면 '젠창 쿵젠箭厂空間'(Arrow Factory)라는 간판도 없는 작은 갤러리가 나온다. 그곳이 바로 애로 팩토리다.

애로 팩토리는 2008년, 올림픽을 앞두고 정부나 각 기관, 기업 등에서 대외 과시용으로 추진한 대규모 갤러리 설립에 반기를 든 아티스트이자 전시기획자인 허잉이何颖宜, 왕웨이王卫, 그리고 야오자산姚嘉善 세 사람이 의기투합해 만든 대안공간이다. 사합원을 현대식으로 개조해 만든 세련된 카페와 고급 레스토랑, 바가 즐비한 옆 골목에 비해 애로 팩토리가 자리 잡은 공간은 서민들의 거주지로 정겨운 삶이 펼쳐지는 곳이다. 구멍가게들 틈에 숨어 있는 애로 팩토리는 쇼윈도에 붙어 있는 포스터를 보지 못하면 그냥 지나갈 정도로 작고 눈에 띄지 않는다. 채소가게를 개조한 이 자그마한 공간에 젊은 작가들의 실험적인 작품이 걸리고, 비좁은 골목에 늘어선 전병가게와 과일가게, 평상복 차림으로 바람을 쐬러 나온 사람들이 한데 어우러진다. 장소특정적이며 실험적인 개념미술을 주로 선보이는 애로 팩토리는 베이징에서 가장 개성 있고 독특한 전시 공간이다. 설립된 지 4년 남짓한 기간 동안 30명이 넘는 중국 및 해외 작가들이 이곳에서 전시를 열었다.

애로 팩토리는 정식 화랑으로 등록은 했지만, 작품 판매는 하지 않으며 운영자들의 친구나 동료들이 십시일반으로 거둔 후원금으로 운영되는 철저한 비영리 대안공간이다. 이들은 특히 후퉁 주민들의 일상과 밀착된 프로젝트를 펼치는데, 예를 들면 전시장 내에 에어컨을 설치한 다음 한여름 폭염에 고생하는 주민들에게 갤러리 열쇠를 주고 더위를 피할 수 있도록 하는 식이다. 갤러리 공간을 제과점으로 변경해 서양식 빵이나 케이크, 커피 문화에 낯선 후퉁 주민들을 초대해 대접하는 특별 이벤트도 종종 선보인다. 좁디좁은 공간과 미술에 대한 비판적 담론의 창구를 표방하는 점은 마시밀리아노 지오니, 마우리치오 카텔란 등의 예술가들이 2001년 미국 뉴욕에 설립한 세상에서 가장 좁은 1평방미터의 비영리 갤러리, '더 롱 갤러리 The Wrong Gallery'를 떠올리게 한다.

홍먼 화랑이 속세와 떨어져 망루에 고고하게 자리 잡은 사원 같다면, 애로 팩토리는 지역사회에 스며들어 주민들과 함께 새로운 지역문화를 일궈나가는 골목 초입의 평상 같다. 두 군데 모두 찾아가려면 상당한 발품을 팔아야 하지만 전시 내용과 별개로 수천 년 동안 전해 내려온 베이징의 문화유산을 한층 더 가까이 접할 수 있을 것이다.

근대중국 아이콘들과의 조우, 상하이 미술관

'상하이 미술관'이라는 작품

상하이 미술관은 미술애호가들에게 무척 친절한 곳이다. 우선 찾아가기가 쉽다. 도심 최대 번화가 서북쪽 영국 조계지에 있고, 지하철 런민광장 역에 내리면 바로 보이기 때문이다. 아마 베이징, 상하이를 통틀어 지하철 역에서 이동 거리가 가장 짧은 미술관이라고 할 수 있을 것이다. 미술관 건물 자체도 예술품이라 할 수 있을 정도로 걸작이다. 거대한 시계탑을 갖춘 신고전주의풍 외관은 근대적 미의 결정체로 아마 내용물보다 외관에 매료되어 미술관 앞태와 뒤태는 물론 옆구리까지 감상하며 시간을 보내는 사람들도 꽤 있을 것이다. 원래 이 건물은 옛 영국 경마클럽으로, 1926년부터 짓기 시작해 1933년에 완공되었다. 하지만 영국인들은 6층 높이의 이 웅장한 건물을 짓기 위해 상하이에서 가장 알짜배기 땅을 점유하면서 중국인들을 철저히 소외시켰다. 경

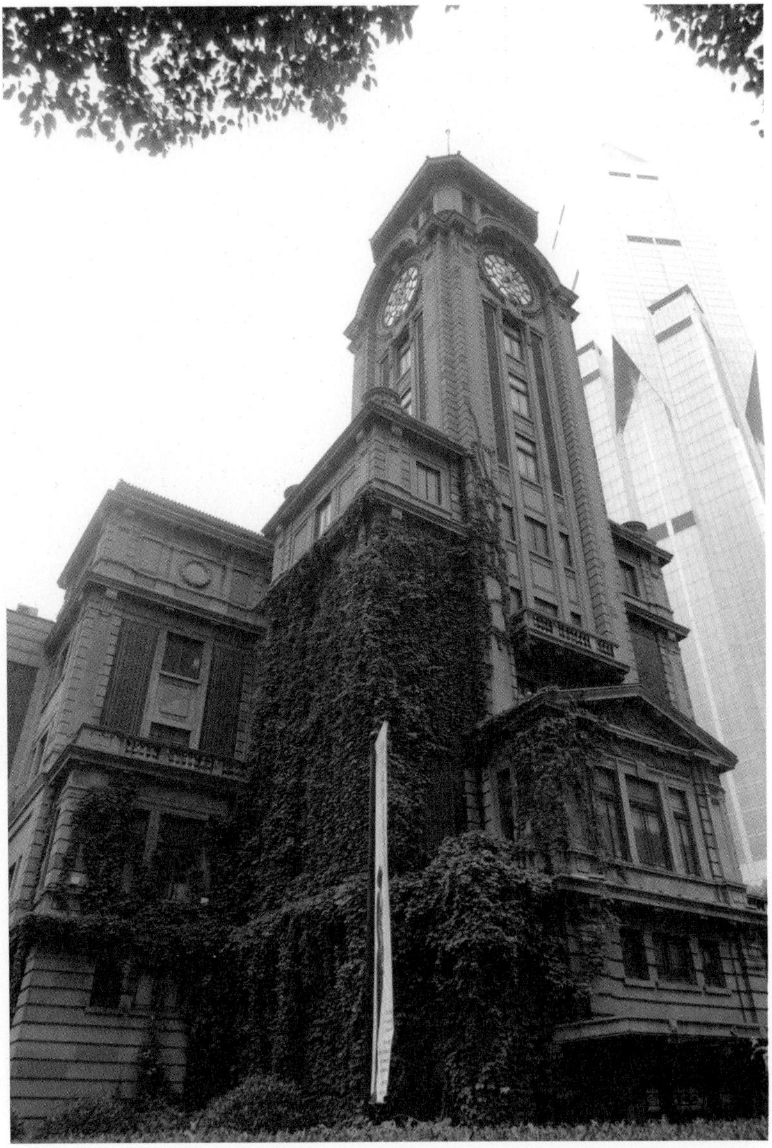

1920년대 영국 경마클럽을 개조한 건물에 들어서 있는 상하이 미술관.

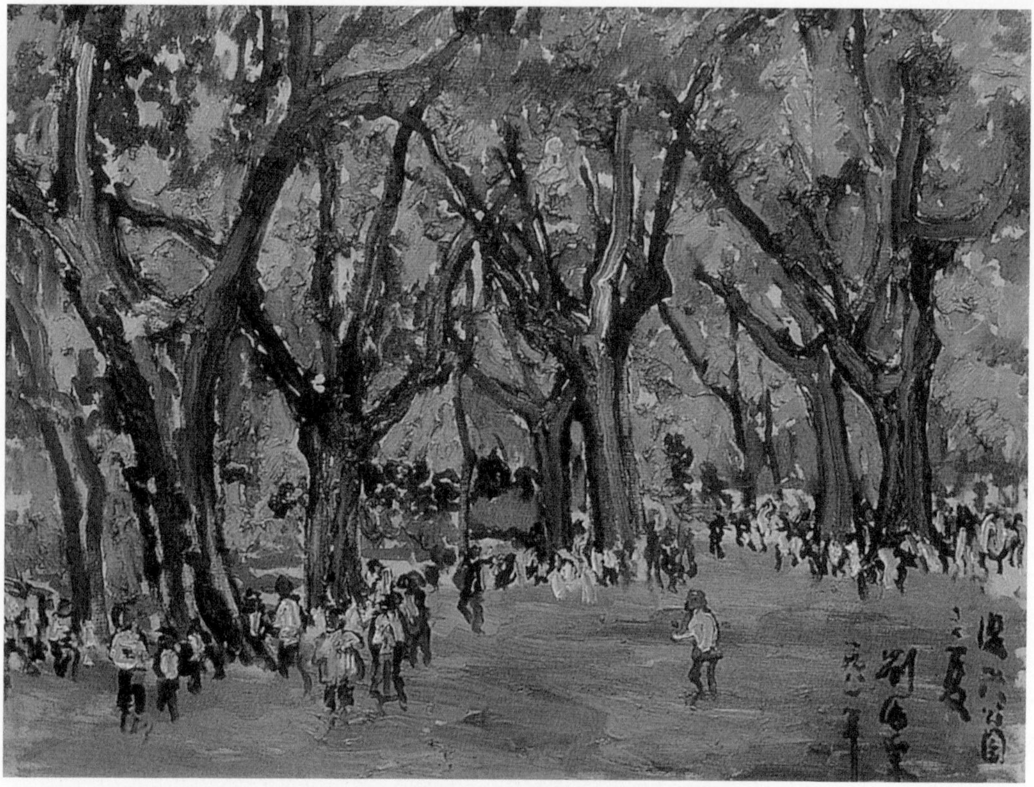

류하이쑤, 〈후싱 공원〉, 캔버스에 유채, 1981, 상하이 미술관. 1990년대에 들어서야 상하이 미술관은 현대미술에 눈을 뜨고 다양한 작품들을 수집, 전시하기 시작했다.

마클럽에 들어갈 자격은 물론 상하이 마사회의 정식회원 자격도 중국인에게는 주지 않았다고 한다.

신중국이 건립되면서 중국정부는 이 건물의 용도를 박물관과 도서관으로 바꾸었다. 이후 2000년에 런민 광장에 상하이 박물관이 새로 들어서고, 난징시루에 있던 상하이 미술관의 전신인 상하이 미술전람관이 이곳으로 이전하면서 오늘에 이르렀다. 상하이 미술관은 약 4,000여 점의 작품을 소장하고 있으며, 컬렉션 앨범이나 도록 등을 출판하고 학술 세미나를 열기도 한다. 그 밖에 전시기획, 미술 교육과 더불어 해외 기관과의 문화예술 교류를 주도하고 있으며 중국 현대미술에도 나름의 영향력을 발휘하고 있다. 하지만 80년대 후반에서야 시작한 유화 컬렉션은 그 시작이 늦은 만큼 소장품도 얼마 되지 않는다. 상하이 미술관은 90년대에 들어서야 현대미술에 눈을 뜨고 젊은 작가들의 작품을 전시하고 수집하기 시작했다. 현재는 중국의 젊은 작가들뿐만 아니라 해외 소수민족 작가들의 작품과 퍼포먼스 등을 선보이며 학술연구의 기반을 다지고 있다.

또한 1996년부터 2년마다 상하이 비엔날레가 이곳에서 열리고 있어 세계 미술계에 그 이름을 제대로 알리고 있다. 한때 경마로 한밑천 잡으려는 한량들이 서성거리던 경마클럽이 이제는 세계적인 미술축제의 장으로 변모했으니, 실로 상전벽해라 할 만하다. 상하이 비엔날레는 현대미술 전시의 장이기도 하지만, 예술가들과 큐레이터, 비평가들이 한자리에 모여 시야를 넓힐 수 있는 기회의 장이기도 하다. 국제도시로 거듭나고 있는 상하이의 문화적 배경도 비엔날레에 큰 영향을 주고 있다.

멋진 외관만큼이나 내부 인테리어 역시 서양 건축양식 특유의 우아함과 모던함이 융합되어 예술의 전당으로서 손색이 없다. 널찍한 1층 메인 홀에서 전시를 보고 계단을 따라 올라가면 2, 3층까지 전시공간이 펼쳐지는데, 어디선가 식민지 시절 잘 차려입은 신사숙녀들의 웃음소리가 들려올 것 같은 고풍스러운 매력이 있다. 4층에는 미술 관련 서적들이 보관되어 있는 도서관, 5층에는 1930년대 아르데코 스타일의 레스토랑 '캐슬린 5'가 있다. '캐슬린 5'의 야외 테라스에 서면 근대식과 초현대식 건물, 런민 공원의 녹지가 아름답게 조화를 이룬 최고의 전망을 감상할 수 있다.

하지만 이 유서 깊은 건물이 상하이를 대표하는 미술관 역할을 하는 것도 이제 얼마 남지 않았다. 중국정부가 푸둥의 엑스포 단지로 상하이 미술관 이전을 추진하고 있기 때문이다. 이렇게 아름다운 건물이 향후 어떤 용도로 쓰일지 참으로 아쉬울 따름이다.

상하이 모던의 아이콘 1: 치파오

필자가 상하이 미술관을 처음 찾았을 때 여러 주제의 전시가 열리고 있었는데 그중 유독《100년 치파오전》이 눈길을 사로잡았다. 중국 전통의상인 '치파오旗袍'는 중화권은 물론 전 세계 여성들 사이에서 사랑받는 패션 아이템이다. 치파오는 몸매를 그대로 드러내 여성미를 최대한 살려주는 형태로, 잘만 고르면 무난한 평상복 혹은 파티복으로 입을 수 있다. 긴 소매, 짧은 소매, 옆트임이 섹시한 긴 치마 스타일, 원피스 스타일, 바지와 한 벌을 이룬 투피스 차림까지 계절에 맞게 다양하게 연출할 수 있어 전통의상치고는 활용도가 제법 높다. 게다가 온갖 종류의 원단과 색감, 그리고 중국 전통문양에서 체크무늬는 물론 기하학적인 현대적 패턴까지 무궁무진하게 활용할 수 있는 옷이다. 현재 중국 치파오 시장의 90퍼센트는 혼수용으로 소비되고, 나머지는 유학을 떠나거나 해외에 체류할 예정인 사람들이 파티나 모임에서 입을 요량으로 가져간다고 한다.

우리나라에서 치파오가 사람들의 관심을 끈 계기는 아마 영화 〈화양연화〉(2000)에서 다양한 치파오를 입고 등장한 배우 장만위의 고혹적인 자태와 맵시 때문이었을 것이다. 리안 감독의 〈색, 계〉(2009)에서 주인공 역의 배우 탕웨이 역시 아름다운 치파오를 여러 벌 입고 나온다. 영화 속 주인공들처럼 강렬하고 치명적인 로맨스를 꿈꾸는 여성이라면 치파오 한 벌쯤은 옷장 속에 간직하고픈 로망이 있지 않을까 싶다.

치파오가 이처럼 몸에 붙는 원피스 스타일로 개량된 것은 불과 100여 년 전의 일이다. 치파오는 만주족 여인들의 창파오長袍라는 옷에서 유래했는데, 명나라를 멸망시키고 들어선 청 왕조가 백성들에게 입기를 강요하여 표준복식으로 자리 잡았다. 본래 형태는 발목을 넘는 길이의 'A'자 박스형 스타일의 옷이었고, 왕족의 그것에는 용 문양이 새겨져 있었다. 1919년 신해혁명으로 공화국이 들어서고 청 왕조는 멸망하지만 치파오의 생명까지 끝난 것은 아니었다. 서양식 의상과 남녀평등

사상의 영향으로 치파오는 활동하기 편한 형태로 변화하기 시작했다. 중국의 전통미와 서구의 실용미가 결합되어 중서융합의 조화가 복식에서 실현된 셈이다.

2008년 봄, 상하이 미술관에서 선보인《100년 치파오전》에서는 용문양이 새겨진 청 왕조의 오리지널 치파오부터 21세기형 파티 드레스 스타일의 치파오까지 다양한 변천사를 한눈에 볼 수 있었다. 또한 치파오를 구성하는 다양한 문양의 전통 매듭식 단추부터 레이스 장식, 신발에 이르는 여러 소품들, 치파오의 변천사를 시기별로 보여주는 사진을 비롯해 옛날 사진에 등장한 모던 걸의 모습도 엿볼 수 있어 무척 흥미로웠다.

1920~30년대에 걸쳐 치파오의 치마는 무릎까지 올라오고 소매는 점점 짧아졌다. 전체적으로는 박스형 구조에서 몸의 곡선을 최대한 살리는 구조로 진화를 거듭했다. 1940년대에는 민소매 형식의 치파오가 등장하는 등 그 시대의 유행에 걸맞게 조금씩 변화했다. 치파오의 스타일에도 소위 해파와 경파가 있었다. 베이징에서는 전통양식에서 거의 벗어나지 않는 형태로 귀부인이나 양갓집 규수의 품위를 강조한 반면, 상하이에서는 과감하고 파격적인 스타일의 치파오가 끊임없이 등장하며 신여성들은 물론 남성들까지 매료시켰다.

치파오의 개량은 곧 중국판 모던 걸의 출현을 알리는 신호탄이 되었다. 1920~30년대 상하이에 서구문물이 쏟아져 들어오면서 극장이 생기고, 대중이 서양영화를 접하게 되면서 패션산업, 광고산업 등이 부상했다. 당연히 여성들은 근대적 미의식에 눈을 뜨기 시작했다. 이 시

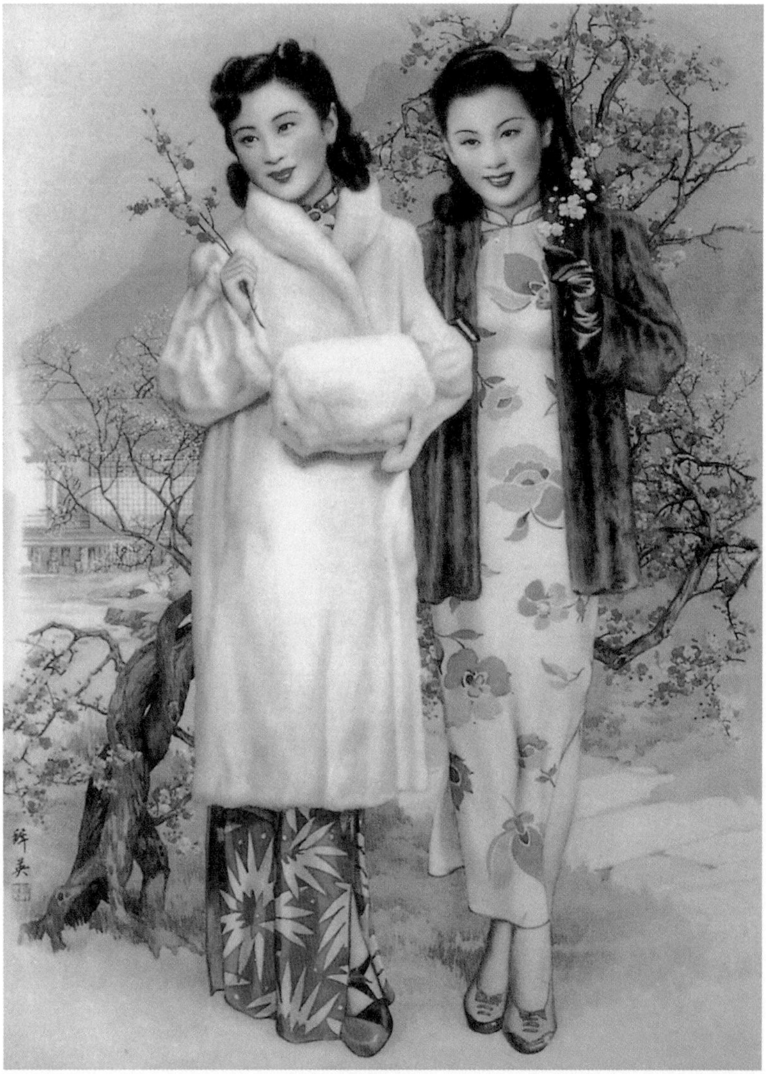

1930년대에 유행했던 웨펀파이에 치파오를 입은 여성들이 등장했다.

기 상하이 모던 걸들은 무성영화계의 여신이었던 그레타 가르보의 화장과 헤어 스타일을 따라했다. 전족 같은 신체를 억압하는 구시대의 악습과 속박에서 벗어난 모던 걸들은 몸매를 한껏 드러내는 치파오를 입고 하이힐을 신은 채 와이탄이나 난징시루를 거닐며 새로운 시대의 자유로운 공기를 만끽했다. 새로운 여성상의 등장을 재빠르게 포착한 광고주와 화가들은 이런 여성상을 웨펀파이月份牌라 불리는 달력 속 핀업 걸로 재탄생시켰다.

상하이 모던의 아이콘2: 웨펀파이

상하이 혹은 베이징의 골동품 거리를 거닐다 보면 마오 시대 선전화나 어록 이상으로 어딜 가나 눈에 띄는 것이 있다. 바로 웨펀파이다. 웨펀파이는 당나라 때 등장한 중국 전통달력으로 달력 하단에 절기와 월력, 일력 등을 표시하고 중앙에는 역사적 사건이나 민간 전설을 묘사한 삽화가 그려져 있었다. 웨펀파이가 '미인도 일러스트 광고화'로 성격을 굳히게 된 것은 20세기 초 상하이에서였다. 서양문물 개방과 함께 경제가 급속도로 발전하고, 그에 따른 대중문화의 발달에 따라 상하이에서도 자본주의의 꽃이라는 광고문화가 활성화된다. 이 시기 각종 매체에 실린 광고에는 으레 여성들의 일러스트가 들어갔는데, 상하이에 진출해 있던 다국적 기업 및 중국계 기업들, 특히 담배회사와 제약회사에서 고객들에게 판촉용으로 나눠주면서 웨펀파이 붐이 일었다. 영미연초공사 같은 회사에서는 자체적으로 상업 작가를 키우는 미술학교를 세울 정도였다. 이처럼 상공업의 발달로 점차 기업들 간의 경쟁이 치열해지자 초창기에는 비교적 다양했던 그림 소재가 점차 미인도로 획일화되기 시작했다. 원래 용도였던 달력의 기능도 점차 퇴색하고, 일종의 중국판 핀업 걸 캘린더 혹은 포스터로 탈바꿈한 것이다. 오늘날 술집에서 흔히 볼 수 있는 비키니 차림의 여성이 등장한 달력의 초기 동양 버전이라고나 할까?

이 시기에는 치파오뿐만 아니라 각양각색의 의상을 입은 모던 걸들이 단골 소재가 되었는데, 한때는 자매처럼 두 명이 한 쌍을 이루는 스타일이 유행하기도 했다. 의상도 점차 과감해져 핫팬츠 차림으로 자전거를 타거나, 수영복 차림의 활동적인 여성상을 비롯해 아슬아슬한 란제리를 걸치고 도발적인 포즈를 취하는 등 그 스펙트럼이 다양해지는데, 이는 주로 남성들의 시각적 쾌락에 복무한 결과였다. 30년대 당시 상하이에 머무르며 웨펀파이의 유행을 목격했던 중국의 대문호 루쉰은 이를 '병적인 여성상'으로 간주하고 개탄해 마지않았다. 웨펀파이의 색감이나 스타일은 클리셰로 가득한 키치에 가까워 예술적 가치가 떨어지긴 하지만, 당시 상하이의 상업미술이나 한 시대를 풍미했던 모던 걸들의 복식과 생활상을 연구하기에는 더할 나위 없이 좋은 자료다.

치파오도 그렇지만 웨펀파이 역시 서구의 광고문화와 중국 화가들의 상상력이 몸을 섞어 대중들의 문화적 욕구를 담은 중서융합의 그릇이나 마찬가지다. 사실 웨펀파이의 양식은 서양화 기법에서 도입되었지만, 중국 전통회화의 잔영도 상당히 남아 있다. 중앙에 묘사된 미녀

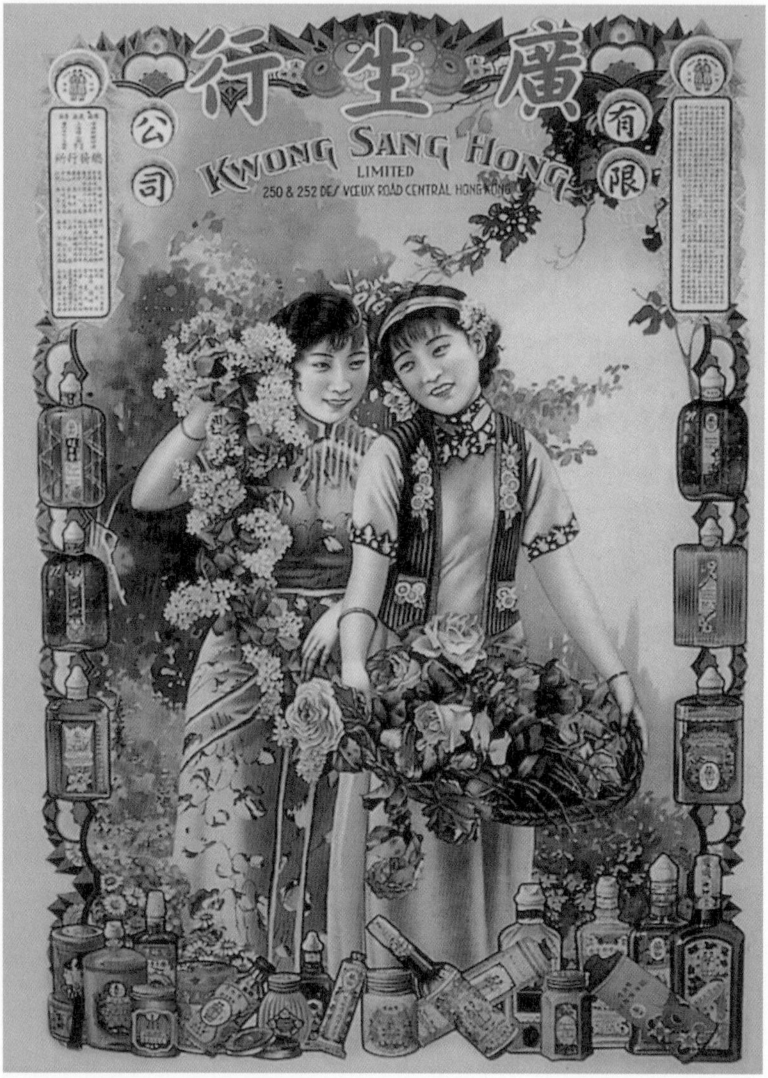

1930년대 화장품 회사의 웨펀파이.

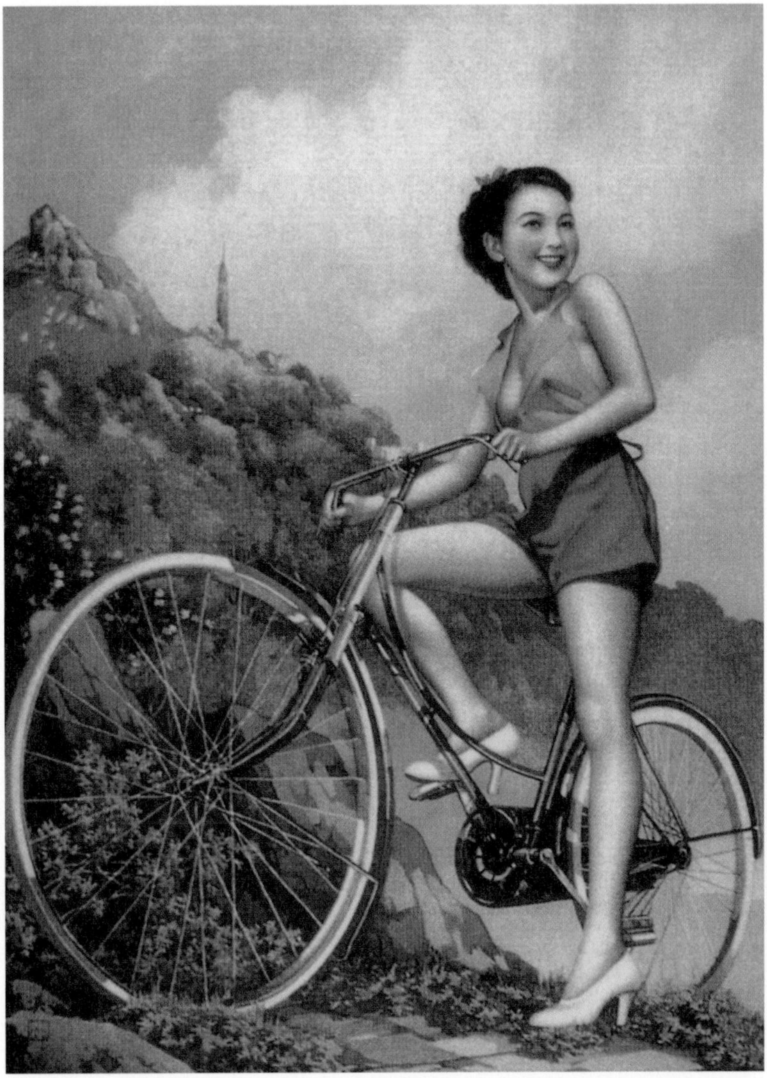

항즈잉(杭稚英), 〈자전거를 탄 미녀〉, 웨펀파이.

들은 소위 '보카시'라고 불리기도 하는 '찰모擦毛 기법'을 이용해 양감 있게 표현되고 테두리에는 아르데코 장식이 곁들여졌지만 그림 속 배경은 다소 평면적이라 산수화의 서정적인 분위기가 풍긴다. 어떤 그림 속 인물들은 그림자가 없어 배경 속에서 떠도는 느낌이 든다. 개인적으로 웨펀파이를 처음 봤을 때 지난 시절의 노스탤지어와 함께 키치적이고 기괴한 인상까지 받았던 것은 아마 이런 연유 때문일 것이다.

웨펀파이에 등장하는 미녀들은 모델이 없다. 사회가 개방되었다곤 하나 아직 보수적이고 봉건적인 중국사회에서 일반 여성들이 도발적인 자세로 화가 앞에서 포즈를 취한다는 것은 상상도 할 수 없는 일이었기 때문이다. 그래서 작가들은 잡지에서 본 서양 여배우나 중국 신여성 사진과 각양각색의 치파오와 소품을 조합해 웨펀파이 속 여성 이미지를 만들어냈다. 현대미술에서 말하는 이른바 하이브리드적 상상력이 그 시절에도 통용되었다고 할까? 이들은 화가임에 앞서 패션 리더 역할도 했다. 당시 상하이 모던 걸들은 양품점에 와서 재단사에게 웨펀파이에 등장한 핀업 걸들이 입은 것과 똑같은 디자인의 옷을 만들어 달라고 요청했다고 한다.

1920~30년대 상하이에서는 광고의 융성과 함께 정교한 컬러 인쇄술이 보급되면서 웨펀파이를 그리는 화가들이 전성기를 맞이했다. 하지만 1949년 중화인민공화국이 설립되자 웨펀파이는 종지부를 찍게 된다. 30년대까지만 하더라도 집집마다, 골목 상점마다 걸려 있던 퇴폐적인 미녀화 대신 사회주의 이념을 알리는 정치 선전화가 그 자리를 대신하게 된 것이다. 이에 웨펀파이 작가들 역시 뛰어난 손재주를 새

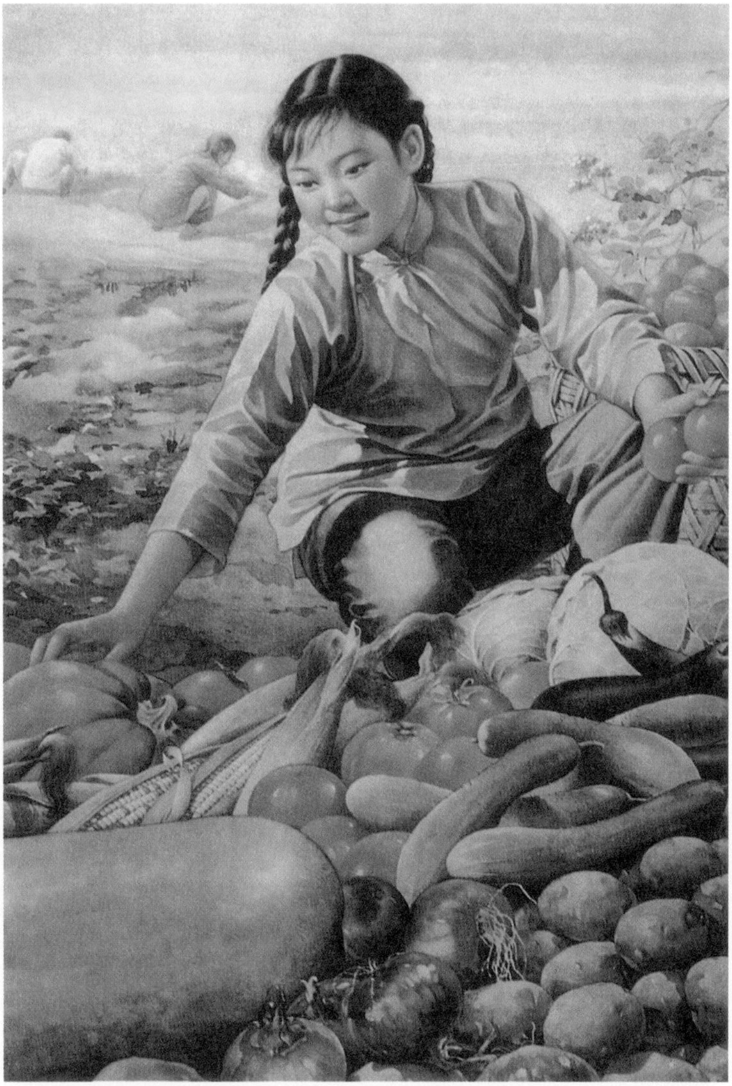

진메이성, 〈채소는 살찌고 생산량은 오르네〉, 1950년대 선전화. 신중국 건설과 함께 웨펀파이 작가들도 시대에 걸맞게 변신을 해야 했다. 당시 진메이성도 생산현장에서 노동하는 '철의 처녀' 이미지를 만드는 데 복무했다.

로운 사회를 위해 사용해야 했다. 이들은 곧 정치선전 화가로 변모하여 매력적인 모던 걸 대신 강인한 사회주의 여성 노동자상으로 대표되는 '철의 처녀鐵姑娘' 이미지, 그리고 마오쩌둥의 초상화를 그리는 데 대거 투입됐다.

대표적인 작가로는 셰즈광謝之光과 진메이성金梅生이 있다. 셰즈광은 상하이미전을 졸업하고 남양형제연초공사 광고부 등에서 일하다가 미인화 작가로 나선 인물이다. 이들은 이전에 미녀화를 묘사했던 기술을 그대로 선전화에 적용시켰는데, 결과는 아주 만족스러웠다. 본격적인 소련의 사회주의 리얼리즘 양식이 보급되기 전 밝고 선명한 웨펀파이 특유의 색감이 대중들에게 친밀하게 파고들었던 것이다. 요염하고 세련된 모던 걸들을 탄생시켰던 그들의 손에 의해 마오쩌둥 역시 세련되고 아름다운 혁명청년으로 재탄생한다. 이들의 작품은 정치선전화의 걸작으로 남아 있다. 웨펀파이라는 초기 자본주의 소비사회의 쾌락에 일조했던 이들의 기술과 필법이 사회주의 선전화 발전에 한몫했다는 점이 참으로 역설적이다.

상하이 모던의 아이콘: 모던 걸 3인 3색

1930년대 서구문물의 유입으로 물밀듯이 들어온 각종 패션 아이템과 장신구로 자신을 디자인했던 모던 걸들은 상하이를 활기 넘치는 도시로 만든 주역이었다. 일찍이 국제도시로 부상한 상하이는 치파오에 하이힐을 신고 날렵한 단발머리에 '가르보 식' 화장을 한 신여성의 얼굴을 떠올리게 한다. 당시 신여성은 근대적 주체로서 모더니티를 체현하고 구시대와 결별하고 미래를 지향해야 하는 이상적 여성의 모델이었다. 하지만 20세기 여명기, 아시아에서 여성으로, 더군다나 신여성으로 산다는 것은 녹록지 않은 일이었다. 하물며 당시 여성 예술가들의 삶이 얼마나 힘들었을지는 말할 것도 없다. 그런 시절에도 삶 자체를 예술로 만들고자 애썼던 모던 걸들이 존재했다.

시대라는 암초에 부딪쳐 산화한 모던 걸, 롼링위

당시 상하이 신여성의 대표적인 인물은 젊은 나이에 자살로 생을 마감한 전설적 여배우 롼링위阮玲玉(완령옥, 1910~35)를 들 수 있다. 그녀의 비극적인 생애는 관진펑 감독, 장만위 주연의 영화 〈완령옥〉(1991)을 통해 잘 볼 수 있다. 롼링위의 전성기는 30년대 상하이 영화산업의 황금기와 맞물려 있다. 1908년 첫 극장이 개관한 이래 상하이 사람들은 영화에 매료되어 1930년대에는 무려 35개의 극장과 141개의 영화사가 있었다. 할리우드 신작이 매주 한 편씩 소개될 정도로 영화산업이 융성했다.

이런 가운데 상하이는 서양영화의 걸작들을 재빠르게 벤치마킹해 수많은 걸작들을 남기며 수십 년 동안 중국, 아니 동양의 할리우드로 군림했다. 이때 '중국의 그레타 가르보'라 불렸던 스타 롼링위가 탄생한다. 1910년 상하이에서 태어난 그녀는 일찍 아버지를 여의고 가정부를 하던 어머니를 도우며 자랐다. 17세에 배우로 데뷔하여 초기에는 주

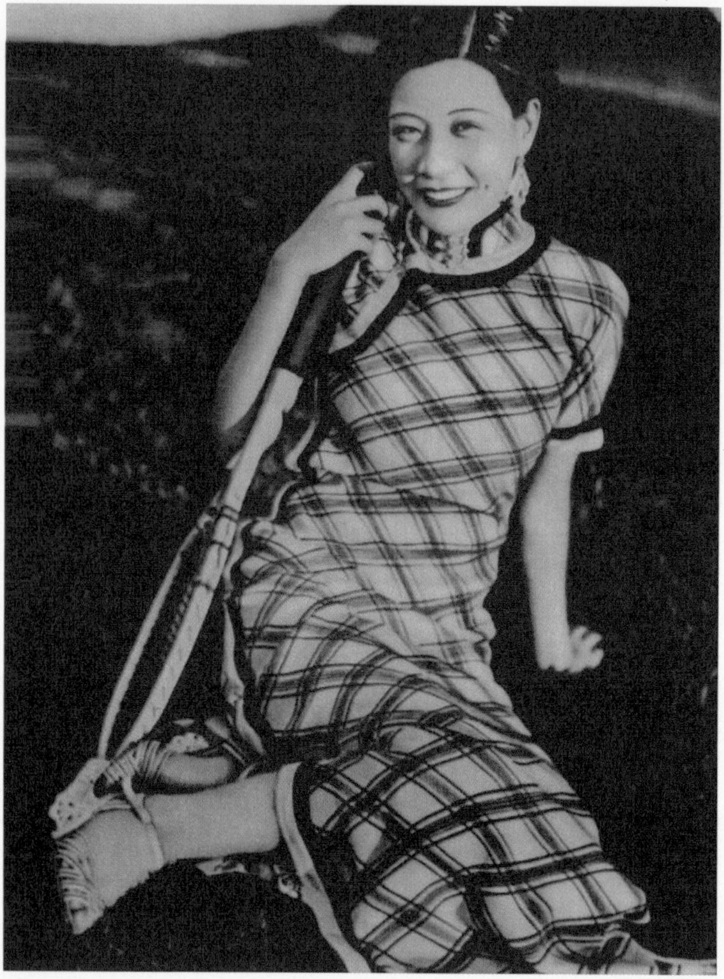

전성기 시절의 롼링위.

로 가녀린 비극의 주인공 역할을 맡았다. 롼링위가 강인하고 독립적인 신여성이나 노동자 역할을 맡으면서 연기 변신을 꾀한 것은 1930년대에 〈3인의 모던 걸〉 같은 리얼리즘 계열의 영화를 통해서였다. 이미지 변신의 결과는 성공적이라 연기력을 인정받고, 타고난 미모로 인기를 얻으며 그녀는 상하이 웨펀파이나 잡지 표지에 단골로 등장했다. 하지만 실제 삶은 그다지 행복하지 못했다. 그녀의 첫 남자 장다민張達民은 어머니가 가정부로 일했던 부잣집의 아들이었는데, 신분 차이로 결혼에 이르지 못하고 동거를 한다. 하지만 이 생활력 없는 도련님은 도박에 빠져 가정을 등한시하다 결국 잘나가는 그녀에게 관계를 정리하는 대가로 경제적 지원을 요구한다. 어렵사리 관계를 정리하고 롼링위는 대부호 출신의 사업가 탕지산唐季珊과 맺어진다. 그러나 유부남이었던 그는 그녀와 정식으로 결혼하기를 거부하고, 끊임없는 여성 편력으로 롼링위의 속을 태웠다.

영화 〈완령옥〉은 다큐와 극영화를 넘나드는 독특한 구조, 섬세한 연출, 그리고 장만위의 절제된 연기를 통해 시대의 벽 앞에서 덧없이 스러진 한 여배우의 비극적 삶을 담담하게 그리고 있다. 롼링위를 우아하게 재현해낸 장만위는 이 영화로 베를린 영화제 여우주연상을 수상했다. 영화 중간중간 실제 롼링위가 출연했던 흑백 무성영화 장면이 삽입되는데, 영화 속에서 보여주는 반항적인 모던 걸 이미지는 실제 그녀의 삶과 크게 다르지 않았던 것 같다. 롼링위는 자기가 맡고 싶은 역할이 있으면 감독을 끈질기게 설득해 배역을 쟁취했고, 이를 통해 청순가련형 이미지에서 벗어나려 했다.

이렇게 배우로서는 주체적인 삶을 살았지만, 봉건적인 사회적 통념과 편견의 벽은 홀로 감당하기 힘들었을 것이다. 롼링위는 잠깐 연민의 정을 느낀 예술적 파트너인 좌파 영화감독 차이추성蔡楚生과 함께 영화 〈신여성〉을 찍으면서 위기를 맞이한다. 황색 저널리즘의 병폐와 사회적 억압을 고발한 이 영화가 국민당과 기자들의 심기를 건드려 그녀는 그만 격변하는 시대의 정치적, 사회적 희생양이 되고 만 것이다. 국민당과 기자들의 사주를 받은 장다민이 롼링위와 탕지산을 간통 혐의로 고소함에 따라 그녀에게 비난의 화살이 쏟아진다. 한때 믿고 사랑했던 남자들에게 차례로 배신당해 궁지에 몰린 그녀는 결국 자살로 세상에 항거한다. 이때 그녀의 나이는 불과 25세였다. 시대와 불화한 나머지 스스로 짧은 생애를 거둔 롼링위는 당시로선 당찬 전문직 여성이자 모던 걸이었지만, 여전한 구습과 세상의 편견은 모던 걸들이 남성과 동등한 인격체로 부상하는 것을 허락하지 않았다. 비슷한 시기 조선이나 일본의 모던 걸들의 사정도 크게 다르지 않았을 것이다. 롼링위를 죽음에 이르게 한 마지막 작품의 제목이 〈신여성〉이라는 사실은 무척이나 의미심장하다.

장칭과 왕광메이

롼링위가 상하이 영화계를 주름잡고 있던 1930년대, 청운의 꿈을 안고 영화판을 기웃거렸던 또 한 명의 모던 걸이 있었다. 바로 장칭江青이다. 마오쩌둥의 네 번째 아내이자 문혁 시절 악명 높은 4인방 중 한 사람으로 중국 정치와 예술을 쥐락펴락했던 이 여걸이 연극배우이자 영화배우 출신이었다는 것은 잘 알려져 있다.

산동성의 시골 마을에서 첩의 딸로 태어난 장칭은 어릴 때 스스로 전족을 풀어버릴 정도로 주체성이 강한 아이였다. 소녀 시절부터 연극을 통해 자신의 삶을 개척하려고 했던 장칭은 1929년부터 산동 지방의 한 극단에서 오랫동안 연극배우로 활동했다. 스물한 살 때 입센의 〈인형의 집〉에서 노라 역을 맡아 잠시 유명세를 타기도 했지만, 대스타가 되기 위해 상하이로 떠난다. 하지만 상하이 영화계는 그리 호락호락하지 않았다. 그녀는 여러 편의 영화에 출연했지만 대부분 단역을 전전하는 데 그쳤다. 천성적으로 배우의 자질을 타고났다기보다는 노력파였던 장칭은 얼굴을 알리기 위해 잡지 표지 모델로 활동하며 신식 치파오에 스카프를 두른 모던 걸 이미지로 어필했지만, 그녀에 대한 영화계와 대중의 반응은 미지근했다.

하지만 상하이가 항일전쟁의 소용돌이에 말려들면서 장칭에게 드디어 새로운 기회가 온다. 그 시대 대부분의 젊은이들이 그랬듯이 그녀도 상하이에 본부를 두고 있던 중국공산당에 가입한다. 그러다가 일본군이 상하이를 점령하자 홍군의 근거지인 옌안으로 흘러들어간다. 당시 옌안에는 홍군에 의해 루쉰예술학원이 설립되었는데, 그곳에서 수학하던 중 장칭은 마오쩌둥의 강의를 듣고 그와 인연을 맺게 된다. 마오가 부인 허쯔전賀子珍과의 관계가 소원해진 틈을 타 장칭은 마오의 사랑을 받게 되고, 1938년 공산당원들의 반대를 무릅쓰고 마오와 결혼한다. 이때 마오는 장칭의 네 번째 남편이었고 장칭도 마오의 네 번째 부인이었다. 당시 당 간부들은 결혼을 승낙하는 조건으로 '장칭이 정치에 관여하지 말 것'을 조건으로 내세웠으나 이는 결국 지켜지지 못했다. 이후 혁명적 동반자로 마오 곁에서 오랜 세월 항일전쟁과 대장정, 국공내전을 함께 견딘 장칭은 신중국 건설 후 남편의 후광을 입고 중국 현대사를 파란으로 몰고 간다. 배우로서 영화계의 주목은 받지 못했지만, 장칭은 문혁이라는 거대한 역사적 무대 위에서 어떤 제재도 받지 않고 주연으로서 스포트라이트를 받으며 무소불위의 권력을 휘둘렀다. 훗날 자신이 '악역'으로 판명되리라는 것은 꿈에도 모르는 채 말이다.

장칭의 일그러진 권력욕이 가장 먼저 겨냥한 대상은 국가 주석이었던 류사오치●의 부인 왕광메이王光美였다. 류사오치는 대약진운동의 실패로 피폐해진 중국의 상황에 대해 마오에게 바른말을 했다가 졸지에 공공의 적으로 몰렸던 인물이다. 그 불똥은 그의 아내 왕광메이에게도 떨어졌다. 류사오치에 대한 탄압이 절정을 이루던 시기, 왕광메이도 홍위병들에게 집단공격을 받았다. 홍위병들은 류사오치의 집에서 '부르주아 반동노선의 증거물'로 탈취한 하이힐과 몸에 맞지 않는 치파오를 왕광메이에게 억지로 입혔다. 거기에 탁구공으로 만든 목걸이를 걸게 하여 우스꽝스런 모습으로 대중 앞에 전시된 그녀의 모습은 사진으로 남아 지금까지 문혁의 야만성을 폭로하는 지표로 쓰이곤 한다. 이 사태의 표면은 류사오치와 마오의 권력투쟁과 문혁이라는 대의명분으로 포장되어 있지만, 그 내막에는 왕광메이에 대한 장칭의 질투와 복수심이 있었다.

문혁이 일어나기 3년 전인 1963년, 왕광메이는 당시 국가 주석이었

● 1960년대부터 실시한 대약진운동 등의 경제 정책이 연달아 실패로 돌아가자 마오쩌둥은 정치적 수세에 몰린다. 당시 주자파였던 류사오치(1898~1969)는 경제난을 극복하기 위해 자본주의적 요소를 부분적으로 도입해야 한다고 천명하고 경제 정책의 실패를 비판했다. 하지만 마오는 이러한 내부의 비판과 자성의 목소리를 자신이 건설한 사회주의 중국에 대한 심각한 도전으로 받아들였다. 1966년 4월, 마오는 베이징에서 중국혁명의 정신을 되살리고 자본주의로의 길을 걷는 실권파들을 단죄한다는 명목 아래 일명 '프롤레타리아 계급 문화대혁명'을 선포하고, 이에 류사오치는 홍위병에 끌려가 시련을 겪다 결국 감옥에서 사망했다.

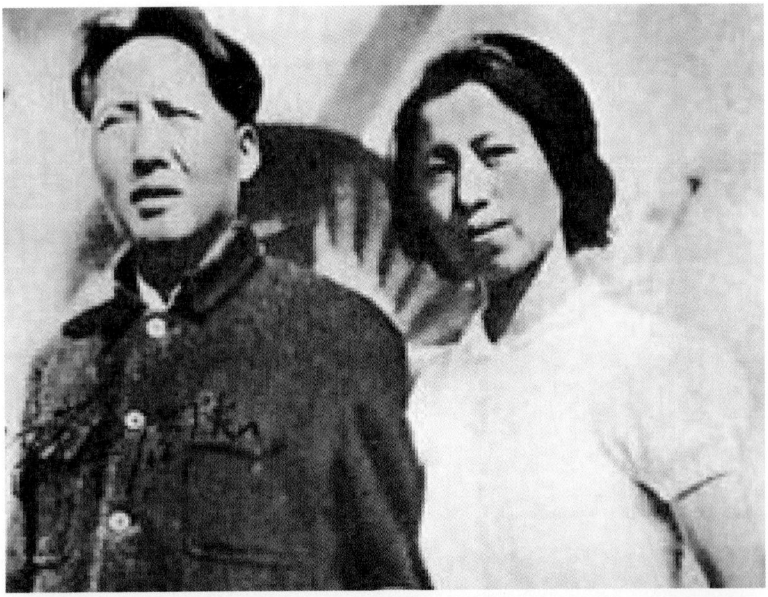

옌안에서 마오쩌둥의 네 번째 부인이 된 장칭.

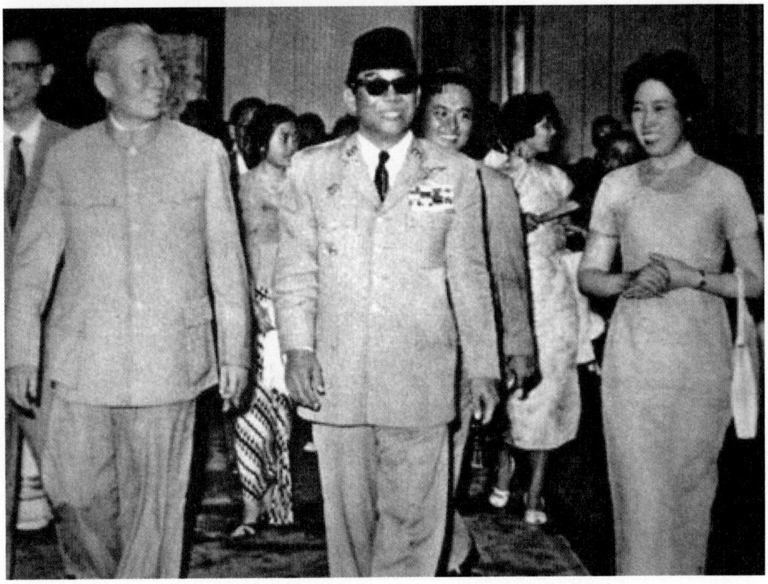

1963년 국가 주석이었던 남편 류사오치와 인도네시아를 순방할 때 치파오를 곱게 차려입은 왕광메이. 장칭은 이 일을 탄압의 빌미로 삼아 문혁 시절 왕광메이에게 크나큰 시련을 안겨 주었다.

던 남편 류사오치와 함께 퍼스트 레이디 자격으로 인도네시아 및 동남아시아를 순방했다. 이는 신중국 건립 이후 중국 지도자가 처음 부인과 함께 외국을 방문한 것이어서 전 세계의 이목이 집중됐다. 이때 흰색 치파오를 세련되게 소화한 왕광메이의 우아한 자태는 인민들에게 깊은 인상을 남겨주었다. 출국 전 장칭이 "혁명적 전통을 고려해 목걸이는 하지 않는 것이 좋겠다"고 충고했지만, 왕광메이는 이를 듣지 않고 목걸이를 착용했다고 전해진다.

왕광메이의 옷맵시와 기품은 세계인들의 시선을 한눈에 사로잡았고, 응당 자신이 맡았어야 할 화려한 주인공 역할을 왕광메이에게 빼앗겼다고 여긴 장칭은 질투를 숨길 수 없었던 모양이다. 장칭의 질시는 자신과는 사뭇 다른 왕광메이의 출신 배경과도 맞닿아 있다. 산둥성 시골의 첩의 자식 출신인 자신과는 달리 왕광메이는 고위관료인 아버지와 부유한 사업가 집안 출신의 어머니 사이에서 태어나 풍요로운 환경 속에서 문화적, 교육적 혜택을 듬뿍 받고 성장한 모던 걸이었기 때문이다. 또한 대학 시절 이학 석사학위까지 받고 영어도 능통해 외교사절 역할을 충분히 해내는 그녀의 당당한 모습은 장칭을 좋지 않은 의미로 자극했다.

30년대 모던 걸이라는 교집합으로 묶이는 장칭과 왕광메이의 운명은 정치적 격변기를 거치며 서로 박해하고 박해당하는 기이한 관계로 일그러지고 말았다. 문혁이 시작된 지 얼마 안 되어 감옥에서 죽은 남편 류사오치의 생사도 모르는 채, 왕광메이는 가족들과 뿔뿔이 흩어져 '미제 스파이'라는 누명을 쓰고 오랜 기간 수용소에서 박해를 받았다.

하지만 '권불십년'이라 했던가. 1976년 마오가 죽고 문혁이 막을 내리고 중국 전역에서 문혁에 대한 성찰이 일면서 장칭을 비롯한 4인방 세력은 세상의 지탄을 받고 재판정에 서게 된다. 장칭은 사형선고를 받지만 감형되어 출옥한 지 얼마 안 된 1981년, 자살로 파란만장한 생을 마감했다. 왕광메이는 이후 명예회복이 되어 당 간부로 활약하고 봉사활동도 하면서 '인민의 누님'으로 거듭났다. 놀라운 정신력으로 지난날의 상처를 극복하고 남은 시간을 긍정적으로 살았던 왕광메이는 2006년 5월, 85년의 생을 평화롭게 마감했다.

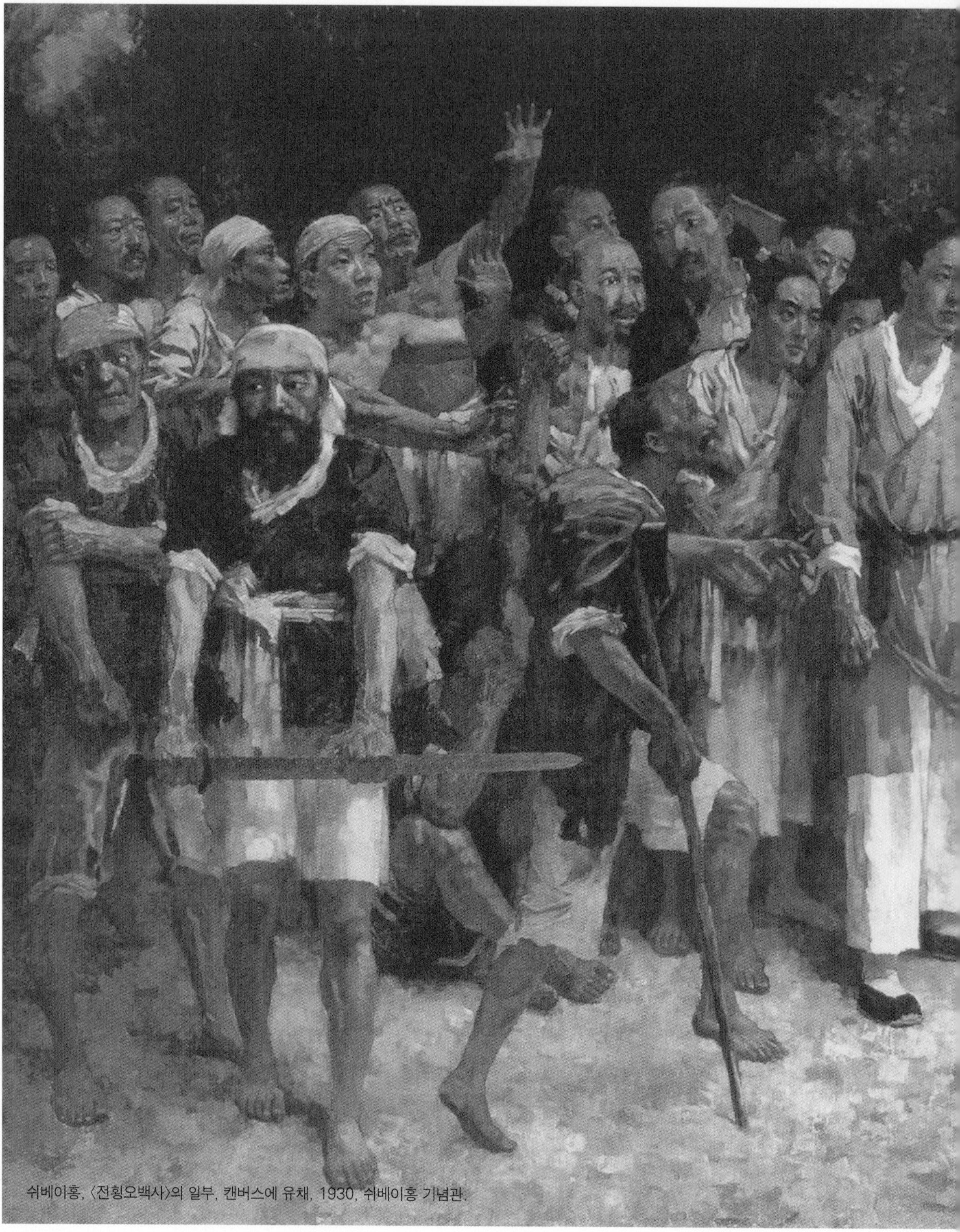

쉬베이훙, 〈전횡오백사〉의 일부, 캔버스에 유채, 1930, 쉬베이훙 기념관.

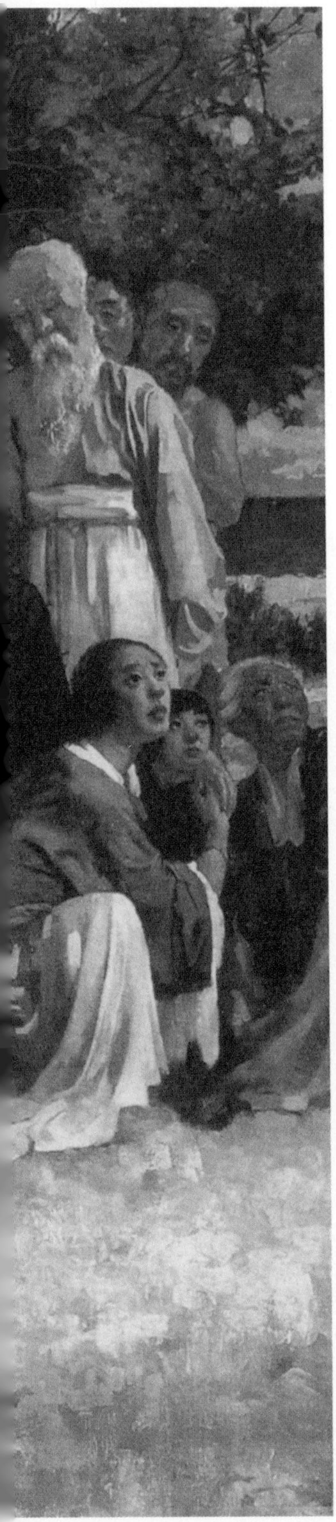

중국 근현대미술의 얼굴들

서구문물이 밀려들었던 20세기 초반, 중국의 지식인들과 예술가들은 베이징과 상하이를 넘나들며 관직을 맡거나 새로운 작품을 탄생시켰다. 두 도시는 이들이 신문화를 생산하고 확대재생산하는 데 가장 중요한 역할을 했다. 특히 1920년대와 30년대에는 많은 작가들이 근대적 사유와 정서를 모색하면서, 근대식 미술교육 제도의 수혜를 받을 수 있었던 상하이에 주로 머물렀다. 유럽의 파리가 예술가의 고향이라면, 중국에서는 상하이가 그 역할을 했다. 쉬베이훙이나 루쉰은 각각 장쑤성과 저장성이 고향이지만, 베이징과 상하이는 두 사람에게 각별한 의미를 지닌 활동 근거지였다. 그들은 두 도시의 상반된 문화적 풍토에 영향을 받았다. 베이징에서는 전통문화의 뿌리를 찾거나 말년에 관직에 복무하고, 상하이에서는 보수적인 베이징에서는 맛볼 수 없었던 자유로운 예술적 영감을 얻었다. 그런가 하면 낡은 봉건제도의 추악한 얼굴과 서구 물질주의의 그늘 아래서 착취당하는 노동자들의 비참한 얼굴과 맞닥뜨리기도 했다. 이런 경험은 그들이 추구했던 미술운동과 작품에 오롯이 반영되어 후대에 길이 남을 명작을 탄생시키는 데 일조했다. 여성 미술가들을 대거 양성한 곳도 상하이였다. 남성의 전유물이었던 미술계에서 최초의 여성 서양화가로 자리매김한 판위량 역시 중국 근대미술의 또 다른 얼굴임에 틀림없다.

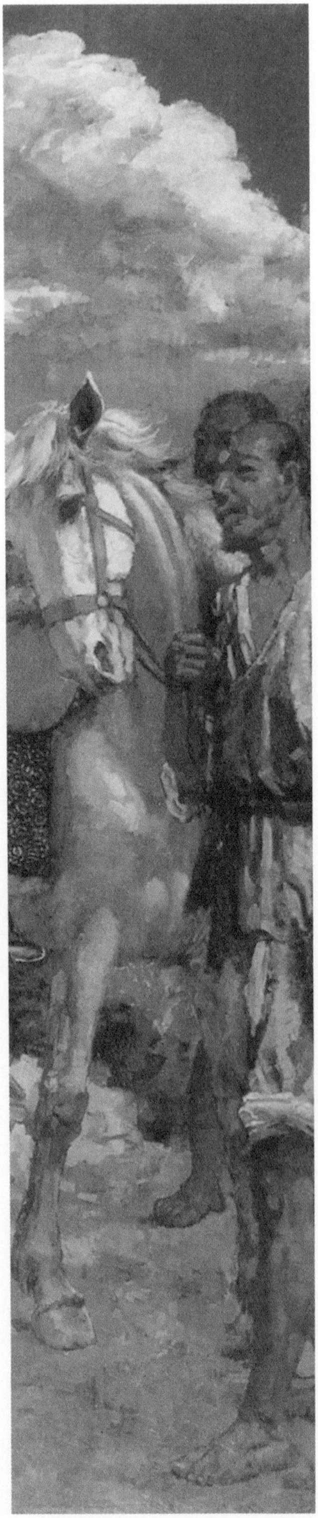

쉬베이홍 기념관 앞에 서 있는 쉬베이홍 입상.

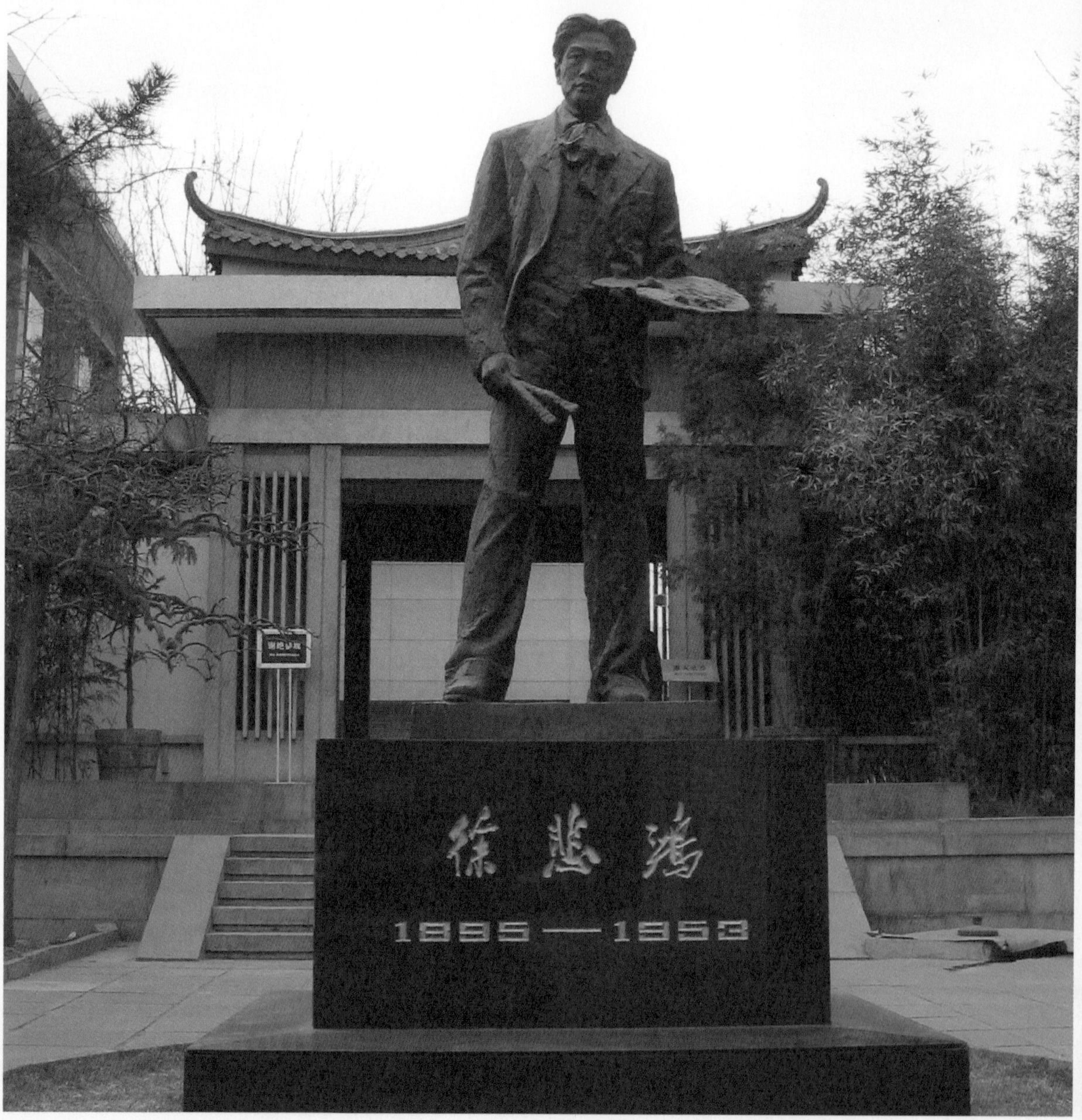

중국 근대미술의 아버지, 쉬베이홍

쉬베이홍의 발자취를 찾아서

톈안먼 광장 서쪽에 있는 스차하이 주변은 중국 전통문화거리로 유명하다. 이곳에는 이젠 베이징에서 점점 찾아보기 힘든 전통 골목길 후퉁이 몰려 있다. 관광객들은 자전거를 대여하거나 인력거를 타고 사합원 등 전통가옥을 구경하면서 쑨원의 부인 쑹칭링宋慶齡의 고가와 저명한 작가 궈모뤄郭沫若 기념관을 둘러보며 올드 베이징의 흔적을 더듬는다. 이곳에서 조금만 더 가면 쉬베이홍 기념관이 나오는데, 중국 현대미술의 뿌리를 찾고자 하는 사람이라면 반드시 들러야 할 곳이다.

중국은 고대 이래로 걸출한 화인들을 수없이 배출한 나라다. 특히 명, 청대 이래 중국의 정치, 문화 중심지로 자리 잡은 베이징은 수많은 미술가들의 산실이자 무대였다. 하지만 그 화려한 명성에 비해 베이징 시내에는 현대미술은커녕 근대미술이나 국화조차 상설 전시하는 미

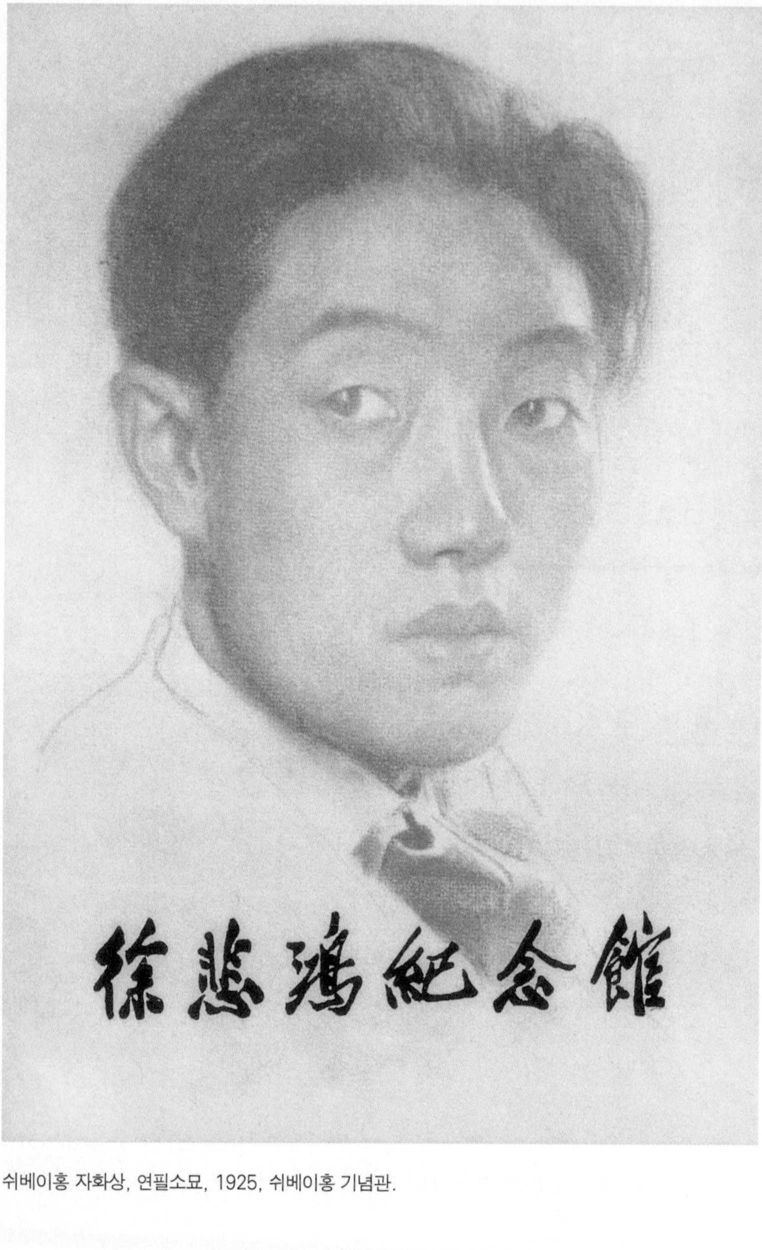

쉬베이홍 자화상, 연필소묘, 1925, 쉬베이홍 기념관.

술관이 전무하다. 대가들의 작품은 중국 미술관 같은 국립미술관에서 기획전을 열기 전에는 볼 수 있는 길이 없어 미술관을 통해 전통은 물론 근현대 미술사의 흐름을 알기란 쉽지 않다.

그런 상황에서 중국 근대미술의 아버지 쉬베이홍 기념관은 존재만으로도 무척 소중한 곳이다. 베이징 쓰차하이 지구에 있는 이곳은 지하철을 타고 지수이탄積水潭 역에서 내려 5분 정도 걸으면 나온다. 쉬베이홍 기념관은 원래 베이징 둥청東城구에 있었다. 사회주의 중국이 설립된 이후 정부에서 쉬베이홍이 한때 거주했던 곳에 터를 잡아 1954년 건국 이후 최초로 미술가 개인을 위한 기념관을 지어준 것이다. 당시 저우언라이 총리가 친서로 '비홍고거悲鴻故居'라고 현판을 써줬다고 한다. 하지만 문혁 시기 과격한 홍위병들에 의해 이 기념관은 철거되고 말았다. 이후 문혁의 광풍이 잠잠해질 무렵인 1973년, 저우언라이는 이 기념관을 다시 짓게 했고, 1983년 드디어 지금의 자리에 쉬베이홍 기념관이 들어선다.

기념관 들머리에는 붓과 팔레트를 손에 쥔 실물 크기의 쉬베이홍 입상이 관람객들을 반갑게 맞이한다. 쉬베이홍의 환대를 뒤로하고 왼편 본관으로 접어들면 1, 2층으로 구성된 조촐한 규모의 전시장이 나온다. 쉬베이홍의 명성에 비하면 전시장의 시설이나 집기 등은 다소 조잡한 느낌이 들지만, 그렇다고 이 대가의 작품들이 내뿜는 아우라가 상쇄되는 것은 아니다. 중화인민공화국 건립 이후 국민화가로 추앙받고 정부에서 친히 기념관까지 세워준 쉬베이홍은 과연 어떤 인물이었을까?

쉬베이훙은 1895년 장쑤江蘇성에서 태어났다. 본명은 쉬서우캉徐壽康이다. 그의 부친 쉬다장徐達章은 시, 서, 화에 능한 화가였다. 하지만 워낙 가난해 평생 거리에서 그림을 팔거나 글씨를 써주며 여덟 식구의 생계를 책임졌다. 가난한 집안의 장손이었던 쉬베이훙은 다섯 살에 글을 배워 아홉 살에 사서오경을 외울 정도로 총기 넘치는 아이였다. 하지만 생계를 위해 아버지를 따라 여기저기 떠돌아다니며 그림을 팔다가 어깨너머로 그림을 배웠다. 아버지 역시 아들의 예술적 자질을 알아보고 열심히 그림을 가르쳤고, 쉬베이훙은 열 살 무렵부터 아버지의 조수 역할을 했다. 그러던 중 그가 열아홉 살 때 아버지가 병으로 사망하면서 가장이 된다.

지금도 그렇지만 20세기 초반 상하이는 동서문화 교류의 장이자 신문물의 집결지였다. 가진 것 하나 없는 쉬베이훙에게 그곳은 서구미술을 처음 접할 수 있는 관문이자 더 넓은 세계로 도약하기 위한 티켓을 거머쥘 수 있는 기회의 땅이었다. 당시 중국 각지에서 손재주 있는 사람들이라면 누구나 상하이로 모여들었다. 무일푼이었던 쉬베이훙 역시 그림 그리는 재주 하나만 믿고 상하이로 향했다. 이 시기 객지에서 고생하는 신세가 어찌나 고달팠던지, 그는 '우는 기러기'라는 뜻의 '베이훙悲鴻'으로 이름을 바꾼다.

1916년, 한동안 상하이에서 싸구려 부채그림을 그리며 생계를 이어가던 쉬베이훙은 본격적인 직업화가로 이름을 알리기 위한 도전을 한다. 당시 영남화파嶺南畵派의 거물인 형제 화가 가오젠푸高劍父, 가오치펑高

奇峰에게 말 한 필을 그려 보낸 것이다. 쉬베이홍의 재능을 한눈에 알아본 가오 형제는 이 그림을 상하이 심미관에서 출판하도록 주선해주었고, 이것이 쉬베이홍이 첫 번째로 발표한 작품이다. 그 뒤 직업화가로서 쉬베이홍의 인생은 제법 술술 풀려나가는 것처럼 보인다. 1917년에는 후원자의 도움으로 6개월간 일본에 체류하며 일본 근대미술의 역량을 목격하고 돌아왔다. 그를 기다리는 것은 더욱 큰 기회였다.

베이징에서 이루어진 차이위안페이蔡元培와의 만남은 그에게 일생일대의 기회가 되었다. 차이위안페이는 변법자강운동을 주도했던 개혁주의자이자 근대 사상가인 캉유웨이康有爲를 계승하고 근대 문화교육계에 가장 큰 영향을 미친 인물로, 미술품과 미술이론에도 상당한 지식을 갖추고 조예도 깊었다. 그는 당시 매너리즘에 빠져 빈사상태에 처한 중국 전통화를 서구회화의 사실주의 기법을 도입해 개조하자는, 이른바 미술의 '중서융합'의 기조를 주장해 중국 근대 미술교육의 기틀을 잡은 인물이다. 당시 베이징대학 총장이었던 차이위안페이는 자신과 생각이 일치하는 24세의 청년 쉬베이홍에게 매료되어 그를 베이징대학 화법연구회 교사로 임명한다.

〈우공이산〉과 말을 그리다

1919년 봄, 잠시 교편을 잡고 있던 쉬베이홍은 차이위안페이의 전폭적인 지지를 받아 관비 유학생 자격으로 프랑스로 떠난다. 1920년 파리

국립미술학교École Nationale Supérieure des Beaux Arts에 입학한 그는 엄격한 아카데미식 소묘 기초 과정을 거쳐 금세 유화반으로 진급한다. 학교 공부 외에도 틈틈이 루브르 박물관 등에 가서 당대 최고 화가들의 걸작들을 감상하고, 프루동, 들라크루아, 벨라스케스, 렘브란트 등 서양회화 거장들의 작품을 부지런히 모사했다. 당시 그에게 가장 깊은 인상을 심어준 작품은 프랑스 낭만주의의 거장 들라크루아의 〈키오스 섬의 학살〉이었다. 오스만투르크인들에게 학살당하는 키오스 섬 주민들의 가혹한 운명과 제국주의 열강의 발밑에서 신음하는 중국인민들의 모습이 중첩되었을 것이다. 이 그림에 감명을 받은 쉬베이홍은 장차 자신의 재능을 시대의 어둠과 민족의 아픔을 표현하는 데 바치겠다는 결심을 하며 예술가로서 나아갈 길을 정한다. 이를 위해 그는 낯선 프랑스 땅에서 부지런히 소묘와 유화 기본기를 다졌고, 그 노력이 결실을 이뤄 크고 작은 미술대회에서 입상한다. 게다가 당시 동양인으로서는 드물게 살롱전에도 작품을 전시하면서 세계적인 화가로 발돋움한다.

1927년, 8년간의 유학생활을 마치고 돌아온 쉬베이홍은 고국에서도 곧 유명해진다. 그의 후원자인 차이위안페이는 기다렸다는 듯이 쉬베이홍을 신설된 난징국립중앙대학의 교장으로 임명한다. 항일전쟁 시기에는 충칭중앙대학 예술과에 부임해 창작은 물론 교육자로서도 활발한 활동을 전개하고 중국 작가들의 작품을 서구에 알리는 데 지대한 역할을 한다. 오랜 세월 유럽에서 수학하며 서구식 미술교육을 받았지만 쉬베이홍 작품세계의 정신적 뿌리는 늘 중국 전통문화였다. 그는 특히 신화나 고사故事를 소재로 많이 활용했는데, 이는 중국 전통화를 현대적으로 개조하기 위한 노력의 일환이었다. 일례로 〈우공이산愚公移山〉을 들 수 있는데, 압도적인 규모의 이 작품은 쉬베이홍 기념관에 수묵화와 유화 두 가지 버전이 전시되어 있다. 이중 수묵화의 크기는 가로 4미터, 세로 2미터로 유화 버전의 4배에 달한다. '우공이산'은 중국의 유명한 고사성어로 춘추전국 시대의 사상가 열자의 『탕문편湯問篇』에 기록되어 있다. 어리석은 노인이 산을 옮긴다는 의미로, 도저히 불가능해 보이는 목표라도 끊임없이 노력하면 성취할 수 있다는 속뜻을 품은 말이다. 쉬베이홍은 〈우공이산〉을 통해 인간이 가진 불굴의 의지를 형상화하고자 했다.

쉬베이홍이 이 작품을 제작했던 1940년은 항일전쟁으로 한 치 앞도 내다볼 수 없는 암담한 시절이었다. 그는 우공의 마음이 되어, 중국인민들이 자자손손 대를 이어 일본에 저항하여 끝내 승리를 얻어내리라는 의지와 소망을 화폭에 담았을 것이다. 〈우공이산〉은 유화로는 두 점 제작됐는데, 그중 하나는 2006년 중국 국내 경매사상 최고가인 3,300만 위안(약 39억 원)에 팔렸다. 현재 쉬베이홍 기념관에 전시된 나머지 한 점은 문혁 기간 동안 보관을 소홀히 해 습기가 차서 색이 변형된 것을 5년여 동안 복구한 것이다. 이 상징적인 작품은 사회주의 리얼리즘 거장들의 회화와 조각을 전시해놓은 베이징 국가박물관 1층 중앙전시실 입구에 거대한 부조로 새겨져 있다.

그 밖에도 〈구방고九方皐〉, 〈전횡오백사田横五百士〉, 〈혜아후徯我后〉 등과 같은 쉬베이홍의 대작들은 당시 일본 제국주의와 국민당의 핍박 아래 고통 받는 중국민중의 고난과 분노, 미래에 대한 희망을 담고 있다. 역

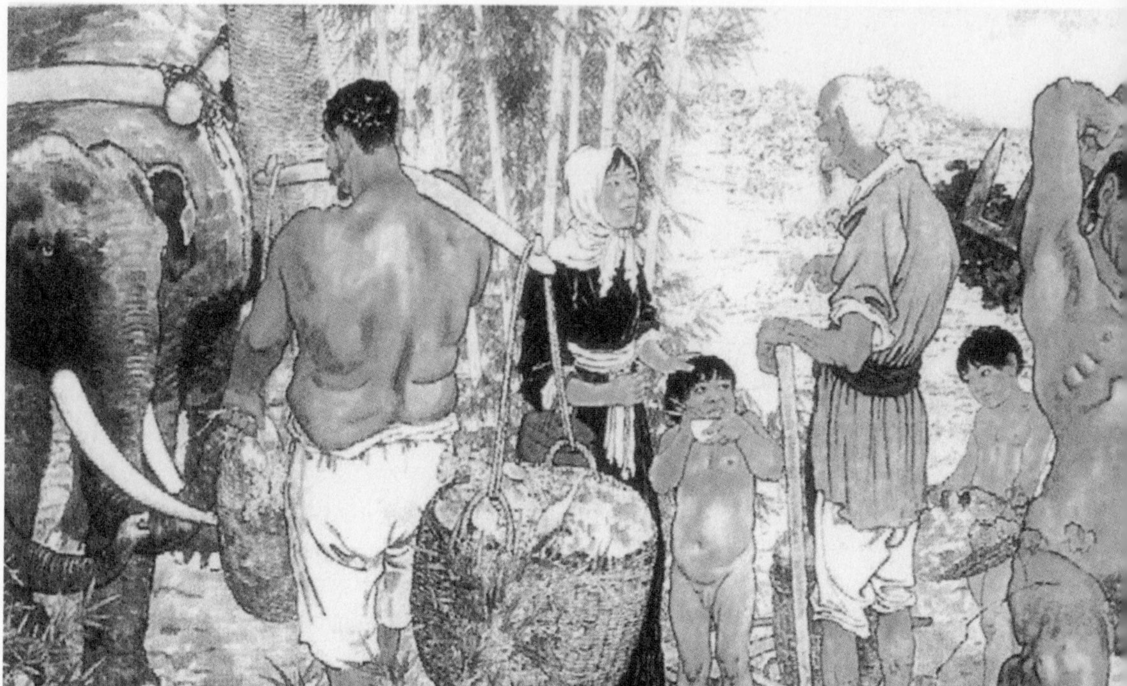

쉬베이홍, 〈우공이산〉, 수묵, 1940, 쉬베이홍 기념관. 쉬베이홍이 인도에서 제작한 이 그림은 항일전쟁 승리를 염원하며 그린 대작이다. 전통화의 몰골법, 묘법, 염법과 서양화의 명암이 조화를 이루어 중서융합의 극치를 보여준다. 인도에서 현지 모델을 참조해 그렸기 때문에 인물들은 중국인이 아닌 인도인의 모습을 하고 있다. 쉬베이홍은 작품을 팔아 모은 기금을 전액 항일운동에 기부했다.

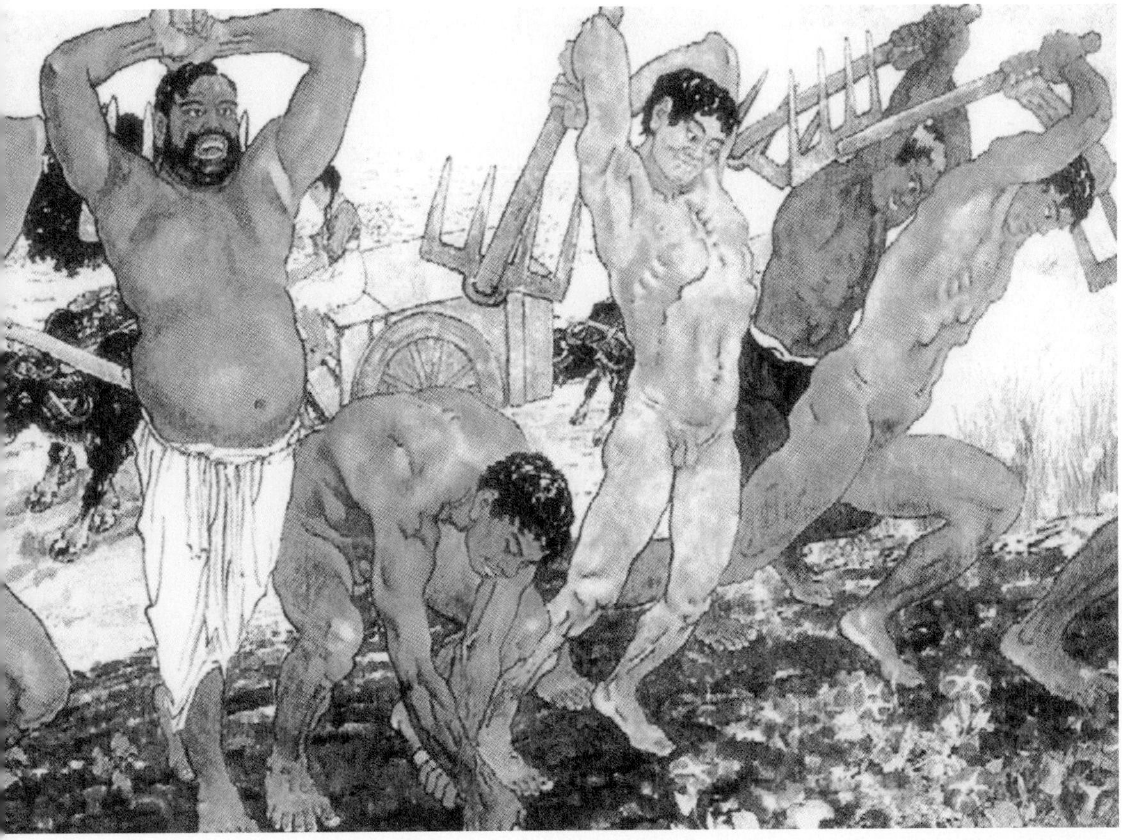

시 전통우화에서 소재를 취했으며, 서양식 소묘와 유화 기법을 중국의 전통조형 기법과 잘 절충해 사용하고 있다. 이 작품들은 그가 프랑스에서 공부할 때 영향을 받은 신고전주의 기법을 따르고 있다. 고전주의의 특징 중 하나인 역사적 사건을 다루되, 옛 우화에 빗대 그린 것이다.

쉬베이홍이 처음부터 민족적인 색채와 주제의식이 뚜렷한 작품을 그렸던 것은 아니다. 기념관의 전시장을 둘러보면 그는 서구 고전주의에 입각한 영웅담이나 노동자들의 모습뿐만 아니라 화조도와 인물, 풍경, 서예 등 다양한 분야에 관심을 가졌음을 알 수 있다. 〈피리 소리〉 같은 초기 작품에서는 전통문화의 다양한 요소가 합쳐진 독특한 구도와 함께 정적이고 차분한 분위기 속에서 눈을 감으면 정말 피리 소리가 들릴 듯한 서정적인 정취가 느껴진다. 무엇보다 쉬베이홍의 트레이드마크는 '말 그림'이라고 할 수 있다. 그는 일생에 걸쳐 셀 수 없을 정도로 많은 말을 그렸다. 어떤 각도에서도 정확하게 묘사한 말의 포즈를 보고 있노라면 특정한 대상에 대한 그의 애정과 세심한 관찰력에 탄복하게 된다. 흡사 화폭에서 튀어나올 듯 힘차게 도약하는 말의 형상이 풍기는 웅혼한 기상은 쉬베이홍의 페르소나 그 자체다. 그는 말 그림을 통해 중국이 근대사의 아픔을 딛고 힘차게 약진하기를 간절히 바랐다. 그 자신이 한평생 일신의 영달이 아닌 민족공동체의 번영이라는 큰 테마에 화인으로서의 운명을 걸었듯이 말이다.

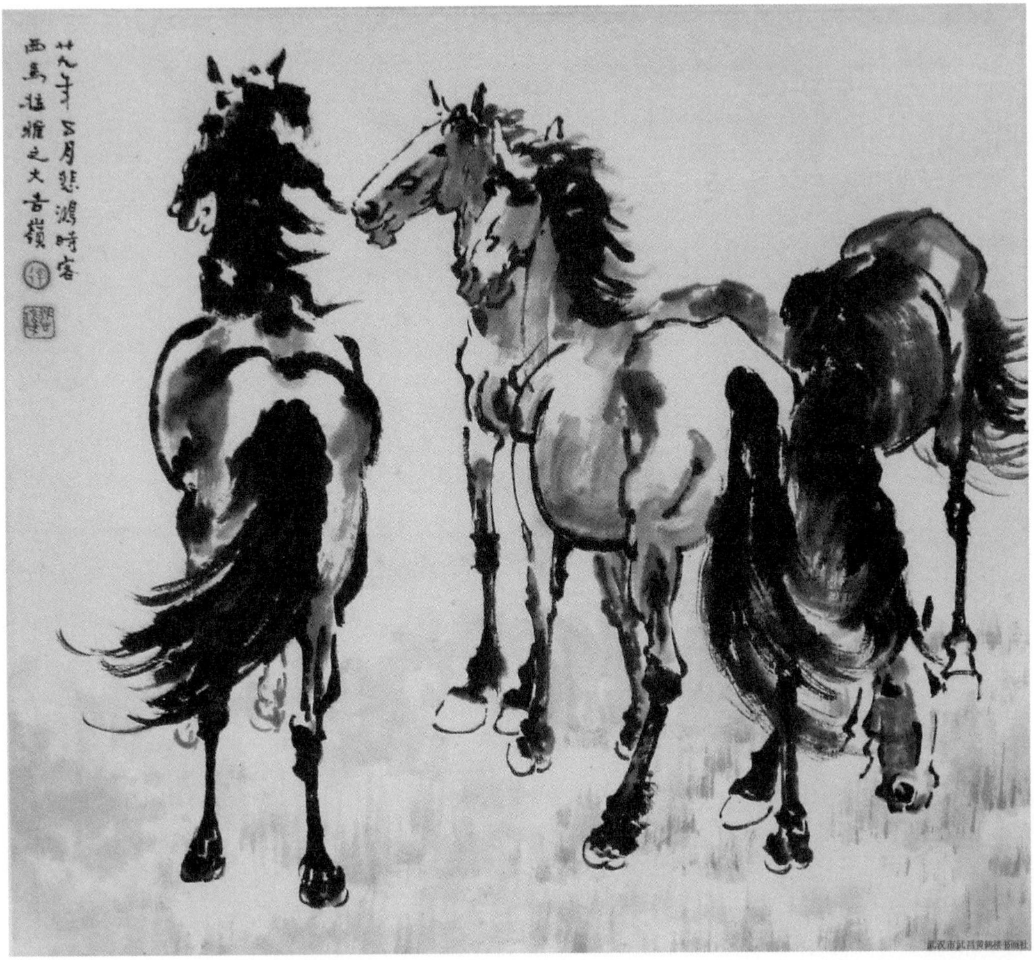

쉬베이홍, 〈군마〉, 수묵, 1940.

사실적, 고전적 양식을 강조하다

1949년 10월 1일, 신중국이 건립되자 쉬베이홍은 뛰어난 예술성과 미술교육 및 미술을 통해 항일투쟁에 기여한 공로를 당으로부터 인정받았다. 이후 그는 이전에 베이핑北平국립예술전문학교로 불렸던 중앙미술학원의 학장 및 전국미술협회 주석을 맡아 미술교육 및 후진양성에 힘쓴다. 1953년, 새로운 조국에 걸맞은 미술양식과 제도를 정착시키는 데 골몰해 몸을 돌보지 않던 쉬베이홍은 결국 뇌출혈로 쓰러지고 만다. 그리고 병원에 입원한 지 사흘만인 9월 26일에 세상을 떠난다. 쉬베이홍이 사망한 뒤 정부와 유족들은 그를 기념하기 위해 쉬베이홍 기념관을 건립했다. 생전의 유언대로 그의 작품 1,200여 점과 그가 소장한 다른 작가들의 작품 1,200여 점 및 1만여 권의 도서가 기념관에 기증됐다.

중국 근현대 미술가 중 쉬베이홍처럼 평생 전통화의 개혁과 미술을 통한 사회적 실천을 위해 분투하고 미술교육에 지대한 영향력을 끼친 인물은 없을 것이다. 그는 예술을 위한 예술을 거부하고 예술의 사회적 책무를 강조했다. 시종일관 삶의 진실한 면을 묘사하고 재현할 것을 중시하는 사실주의적이고 고전적인 전통을 강조했다. 그러다 보니 20세기 초반 전 세계 미술계를 휩쓸었던 인상파나 모더니즘 화풍을 기피하고 경멸하는 한계를 보이기도 했다. 8년이라는 긴 유럽 유학 시절 그는 (당시로서는 한물간) 사실주의의 대가 프루동, 모네, 밀레, 도미에 같은 화가들에게 찬사를 보냈다. 반면 세잔과 마티스, 피카소 같은 새로운 미술을 선보이는 인상파나 야수파, 입체파 등의 작가들은 경멸하는 태도를 보였다. 심지어 이런 종류의 미술은 인민의 삶에 어떠한 도움도 되지 않으며, 서구 자본주의의 타락상을 반영한, '마약보다도 더 해로운 것'으로 절대 중국에 들여와서는 안 될 예술 사조로 매도하기도 했다. '예술가는 조국과 인민을 위해 복무해야 한다'는 신념이 강박관념이 되어버렸던 것일까? 그는 이런 견해를 담아 〈혹惑〉이라는 제목의 글을 미술회보에 발표했다가 모더니즘을 옹호하는 낭만파 시인이자 수필가였던 쉬즈모徐志摩(1897~1931)와 격렬한 논쟁을 벌이기도 했다.

당시 유럽의 예술 사조에 역행하는 그의 태도는 신중국 건설 이후 미술교육에 그대로 반영되었다. 그동안 중국의 미술학교에서는 여전히 20세기 이전 서양 아카데미식 방식에 따라 구상회화 위주로 커리큘럼이 짜여 있었다. 그가 화가로 활약했던 시기는 중국 전역에서 중국 전통문화와 서구문화가 충돌하는 과도기였다. 격변의 시절을 살며 그는 단순히 화가에 머무르지 않고, 교육자이자 문화 정책의 입안자 역할을 하면서 시대의식의 산파 역할을 톡톡히 해냈다. 비록 자신의 한계를 뛰어넘지는 못했지만, 그를 마냥 고리타분한 보수주의자라고 폄훼할 수 없는 이유다. 무엇보다 일제의 침략으로 '계몽'과 '구국'이 생존전략이었던 당시 중국의 정치적, 사회적 상황을 이해해야 한다. 그런 시대에 미술을 민중을 일깨우기 위한 도구로 바라본 쉬베이홍에게 리얼리즘은 어쩔 수 없는 선택이었으리라.

루쉰 기념관에서 민중의 외침을 듣다

루쉰을 만나다

1926년, 중국을 뒤흔들었던 5·4운동이 퇴조기에 접어들던 무렵, 그 누구보다 중국사회와 인민들이 변화하기를 갈망했던 루쉰(1881~1936)은 많이 지쳐 있었다. 그는 1918년부터 1925년까지 베이징에 머무르며 5.4운동을 목도했고, 봉건적 문화를 매섭게 비판하고 많은 작품들을 남겼다. 하지만 조금이라도 변화하려는 움직임이 발생하면 그 단초를 흔적도 없이 삼켜버리는 봉건체제의 늪에서 그는 절망한다. 게다가 1924년 쑨원이 혁명 와중에 세상을 떠나는 바람에 혁명조차 미완이던 그 시절, 스스로를 '투창을 치켜든 외로운 전사'로 비유한 루쉰은 베이징을 떠나 변혁의 가능성을 모색하며 남하한다. 그의 곁에는 새로운 삶의 의지를 불어넣은 반려자 쉬광핑許廣平(1898~1968)이 있었다.

루쉰에게는 원래 집안에서 맺어준 아내가 있었다. 계몽주의자였던

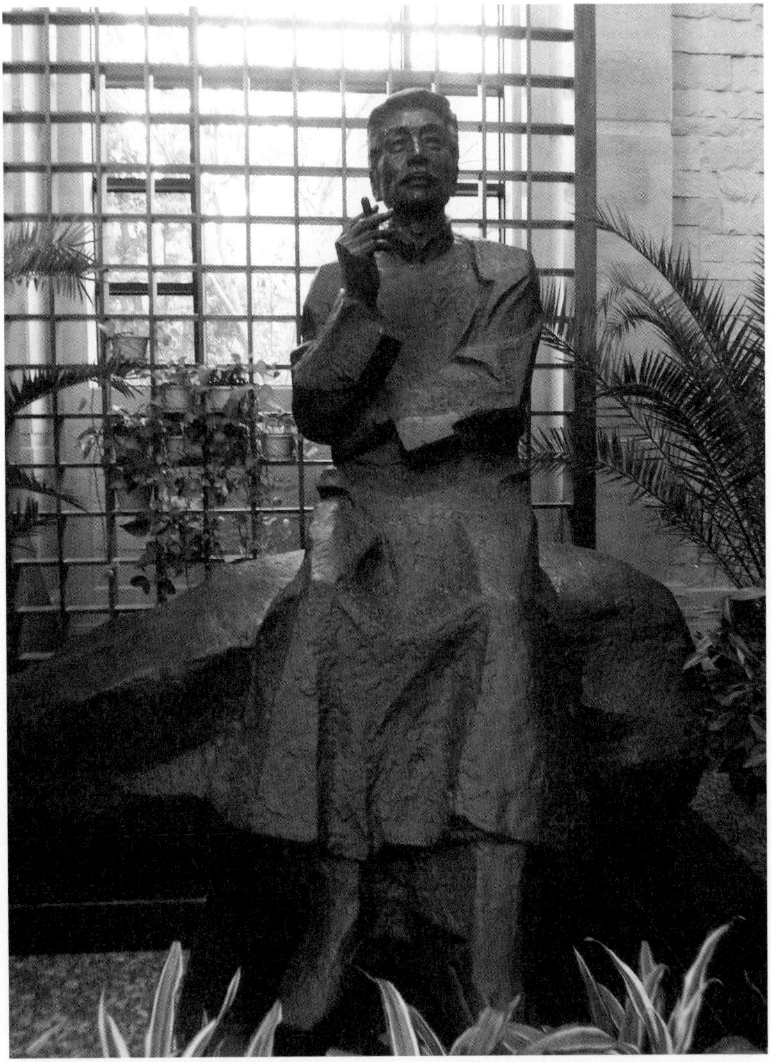

여송연을 피고 있는 루쉰을 묘사한 입상.

그 역시 정략결혼의 희생자였던 셈이다. 하지만 그는 베이징 여자사범 대학에서 강의를 하던 중, 17년 연하의 제자 쉬광핑과 사랑에 빠진다. 만인의 존경을 받고 있던 그로서는 자유연애로 맺어진 신여성과의 사랑이 보수적인 베이징에서는 적잖이 부담스러웠을 것이다. 1926년, 그는 작가와 교육자로서의 삶에 충실했던 베이징 시대를 마감하고 상하이에 정착한다. 1927년부터 1936년 병으로 사망할 때까지 루쉰은 상하이에서 쉬광핑과 함께 유일한 혈육인 늦둥이 아들 하이잉海嬰('상하이의 아이'란 뜻)을 낳고 여생을 보냈다. 그의 다양한 유품들은 상하이에 남았고, 신중국 최초로 개인 기념관이 지어졌다. 중국인들의 루쉰에 대한 존경심은 매우 깊어 그가 스쳐간 도시마다 기념관이 지어졌는데, 상하이의 루쉰 기념관처럼 그의 유품을 많이 소장한 곳은 없다.

루쉰의 발자취를 찾으려면 대형 축구장이 들어서 있는 홍커우취虹口區로 발걸음을 옮겨야 한다. 프랑스 조계지, 영국 조계지에 이어 3~4만 명의 일본인들이 거주하며 일본 조계지라는 타이틀을 이어받은 홍커우취는 중국인들에게는 역사적 치욕과 상흔이 남아 있는 곳이다. 동시에 아시아 민족해방운동의 숭고한 흔적을 찾아볼 수 있는 곳이기도 하다. 홍커우 공원은 1956년 루쉰의 묘를 이장하고 기념관이 들어선 후 루쉰 공원으로 이름이 바뀌었다. 이 공원에서는 루쉰 외에도 한국을 대표하는 민족주의자의 발자취도 찾아볼 수 있다. 바로 1932년 4월, 상하이의 일본전승기념식에서 도시락 폭탄을 투척한 윤봉길 의사다. 루쉰 공원 안에는 윤봉길 의사의 기념비와 함께 '매정梅亭'이라는 유물 전시관이 있어 한국인 관광객들의 발길이 끊이지 않는다.

루쉰과 중국목판운동

루쉰 공원에 들어서면 우선 하얀색 외벽에 검정색 기와가 인상적인 대비를 이루는 루쉰 기념관이 눈에 띈다. 전시장 안으로 들어서면 실물 크기의 루쉰 동상이 손님을 맞이한다. 1961년 루쉰 탄생 80주년을 기념해 만든 이 작품은 전형적인 영웅상과는 달리 한 손에 그가 좋아하던 여송연을 들고 여유로운 포즈로 앉아 있는 모습이다. 2층 전시실로 올라가면 루쉰의 전 생애를 시기별로 구분해 유품과 원고, 사진, 영상, 그리고 96개 언어로 번역된 루쉰의 저작들을 볼 수 있다. 『아큐정전』, 『광인일기』 같은 작품을 통해 격동기 백척간두에 서 있던 인민들을 계몽시키려 했던 중국의 대문호 루쉰의 업적과 생애를 무척 흥미롭게 되새기게 해주는 구성이다. 전시장을 훑어보다 보면 흥미로운 조형물과 맞닥뜨리게 된다. 루쉰이 세상을 떠나기 직전인 1936년 10월 8일, 청년 미술가들과 카페에서 미술운동에 대한 좌담을 나누는 모습을 찍어놓은 사진을 실물 크기의 밀랍인형으로 만들어놓은 것이다. 그 주변은 1930년대 목판화 대표작들과 루쉰이 발행한 판화집, 목판화 도구 등으로 꾸며져 있다.

중국 근현대미술에 조금이라도 관심이 있는 사람들은 그가 신문학운동의 기수일 뿐만 아니라 반봉건, 반식민지 상태에 놓여 있던 중국을 구하는 무기로써 미술을 적극 활용했던 '중국목판운동의 아버지'라는 것을 잘 알고 있을 것이다. 어린 시절부터 글쓰기는 물론 그림에도 조예가 깊었던 루쉰은 미술에 관한 글도 많이 발표했다. 그는 일찍

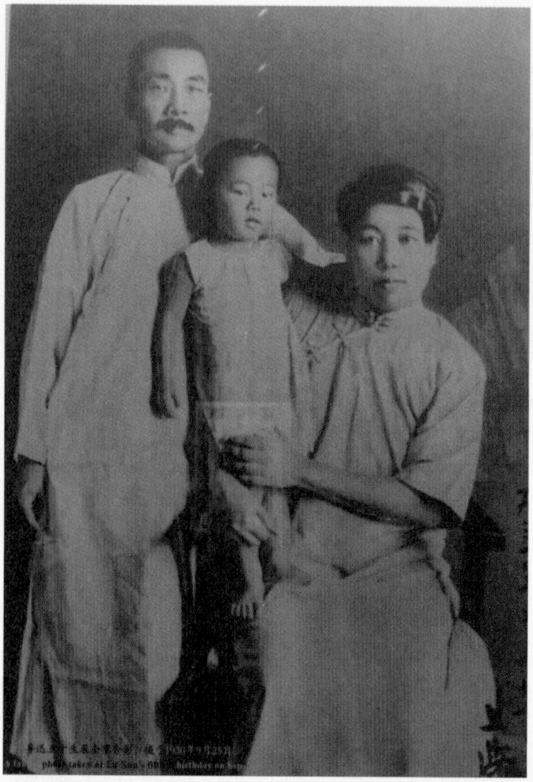

1931년 상하이 체류 시절 아내 쉬광핑, 아들 하이잉과 함께 찍은 가족사진.

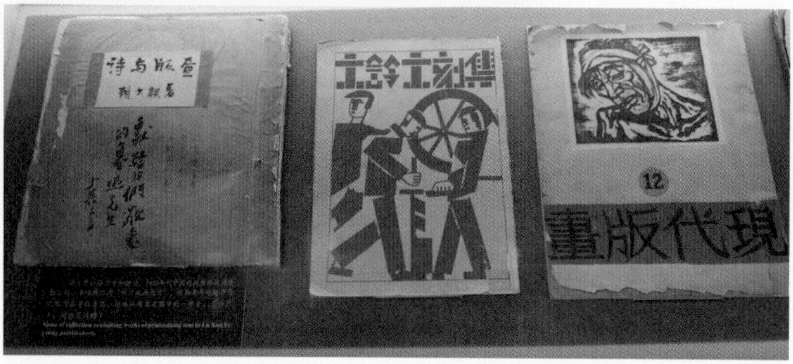

루쉰이 상하이에서 발행한 판화집들.

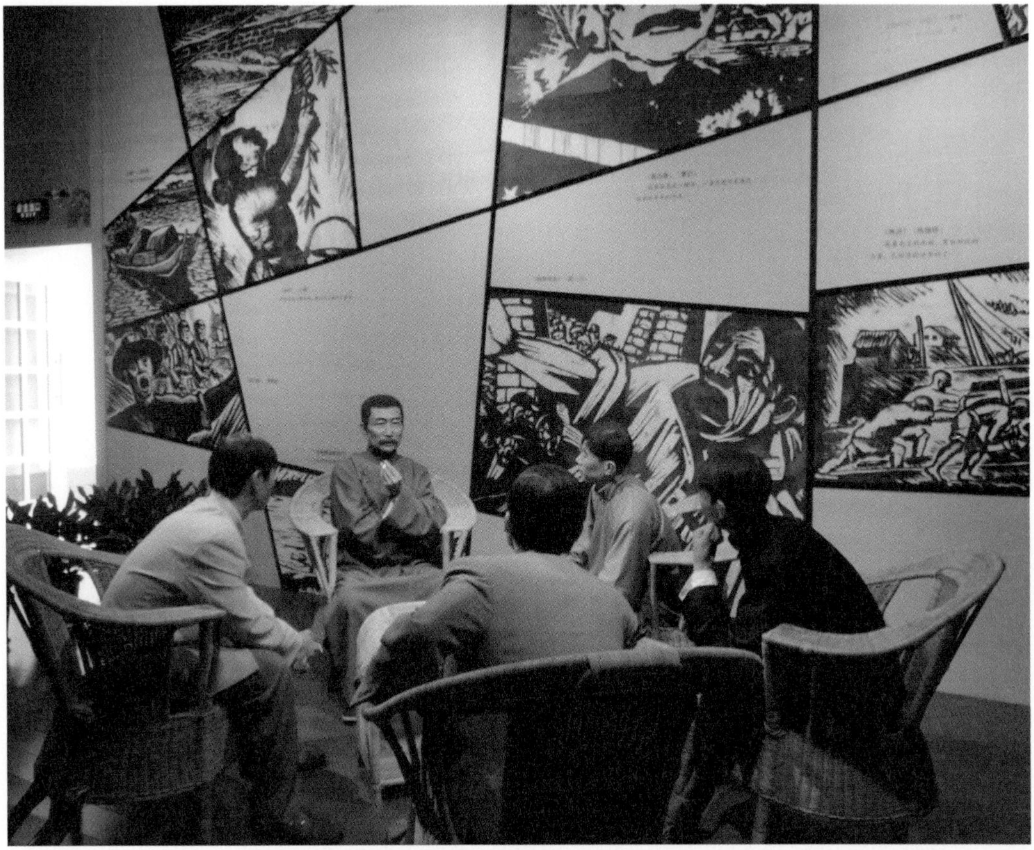

젊은 판화가들과 좌담을 나누는 루쉰의 모습을 밀랍인형으로 재현한 조형물. 조형물 주변에 원본 사진과 당시 판화가의 작품 이미지들이 함께 걸려 있다. 루쉰은 세상을 떠나기 며칠 전 상하이의 한 카페에서 모임을 가졌는데, 당시 모습을 샤페이(沙飛)라는 젊은 사진작가가 촬영했다.

이 전통목판화에 관심을 가졌으며, 이를 민중을 계몽시키는 도구로 활용하고자 했다. 때마침 혁명적인 내용을 담은 유럽의 목판화가 중국에 소개되자 깊은 인상을 받은 루쉰은 화집과 작품을 수집하며 본격적인 목판운동을 펼쳐나간다. 게다가 그가 여생을 보냈던 상하이는 1921년 중국공산당이 결성된 후 혁명운동의 본거지였고, 1930년에는 중국좌익작가연맹의 미술분과가 조직되기도 한 도시였다. 제2차 세계대전 동안 중국에서 예술은 오롯이 항일투쟁과 나라를 구하기 위한 도구로 사용되었다. 지식인들과 함께 많은 예술가들이 개인적 관심사와 취향을 포기하고 제국주의에 저항하고 민중들을 북돋기 위해 이해하기 쉽고 단순명료한 작품을 만들어냈다.

루쉰은 쉬베이홍처럼 구국을 위한 미술을 제창했다. 쉬베이홍이 작가로서 직접 붓을 들어 중국사회의 현실을 은유적으로 표현했다면, 루쉰은 직접 붓이나 조각도를 드는 대신 목판운동의 의의와 방향성을 입안하고 미술가들을 양성했다. 목판화는 그 특성상 강렬한 흑백 대비와 거친 질감, 둔중한 칼맛으로 인간의 고통과 감정, 사회적 부조리를 날것 그대로 드러내는 데 안성맞춤이었다. 이렇게 만들어진 목판화는 대다수가 문맹이었던 중국인민들에게 문학보다 더 큰 호소력을 발휘했다.

사실 항일전쟁으로 시국이 어수선해 유화 물감이나 캔버스 등을 구하기 어려웠기 때문에 간단한 도구로 대량 생산이 가능한 매체로는 목판화가 최고였다. 실제로 루쉰이 세상을 떠난 이듬해인 1937년, 항일전쟁이 전면화되자 상하이, 광저우 등에서 활약하던 많은 판화가들은 공산당의 근거지인 옌안으로 이주하여 반일, 반전의 내용을 담은 목판화를 대량 제작해 유포했다. 1938년 옌안에 설립된 루쉰예술학원•은 구국의 일념으로 전국에서 모여든 미술가들을 흡수하여 목판화운동을 펼쳐나가 중국인들의 항전의지를 고취시켰다.

루쉰은 화첩을 만들어 유럽과 소련의 목판화를 소개하는 한편, 전국 각지의 판화를 수집해 상하이에서 전시를 하기도 했다. 그가 특히 관심을 갖고 소개한 판화가는 독일의 케테 콜비츠, 벨기에의 프란츠 마제렐, 소련의 블라디미르 파보르스키 등으로 모두 사회성 짙은 주제에 강렬한 표현주의 양식을 덧입힌 작가들이었다. 중국의 많은 작가들이 이들의 영향을 받아 판화에 사실주의 기법을 이식시켜 유사한 작품들이 많이 제작되었다. 루쉰은 특히 케테 콜비츠의 작품을 전범으로 삼으며 다음과 같이 극찬했다.

> 케테 콜비츠의 작품은 전 세계 곳곳에서 우리 중국인들처럼 '상처입고 모욕당한' 다른 사람들을 보여준다. 또한 그들을 위해 슬퍼하고, 항의하고, 투쟁하는 예술가의 모습을 보여준다. (중략) 콜비츠의 작품에서는 소위 '영웅'의 모습이 아닌, 접근하기 쉽고 동정이 가는 사람들의 모습이 보인다. 그들의 얼굴을 보면 볼수록 아름다움을 찾을 수 있으며, 그들의 저력에 이끌리게 된다.

루쉰은 목판화의 목적의식뿐만 아니라 미학적 측면도 강조했다. 그는 작가들에게 유럽의 목판화 기법을 무조건 수용하지 말고 중국 전통

• 루쉰예술학원은 루쉰의 예술 이념을 이어받기 위해 1938년 5월 홍군의 본부였던 옌안에서 마오쩌둥, 저우언라이 등 중국 혁명 지도자들에 의해 건립됐다. 당시 마오가 직접 교훈을 썼다고 한다. 1948년 선양(沈陽)으로 이전했으며, 현재 중국의 4대 미술대학 중 하나로 꼽힌다.

목판화와의 조화를 요구했다. 또한 현실과 유리된 표현이나 과장된 묘사를 경계하고, 민중을 단번에 이해시킬 수 있는 테크닉을 구사할 것을 재차 강조했다.

항일전쟁 이후 중화인민공화국이 건립되기까지 지난한 국공내전 기간 중 상당수의 목판화가 상하이에서 제작되었다. 그들은 날이 선 조각도로 국민당 독재세력의 압제와 탄압 아래 신음하는 민중의 모습과 그에 따른 암담한 사회상을 과감하게 폭로했다. 당시 제작된 판화를 보면 다양한 종류의 비극과 곤궁함으로 고통받는 민중의 얼굴이 생생하게 묘사되어 보는 이의 심금을 울린다. 철학자 레비나스 식으로 말하자면 '모든 것이 박탈된 고통받은 얼굴의 모습으로 나에게 현현한' '타인의 얼굴'을 보고 윤리적 저항에 직면하지 않을 사람이 어디 있을까. 그 시기 대표적인 작가 중 한 명인 리화李樺(1907~94)• 의 작품 〈중국이여, 절규하라〉를 보자. 기둥에 묶여 두 눈마저 가려진 상태로 혼신의 힘을 다해 옆에 놓인 칼을 들고 일어나려는 작품 속 인물은 당시 중국 인민들이 처한 비극적 상황과 항전의지를 함축적으로 보여준다.

이 시기의 작품들은 반세기가 지난 1980년대 암담했던 군사독재의 폭거에 저항했던 한국의 미술가들에도 다소 영향을 주었다. 당시 민중미술 계열의 판화가들은 목판화의 투박한 선과 질감을 이용하여 사회비판적 메시지를 강렬하고 효과적으로 전달했다. 그때 작가들이 중국 목판화를 연구하고 참조했다고 한다. 비록 시대가 다르고 지리적, 문화적 배경이 달라도 혼란스러운 정치, 사회적 정황에서 목판화가 민중과 소통할 수 있었던 것은 이런 특유의 강렬한 호소력 때문이었을 것

• 목판화가. 광저우미술학교를 졸업하고, 도쿄 가와바타미술학교에서 유화를 공부했다. 이후 광저우미술학교에서 교편을 잡다가 근대판화연구회를 설립, 항일을 주제로 한 작품에 몰두했다. 항일전쟁 중에는 종군 미술가로 활약하며 많은 드로잉과 판화를 남겼다. 신중국 건립 이후 중앙미술학원 부원장을 역임했다.

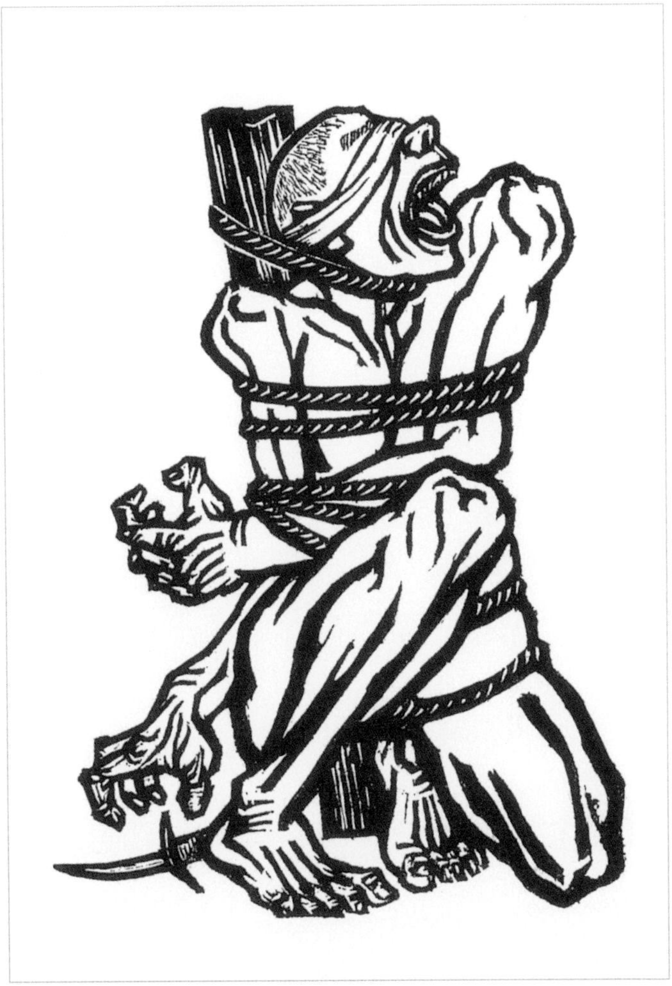

리화, 〈중국이여, 절규하라〉, 목판화, 1936. 절체절명의 위기에 빠진 중국의 상황을 온몸으로 타개하려는 민중의 의지를 함축적으로 표현한 걸작이다.

이다. 루쉰은 이런 말을 남겼다.

희망이란 있다고도 할 수 없고 없다고도 할 수 없다. 그것은 마치 땅 위의 길 같은 것이다. 본래 땅 위에는 길이 없었다. 누군가 한 사람이 가고, 많은 사람들이 걸어가면 그것이 곧 길이 되는 것이다.

| 상하이 둬룬 현대미술관 |

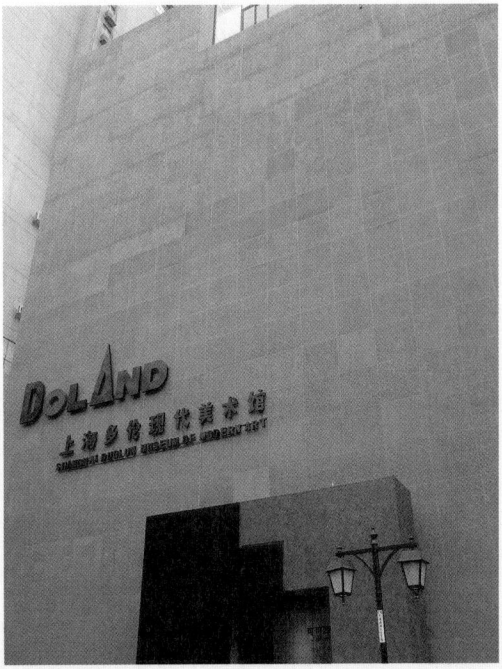

둬룬 미술관.

루쉰 공원을 나와 그가 생애 마지막 3년 동안 머물렀던 루쉰 고거를 지나면 '둬룬루문화명인가多倫路文化名人街'가 나온다. 100년의 역사를 자랑하는 이곳은 베이징의 류리창琉璃厂 같은 고색창연한 골동품 거리로 원형 그대로 보존된 근대건물들이 남아 있다. 겨우 800미터 정도에 불과하고 너비도 좁아 지도에서 찾기도 힘들지만, 이 길은 중국 근대문학사를 장식한 걸출한 문인들을 배출한 곳이다. 고풍스러운 골동품 상점과 카페, 식당, 노점, 그리고 마오둔, 딩링丁玲과 같은 대문호의 흔적을 지나면 7층의 초현대식 건물이 나온다. '상하이 둬룬 현대미술관上海多倫現代美術館'이란 타이틀을 달고 있는 이곳은 중국 최초로 정부의 원조를 받아 개관한 국공립 현대미술관이다. 정부의 원조뿐 아니라 여러 기업들과 재단, 그리고 개인 스폰서들도 적극적으로 후원을 하고 있다. 중국 현대미술의 발전과 국제 교류에 힘쓰고 있는 이곳은 2003년에 개관했으며, 주로 사진과 비디오아트 등 설치작품 위주로 전시를 하고 있다.

중국 1세대 여성 서양화가, 판위량

시대의 벽을 넘어

'중국 1세대 여성 서양화가'라는 타이틀이 붙은 사람의 삶은 과연 어떠했을까? 기구하고 드라마틱한 삶으로도 잘 알려져 있는 판위량潘玉良(1895~1977). 그녀의 이야기는 중국에서 소설, 영화, 드라마 등을 통해 끊임없이 회자되고 있으며, 장이머우 제작, 궁리 주연의 〈화혼〉(1995)이라는 영화를 통해 우리나라에도 제법 알려져 있다. 비록 쉬베이훙이나 루쉰처럼 그녀를 위한 기념관은 없지만, 오히려 대중들의 뇌리에 더욱 깊이 박혀 있는 존재가 바로 판위량이다.

중국에서 여성이 제대로 미술교육을 받게 된 것은 고작 100여 년 전 일이다. 여성은 기껏해야 전지剪紙(종이 오리기)나 자수 등을 허락받았을 뿐, 중국미술사에 여류화가란 거의 존재하지 않았다. 하지만 아편전쟁 이후 중국이 개항되고, 서구 선교사들에 의해 여학교가 곳곳에 설립되면서 양상이 달라졌다. 1903년대에는 중국화, 목탄화, 수채화, 유화 같은 서양식 미술교육을 하는 여자미술학교가 생기기 시작한다. 여성들이 미술교육을 받게 되면서 중국 전역에서, 특히 여학교가 많이 설립된 상하이에서 여성들이 미술협회를 조직하고 전시도 열게 된다. 민국 초기부터는 유학파도 늘어 1931년에는 유학파 여성 작가들이 만 명이 넘었다. 하지만 여성들을 위한 미술교육 정책은 여전히 가사와 육아를 위한 공예 수준에 머물렀고, 철저한 남성 중심의 봉건사회에서 여자가 화가로서 날개를 펴기란 여간 힘든 일이 아니었다. 전통과 근대가 교차하는 과도기 사회의 여성 예술가들은 전쟁은 물론 편견의 벽을 넘어야 하는 이중 과제에 시달렸다. 게다가 예술가의 감성을 이해하는 동료 화가를 반려자로 택한 여성 화가들은 때로 남편의 명성에 가려지는 경우도 적지 않았다.

봉건체제가 막바지에 이른 청나라 말기, 장쑤성 양저우揚州에서 중국 근대미술의 지형을 바꿀 한 아이가 태어난다. 모자 가게를 하던 부모는 딸에게 장위량張玉良이란 이름을 지어주었다. 운명은 가혹하여 이 아이는 여덟 살에 부모를 잃고, 아편쟁이 외삼촌은 열네 살의 위량을 유곽에 팔아넘긴다. 어떤 희망도 없이 살아가던 가련한 여자아이에게 새로운 인연이 찾아온 것은 열일곱 살 때였다. 한평생 천한 창기로 살다 갈 줄 알았던 그녀 앞에 상하이의 세관 감독관이었던 판짠화潘贊化가 나타난 것이다.

판짠화는 위량의 상처받은 영혼에서 독특한 정신세계를 발견하고 그에 매료되어 그녀를 유곽에서 빼내 소실로 삼았다. 이 일이 한 남자의 사랑이 한 여인을 남루한 삶에서 구해낸 것에 그치지 않고 중국 미술사에 길이 남을 큰 별을 탄생시킬 계기가 될 줄 누가 알았을까? 구세주 같았던 판짠화에 대한 고마움 때문이었을까? 그녀는 성을 바꿔 판위량이란 이름으로 새로운 인생을 시작한다.

결혼 후 판짠화는 상하이에 새로운 거처를 마련하고 글을 배울 수 있도록 위량에게 가정교사를 붙여준다. 이후 그녀가 그림에 소질을 보이자 이웃에 사는 서양화가에게 개인교습도 받게 한다. 1918년 판위량은 남편의 후원으로 상하이미전에 입학해 체계적인 미술교육을 받는다. 1921년, 우수한 성적으로 학교를 졸업한 그녀는 국비장학생으로 프랑스 유학을 떠난다. 물론 그것도 판짠화의 지원이 있기에 가능한 일이었다. 같은 시기 프랑스에 유학한 쉬베이홍과 판위량은 파리국립미술학교 동급생이었다. 이후 그녀는 화가로서 본격적인 행보를 걷게 된다. 1925년 이후에는 장학생으로 로마에서 조각을 공부하고, 1929년 귀국하여 상하이미전과 난징중앙대학에서 교편을 잡았다.

20세기 초반, 판위량을 비롯한 여성 화가들의 활약상은 두드러지게 나타났다. 그들은 서구 모더니즘의 수혜 아래 결란사 같은 아방가르드 예술 단체와 함께 전통의 굴레를 깨고 예술적 역량을 발휘했다. 하지만 전근대적 규범과 제약이 거미줄처럼 뒤엉켜 있던 중국사회는 판위량의 행보에 걸림돌이었다. 신문물의 중심지이자 국제도시였던 상하이도 별 수 없었다. 기생 출신이라는 세인의 편견과, '여체'라는 소재에 집중한 그녀의 누드화에 대한 몰이해로 작가와 교수로서 그녀의 행보는 난항을 겪었다. 1936년 다섯 번째 개인전에서는 나신을 묘사한

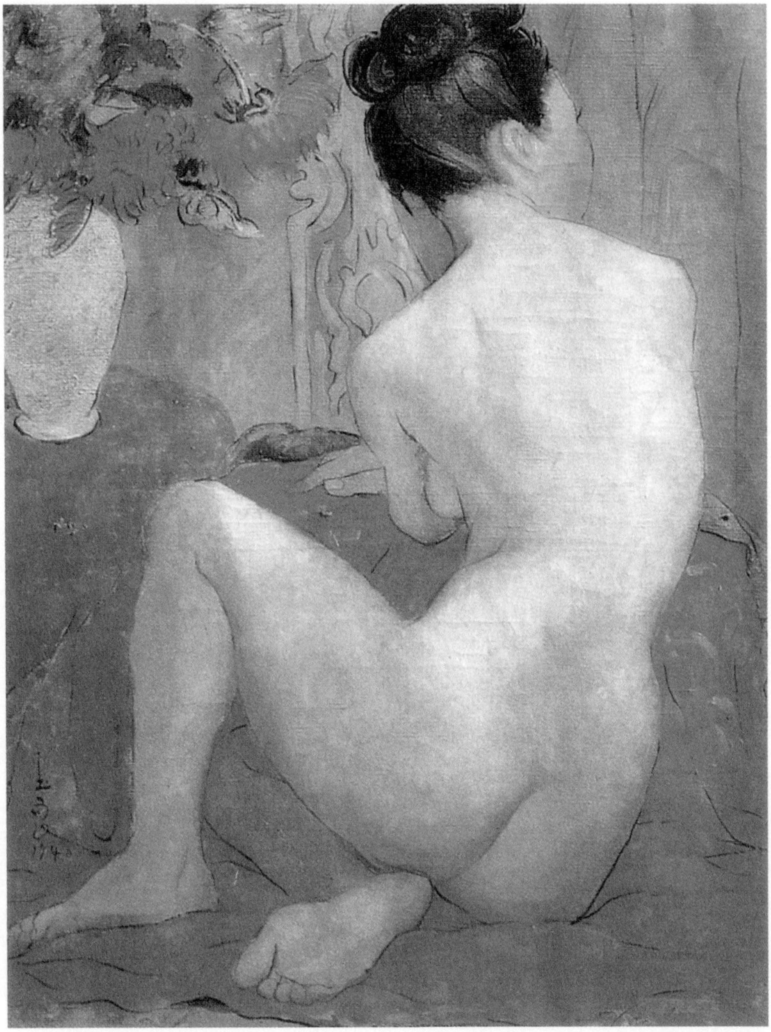

판위량, 〈국화와 여체〉, 1940. 중서융합의 화풍이 잘 드러난 작품이다.

작품이 불경하다는 이유로 다른 작품들과 함께 찢겨지고 전시장이 박살 나는 사건이 발생한다. 게다가 자기 자신의 누드화를 그리는 판위량을 이해하지 못하는 남편과도 갈등을 겪는다. 1937년 중일전쟁이 일어나자 다시 프랑스로 건너간 판위량은 파리에 정착하여 여생을 보낸다. 판짠화 역시 아내의 예술가로서의 성공과 행복을 위해 눈물을 머금고 이별을 받아들였다.

이후 위량은 작품활동에만 전념해 생애 최고의 걸작들을 탄생시킨다. 이 시기 그녀는 중국 전통화와 점묘법, 야수파의 수법을 하나로 녹여 전혀 새로운 스타일을 선보였다. 40년대 초반에는 프랑스에 거주하는 중국 출신 예술가들 사이에서 리더 역할을 맡았고, 말년에는 중국예술협회 회장을 역임하기도 했다. 1977년, 파리에서 판위량은 진흙탕 속에서 피어난 연꽃 같았던 생을 마감한다. 프랑스에서 보낸 40여 년 동안 판위량은 프랑스 국적을 취득하지 않았으며 작품도 팔지 않았다. 재혼도 하지 않고 죽을 때까지 홀로 독립적인 삶을 살았다. 그녀가 남긴 유품은 단 두 점이었는데, 하나는 목걸이, 다른 하나는 회중시계였다. 모두 판짠화로부터 받은 선물이었다. 판위량이 파리에서 남긴 유작들은 1995년이 되어서야 고국으로 돌아왔고, 현재 베이징의 중국미술관과 안후이安徽성 박물관, 파리 세누치 박물관 등지에 소장되어 있다.

화혼을 불사르다

천애고아에서 기녀, 소실, 미술대학생, 프랑스 유학, 대학교수, 전 세계가 인정하는 중국의 대표 예술가로 한 계단씩 진화하는 삶을 힘겹게 개척해나갔던 근대여성 판위량. 그녀는 한 남자의 사랑받는 여인으로 충분히 편안한 생을 살 수 있었다. 하지만 가부장제의 안락한 요람에서 벗어나 독립된 인격체로 그림을 그리며 살아가는 것에 전 생애를 걸었다.

판위량은 중국 최초의 여성 서양화가라는 점에서 종종 우리나라의 대표적 모던 걸이자 최초의 여성 서양화가였던 나혜석(1896~1948)과 비교되기도 한다. 약간의 차이는 있지만, 두 사람은 근대의 여명기, 여전히 전근대적 질서가 지배하는 동아시아에서 살아가며 여성에 대한 차별과 개인적인 불행을 딛고 일어나 예술혼을 불사른 작가들이다. 두 사람은 1년이란 시차를 두고 태어났으며, 비슷한 시기 파리에서 예술적 영감을 받았다. 하지만 부유한 관료의 딸로 태어나 조선 여성으로서는 최초로 일본으로 유학을 가 서양화를 배웠던 나혜석에 비해 판위량은 밑바닥에서 출발했다. 인생의 출발선상에서 판위량은 나혜석보다 훨씬 불리한 조건이었지만, 시대와의 불화를 비교적 잘 극복한 운 좋은 모던 걸이었다. 여성을 억압하는 사회에 정면으로 맞섰던 나혜석은 재능을 제대로 펼치지도 못하고 행려병자로 길 위에서 비참한 최후를 맞이했다. 반면 판위량은 생애의 마지막 순간까지 예술혼을 꽃피우며 화가로서 이름을 떨쳤으니, 나혜석에 비하면 행복하게 삶을 마감했다고 볼 수 있다.

사실 기구하고 극적인 삶 때문에 예술가로서 판위량의 진면모는 다소 가려진 측면이 있지만, 그녀는 20세기 중국 미술사에서 걸출한 존재감을 발하고 있다. 판위량의 작품은 전위적이라고 할 순 없지만 당시 세계적인 추세였던 후기인상파와 야수파 양식을 습득하는 데 충실했다. 또한 특유의 유화 기법은 중서융합의 과정을 모색하고 추구했다는 점에서 의의가 있다. 영국의 미술사학자 마이클 설리번은 판위량을 가리켜 "중국 전통화와 서구미술을 훌륭하게 조화시킨 몇 안 되는 중국 화가"라고 칭송했다.

1940년대를 전후하여 판위량은 중국 전통화의 선묘수법을 자신의 작품에 적극 도입한다. 이는 중국 전통화를 바탕으로 서양의 유화 기법을 새로이 발전시키고자 하는 일종의 예술적 실험이었다. 그 결과 더 강렬한 표현력과 함께 서양화의 조형언어를 더욱 풍부하게 확장시켰다는 평가를 끌어냈다. 대표적인 작품으로 〈국화와 여체〉를 들 수 있는데, 중국 전통화에서 중심이 되는 선으로 여체와 사물의 윤곽을 묘사하고, 색감의 강렬한 대비와 탄탄한 기본기의 소묘, 명암 처리 덕분에 여체의 양감이 도드라지는 작품이다. 한마디로 중국 전통화의 정적인 분위기와 서양화의 질감이 묘한 앙상블을 이루고 있다. 중국의 한 미술평론가는 그녀의 예술 인생을 이렇게 정리했다.

동년배들과 비교할 때 판위량은 인체에 대해 더 깊이 이해하고 있었다. 기생 출신이었던 그녀는 한때 자신의 몸에 수치심을 가졌으나, 그림을 시작하면서 인간의 육체가 이 세상에서 가장 아름답고 생동감 있다는 사실을 알고 기뻐했다. 그녀는 자신이 발견한 아름다움을 소중히 간직하고 그것을 위해 일생을 바쳤다.

여성의 누드는 판위량이 평생 추구한 테마였다, 그녀는 누드화를 통해 자신은 물론 중국 여성들을 얽어매던 낡은 습속을 떨쳐내고 해방시키고 싶었던 것 같다. 확실히 그녀의 누드화는 동시대 남성 화가들의 그것과는 다르다. 그림 속의 여성들은 벌거벗고 있지만 성적 대상이 아닌 주체적이고 건강한 여성의 육체를 찬미하려는 의도가 짙게 배어난다. 자유자재로 구사한 전통화의 붓놀림과 선명하고 화려한 색감은 삶에 대한 강렬한 의지로 읽힌다. 또한 앞에서 언급한 두 남성(쉬베이훙, 루쉰)이 구국을 위한 도구로 미술을 이용했다면, 판위량에게 미술이란 온전히 자기 자신의 치유를 위한 주술적 행위로 보인다.

서양화가로서 그녀의 자질은 본고장 유럽에서도 통해 파리 현대미술관에서 최초로 구입한 중국 작가의 작품이 바로 판위량의 조소작품이었다. 오늘날 그녀의 작품이 국제 경매시장에서 천문학적인 가격으로 거래되고 인정받는 것도 판위량만의 예술성 덕분일 것이다. 그녀의 인생은 그 자체로 사람들을 감동시키고 마음속 깊이 공감하게 만든다. 불행한 개인사를 극복하고 구시대의 관습과 싸워 끝내 자신만의 예술세계를 쟁취한 한 여성 예술가의 '화혼'에 대한 찬미와 예우는 앞으로도 계속 이어질 것이다.

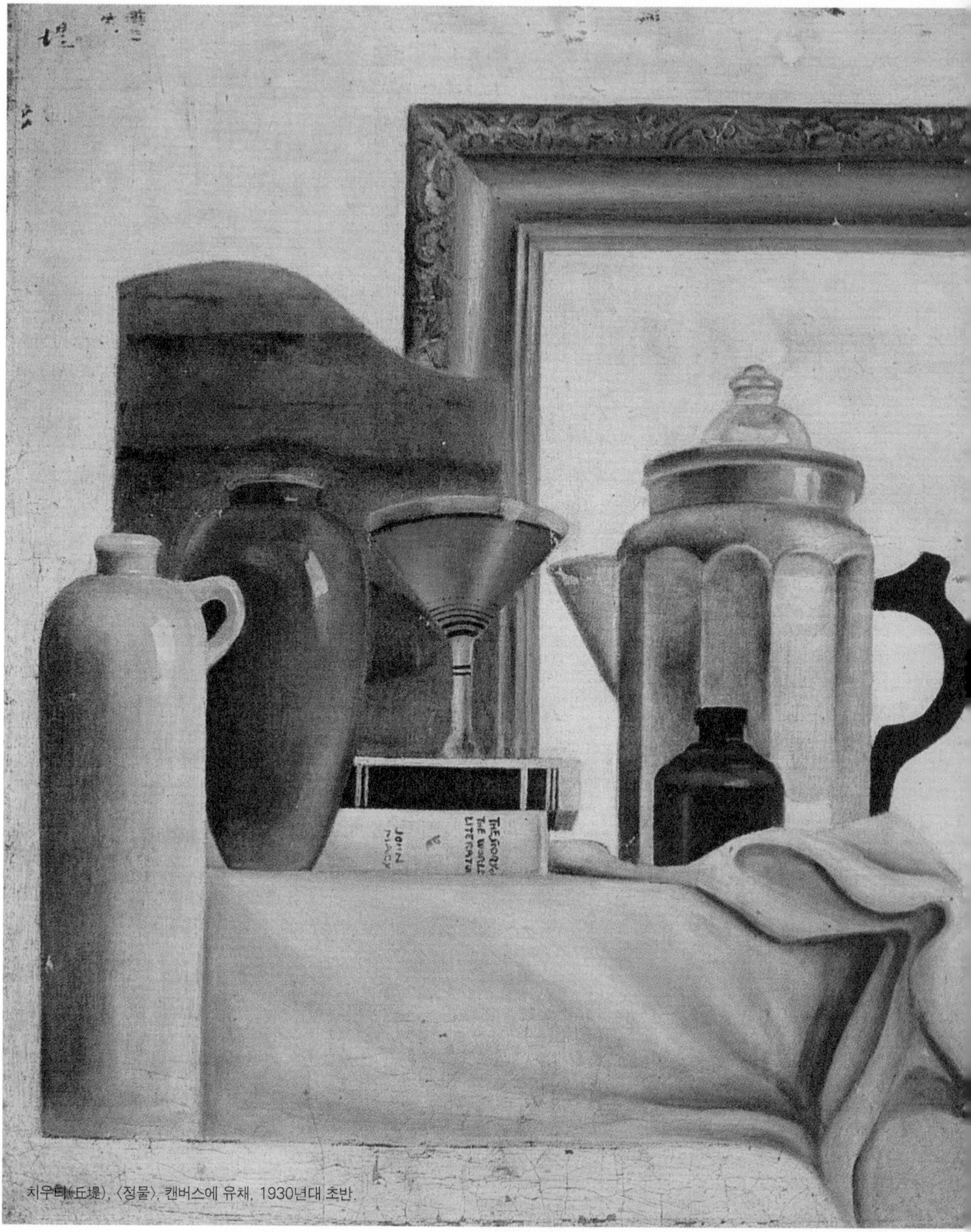

치우티(丘堤), 〈정물〉, 캔버스에 유채, 1930년대 초반.

거센 물결,
새로운 물결

20세기 초엽, 중국 미술계는 국가적 위기 속에서 리얼리즘이 대세를 이루었지만 잠시 모더니즘이 발흥하기도 했다. 특히 1930년대 상하이는 '백화제방百花齊放'이라는 말처럼 다양한 조형언어가 존재하던 시기였다. 이때 유럽을 풍미했던 급진적 모더니즘에 매료된 미술가들은 '결란사'라는 단체를 조직한다. 이들은 예술을 위한 예술운동을 지향하며 척박한 중국 미술계에 아방가르드의 꽃을 피우고자 했다. 하지만 그 꽃은 채 피어나지도 못한 채 어수선한 정국 속에 스러지고 말았다. 반세기가 흐른 뒤, 새로운 미술을 추구했던 결란사 정신의 밑씨가 부활하여 중국 전역을 휩쓴 85신조 미술운동이 꽃을 피운다. 베이징, 상하이를 비롯해 중국 전역에서 일어난 85신조 미술운동은 획일적인 틀을 벗어나지 못했던 중국미술의 조형성에 균열을 일으킨, 최초로 성공한 아방가르드 미술운동이었다. 이 시기 예술가들은 그동안 맥이 끊겼던 서구 모더니즘 사조를 받아들여, '차이나-아방가르드'라는 열매를 맺고 중국 현대미술사에 새로운 화단을 일궈냈다.

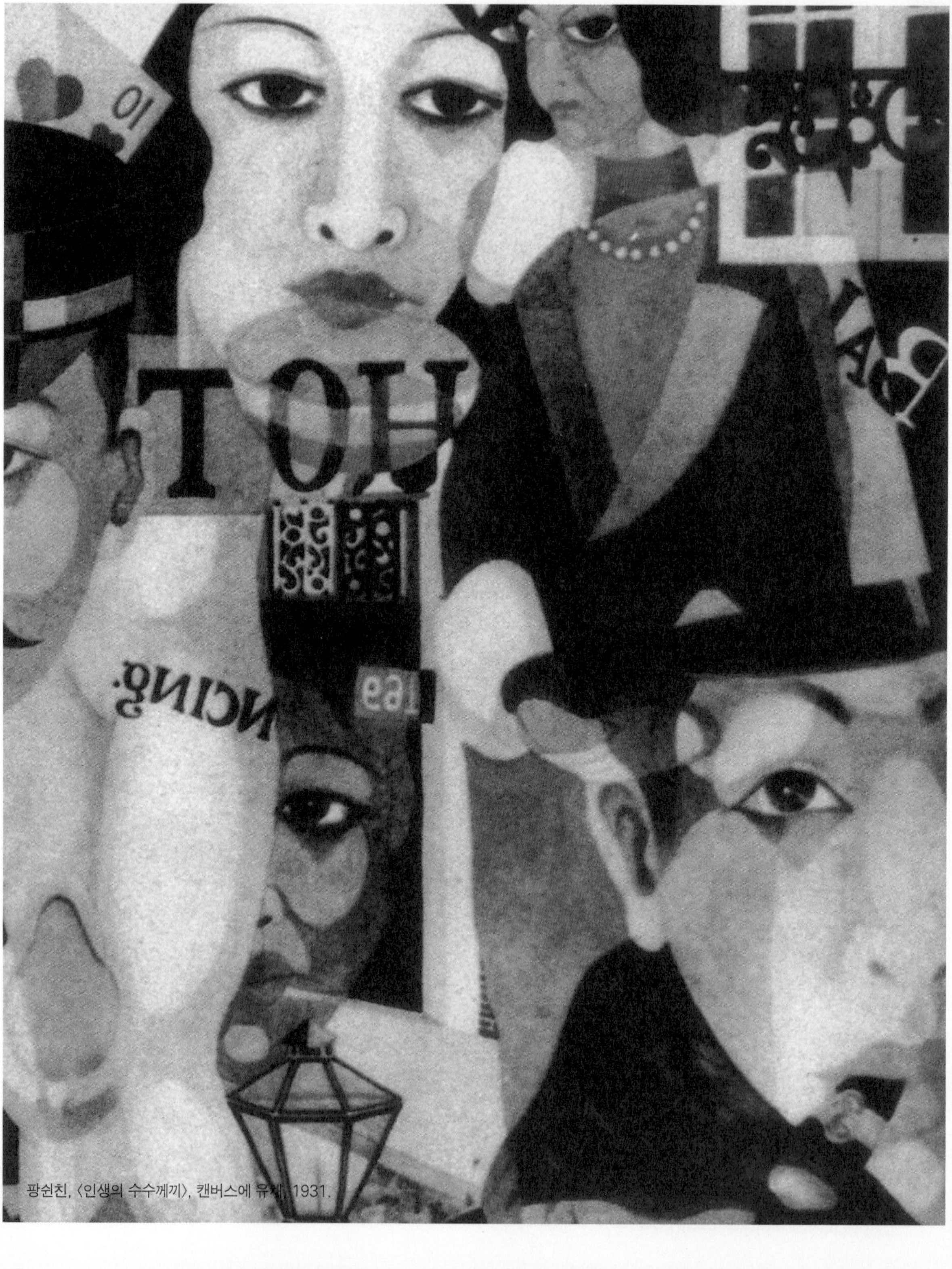

팡쉰친, 〈인생의 수수께끼〉, 캔버스에 유채, 1931.

상하이를 사랑한 모더니스트들

결란사의 결사

우리는 회화가 결코 자연의 모사물이거나 인체의 사본이 아님을 인정한다. (중략)

우리는 회화가 결코 종교의 노예가 아니며 단지 문학작품의 삽화가 아님을 믿는다.

우리는 자유롭고 일관되게 순수조형의 세계를 구성할 것이다.

우리는 모든 낡은 형태와 색채는 물론, 평범하고 저급한 테크닉을 혐오한다.

우리는 새로운 기술로 새로운 시대정신을 재현할 것이다.

20세기 이후 유럽 미술계는 야수파의 포효, 입체파의 비틀어짐, 다다이스트의 맹렬함, 그리고 초현실주의자들의 갈망이 모여 새로운 분위기를 형성하고 있다.

이제 20세기 중국 화단 역시 새로운 분위기를 맞이할 차례다.

우리 모두 일어서자!

우리의 격한 열정으로, 강철과 같은 지성으로,

우리는 색채, 선, 그리고 형태가 조화를 이룬 세계를 창조해낼 것이다!

– 니이더倪貽德가 작성한 결란사決瀾社 선언문 중, 1932년 10월

1930~40년대 상하이 미술 화보집을 들여다보는데, 그림 한 점이 눈에 띄었다. 상하이 태생의 화가 천추차오陳秋草가 1940년에 그린 〈참호 속에 핀 꽃〉이라는 작품으로, 시기상으로 보아 항전에 대한 의지를 담은 작품인 듯하다. 포연에 그을린 황량한 전쟁터, 생명의 흔적이라곤 전혀 찾아볼 수 없는 참호 위에 핀 빨간 꽃 한 송이, 독일 표현주의를 연상시키는 대담한 구도와 대조적인 색조, 거칠면서도 속도감 있는 붓질 등 보기 드물게 모던한 스타일의 이 작품은 1940년대 상하이 미술의 수준이 어느 정도였는지 짐작하게 해준다.

'저주받은 걸작'이란 말이 있다. 후대에 길이 남을 '물건'이지만 시대를 잘못 만난 탓에 당대에는 제대로 된 평가를 못 받고 스러진 작품을 일컫는 말로, 미술계에도 그런 작품들이 부지기수다. 시대보다 앞선 조형언어를 구사했음에도 몰이해로 역사의 뒤안길로 사라진 작품들은 숱하게 많을 것이다. 다행히 시간이 약이라, 세월이 흐른 뒤 이런 걸작들이 재평가받고 늦게나마 주목을 받는 일도 많다.

1930년대 서구문화와 소비사회의 풍요로움이 넘실대던 '멋진 신세

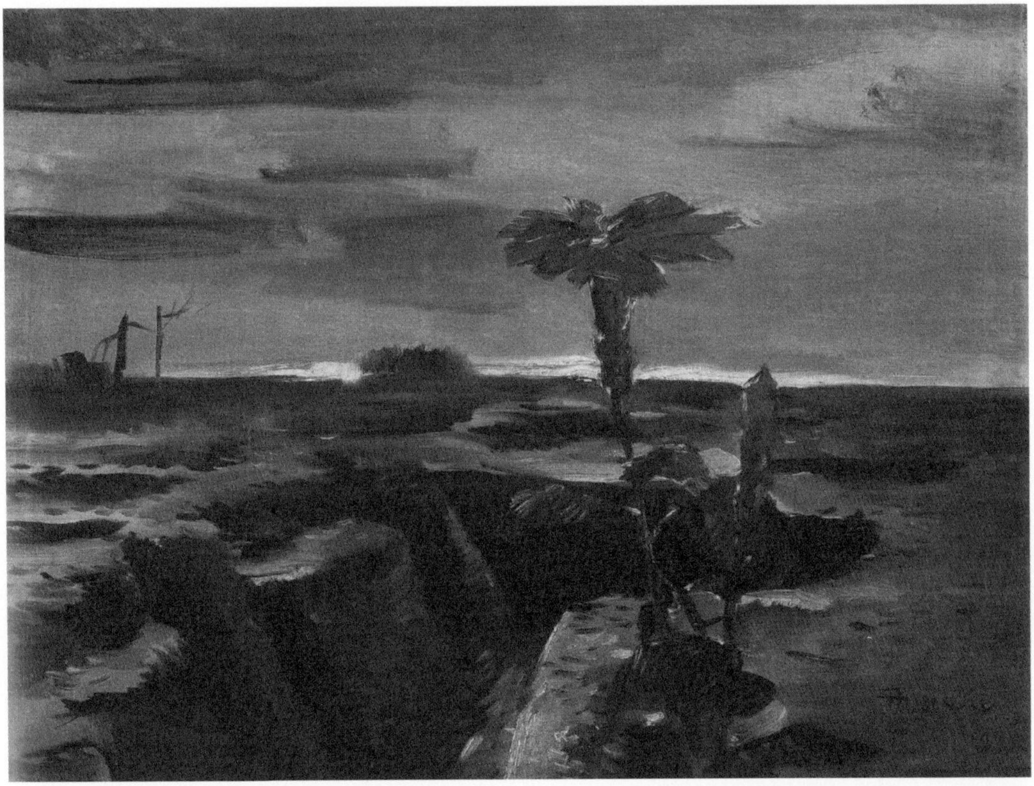

천추차오, 〈참호 속에 핀 꽃〉, 캔버스에 유채, 1940.

계' 상하이에도 이런 저주받은 미술단체가 있었다. 바로 결란사가 그런 경우인데, 천추차오의 꽃 그림은 1930년대 중반 정치적으로나 문화적으로나 척박했던 중국에서 잠시 피어났다 사라진 결란사를 연상케 한다.

급진적 모더니스트들의 움직임

1930년대 상하이에서는 서구의 현대미술을 적극 소개하고 수용하려는 움직임이 활발했다. 다소 과장된 표현으로 이 시기를 가리켜 미켈란젤로와 라파엘, 다빈치가 활약하던 르네상스에 비유할 정도다. 20세기 초 유럽과 일본 등지에서 유학하고 돌아온 미술가들에 의해 미술교육 제도가 안착되면서 인재들이 많이 배양된 추세가 반영된 표현이다. 하지만 대중의 심미안은 아직 미성숙한 단계라, 그 당시 가장 인기 있는 미술품은 광고선전화인 웨펀파이였다. 주로 늘씬한 미녀들을 담은 웨펀파이는 일반 시민들이 낯선 서양화에 눈을 뜨게 하는 창구 역할을 했다. 하지만 대다수의 사람들은 '서양화=웨펀파이'로 인식하는 정도에 그쳤다.

한편 소위 '고급문화'를 담당했던 순수 미술계에서는 서구의 양식을 도입해 중국의 독자적인 근대미술 노선을 확립하고 동시에 대중들에게 다가가기 위해 애썼다. 이 시기에는 30여 명이 넘는 유학파 화가들이 활동하고 있었는데, 주로 프랑스와 일본에서 공부하고 돌아온 화가들이 주축이 되어 활발한 단체활동을 했다.

그중 급진적 모더니즘을 추구하는 화가들이 모여 1931년 9월 23일, 결란사를 결성했다. 중심 인물은 프랑스 유학파인 팡쉰친龐薰琹과 일본에서 수학하고 돌아와 상하이미전의 교사로 있던 니이더로, 이들은 서구 현대미술을 소개하고 전파하는 데 주력했다. 결란사 멤버들은 주로 유럽과 일본 유학파 및 상하이미전 출신으로 20~30대의 패기 넘치는 청년 화가들이 주축이 되었다. 특이하게도 예술단체와는 거리가 멀었던 여성 화가들도 결란사에 제법 많이 참여했다.

이들이 '동방의 파리'로 불렸던 상하이를 본거지로 삼은 것은 당연한 일이었다. 거대한 항구도시 상하이는 젊은 화가들이 새로운 예술을 배우기 위해 일본이나 유럽, 북미 같은 곳으로 쉽게 떠날 수 있는 출발지이자, 돌아와 자리를 잡고 예술가로서 경력을 쌓기에 적당한 정착지였다. 화가이자 평론가로 맹활약했던 니이더는 상하이를 이렇게 찬미했다.

> 상하이는 우리 모두가 동경하는 곳이다. 비록 우리는 예술의 도시 파리에서 살 순 없지만 중국 내에선 적어도 상하이에서 살아야 한다. 그곳은 새롭게 출몰하는 예술의 중심지이기 때문이다. 상하이에서 우리의 영혼은 활기에 넘치고 손쉽게 모든 새로운 경험을 할 수 있다.

이들은 서양미술사 관련 도서, 전시도록, 화집 등을 통해 서구의 현

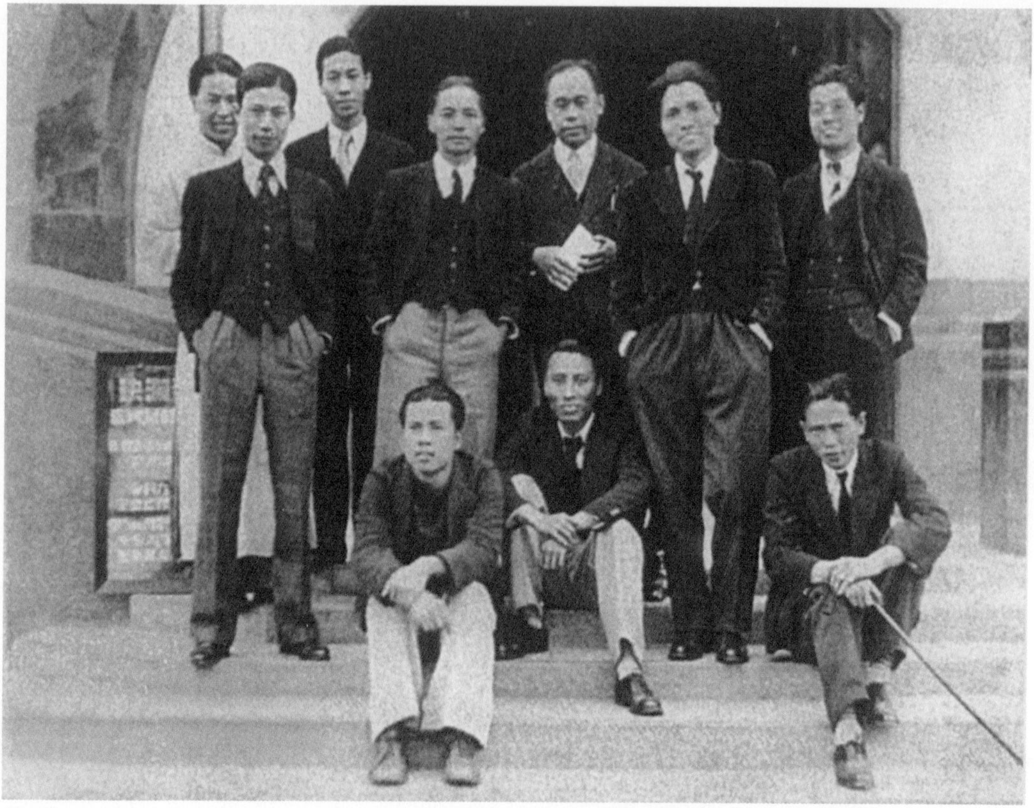

1932년 제1회 결란사 단체전 당시 참가자들 일부가 함께 모여 촬영한 기념사진. 뒷줄 왼쪽부터 첫 번째, 네 번째 인물이 각각 팡쉰친과 니이더로 알려져 있다.

대미술을 전파했다. 또한 선언문을 통해 옛 문인화의 전통과 형식은 물론 쉬베이훙이 고수했던 아카데믹한 고전주의에 반대하고 순수조형의 추구와 개성적이고 자유로운 창조의 정신을 주장했다. 당시 결란사 회원들이 전범으로 삼았던 유파는 입체파, 야수파, 다다이즘, 초현실주의 등 급진적 모더니즘, 즉 아방가르드 미술이었다. 1930년대 초반의 자유분방한 상하이의 분위기에 걸맞은 결란사의 활동은 미술의 다양성과 세계적인 예술의 흐름에 자연스레 조응한 시대정신이라고 볼 수도 있겠다.

하지만 결란사의 활동은 그리 오래가지 못했다. 영어로는 'Storm Society'로 번역되는 '결란사'의 '決瀾'은 제방을 무너뜨릴 정도로 거센 물결을 의미한다. 그만큼 구성원들은 대중에게 강렬하고 충격적인 예술로 다가서기를 원했다. 하지만 일본의 중국대륙 침략으로 국가가 위기상황에 처하자 이들이 주장하던 '예술을 위한 예술'은 호응을 얻지 못했다. 당시 지식인들은 제국주의 열강의 손아귀에서 암울한 매일을 마주해야 했던 중국인들을 각성시키고 부조리한 사회, 정치적 모순을 해결하기 위해서는 목적의식을 지닌 미술이 필요하다고 생각했다. 그들은 미술을 현실을 개조하는 도구로 인식했다. 이런 시대적 상황에서 결란사의 구성원들은 주제와 형식 어느 쪽에서도 일관성을 획득하지 못했기에 모임의 수명은 짧을 수밖에 없었다. 결국 1935년, 무관심 속에 열린 네 번째 전시를 끝으로 결란사는 약 4년간의 활동을 접고 역사의 뒤안길로 사라진다. 결란사의 쓸쓸한 퇴장은 단지 화가 개인들에게만 영향을 미친 것은 아니었다. 1937년 발발한 중일전쟁으로

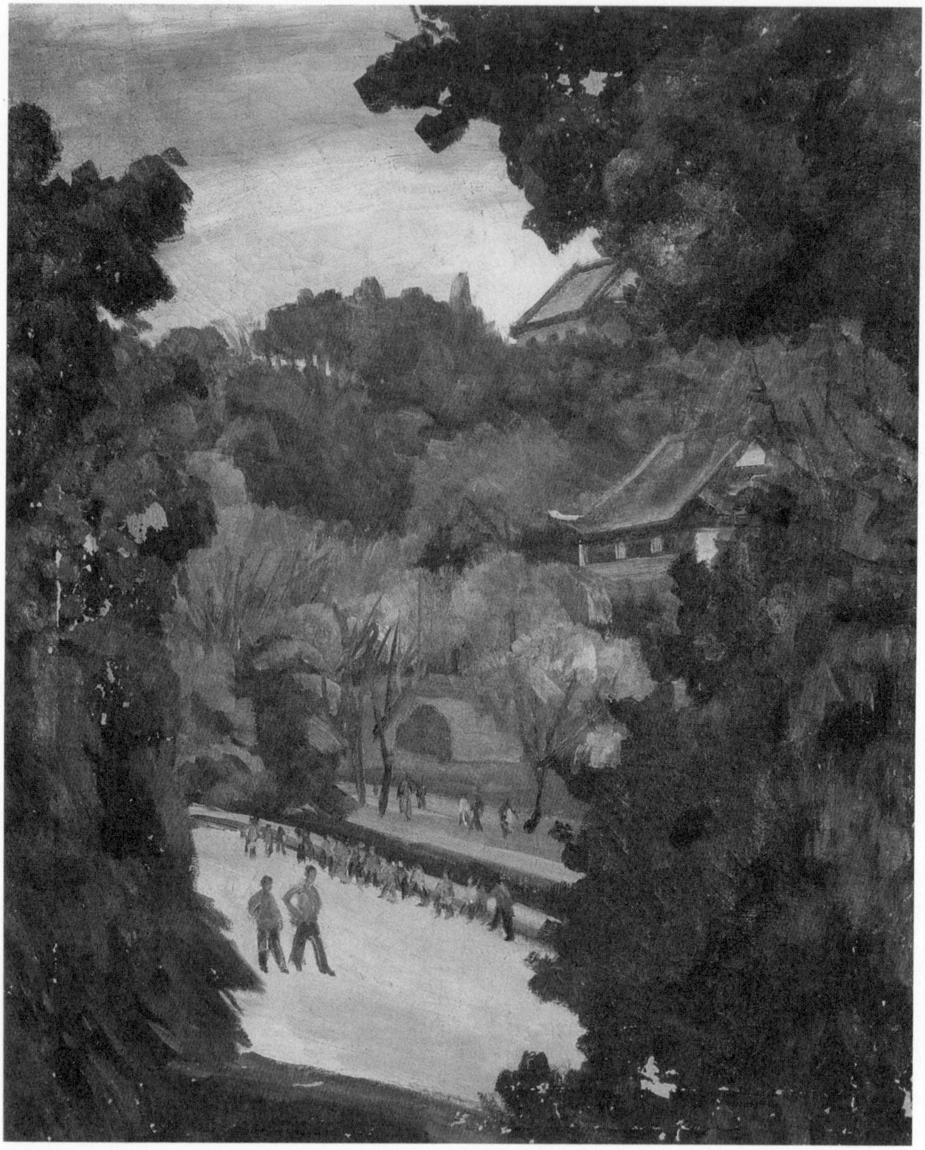

니이더, 〈항저우 풍경〉, 캔버스에 유채, 1950년대 후반.

70~80여 년 동안 새로운 미술 사조의 실험장이었던 20세기 상하이 미술계의 전성기는 서서히 종말을 맞이했다. 일본의 침략은 상하이는 물론 중국에서 자생적으로 발전하고 있던 모더니티의 근간 자체를 와해시켰다.

1949년 신중국 건립과 동시에 상하이는 역사의 전면에서 잠시 뒤로 물러나게 된다. 베이징이 정치, 문화의 중심지로서의 위상을 회복하고, 상하이는 공업 중심지로 변모한다. 1950년, UN의 중국에 대한 금수 조치와 함께 30년간의 쇄국정책으로 국제도시로서 상하이의 위상은 급격히 축소된다. 결국 상하이는 근대 여명기 때 확립했던 예술도시로서의 독특한 풍모를 조금씩 잃어버리고 만다. 결란사 회원들의 작품과 활동도 '퇴폐적이고 부르주아적인 것', '반동적 자본계급의 형식주의'로 평가 절하됐다. 문화대혁명이 절정으로 치닫던 시기에는 중심 인물들은 박해당하고, 작품들은 파괴되어 현재는 남아 있는 것이 거의 없다. 게다가 과거 결란사에 참여했다는 이력은 주홍글씨가 되어 구성원들을 괴롭혔다. 베이징에서 교사를 하고 있던 팡쉰친은 홍위병들의 타겟이 되어, 대학 광장으로 끌려나가 형형색색의 페인트를 뒤집어쓰는 수모를 겪고 니이더 등 다른 동료들과 축사에 감금당했다. 결란사가 해체된 후 공산당에 가입했던 니이더는 신중국이 건립되자 미술계의 유력인사로 떠올랐지만, 결란사의 발기인이었다는 이유로 문혁 때 홍위병들에게 박해받고 육체적, 정신적으로 극심하게 고통받다가 1970년 세상을 떠났다.

문혁 시기 상하이에서 파괴된 것은 예술가들, 그들의 작품과 창조성뿐만은 아니었다. 근대 미술교육의 산실이었던 상하이미전 등 그 많던 미술교육기관들이 하나둘 문을 닫았다. 신중국 건립 이후 미술교육의 심장부가 베이징의 중앙미술학원으로 집중되면서 상하이는 예술도시로서의 지난 명성을 접고 한동안 깊은 잠을 자야 했다. 1980년대 중반 전국을 휩쓴 아방가르드 미술운동이 부활하기까지 말이다.

짧았지만 강렬했던 결란사의 활동은 훗날 전위미술운동의 선구 역할을 했다. 이들의 활동과 작품은 오랜 세월 반동적 자본주의 미술로 곡해되고 아무도 돌아봐주지 않았지만, 1979년 싱싱화회와 85신조 미술운동이 그 정신을 계승했다. 예술에 있어서 개성과 자유를 주장한 싱싱화회나 85신조의 움직임은 반세기 가까이 끊겼던 결란사의 예술정신과 실험정신에 새로운 숨을 불어넣었다.

아방가르드의 전사들, 강호를 평정하다: 85신조 미술운동

전위예술가들의 등장

우리의 회화는 절대 '예술'이 아니다! 예술은 우리의 전체 사상의 한 부분으로 단지 우리의 사상을 전달하는 일종의 수단이다. 우리는 예술의 자율성이나 매체의 특성을 통해 순수회화의 언어로 사용하는 것을 반대한다. 우리는 작품에 내재된 진정한 이념과 인류의 이성의 힘, 그리고 인류의 고귀한 품성과 숭고한 이상을 통해 작품의 가치를 판단하기 때문이다.

–왕광이, '북방예술단체' 선언문 중, 1984

중국의 최대 명절 춘절을 며칠 앞둔 2008년 겨울, 베이징의 매서운 추위를 뚫고 따산즈에 처음 갔을 때였다. 그만그만한 작품 수준에 적잖이 실망하고 있던 참에 울렌스 센터의《85신조-중국 당대미술의 탄생전》포스터를 보고 눈이 번쩍 뜨였다. 85신조 시기에 활약했던 작가 30명의 작품 137점을 한데 모아 울렌스 센터 개관전에 선보인다는 내용이었다. 중국 내에서도 아직 85신조에 대한 본격적인 연구가 초보 단계에 머물러 있는 상태에서 외국인 컬렉터 부부(가이, 미리엄 울렌스)가 중국의 한 시기를 풍미했던 미술운동을 집중 조명한 전시를 연다는 것이 놀라울 따름이었다.

설레는 마음으로 표를 끊고 잰걸음으로 전시장을 돌아본 기억이 지금도 생생하다. 전시 규모나 수준은 예상보다 훨씬 훌륭했다. 내용도 충실했고, 특히 자료들이 놀라울 정도로 방대했다. 방 하나에 무려 2만 점에 달하는 당시 작가들의 스케치, 사진, 선언문, 잡지, 영상 등은 물론 80년대 중국의 사회, 정치적인 맥락을 한눈에 볼 수 있도록 정리해 놓은 연표만 보는 데도 한 시간 이상 걸렸던 것 같다. 전시된 작품들은 세계적으로 이름이 알려진 작가들의 초기작이 많았다. 중국 현대미술 작가들의 최근 작품들은 현란한 색과 분명한 메시지를 보여주고 있는데, 초기에는 거의 단색조에 형태나 의미도 모호했다. 중국 현대미술 작가들이 자신만의 얼굴을 찾기 위해 얼마나 오랜 시간 조형적인 탐색과 고민을 거듭했는지 이 전시를 통해 알 수 있었다.

1985년은 중국 현대미술의 원년이라고 해도 과언이 아니다. '85신조' 혹은 '85미술운동'이라 불리는 이 미술운동은 2년이라는 짧은 시간 동안 전국에서 2,250여 명이 넘는 아티스트가 속한 79개의 독립 아방가르드 예술단체가 무려 149차례의 전시와 컨퍼런스를 조직하고 선

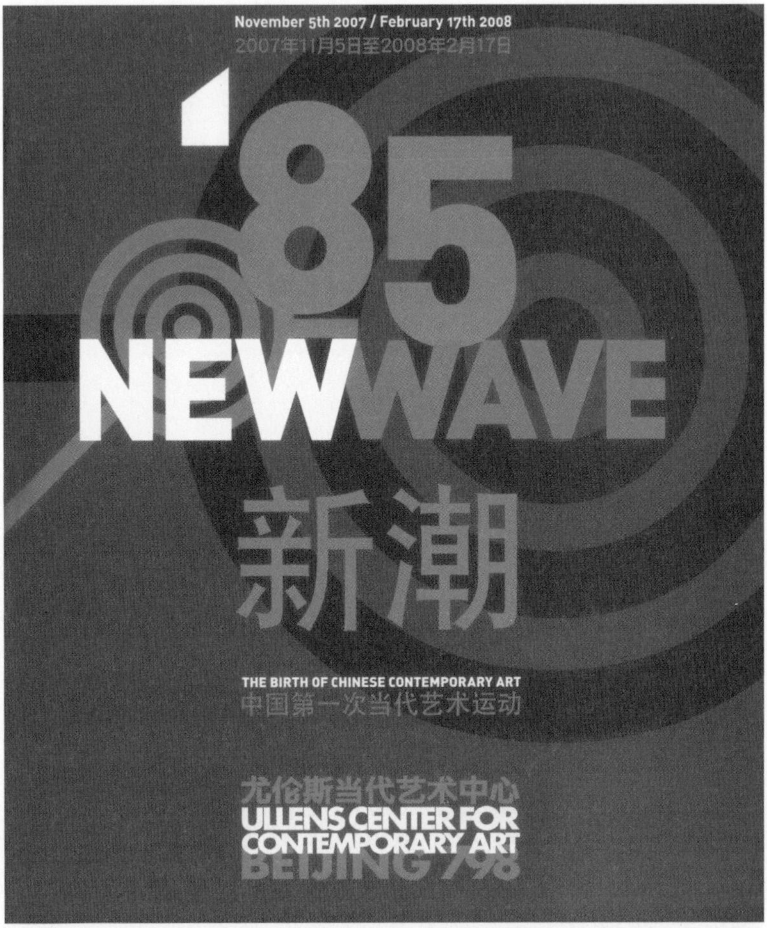

울렌스 센터 개관전《85신조-중국 당대미술의 탄생전》포스터.

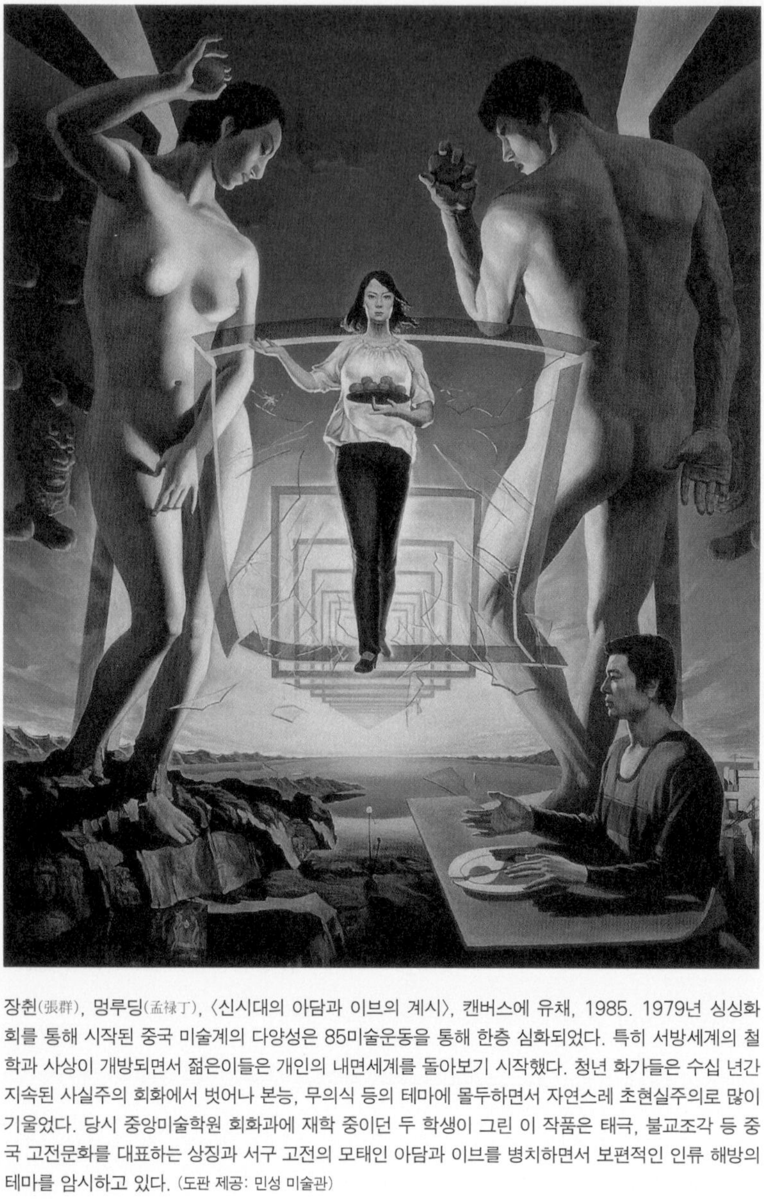

장췬(張群), 멍루딩(孟禄丁), 〈신시대의 아담과 이브의 계시〉, 캔버스에 유채, 1985. 1979년 싱싱화회를 통해 시작된 중국 미술계의 다양성은 85미술운동을 통해 한층 심화되었다. 특히 서방세계의 철학과 사상이 개방되면서 젊은이들은 개인의 내면세계를 돌아보기 시작했다. 청년 화가들은 수십 년간 지속된 사실주의 회화에서 벗어나 본능, 무의식 등의 테마에 몰두하면서 자연스레 초현실주의로 많이 기울었다. 당시 중앙미술학원 회화과에 재학 중이던 두 학생이 그린 이 작품은 태극, 불교조각 등 중국 고전문화를 대표하는 상징과 서구 고전의 모태인 아담과 이브를 병치하면서 보편적인 인류 해방의 테마를 암시하고 있다. (도판 제공: 민성 미술관)

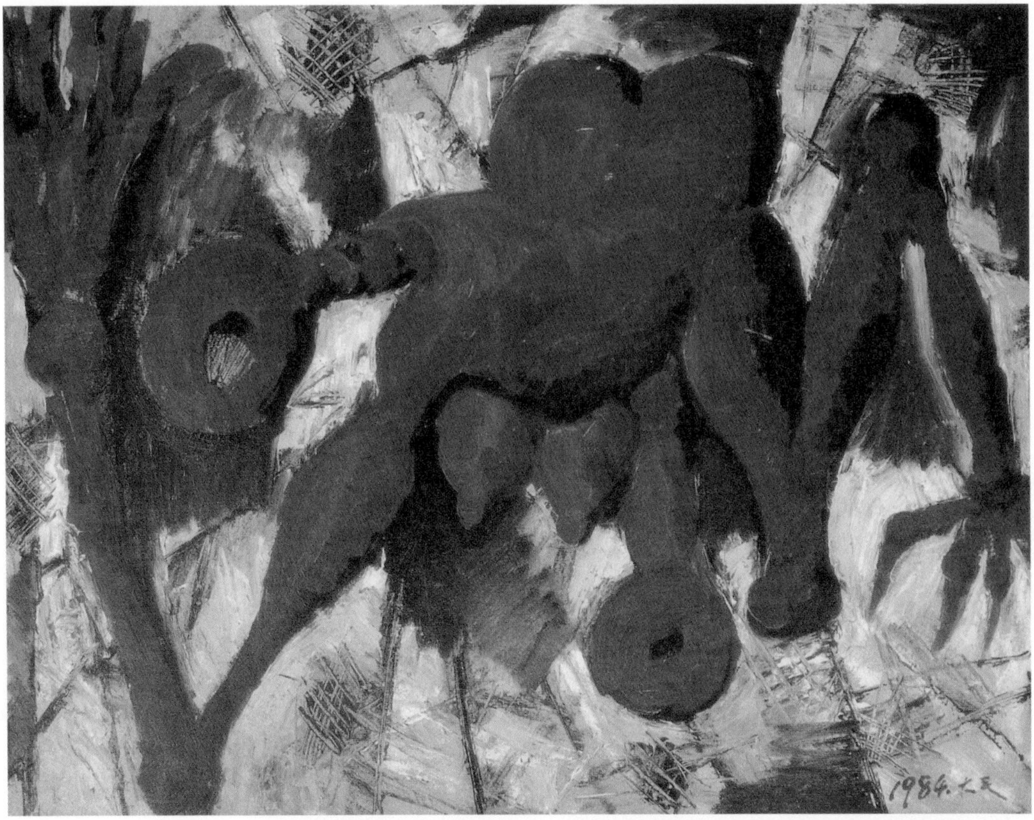

마오쉬후이(毛旭輝), 〈붉은 입체〉, 카드보드지에 유채, 1984. 마오쉬후이는 독일 표현주의 미술에 심취해 도시문명, 공업사회를 비판하는 작업을 해오다 1986년 왕광이가 소집한 주하이 회의에서 서남 지역 대표 화가로 참여했다. 이후 그는 예융칭, 장샤오강 등과 함께 85미술운동에서 가장 중요한 전시 중 하나였던 《신구상전》을 연 뒤 서남예술연구단체를 결성해 중국미술의 현대화에 앞장섰다. (도판 제공: 민성 미술관)

언문을 작성한 대사건이었다. 중국 현대미술의 지형도를 다시 그린 아방가르드 미술의 전사들과 함께 격동의 현장으로 돌아가보자.

85신조 미술운동

때는 1978년, 덩샤오핑의 정치 및 경제 개혁개방 정책을 통해 중국이 새로운 국면에 접어들던 시절이었다. 정치 탄압이 줄어들고, 조금씩 유연해진 사회 분위기를 타고 문화예술계도 정부의 통제로부터 조금씩 벗어나 숨통이 트이기 시작했다. 이러한 현상은 1979년 베이징에서 센세이션을 불러일으켰던 반체제 미술그룹 싱싱화회의 활약이 있었기에 가능한 일이었다. 이후 수십 년 동안 단절되었던 서구 미술계와의 교류도 늘면서 중국 전역에서 피카소나 뭉크, 라우센버그 같은 서구 대가들의 작품을 전시하는 기획전이 줄을 이었다. 심지어 공산당 중앙선전부 산하 미술가협회의 미술잡지 『미술』은 서구 모더니즘에 관한 기사를 정기적으로 번역해 선보였다.

학생들의 해외 유학길도 점차 수월해졌다. 이때 미국이나 유럽으로 유학을 떠난 이들이 전해주는 생생한 현대미술에 관한 소식은 중국 미술계에 새로운 바람을 일으켰다. 홍콩, 대만 등 중화권에서 활약하는 컨템퍼러리 아티스트들과의 교류도 빈번해지면서 중국의 미술계에는 동시대 미술을 따라잡기 위한 조바심이 퍼졌다. 자본주의 문화가 본격적으로 밀려들기 직전의 1980년대 중반, 중국 미술계에는 새로운 예술운동에 대한 열망이 바이러스처럼 전국으로 퍼져나갔다.

하지만 이런 분위기에 찬물을 끼얹는 사건이 일어난다. 당시만 해도 중국에는 미술관이나 갤러리 같은 인프라는 물론 젊은 예술가들을 위한 지원이 전무한 상태였다. 미술대학을 졸업한 젊은이들이 작가라는 타이틀을 얻을 수 있는 길은 전국미전에 당선되는 것뿐이었다. 특히 1984년 제6회 전국미전은 건국 35주년을 맞이하여 최대 규모로 열렸다. 그러나 1979년《싱싱미술전》의 돌풍 이후 새로운 형식의 미술을 갈구했던 젊은이들은 그 결과를 보고 분노에 휩싸인다. 전국미전에 채택된 작품들의 내용과 형식이 문혁 시기의 미술을 구태의연하게 재생산한 것에 그친 '주선율主旋律'● 일색이었기 때문이었다. 대부분 미술대학 졸업생이었던 20대 초반의 화가 지망생들은 공정하지 못한 심사 과정과 위원회를 비판하며 미전에서 탈락한 작품들을 모아 따로 전시를 연다. 아무런 제도적 뒷받침도, 물질적 지원도 받지 못한 자생적인 움직임이었다. 19세기말 유럽에서 살롱전에 떨어진 인상파 화가들이 모여 '낙선전'을 열었던 것을 연상시키는 일이다.

이러한 움직임은 곧 전국적으로 확산되어 중국 전역에서 즉흥적인 전시가 봇물을 이뤘다. 그 결과 미술계의 판도가 국가 주도 대 반국가 주도의 대결 양상을 보인다. 이러니 저러니 해도 이들의 궁극적인 목적은 '운동' 차원에서 문혁 시기의 회화 양식과 소재에서 탈피한 새로운 예술언어를 선보이는 것이었다. 청년 작가들의 전시와 교류가 절정에 달한 1985년, 학자이자 큐레이터인 가오밍루高名潞●는 '새로운 물결'이라는 뜻의 '85신조新潮'(85신차오)라는 용어를 만들어낸다. 85신조는

● 주선율 문화란 당의 지도자들을 부각시키고, 혁명 전통을 고양시키며, 사회주의 정신을 제창하는 것을 기본으로 삼고, 방송, 출판, 예술, 교육기관, 대중매체 등을 국가가 장악하여 주담론을 전달하는 것을 말한다. 미술에서는 정부와 당의 정책을 선전하는 그림을 가리키며, 마오쩌둥과 혁명영웅을 주요 소재로 취한다.

● 중국 당대미술에 있어 중요한 학자이자 전시기획자. 중국예술연구원 미술연구소에서 석사 학위를 받았으며, 잡지『미술』의 편집장을 역임했다.《차이나/아방가르드전》을 기획했으며, 1990년대 중반 중국 현대미술 전시《Inside Out New Chinese Art》를 기획했다. 현재 뉴욕주립대 버펄로 분교에 재직 중이다.

20세기 중국 현대미술사에 큰 획을 그은 대사건 중 하나다. 이를테면 중국 전역에서 선명한 주장과 관점을 지닌 미술가들이 미술단체를 조직해 합종연횡해서 주류 미술문화와 일대 전면전을 벌였다고 볼 수 있다. 싱싱화회가 아마추어 화가들의 모임이라고 한다면, 이들 대부분은 모두 미술대학 출신의 전업 화가들이었다.

이 대규모 운동은 1986년 이후에는 더욱 도발적이고 개념미술에 가까운 성격을 띠게 되었다. 마침내 1989년 베이징 중국 미술관에서《차이나/아방가르드전中國現代美術展》이 열린다. 베이징과 상하이 같은 대도시뿐만 아니라 지리적, 문화적으로 변방에 속하는 신장, 몽고, 티베트를 포함, 중국 29개의 성에서도 전시가 열렸다. 대다수의 전위미술그룹은 그나마 공업화를 이루어 교육 여건이 좋은 동쪽 연안과 중심부 도시에서 집중 발생했다.

85신조의 작품 경향은 크게 두 가지로 나눌 수 있다. 하나는 하얼빈의 '북방예술단체', 난징의 '붉은 여단', 항저우의 '연못회' 등으로 대표되는 이성회화 그룹과 푸젠의 '샤먼廈門다다 그룹', 항저우의 '붉은 유머' 등이 추구한 다다이스트적인 개념미술 그룹이었다. 반면 북서부나 남서부 같은 오지에서는 전통 농가와 소수민족의 생활양식에 기초하여 솔직담백하고 토착적인 테마를 주로 다뤘다. 이러한 분위기 아래 사회주의 리얼리즘 일색에서 탈피하고픈 젊은 미술가들은 주로 유럽 모더니즘과 미국 포스트모더니즘에 지대한 관심을 보였다. 청년 미술가들은 문화대혁명 시절까지는 금지되다시피 한, 서구에서 한때 풍미했던 모든 미술 사조들 — 초현실주의, 큐비즘, 다다이즘, 추상표현주

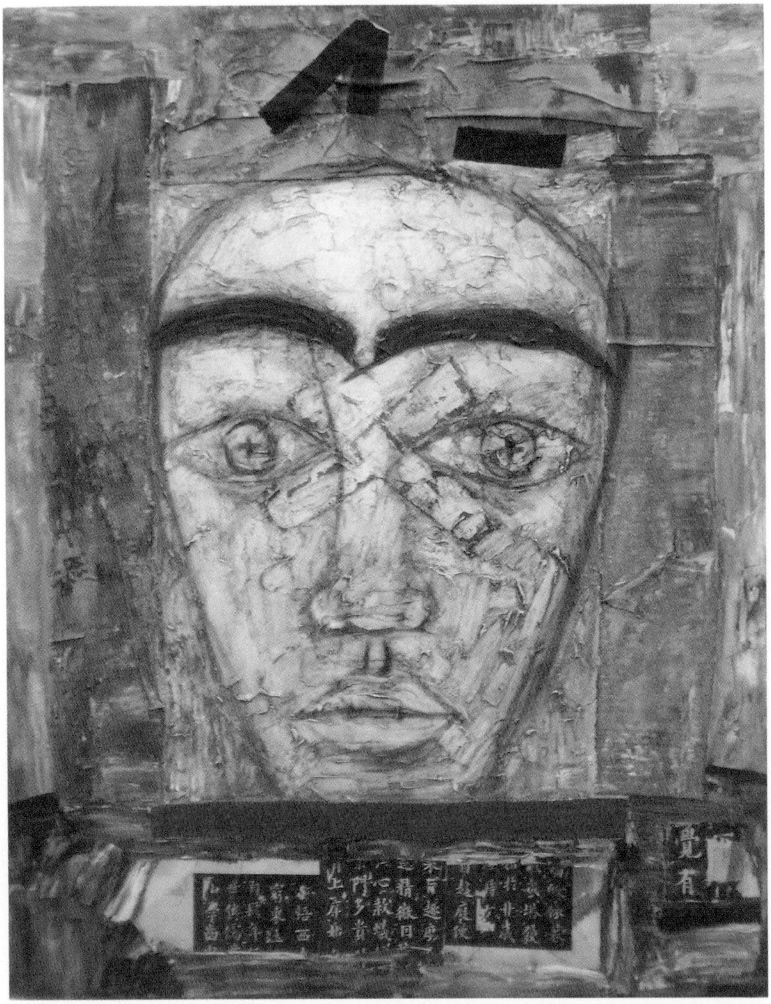

장샤오강, 〈자화상〉, 캔버스에 유채, 1985. 85미술운동 전개과정에서 중국 동북과 연해의 중심도시에는 '이성화파'가 주류를 이룬 반면, 중국 남서 지방에서는 인간 본연의 감정을 중시한 '생명지류화파'가 형성됐다. 이들은 중국 남서 지방 회화의 특성인 몽환적인 분위기로 평범한 사람들의 삶, 죽음, 사랑 등 탈정치적 성향의 그림을 주로 그렸다. 생명지류화파의 대표적 작가였던 장샤오강도 표현주의 화풍의 영향으로 거친 붓놀림과 강렬한 색감을 선보였다. (도판 제공: 민성 미술관)

의, 상징주의, 팝아트, 하이퍼 리얼리즘 등 — 을 걸신들린 듯 삼켜 흡수했다. 당시 그들이 선보인 조형언어는 서구의 그것에 비해 한참 유행에 뒤떨어져 있었지만 그들에게는 전대미문의 새로운 예술이나 마찬가지였다.

85신조의 얼굴들

85신조의 대표적인 예술가로는 북방예술단체의 리더 격인 왕광이를 들 수 있다. 그는 85미술운동이 한창이던 무렵 자크-루이 다비드의 〈마라의 죽음〉 같은 신고전주의 명화들을 단색조의 추상화로 변형시켜 모더니즘 양식을 실험했다. 그러다가 앤디 워홀의 팝아트에 영향을 받아 지속적으로 문혁 시기의 도상들을 차용하여 마오 시절의 정치, 사회, 문화적 모순을 풍자하고 비판했다. 그의 출세작인 〈마오쩌둥 붉은 격자 1호, 2호〉(1988)는 흑백으로 처리한 마오의 표준 초상화 이미지 위에 붉은 격자를 덧씌워 주목을 받았다. 마오의 초상이 아직 신성시되던 시절, 마오가 감옥에 갇혀 있는 것처럼 보이는 이 작품은 중국인들에게 당혹감을 안겨주었다. 한편으로는 지난날 거대한 마오의 초상화를 집단창작한 사람들의 작업 과정을 엿보는 느낌도 들면서 중의적인 느낌을 전달한다. 극장 간판이나 대형 걸개그림을 제작하는 사람들은 우선 격자로 구획을 나누고 그 위에 밑그림을 그린 다음, 각자 맡은 부분을 색칠하는 식으로 작업을 한다. 이 작품은 향후 '폴리티컬 팝'이란

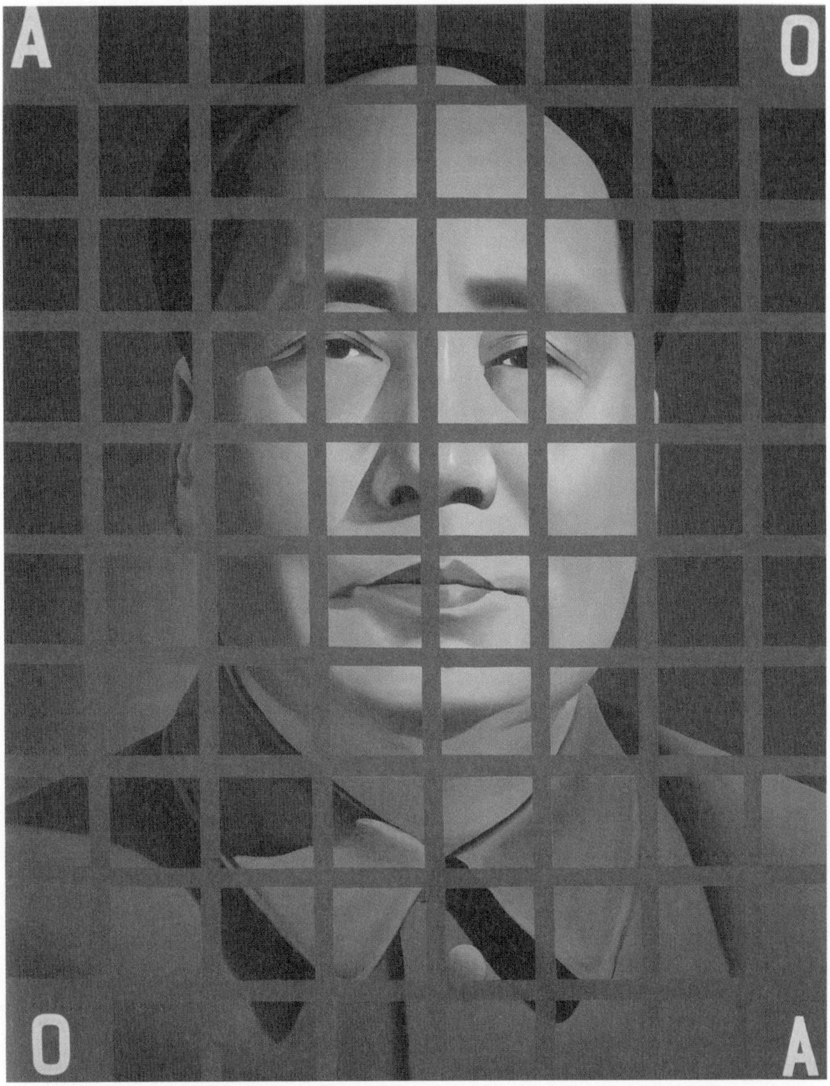

왕광이, 〈마오쩌둥-AO〉, 캔버스에 유채, 1988. 왕광이는 마오쩌둥이 여전히 신성시되었던 1989년 《차이나 아방가르드전》에 이 작품을 선보여 관객들에게 정서적 충격을 주었다. 이 작품은 폴리티컬 팝의 효시가 되었다.

독특한 사조의 전주곡이자 첫 걸음이었다.

샤먼다다 그룹의 리더 황용핑黃永冰●도 이 시기에 맹활약했던 대표적 작가다. 그는 마르셀 뒤샹처럼 예술의 개념 자체를 비판하는 퍼포먼스로 명성을 얻었다. 특히 1986년 다른 멤버들과 함께 전시했던 모든 작품들을 불태우는 과격한 퍼포먼스를 벌여 80년대 전위예술의 상징적 존재가 되었다. 1987년에는 중국 미술사와 서양 미술사 책을 각각 한 권씩 세탁기에 넣고 2분간 돌리는 퍼포먼스를 한다. 형태를 알아볼 수 없이 곤죽이 된 책은 한데 엉켜 펄프 덩어리가 되었고, 그는 그것을 〈1987년 12월, 2분 동안 세탁된 '중국 미술사'와 '모던 아트의 짧은 역사'〉라는 제목으로 전시장에 갖다놓았다. 서구회화도, 중국 전통화도 거부하고 자신만의 새로운 예술을 추구하겠다는 의지가 읽히는 퍼포먼스였다. 이후 그는 프랑스로 이주한 뒤 대규모의 설치작품으로 국제 미술계의 주목을 받았다. 2008년 봄, 베이징 따산즈의 울렌스 센터는 두 번째 기획전으로 《황용핑 회고전-House of Oracles: A Huang Yong Ping Retrospective》를 열었다. 울렌스 센터 개관 이래 처음으로 선정한 개인 작가라는 점에서 중국 현대미술에서 그의 위상을 짐작할 수 있다. 전시도록을 보면 그를 '요셉 보이스와 존 케이지, 그리고 중국 전통미술의 유산을 물려받은 작가'라고 평하고 있다.

윈난雲南성 쿤밍昆明을 중심으로 한 쓰촨성四川省 일대 서남 지역에서는 장샤오강을 비롯해 중국 남서 지방 회화의 특색 중 하나인 몽환적인 분위기로 평범한 사람들의 삶, 죽음, 사랑 등 탈정치적 성향의 그림을 그리는 작가들의 활약이 두드러졌다. 장샤오강은 문혁 시기 흑백사진

● 1954년 샤먼 출신으로, 저장미술학원 유화과를 졸업하고, 샤먼시 제7중학에서 교편을 잡기도 했다. 1986년 요셉 보이스와 존 케이지, 마르셀 뒤샹 등 다다이스트의 영향을 받아 급진적인 전위미술단체인 '샤먼다다'를 결성했다. 1989년에는 파리로 건너가《지구의 마법사들》이라는 전시를 열고 현재까지 프랑스에서 활동하고 있다.

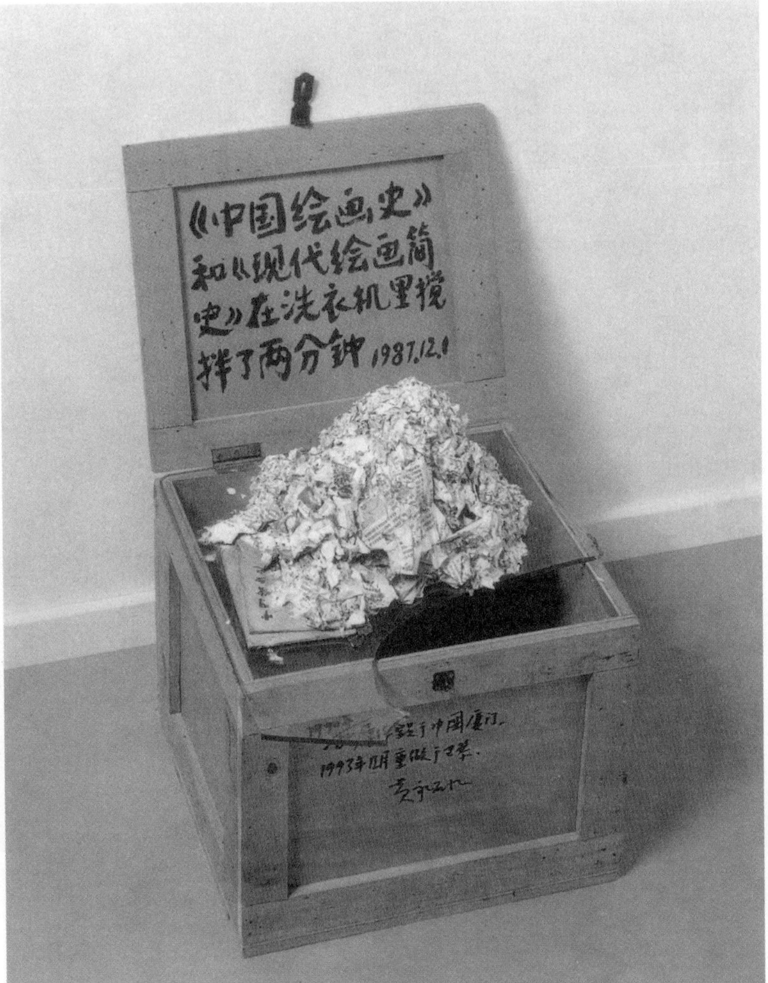

황용핑, 〈1987년 12월, 2분 동안 세탁된 '중국 미술사'와 '모던 아트의 짧은 역사'〉, 1987.

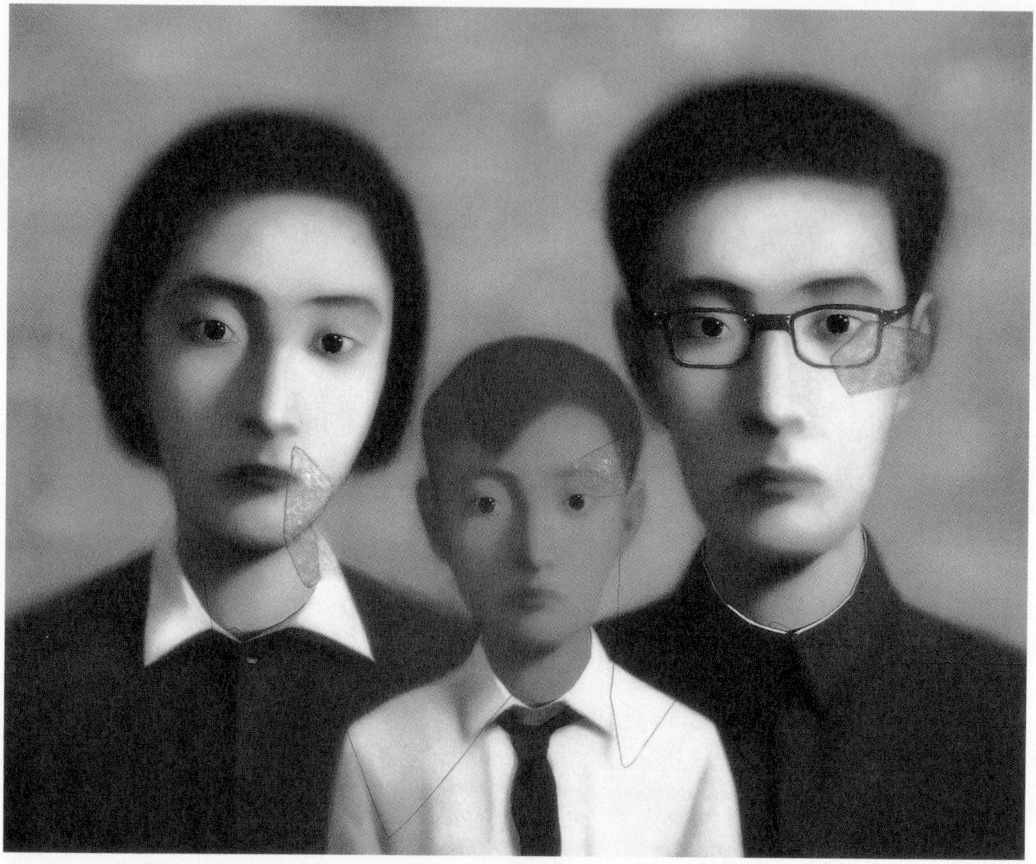

장샤오강, 〈대가족 2000〉, 캔버스에 유채, 1999~2000.

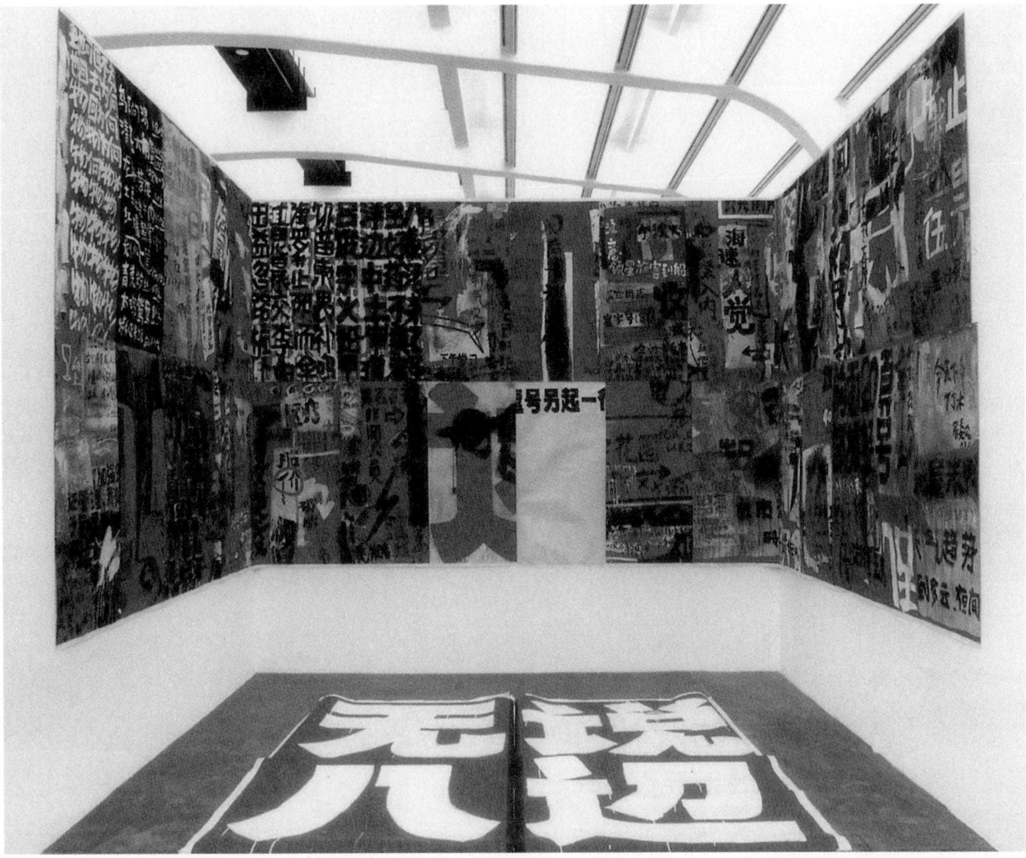

우산좐, 〈붉은 유머〉, 설치작품, 1986. 우산좐은 문화대혁명 시기의 대자보와 정치적 선동 문구를 연상시키는 작품을 연달아 발표했다. 사진은 2007년 울렌스 센터 개막전인 《85신조전》에서 재현한 것이다.

속의 인물들을 초현실주의적인 분위기로 잡아낸 '대가족 연작'으로 1993년 베니스 비엔날레에서 주목을 받고 전 세계에 이름을 알렸다. 이후 뉴욕 소더비 경매에서 중국 현대미술 작품 사상 최고가를 경신하는 기록을 세우기도 했다.

문자를 사용해 한자문화를 비판하는 현상도 이 시기에 하나의 트렌드로 자리 잡았다. 1986년, 저장미술학교 출신으로 구성된 '붉은 유머紅色幽默'라는 미술단체를 조직한 개념미술가 우산좐吳山专은 전통 서예기법이나 기존의 문구를 재조합하여 새로운 맥락의 언어를 창조하는 작업으로 눈길을 끌었다. 유년 시절 문혁을 겪으면서 대자보를 보며 자란 그는 모든 정치적 구호와 광고 카피, 불교 인용문까지 섞어놓은 작품 〈붉은 유머〉(1986)로 주목을 받았다. 마치 붕어빵에 붕어가 없듯 텅 빈 구호만 메아리치던 문화대혁명 시기, 정작 '문화'는 없었던 부조리한 과거를 조롱하는 것 같다. 상하이 출신으로 항저우미술대학에서 산수화를 전공한 구원다谷文達 역시 한자를 비판하는 작품들을 많이 선보였다. 문화대혁명 시절 홍위병들이 마을 곳곳에 휘갈겨 쓴 대자보와 선전선동 문구를 연상케 하는 글씨를 큰 붓으로 쓴 다음 그 위에 'X'자를 덧칠해놓은 〈침묵〉이 그의 대표작이다. 마치 종교적 제의 같은 그의 작업은 한자 권역의 중국문화를 재구축하자고 외치는 것 같다. 그는 1988년 미국으로 이주하여 미국, 이탈리아, 스위스 등 세계 25개국에 대한 자신의 시각을 표현한 설치작품 '연합국 시리즈'로 세계적인 작가 반열에 올랐다.

1997년과 2006년 두 차례 광주 비엔날레에 참여했던 쉬빙徐冰 역시 구

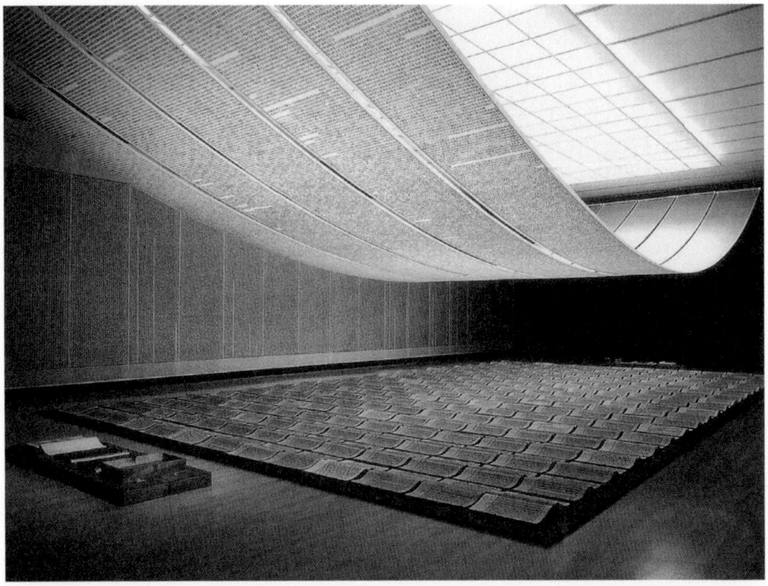

쉬빙, 〈천상의 책〉, 설치작품, 1988.

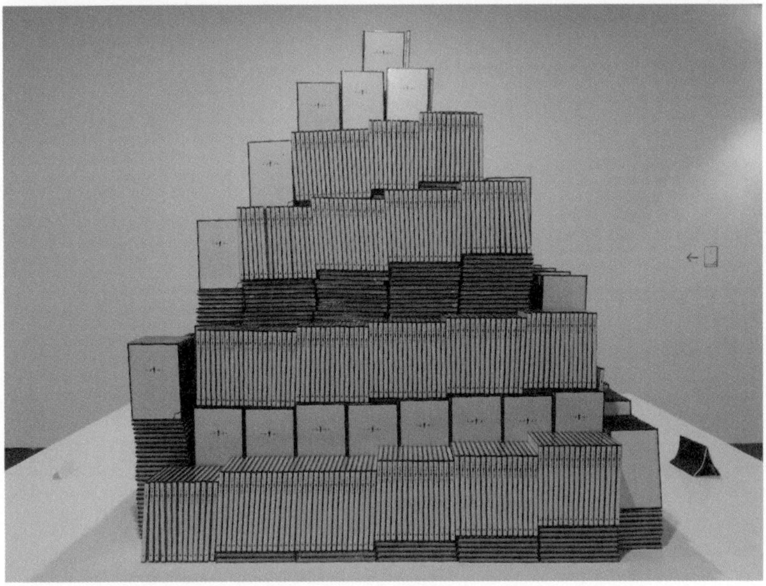

쉬빙, 〈지상의 책〉, 설치작품, 2012.

원다처럼 텍스트를 소재로 한 개념미술 작업을 했는데, 〈천상의 책天書〉이 바로 그것이다. 그는 한자를 재조립해 250개의 새로운 글자를 만들어낸 다음, 그것들을 목판에 새겨 한지에 인쇄해 각각 천장과 바닥에 드리우는 설치작품을 만들었다. 얼핏 보기에 〈천상의 책〉은 중요한 고서 같지만, 가까이 가서 책 속에 담긴 내용을 들여다보면 해독할 수 없는 무의미한 글자들로 채워져 있음을 알 수 있다. 이런 작업을 통해 그는 기존의 중국문화를 부정하고, 새로운 가치를 모색하고자 했다. 2012년 5월, 쉬빙은 상하이 후선 화랑에서《천상의 책》의 완결판으로《지상의 책地書》이라는 타이틀로 개인전을 열었다. 이 전시에서 그는 범지구적인 언어가 된 컴퓨터 아이콘을 이용한 개념미술 작품을 선보였다.

2012년 봄, 울렌스 센터에서《중요한 것은 고기가 아니다》라는 타이틀로 대대적인 회고전을 열었던 구더신顧德新 역시 85미술운동의 전위적 분위기에 영향을 받은 작가였다.

행위예술의 등장

85미술운동 이후 많은 작가들이 행위예술에도 상당한 관심을 기울였다. 이 당시 등장한 행위예술의 특징은 천이나 붕대, 테이프 같은 다양한 재료를 온몸에 감거나 뒤집어쓰는 '신체구속형'이 많다는 점이다. 다소 가학적으로 보이는 이런 행위는 당시 작가들이 직면한 사회적 현실이나 작업 환경이 얼마나 억압적이었는지 호소하는 절규였다. 동시에 이런 퍼포먼스를 통해 예술가들의 억눌렸던 자의식을 분출하는 제의적인 성격도 지니고 있다.

중국 전역을 휘감은 토네이도 같았던 85미술운동은 중국 각지에 흩어져 있던 젊은 예술가들과 예술애호가 그룹이 표현 및 창작의 자유를 위해 일어섰기에 가능한 일이었다. 이렇게 예술가들을 중심으로 자유로운 분위기가 형성되는 가운데, 학생, 지식인들 역시 인본주의 관점에서 예술을 이야기하다 자연스레 정치, 사회의 민주화로 넘어가면서 민주화에 대한 열망이 점차 커지기 시작한다. 그리고 마침내 1989년 베이징의 중국 미술관에서 열린《차이나/아방가르드전》이 기폭제가 되어 6·4 톈안먼 민주화운동이 일어나기에 이른다.

1979년 싱싱화회가 캄캄한 어둠 속에서 중국 미술계의 별들을 밝혀 하나둘 빛을 발하게 만들었다면, 85신조는 흩어졌던 별들을 한데 모아 은하계를 형성하게 했다. 85신조의 물결을 타고 오랜 세월 맥이 끊겼던 모던 아트는 물론 포스트모더니즘 미술의 실험과 함께 동시대 구미 지역의 새로운 사상, 예술 이론이 대거 유입됐다. 이들의 움직임 덕분에 중국 전역은 서구 모더니즘 미술은 물론 포스트모더니즘 등 다양한 조형언어의 거대한 실험장이 되었고, 중국미술의 국제화와 동시대성이 화두로 떠올랐다. 나아가 작가들이 문화대혁명의 폐허를 딛고 일어나 인간성 회복, 무의식의 표출 등 주제를 자유롭게 탐색할 수 있게 되었다. 그야말로 '억압된 것들의 회귀'가 시작된 것이다.

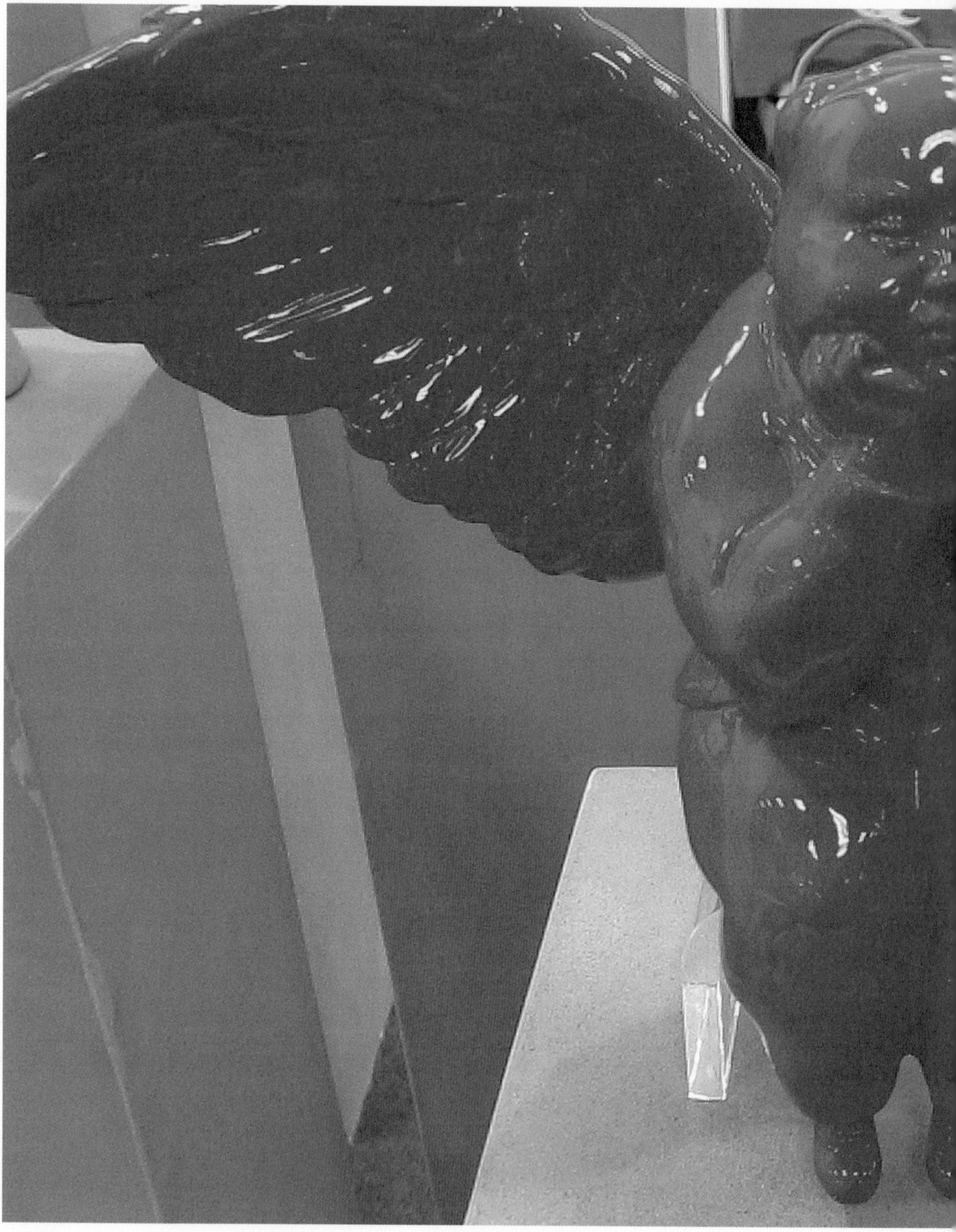

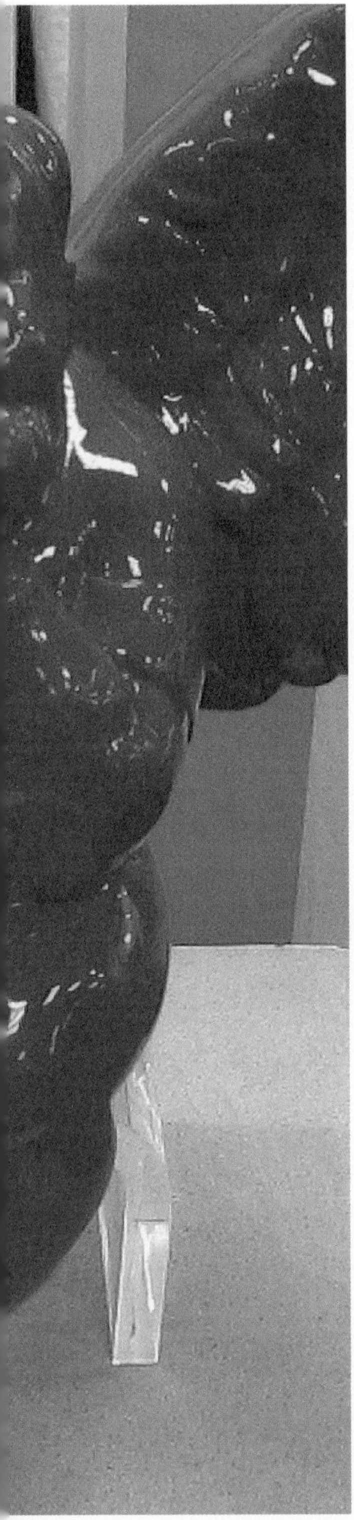

중국 현대미술의 파르마콘, 마오쩌둥

'파르마콘Pharmakon'이란 개념이 있다. 약이자 독이기도 한 것을 지칭하는 그리스 말인데, 참과 거짓, 선과 악 등이 경계 없이 뒤섞인 혼돈 상태를 뜻하기도 한다. 중국 현대미술사에 뚜렷한 족적을 남긴 마오쩌둥을 설명하려면 파르마콘이란 개념이 필요하다.

마오쩌둥은 중화인민공화국(신중국)이 성립된 1949년부터 문화대혁명이 종결된 1976년까지 중국 현대미술계에 막강한 영향력을 발휘했다. 중국 현대미술사에서 마오쩌둥은 예술가들의 창조성을 억압하고 개인 우상화를 강요하여 미술을 권력의 시녀로 만든 독과 같은 존재였다고 할 수 있다. 현재 세계 미술시장에서 주가를 올리고 있는 왕광이나 장샤오강, 웨민쥔 같은 작가들은 유년기에 문화대혁명을 겪었다. 그들의 작품을 보면 마오쩌둥에 대한 애증이 드러난다. 동시에 이들 작가들이 서구 미술계의 시선을 끌어당길 수 있던 요인 중 하나가 마오쩌둥의 이미지를 소재로 사용했기 때문이라는 점은 무척 역설적이다.

과연 중국 현대미술사에서 마오는 어떤 존재일까? 결국 폴리티컬 팝이나 시니컬 리얼리즘이라는 중국 현대미술의 독자적 흐름을 탄생시킨 결정타는 마오쩌둥이라는 점에서 파르마콘 개념을 떠올릴 수밖에 없다.

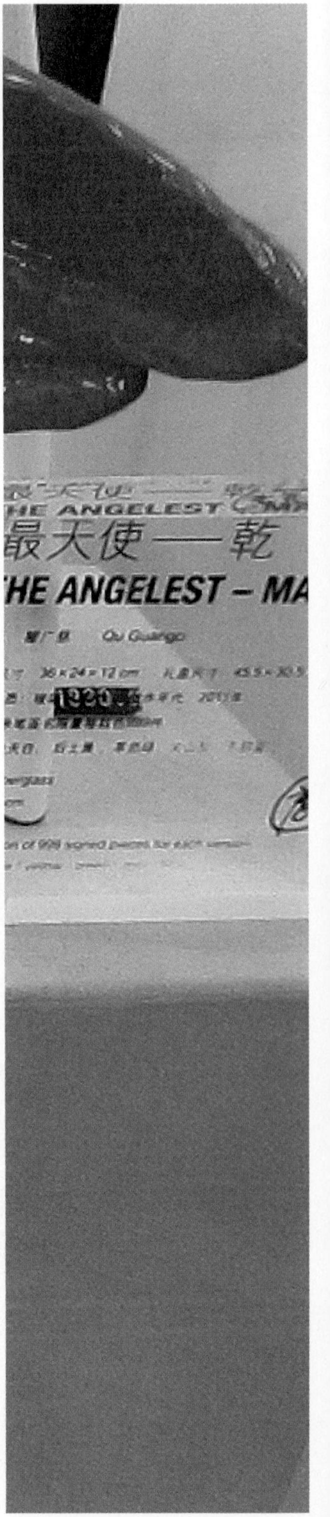

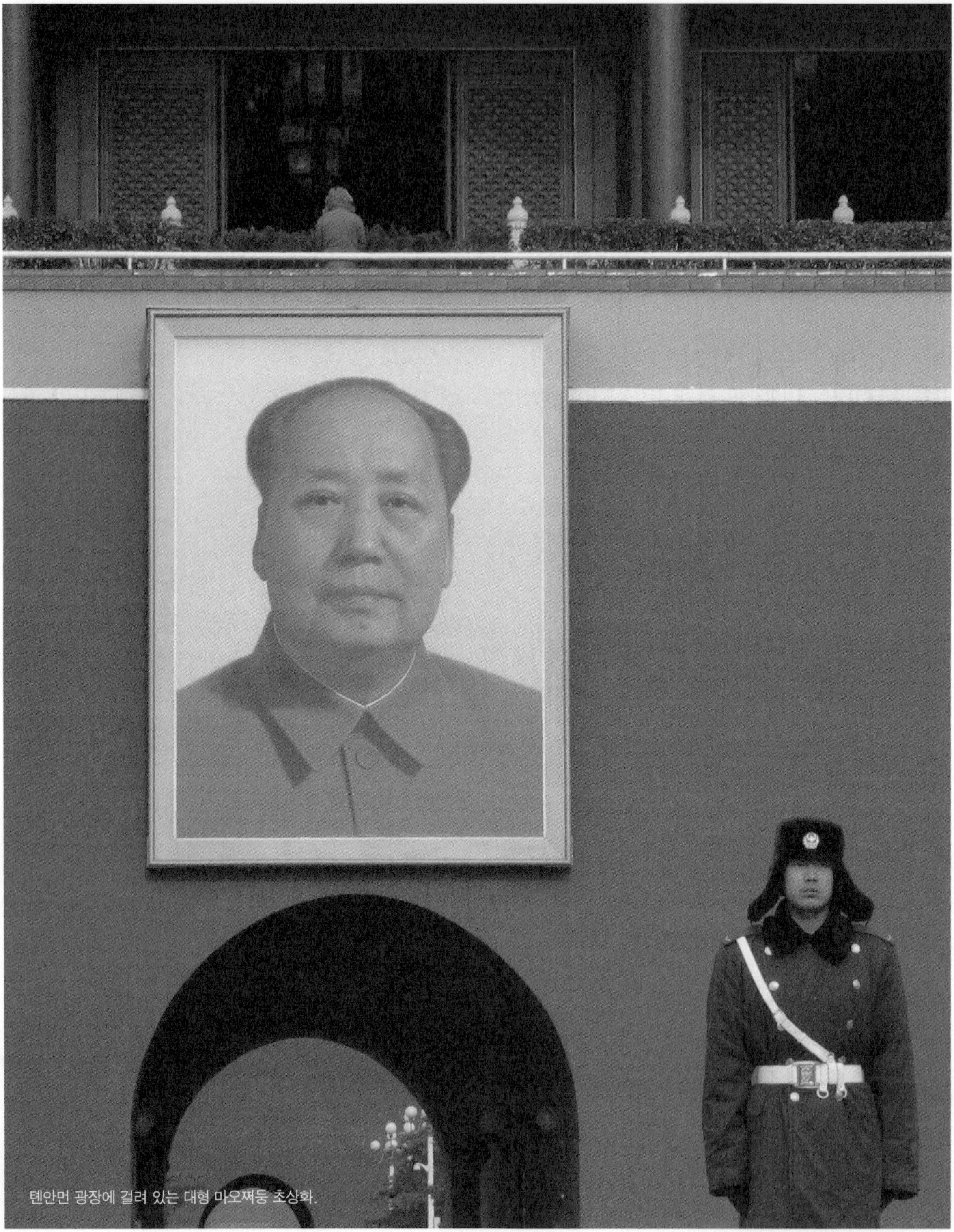

텐안먼 광장에 걸려 있는 대형 마오쩌둥 초상화.

톈안먼 광장에 잠든 20세기 슈퍼 아이콘

베이징의 마오 주석 기념당에서

그렇다면, 인민대중이란 무엇입니까? 가장 광대한 인민은 전체 인구의 90퍼센트 이상을 차지하고 있는 노동자, 농민, 병사와 도시의 소자산 계급입니다. 그래서 우리의 문예는 첫째 공인을 위한 것이어야 하며, 이것은 혁명을 이끄는 계급이기 때문입니다. 둘째는 농민을 위한 것이니, 그들은 혁명 중 가장 많고, 가장 단호한 동맹군이기 때문입니다. 셋째는 무장하여 일어났던 공인과 농민, 즉 팔로군과 신사군, 그리고 기타 인민 무장 대열을 위한 것이며, 이것은 혁명전쟁의 주력이기 때문입니다. 넷째는 도시 소자산 계급 노동군중과 지식분자를 위한 것이니, 그들도 혁명의 동맹자이며, 장기적으로 우리와 합작할 수 있기 때문입니다. 이 네 종류의 사람들이 바로 중화민

족의 가장 큰 부분이고, 가장 많은 인민대중인 것입니다.(중략)

고급이든 초급이든 상관없이 우리의 문학, 예술은 모두 인민을 위한 것이고, 먼저 공인과 농민, 병사들을 위한 것이어야 합니다. 공인, 농민, 병사를 위해 만들어야 하고, 그들에 의해 이용되어야 합니다.

–'옌안문예좌담회'에서 마오쩌둥의 강좌 중, 1942

톈안먼 광장에 가면 늘 광장을 가로지르는 긴 줄을 보게 된다. 광장 바닥의 복사열까지 감안하면 섭씨 40도에 육박하는 찌는 듯한 더운 날씨에도, 매서운 한파가 광장을 휩쓰는 한겨울에도 그 행렬은 줄어들지 않는다. 줄을 선 인파를 들여다보면 정말 각양각색이다. 시골 벽지에서 온 듯한 촌로부터 형형색색 튀는 차림새의 소수민족, 벽안의 서양인들까지 이 행렬에 동참하고 있다. 이들의 목적은 단 하나, 바로 톈안먼 광장 한복판에 마련된 마오 주석 기념당에 방부 처리된 채 유리관에 잠들어 있는 마오쩌둥을 보려는 것이다. 하지만 그를 만나기란 쉽지 않다. 좀 과장하자면, 루브르 박물관에서 수많은 관람객들 사이에서 겹겹의 방탄유리 안에 갇혀 있는 〈모나리자〉를 보는 것보다 어렵다. 아마 베이징에서 가장 귀하고 보기 힘든 국보급 보물은 바로 잠든 마오가 아닐까 싶을 정도다. 멋모르고 그냥 줄을 섰다가는 기다린 보람도 없이 기념관 별관 검사장에서 공항 검색대 수준의 소지품 검사에서 쫓겨나기도 한다. 기념당 내부는 가방커녕 카메라, 휴대전화 모두 반입 금지다. 이 때문에 난감해하는 관광객들을 위해 대신 자리를 맡아주는 사람들까지 등장할 정도다.

"중국인들에게 마오는 어떤 존재인가요?"

중국 일반 시민들에게 이런 질문을 하면 한결같은 대답이 나온다.

"말년에는 권력욕에 사로잡혀 과오를 저지르기도 했지만 외세로부터 중국민족을 해방시켰고, 아무튼 공과功課가 더 크죠."

천편일률적인 답변이 따분해 소위 지식분자라고 불리는 중장년층, 즉 유년기에 문화대혁명을 겪은 세대들에게 물어보면 또 다른 답변이 돌아온다.

"그의 업적 중 30퍼센트는 공적, 70퍼센트는 과오라고 생각합니다."

사람에 따라서 이 비율은 40:60 혹은 50:50으로 달라진다. 그의 공과功過를 단순히 양지와 음지로 구분해본다면 이처럼 그 명암이 극과 극을 달리는 지도자도 흔치 않을 것 같다. 청년기 열성적인 농민운동 조직가로 시작해 항일전쟁과 국공내전, 그리고 고난의 대장정을 정점으로 1949년 중화인민공화국을 건설한 것까지는 분명 햇빛 찬란한 양지에 속하지만, 1950년대 대약진운동으로 접어들면서 마오의 이력은 서서히 음지로 접어든다. 특히 희생자가 얼마나 되는지 가늠조차 할 수 없는 문화대혁명에 이르면 암전된 듯 온통 캄캄할 따름이다.

마오쩌둥이 죽은 지도 어느새 30년이 넘었고 정치인으로서 그의 업적과 과실에 대한 평가는 의견이 분분하다. 하지만 그가 20세기를 풍미한 아이콘임은 누구도 부정할 수 없을 것이다. 마오의 얼굴은 지금 이 순간도 여전히 중국인민들의 일거수일투족은 물론 심지어 무의식까지 뿌리 깊이 관여하고 있기 때문이다.

서구권에서 그를 영웅으로 만드는 데 지대한 공을 세운 사람은 에

드가 스노가 아닐까 싶다. 미국인인 그는 중국공산당이 국민당에 쫓겨 대장정에 나섰을 때 합류하여 장년기의 마오를 인터뷰한 서방 최초의 기자였다. 그는 1936년 마오에 관한 취재를 마치고 『중국의 붉은 별』이라는 책을 써서 마오를 일약 사회주의 중국 건설의 위대한 영웅으로 기리는 데 크게 일조했다. 반면 비교적 근래에 출간된 장융, 존 핼리데이 부부의 공저 『마오』에서의 마오쩌둥은 시종일관 권력욕에 사로잡힌 추악한 모습으로 묘사되어 있다. 전 미국 대통령 조지 부시가 이 책을 읽고 극찬했다는 것을 보면 어떤 시각으로 마오와 사회주의 중국을 바라본 책인지 짐작할 수 있을 것이다. 앞서 두 책에서 나타난 대조적인 관점을 적당한 비율로 섞어놓은 듯한 평전은 중국사의 권위자 조너선 D. 스펜스의 『무질서의 지배자 마오쩌둥』 정도일 것이다. 개인적으로 필자가 마오의 얼굴에 대해 그나마 어렴풋이 윤곽을 잡게 된 계기는 80년대 후반 리영희의 『전환시대의 논리』와 『8억인과의 대화』를 통해서였다. 중국 현대사에 관한 책이 전무했던 당시, 그 책들은 사회주의 중국과 지도자 마오에 관한 궁금증을 해갈시켜주는 단비 같았다.

마오의 얼굴은 책뿐만 아니라 영화와 현대미술 작품에 드러난 시각적 이미지를 통해서도 빈번하게 만날 수 있다. 2003년 베르나르도 베르톨루치 감독이 프랑스 68혁명을 소재로 만든 〈몽상가들〉이란 영화가 있다. 영화 속 주인공 남매의 방을 보면 마오의 초상화가 걸려 있다. '낡은 생각과 권위의 타파'를 부르짖었던 프랑스 68혁명 세대들에게 마오는 혁명의 아이콘이자 새로운 사회를 위한 이상적 지도자상으로 여겨졌던 것이다. 이들이 마오 어록과 그의 초상을 담은 포스터를 널리 소비했다는 사실은 60년대 유럽 청년문화의 한 단면을 보여준다.

20세기 슈퍼 아이콘, 마오쩌둥

마오는 새로운 세상을 꿈꾸는 이상주의자들뿐 아니라 자본주의권 미술가들에 의해서도 (체 게바라와 더불어) 그 이미지가 적극적으로 널리 차용되었다. 팝아티스트 워홀이 대표적인 경우다. 1972~3년 사이 워홀은 마오를 그린 일련의 연작을 제작하고, 그의 사진을 실크스크린 기법을 이용해 캔버스에 옮겼다. 왜 마오를 소재로 택했냐는 물음에 워홀은 "마오가 세계에서 가장 유명하기 때문"이라고 말했다. 워홀이 죽고 한참 후인 2006년, 마오쩌둥 초상화 시리즈 중 하나가 뉴욕 크리스티 경매에서 1,740만 달러에 판매되어 워홀 작품 가운데 최고 경매가를 기록했다. 우리나라 작가로는 팝아티스트 김동유의 〈마릴린 먼로-마오〉가 2006년 홍콩 크리스티 경매에서 3억 2,300만 원에 낙찰돼 당시 국제 경매에서 팔린 한국 현대미술 작품 중 최고가를 기록했다.

마오와 현대미술의 연관성은 여기서 끝나지 않는다. 그는 신중국 건립 이후 국가 차원의 미술 정책에도 직접 관여했다. 신중국의 미술 정책은 일찍이 1942년 마오가 옌안에서 행했던 '옌안문예강화延安文藝講話'•에서 시작됐다. "뒤집어엎는 데는 다 이유가 있다造反有利"는 반항의 철학을 평생 온몸으로 실천한 마오에게 예술계의 혁신 역시 비껴갈 수 없는 문제였다. 옌안문예강화의 핵심은 '미술은 인민을 단결시키고 교

• 마오쩌둥이 1942년 5월 옌안에서 주장한 예술이론으로, 예술의 정치적 기능을 강조하며 노동자, 농민, 병사를 위한 예술을 창조해야 한다는 내용을 담고 있다.

육하며, 인민을 위해 복무해야 한다'는 것이었다. 한마디로 미술을 정치적 도구로 여긴 것이다. 마오 살아생전 신중국의 미술 정책은 사회주의 리얼리즘 양식의 강요로 점철되었다. 거기에 각 소수민족의 특성을 살린 민속예술이 가세하여 새로운 스타일의 예술양식이 탄생하는데 이것을 '마오 양식毛樣式'이라고도 한다. 마오 양식은 이후 30년 동안 신중국 예술형식의 유일무이한 원형으로 굳어져버렸다. 이로 인해 수많은 예술가들의 희비가 엇갈리고, 중국 미술계에서 다양성은 온데간데없이 사라지고, 조형언어는 한 가지 목소리로 통일되고 말았다. 그러니 늘 새로운 것을 추구하는 예술가들에게 마오는 애증의 대상이 될 수밖에 없었다.

문화대혁명 시절 중국인민들이 가장 많이 접한 이미지는 바로 마오의 얼굴이었다. 이 시기 마오는 신격화되고 그의 이미지는 '붉은 태양'으로 자리매김하여 일종의 이콘(성화)처럼 변해갔으며, 물신화도 피해갈 수 없었다. 모든 문학, 공연, 미술 등 전 예술 분야에 마오 양식이 강요되었고, 이는 전 인민의 뇌리에 각인되어 일거수일투족을 통제했다. 최근에는 부쩍 줄었지만 베이징의 따산즈나 상하이의 모간산루 50 같은 예술지구나 중국 작가들의 작업실을 둘러보면 여전히 마오의 얼굴을 그리는 모습을 볼 수 있다. 한때 굉장히 신선하게 보였던 중국 전위미술가들의 '마오 이미지 비틀기'가 이제는 식상해진 지 오래인데 말이다. 어쨌든 마오쩌둥의 얼굴은 톈안먼 광장에 걸린 대형 초상화 속에서도, 예술작품 속에서도, 관광지의 티셔츠나 시계 심지어 속옷이나 콘돔 같은 일상용품 속에서도 마구 재생산되어 물신화되어버린 상태다.

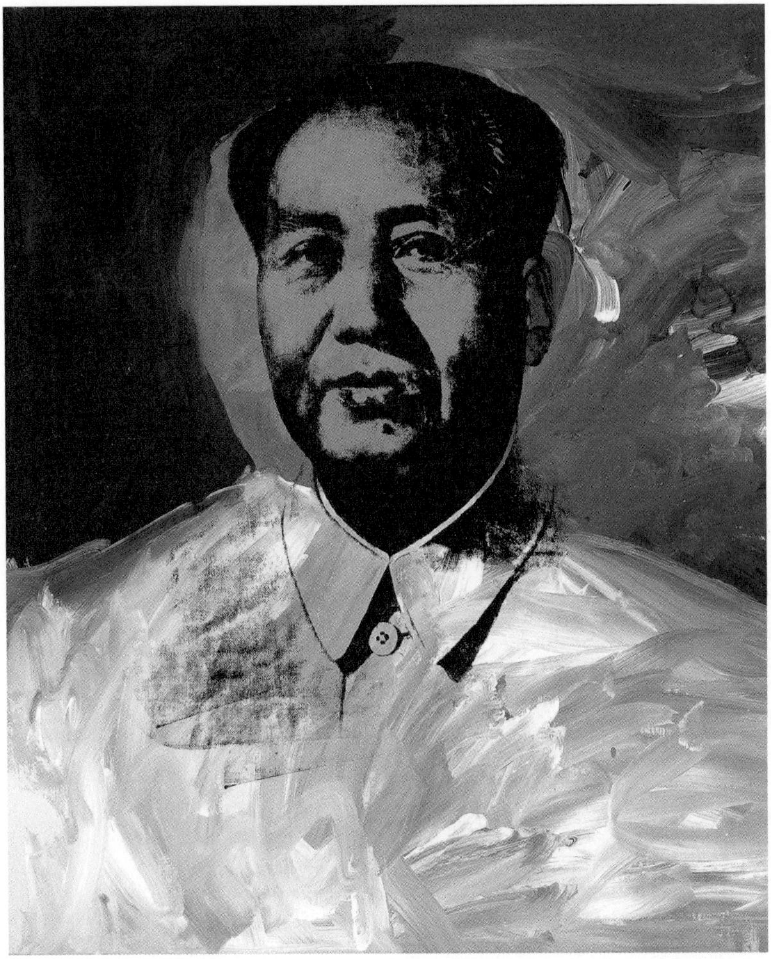

앤디 워홀, 〈마오〉, 실크스크린 및 복합재료, 1973. (© The Andy Warhol Foundation for the Visual Arts, Inc. / SACK, Seoul, 2013)

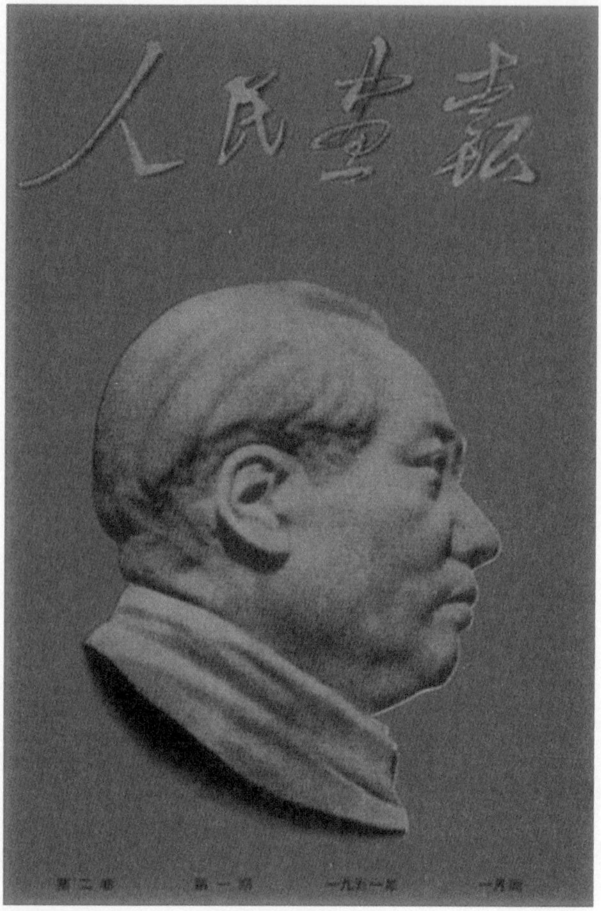

중국 공산당 임시정부가 있던 옌안 시절 제작된 마오쩌둥의 프로필 릴리프.

그렇다면 아이콘으로서 마오의 이미지가 등장한 것은 언제부터였을까? 그 시작을 알기 위해서는 1930년대 옌안으로 가야 한다. 중국공산당과 일본의 전쟁이 한창이던 그때, 중국공산당 임시정부가 있던 옌안의 중국인민항일군정대학 학생들이 다 쓴 치약 용기를 이용해 마오와 마르크스, 엥겔스, 레닌, 그리고 스탈린의 이미지가 담긴 배지를 만들었다고 전해진다. 1942년, 루쉰예술학원의 학생이었던 왕차오원王朝聞이 마오쩌둥의 프로필 형상 릴리프로 옌안 중앙당의 외벽을 장식했는데, 이것이 마오쩌둥 배지 디자인의 원형이 되었다. 이후 마오 배지는 마오 기념우표, 마오 어록과 같이 그 시대의 아이콘이 되어 마오 개인 숭배를 드높이는 데 중요한 역할을 담당했다. 그 당시 포스터 등 마오의 이미지가 새겨진 기념물, 일상용품들은 무한 증식, 보급되었다. 소설가 위화余华(1960~)의 『살아간다는 것』을 원작으로 한 장이머우 감독의 영화 〈인생〉(1992)에는 문혁 시절 인민들의 생활이 얼마나 마오와 밀착되어 있었는지 잘 보여주는 장면이 나온다. 주인공 노부부의 벙어리 딸이 결혼하던 날, 마을 주민들이 모인 가운데 집 마당에서 조촐한 축하연이 열린다. 신랑과 신부는 인민복을 입고 마오의 얼굴이 크게 그려진 벽화를 배경으로 사진을 찍고, 혁명 구호를 외치자 결혼식 분위기가 절정에 이른다. 노부부의 집은 마오의 초상화는 물론 온통 마오의 이미지가 새겨진 가재도구들로 그득하다.

마오쩌둥이 세상을 떠나자 문혁의 잔재로부터 벗어나려는 노력이 예술가들 사이에 움트기 시작했다. 왕커핑, 왕광이 같은 전위예술가들은 선봉에 서서 우상파괴와 체제비판의 수단으로 마오의 초상을 패러디했다. 이는 중화인민공화국이 줄곧 표방했던 정통 마르크스주의와 개혁개방 이후의 소비주의 사이의 모순을 반영한다고 볼 수도 있다. 1990년대 중반쯤 접어들면 마오의 형상은 패러디 차원을 넘어 키치화 되어버린다. 키치는 중국어로 '염속艷俗'이라고 한다. 폴리티컬 팝이 반체제적 자세를 취한다면, 키치는 그와는 대조적으로 대중의 후위에서 매스컬처나 자본주의 사회의 소비지향주의를 반영한다. 이는 6.4 톈안먼 사건의 좌절과 그로 인한 지식인들의 무력감이 개혁개방 시대를 맞아 소비사회의 새로운 대중이 사회의 주도권을 쥐게 되면서 소비문화에 대한 상찬과 비판이 복잡하게 얽히게 된 것이라고 볼 수 있다.

대표적인 작가로는 위여우한余友涵을 들 수 있는데 그는 문화대혁명 시절 해방군 화보에 실린 사진을 이용해 대표작 〈마오쩌둥 주석이 샤오산의 농민과 이야기하다〉(1991)를 제작했다. 그는 잘 알려진 사진과 이미지들을 이용해 그것들을 반복적인 패턴(주로 꽃)으로 뒤덮어 원본에 내재된 정치적 심각성을 걷어내는 작업을 줄곧 해왔다. 꽃 장식으로 뒤덮인 마오의 이미지를 통해 작가는 '예술은 반드시 노동자와 농민대중을 즐겁게 하기 위해 봉사해야 한다'는 마오의 주장을 패러디하는 것처럼 보인다.

지난날 대약진운동의 실패로 인한 대기근과 문혁의 피바람의 기억이 아직 생생한 개혁개방 이후의 중국에선 여전히 마오 열풍이 이어졌다. 간판만 사회주의를 내걸었을 뿐 새로운 종류의 차별과 소외가 존재하는 현실 속에 묻혀버린 인민들. 더욱 심화되는 빈부격차의 그림자 속에 이들의 상대적 박탈감과 분노의 눈물이 계속되는 한 마오의 얼굴

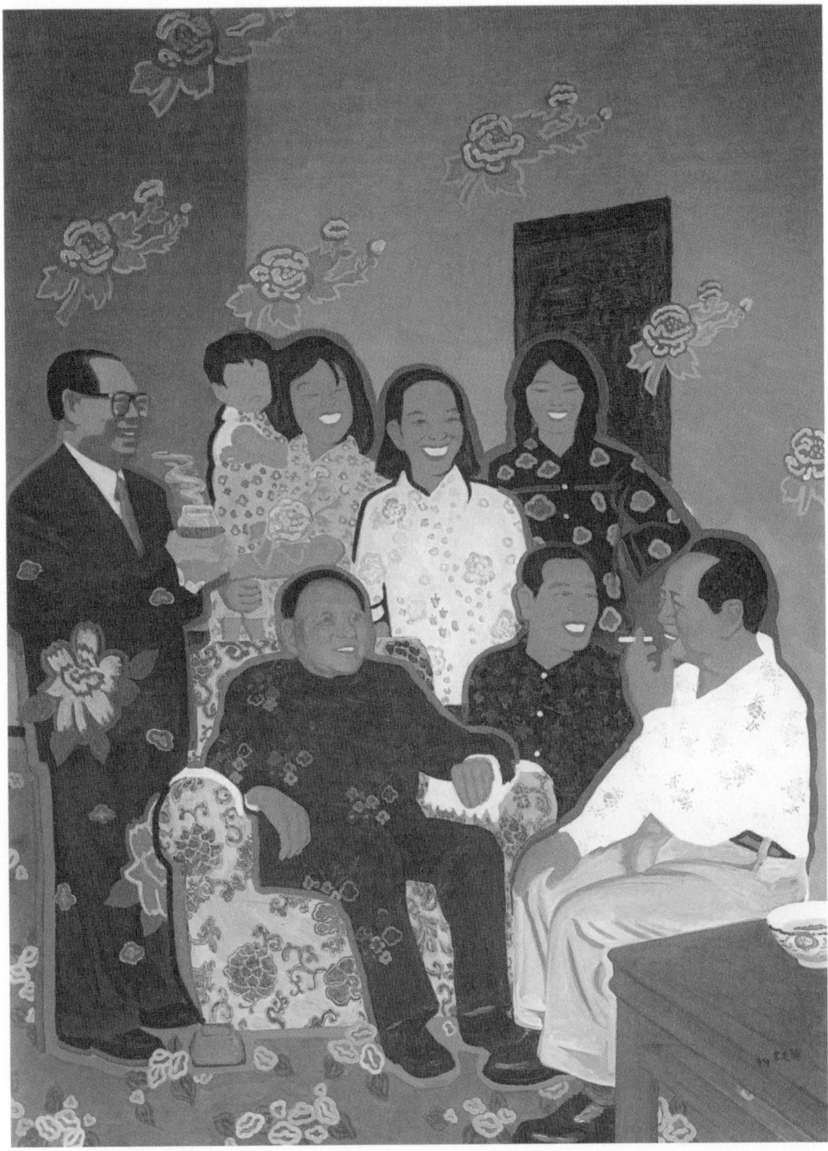

위여우한, 〈마오쩌둥 주석이 샤오산의 농민과 이야기하다〉, 캔버스에 유채, 1991.

은 새로운 중화영웅의 재림이라는 아이콘으로 작용할 것이다. 어쩌면 대다수의 중국인민들은 더 나은 사회에 대한 진지한 고민보다는 무덤 속의 마오를 끄집어내 고단한 삶의 고해를 들어주기를 바라고 있는 것 같다. 21세기 부상하는 초강대국으로서 새로운 종류의 무정한 자본주의의 얼굴을 띤 작금의 중국 현실에서 '어제'의 마오가 사라지지 않고 있는 이유다.

폴리티컬 팝의 원류를 찾아서

폴리티컬 팝의 시작점, 상하이

베이징과는 달리 상하이에서 자주 접할 수 있는 것이 몇 가지 있다. 그중 하나가 마오 집권 시절 줄기차게 제작되었던 정치 선전 포스터를 사고파는 화랑들이다. 정치의 중심지이자 마오의 근거지였던 베이징보다 상하이에서 왜 이런 포스터들이 많이 유통될까? 그 이유는 지난날 조계지 시절 상하이에서 번성했던 인쇄, 출판문화 때문이다. 상하이는 훌륭한 인쇄기술과 장비를 보유한 덕에 대부분의 사회주의 혁명 관련 정치 포스터들은 이곳에서 제작되었다.

개혁개방 이후 정치 선전 포스터들은 더 이상 제작되지 않지만, 상하이에서는 사회주의 선전화 포스터 전시장이 남아 있어 지난날 사회주의 중국의 '민낯'을 기록해놓은 훌륭한 자료실 역할을 하고 있다. 대표적인 곳이 옛 프랑스 조계지에 있는 '선전화년화예술중심宣傳畵年畵藝術

中心, Shanghai Propaganda Poster Art Centre'이다. 양페이밍楊培明이라는 개인 수집가가 취미로 1910년대부터 90년대까지 시대별로 오리지널 정치 선전화를 모으다가 그 수가 무려 6,000여 점에 달하자 자그마한 전시관을 꾸린 것이다. 이쯤 되면 조형감각이나 그 내용이 시대에 뒤떨어지는 정치 선전 포스터를 굳이 볼 필요가 있냐고 묻는 사람도 있을 것이다. 하지만 중국 현대미술 장르의 하나인 폴리티컬 팝의 기원이 궁금한 사람이라면 한번 들러볼 만한 이유가 있다. 신중국 건립 이후 마오쩌둥 시대의 산물인 정치 선전화가 왕광이 같은 폴리티컬 팝 아티스트를 탄생시킨 영감의 원천이기 때문이다.

선전화년화예술중심은 소규모 개인 갤러리라 찾기가 쉽지 않다. 택시를 타고 이곳을 찾아가는데, 웬 아파트 단지 안으로 들어가더니 건물 뒤편 현관 입구에서 내려주는 것이 아닌가? 간판도 없고 왕래하는 사람도 없어 여기가 정말 내가 찾는 곳인지 택시 기사에게 물으니 그는 주소대로 왔을 뿐이라는 대답만 남기고 이내 떠나버렸다. 반신반의하며 건물 지하로 내려가니 현관과 복도 입구에 이곳이 선전화 포스터 전시장임을 알리는 벽보가 붙어 있었다. 어리둥절한 상태로 20위안의 입장료를 내고 전시장 안으로 들어섰다. 중국 현대미술이 국제무대에서 화려한 전성기를 맞이하고 있는 반면, 중국 현대미술 붐에 지대한 영향력을 끼친 마오 시절 선전화들은 지하 골방에서 겨우 그 명맥을 유지하고 있는 듯한 형국이었다. 전시장 건너편에는 기념품 가게가 있어 엽서나 포스터, 마오 관련 기념품을 팔고 있었다. 방문객들은 많지 않았는데, 전시장에서 마주친 이들은 대부분 서양인들이었다. 방명록

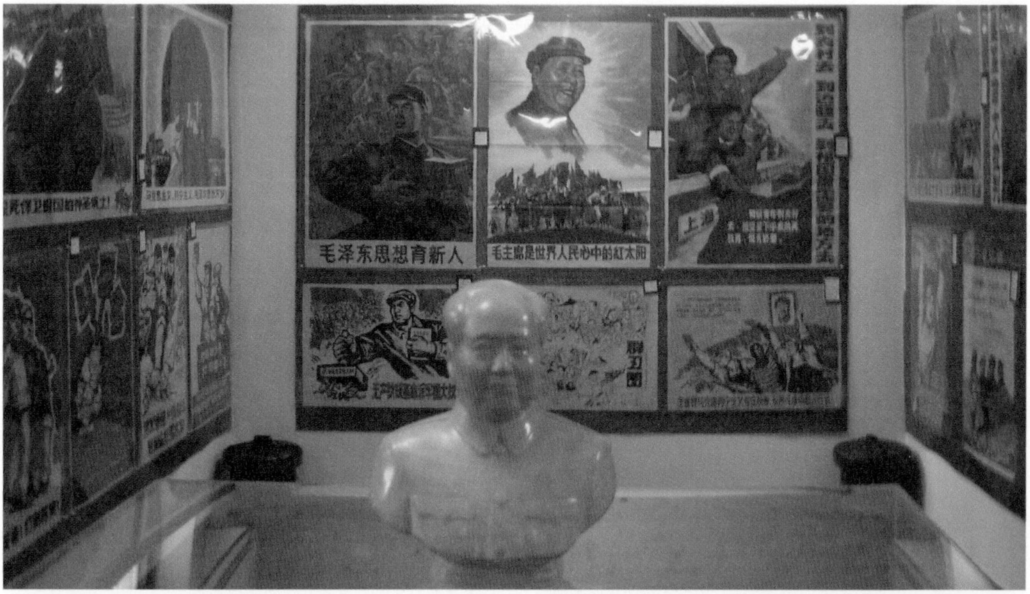

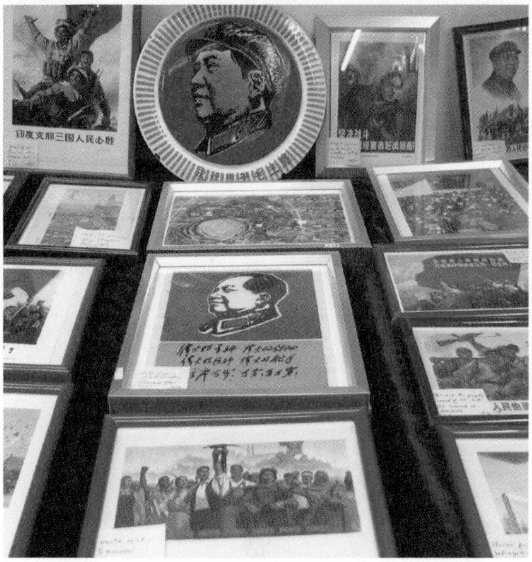

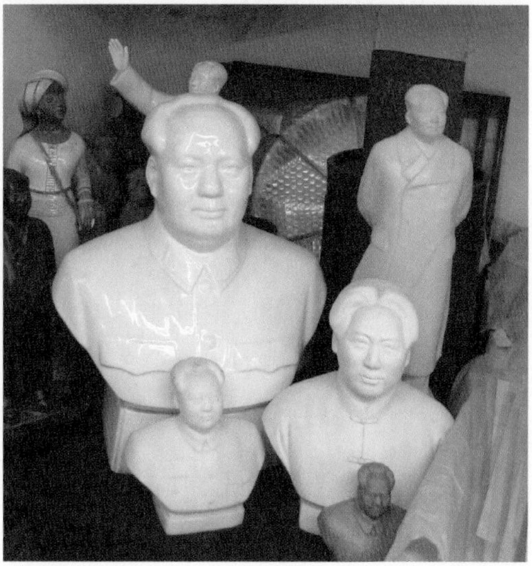

선전화년화예술중심 전시장 내부와 기념품들.

에도 주로 유럽과 미국 등지에서 온 외국인들이 소감을 많이 남겨놓은 것을 보니 현지인보다는 외국인에게 더 잘 알려진 곳 같았다.

전시장 안에는 특히 1949년 중화인민공화국 건설 시기부터 1950년대, 60년대, 그리고 문화대혁명 시기와 덩샤오핑 시대인 1979년까지 망라한 정치 선전 포스터 원본들로 가득했다. 포스터들은 시기별로 전시되어 주제와 스타일의 변천을 한눈에 볼 수 있었다. 우선 건국 직후인 1949년과 53년 사이에는 신중국 탄생을 기념하는 내용이 많다. 이때 포스터를 제작했던 이들은 항전에 참여했던 작가들과 유럽에서 미술을 공부했던 유학파들도 다수 포함되어 있으며, 문화대혁명 전이라 다양한 양식이 혼재되어 있다. 특히 서양 모던 아트의 영향을 받은 유학파들의 작품은 현대미술 작품을 보는 듯했다. 이 시기 또 하나 특이한 점은 중공군도 참전했던 1950년 한국전쟁에 관한 내용도 한 축을 차지한다는 점이다.

정치적 안정과 경제 발전을 이루었던 1954~59년은 소비에트 공화국 미술가들이 중국의 미술교육계에 대거 파견되어 사회주의 리얼리즘 양식을 전파하던 시기였다. 그래서 포스터 역시 러시아 구성주의 스타일이 주종을 이룬다. 1950년 이후 신생 공산주의 국가 중국의 슬로건은 "소련에서 배우자"였다. 소련을 모델로 삼아 중국은 고유의 교육 시스템을 구축했다. 그래도 이 시기에는 여전히 30년대 상하이 웨펀파이의 영향을 받은 작품들이 대거 등장했고, 전시장 한구석에는 모던 걸들이 등장한 웨펀파이를 나란히 배치해놓았다.

1957년 이후에는 반우파투쟁과 대약진운동으로 중국 전역에 대중을 동원한 정치운동이 빈번해지자 초기 양식의 다양성은 사라지고 과장된 캐리커처의 포스터가 주를 이룬다. 문화대혁명이 본격적으로 추진되는 1966년부터 포스터의 주제는 마오쩌둥 숭배로 획일화된다. 당시 모든 예술은 당의 지도력, 영웅들, 그리고 혁명군중들을 중심에 놓아야 했고 당의 정책을 배려해야 했을 뿐 아니라, 혁명역사에 관한 이야기, 그리고 인민의 행복한 삶과 아름다운 이상을 우선시해야 했다. 화가들은 이러한 행복한 꿈들과 천국의 비전을 성실성과 열정으로 그려냈다.

이 시기 중국미술은 마오의 옌안강좌 때의 정신과 근접해 있었다. 문혁 시기 예술작품은 연극, 발레, 영상, 미술 등 장르를 불문하고 대량생산되었는데, 모든 미디어를 총동원하여 방방곡곡 대중들에게 전달되어 프로파간다 기능을 확실히 수행했다. 문혁 시기의 예술은 어떤 면에서 아방가르드 미술과 맞닿아 있다고 해도 과언이 아니다. 그것은 팝아트와 여러 포스트모던 아트운동이 미국과 유럽에서 성행했던 시기인 60년대 말부터 70년대 중반에 걸쳐 일어났을 뿐만 아니라, 예술에 대한 중국과 서구세계의 관념 역시 닮은꼴이었다. 마침 워홀은 그 유명한 마오의 초상화 시리즈를 제작했다.

중국 미술가들은 녠화年畵●와 같은 중국 민속예술을 유화에 접목시켰다. 그들은 대중들에게 친숙한 밝은 색조와 유쾌한 이미지들을 사용했다. 이 시기 모든 미술형식의 원칙은 마오의 부인 장칭에 의해 주도되었다. 장칭은 전체 인물 중 정면 인물, 정면 인물 중에서도 영웅적 프롤레타리아 인물을 돌출시켜야 한다는 '삼돌출론三突出論'과 인민 영

● 녠화는 정월 초하루에 민가의 문과 실내 등에 장식하는 그림으로 한 해 동안의 안녕을 기원하고 귀신을 쫓는 목적을 지니고 있다. 녠화의 형식과 내용은 매우 풍부하고 다양하며, 사람들이 좋아하는 인물, 산수, 화초, 동물, 신선, 문신, 무신 등을 소재로 삼고 있다. 중국공산당은 단순명료한 구도와 원색으로 구성되는 녠화의 특징을 문맹인 인민들을 위한 선전활동에 활용했는데, 특히 항일전쟁, 국공내전에서 큰 효과를 거두었다. 해방 후 녠화는 '신녠화(新年畵)'로 불리며 하나의 미술 장르로 정착했다. 1930년대 상하이에서 유행했던 웨펀파이 같은 상업미술이나 목판화운동에도 영향을 끼쳤다.

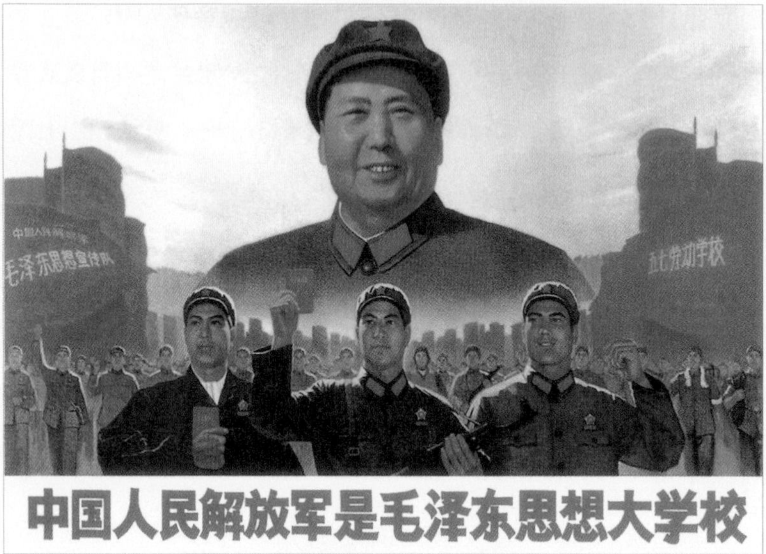

'붉고, 밝고, 빛나는'이란 마오 양식의 특징이 잘 드러나는 문혁 시절의 선전 포스터.

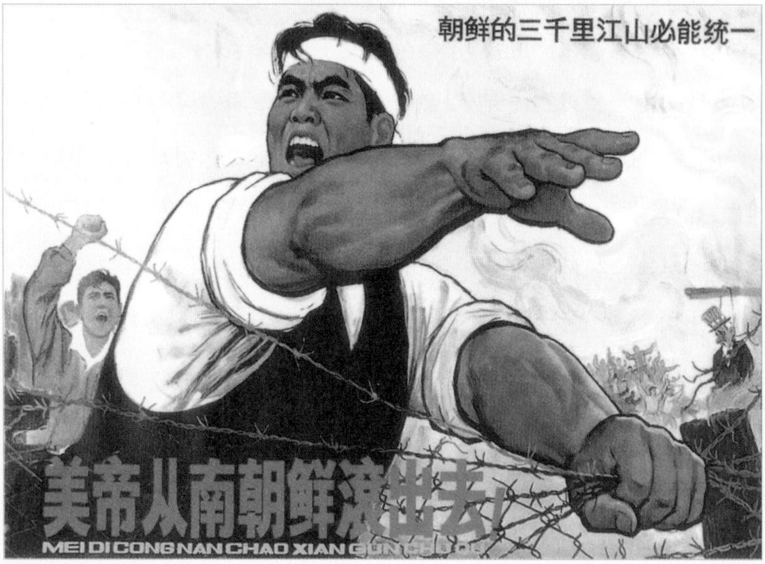

한국전쟁 당시 제작되었던 선전 포스터. "미제국주의는 남조선에서 꺼져라"라는 구호가 적혀 있다.

웅의 얼굴은 '붉고紅, 밝고光, 빛나게亮' 그려야 한다는 원칙을 내세웠다. 그 결과 미술은 '높고高, 크고大, 완전全'해야 한다는 소위 '마오 양식'이 주를 이루게 된다.

마오는 흔히 붉은 태양으로 묘사되어 해바라기로 상징되는 민중을 비추는 신과 같은 존재로 묘사됐다. 양식상으로는 소련의 사회주의 리얼리즘 기법을 차용하고 있지만 마오의 초상이 창공에 떠 있는 듯한 초현실적이고 상징주의적인 구성은 마치 중세 유럽의 성상화를 연상케 한다. 이 시기에는 특정한 개인 작가보다는 베이징이나 상하이, 광저우 등의 미대생들이 협업하여 제작한 것이 많다. 10년에 걸친 문혁 시기 선전 포스터는 중화인민공화국 역사상 포스터 제작의 양과 질적인 면에 있어 정점을 찍었다.

이 시기에는 마오를 소재로 한 유화작품을 대량 인쇄해 포스터로 제작하는 사례도 빈번했다. 대표적인 작품으로 류춘화劉春華의 〈마오 주석 안위안安源에 가다〉(1967)가 있다. 젊은 시절 마오가 광부들의 총파업을 이끌기 위해 안위안으로 떠나는 장면을 그린 이 작품은 문혁 시기 회화의 대표작으로 꼽힐 정도로 유명하다. 산꼭대기에서 부는 바람에 옷자락을 휘날리며 정중앙에 그려진 마오는 마치 난세를 평정하러 가는 강호의 영웅처럼 묘사되어 있다. 굳건한 표정에는 승리에 대한 확신이 서려 있고, 움켜쥔 주먹은 어떤 역경과 고난도 감내하겠다는 비장한 각오를 드러낸다. 오른손에 든 낡은 우산은 위대한 혁명을 수행하기 위해서라면 악천후나 먼 여행길도 마다하지 않겠다는 결의를 나타내는 상징이다.

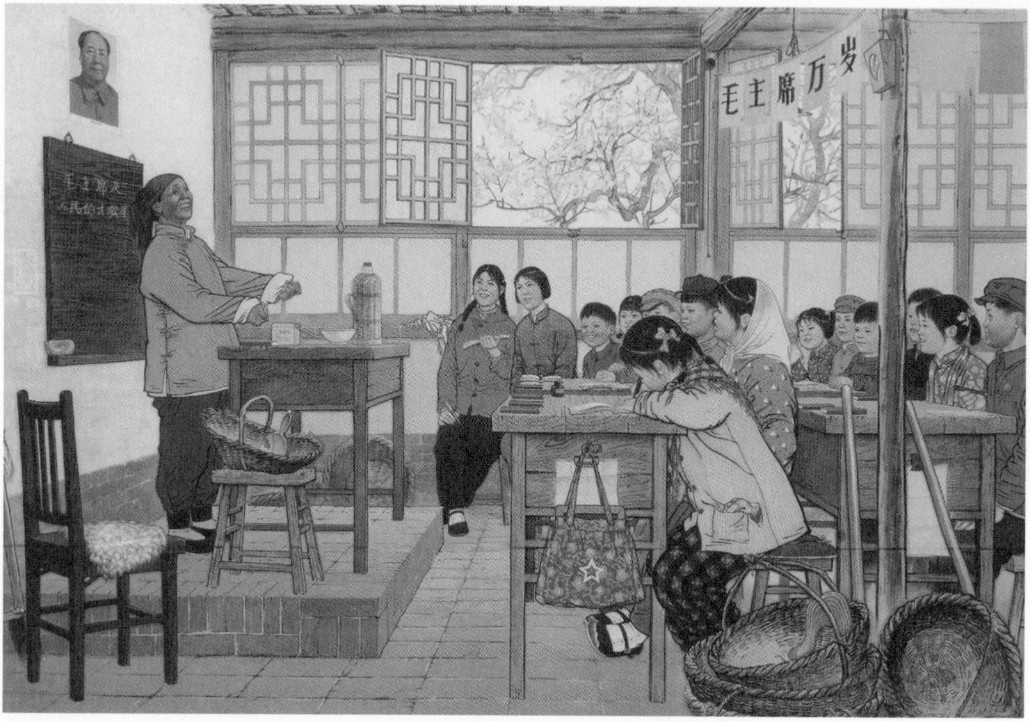

캉쭤톈(亢佐田), 〈붉은 태양이 빛나 만대가 따뜻하리〉, 채색수묵, 1972. 중국공산당의 미술정책 중 하나는 사회주의 리얼리즘에 입각해 영웅화된 인민의 모습을 묘사하는 것이었다. 이 작품은 교실에서 학생들에게 혁명 이전의 힘겨운 삶에 대해 이야기해주는 평범한 여성의 모습을 통해 인민이 주인이 되는 신중국의 모토를 보여준다. 칠판에는 "마오 주석은 인민의 해방자다"라는 문구가 적혀 있다.

1967년 10월 중국 혁명박물관 전시회에서 첫선을 보인 이 작품은 미술관계자들은 물론 일반 관객들의 뜨거운 반향을 이끌어내 1968년 중국 언론 사상 처음으로 신문에 컬러 도판으로 소개되기도 했다. 작품은 곧 포스터로 대량 복제되어 지금까지 무려 10억 장이 인쇄되어 팔려 나갔다. 결국 〈마오 주석 안위안에 가다〉는 일반 가정집이나 공장, 사무실 벽을 장식하는 필수품이 되었고, 중국미술 사상 가장 대중적인 사랑을 받은 작품이 됐다. 심지어 1968년에 기념우표로도 발행됐다.

이 그림에 관한 신화는 여기서 그치지 않는다. 1995년 10월 중국 자더嘉德 경매에서 이 작품은 무려 605만 위엔에 낙찰된다. 워낙 유명해서 나중에는 젊은 작가들이 패러디를 하기도 했다. 왕신웨이王新偉가 패러디한 〈안위안으로 가는 길〉(1995)은 우산을 들고 마오가 갔던 길과는 정반대쪽을 향해 걸어가는 현대인의 뒷모습을 묘사하고 있다. 지난날 마오가 걸어온 노정을 비판하고 되짚어보면서 역사를 성찰해야 한다는 메시지를 전하는 것 같다.

정치 포스터가 다시 다원화되고 모던해진 것은 1976년 마오의 사망, 문혁의 종말과 함께 화궈펑, 덩샤오핑의 집권 이후였다. 1979년, 개혁개방 정책을 이끌던 덩샤오핑은 정치 선전화 제작의 폐지를 선언한다. 아무래도 자본주의 노선을 채택한 신중국의 변화에 이러한 선전선동 포스터나 회화가 걸맞지 않다고 여긴 모양이다. 이 시기 30년간 줄기차게 제작되었던 정치 포스터들이 대량 폐기되거나 대부분 재활용 폐지로 사용되어 현재 극히 소량만 남아 있다. 그 결과 한때 중국 전역에 범람하던 정치 포스터들이 희소성을 갖게 되면서 경매시장에 나오면

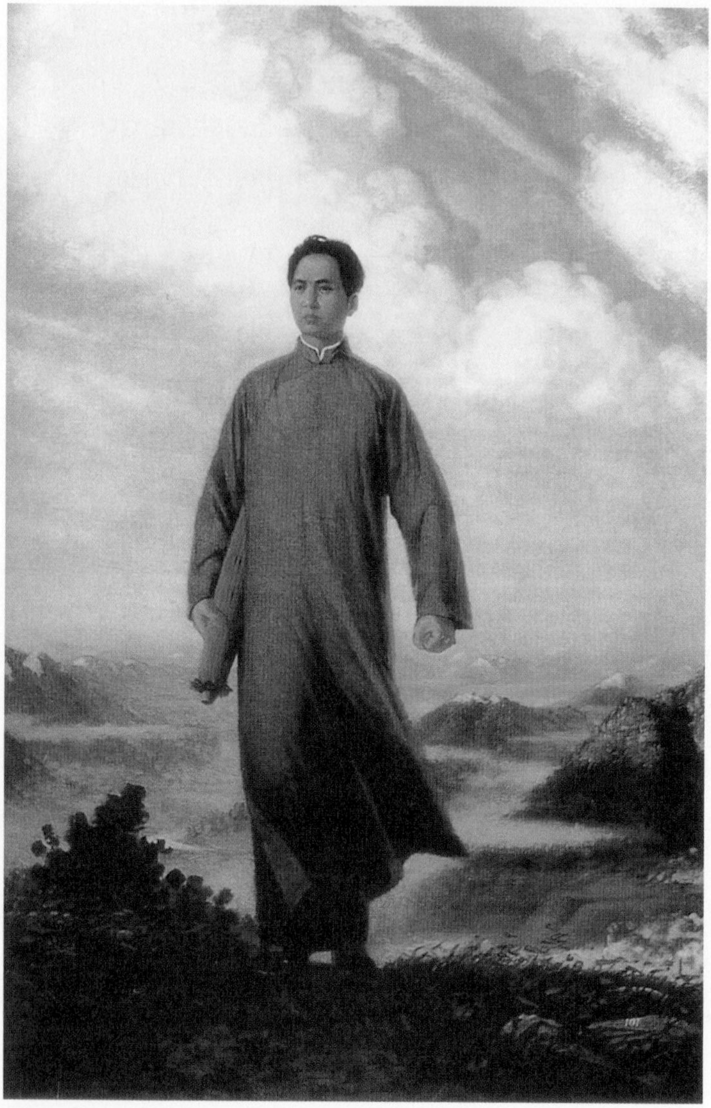

류춘화, 〈마오 주석 안위안에 가다〉, 캔버스에 유채, 1967.

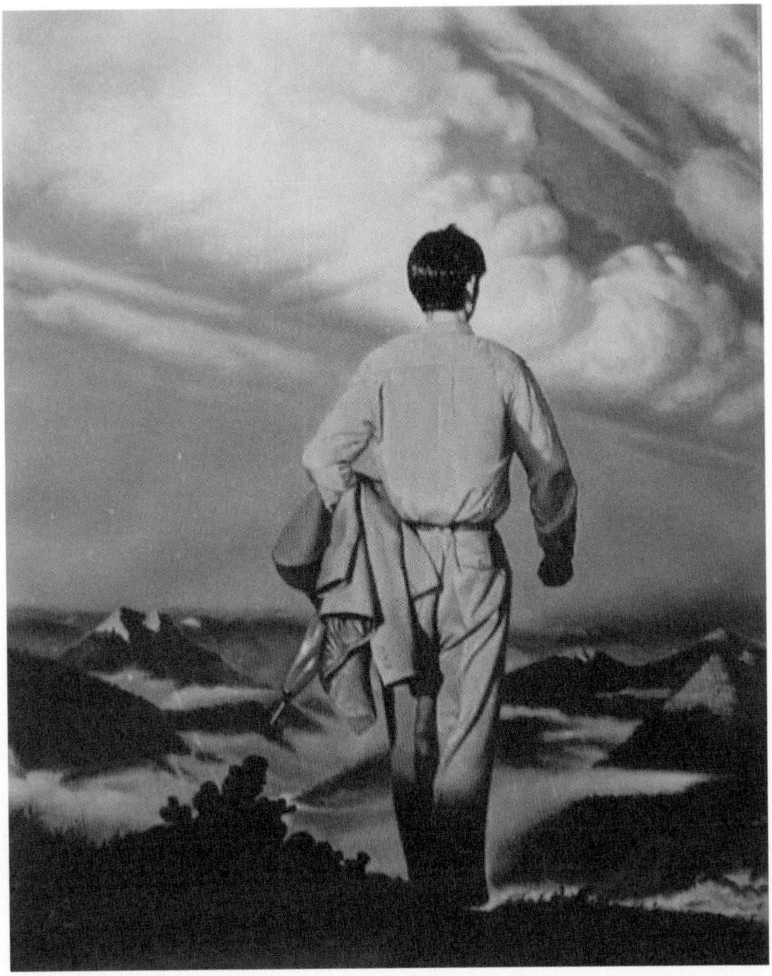

왕신웨이, 〈안위안으로 가는 길〉, 캔버스에 유채, 1995. 류춘화의 〈마오 주석 안위안에 가다〉를 패러디한 작품이다.

천문학적인 금액으로 팔리고 있다.

정치 선전화가 다른 맥락에서 새로운 모습으로 재탄생한 것은 1989년 이후 현대미술 작가들 덕분이었다. 폴리티컬 팝과 시니컬 리얼리즘, 그리고 차이나 키치를 주도한 주요 작가들 — 왕광이를 비롯해 웨민쥔, 팡리쥔 등 — 은 마오를 비롯한 선전화 속의 이미지와 상징을 비틀고 패러디하고 조롱했다. 보는 사람에 따라서는 선전화가 범람하던 문혁 시기의 추억과 향수를 불러일으킨다고 할 수도 있겠다. 중국인들에게 신격화되었던 마오쩌둥은 물론 그 시대의 아이콘을 조롱하고 패러디하고 키치화하는 폴리티컬 팝이나 시니컬 리얼리즘, 그리고 차이나 키치는 어찌 보면 정치 선전화의 사생아라고 할 수도 있다. 이들의 작품 속에서 패러디된 정치 선전화의 상징들은 90년대 이후 서구 미술계에 신선한 반향을 일으켰다. 거의 반세기 가까이 '죽의 장막'으로 둘러싸여 있던 현대중국의 실상과 인민들의 삶을 회화를 통해 엿보고 이해하려는 서구인들의 호기심이야말로 중국미술이 세계 미술시장에서 환영받게 만든 주요인이 아니었을까? 마오 시절 대량생산된 이미지들이 '중국적인 것'으로 간주되면서 '신선한 것'으로 소비되어 전 세계에 중국미술 붐을 일으키지 않았나 생각해볼 대목이다.

문화대혁명과 예술가들의 수난

비극의 시작

20세기 중국현대사의 대재앙이라 할 만한 문화대혁명 시기는 정치와는 별 상관없을 법한 예술가들에게도 수난의 나날들이었다. 문혁이 일어나기까지는 여러 가지 요인이 있었지만 그 결정적인 원인은 바로 대약진운동의 실패에 있었다. 대약진운동은 마오가 추진한 생산력 강화 운동의 일환으로 1958년 전국적으로 실시되었다. 당시 중국은 철강산업을 육성시켜 15년 안에 영국을 따라잡는다는 거창한 목표를 세우고 전 인민이 철강을 생산한다는 '전민연강全民鍊鋼'의 기치 아래 철강증산 정책을 추진했다. 그 방법이란 마을 단위로 가정에 있는 쇠붙이란 쇠붙이는 다 모아 공동 화로에 녹여 철로 만들어 국가에 헌납하는 것이었다. 밥솥이나 냄비 따위도 예외가 될 수 없었다.

위화의 소설 『살아간다는 것』을 보면 대약진운동 시기의 중국인민들이 겪었던 일들이 잘 묘사되어 있다. 어느 날 갑자기 공산당 간부들이 집집마다 들이닥쳐 부엌에 있던 솥과 가재도구를 수거해가고 부뚜막을 부순다. 그리고 쇠를 녹이는 데 필요하다고 기름마저 가져가버린다. 앞으로 밥을 어떻게 해 먹느냐고 묻는 주인공 부부에게 간부들은 마을 공동식당에 모여 밥을 먹으라는 통보를 한다. 한동안 각 마을마다 잔치가 벌어진 것처럼 주민들이 한데 모여 떠들썩하게 집단급식을 즐긴다. 자신이 애지중지 길러왔던 염소가 언제 집단급식의 찬거리로 희생될지 조마조마해하는 주인공의 아들은 빼고 말이다.

하지만 이러한 집단생산, 공동분배는 3년이 채 가지 않아 예상과는 정반대 방향으로 치닫고 만다. 하필 이 시기 중국에 최악의 가뭄과 흉년이 들어 대기근이라는 엄청난 재난이 발생한 것이다. 그동안 마을에서 제공하는 무료 식당에서 아낌없이 공동식량을 먹어치운 사람들은 식량부족으로 이제 식사를 각자 알아서 해결해야 했다. 이때는 이미 온 마을의 식량이 동이 나고 취사도구도 없어 별 수완이 없던 사람들은 그대로 굶어 죽는 수밖에 없었다. 이 시기 공식적으로 밝혀진 아사자만 3,000만 명에 달한다. 결과적으로 대약진운동 기간 동안 중국경제는 파탄상태에 이르렀고, 60년대에 실시한 일련의 경제 정책, 현대화 전략도 모두 실패로 돌아간다.

당연히 마오는 정치적 수세에 몰리고 류사오치는 전면에 나서서 마오의 무모한 정치적 실험을 비판했다. 류사오치는 1960년경부터 자연재해로 인한 경제난을 극복하기 위해 자본주의적 요소를 부분적으로 도입해야 한다고 주장한 바 있다. 류사오치뿐 아니라 국방장관 펑더화

이彭德懷와 저우언라이, 그리고 덩샤오핑도 마오의 경제 정책 실패를 비판했다. 하지만 마오는 내부의 비판과 자성의 목소리도 자신이 건설한 사회주의 중국에 대한 심각한 도전으로 받아들였다.

1966년 4월, 마오는 베이징에서 중국혁명의 정신을 되살리고 자본주의로 향하는 실권파들을 단죄한다는 명목 아래 일명 '프롤레타리아 계급 문화대혁명'을 선포한다. 문혁 선포 직후 마오에게 가장 열광하는 20대 전후의 젊은 학생들로 구성된 홍위병이 결성된다. 이 학생 조직은 애초 누가 만든 것이 아니라 자연적으로 발생했다. 마오의 인정을 받은 후 의기양양해진 홍위병들의 행보는 거침이 없었다. 그들은 군대에서 트럭을 빌려 방방곡곡을 휩쓸고 다니며 문화대혁명을 전파하는 데 앞장섰다. 이른바 '4구舊', 즉 낡은 사상, 문화, 풍속, 습관을 타파하고 새로운 프롤레타리아 계급의 독자적 사상을 선포한다는 명분 아래 거리의 명칭을 바꾸고, 유적 및 문화재를 파괴하는 행위를 일삼았다. 홍위병들은 '파괴 없이 건설 없다'는 슬로건을 단순하게 적용시켜 모든 것을 파괴했다. 사태가 이렇다 보니 사람 목숨 파괴하는 것쯤은 문제도 아니었다. 한마디로 1020 세대들이 5060 원로들을 단죄하고 탄압하는 것도 모자라 국가권력마저 해체할 뻔했던 사상 초유의 사건이었다.

홍위병 운동이 점차 파괴행위로 치닫자 마오쩌둥은 고심 끝에 이들을 중국 변방의 농촌으로 보내 재교육시키는 '상산하향上山下鄕운동'을 벌였다. 시골 오지로 하방된 홍위병들은 열악한 농촌 현실에 경악하고 자신들이 권력투쟁에 이용당하고 버려졌다는 사실을 깨닫고 훗날 반

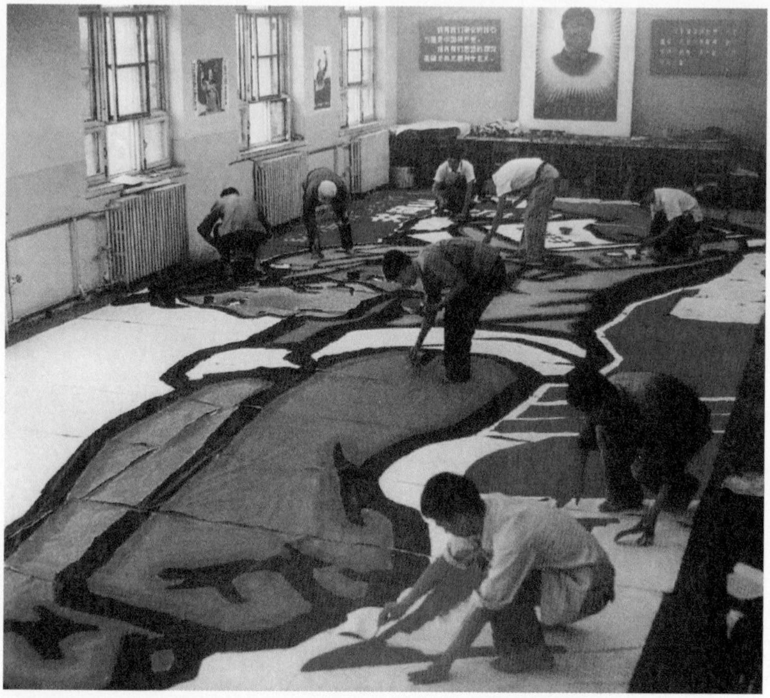

문혁 시절 흔히 볼 수 있었던 정치 선전 포스터를 여러 작가들이 함께 작업하는 모습.

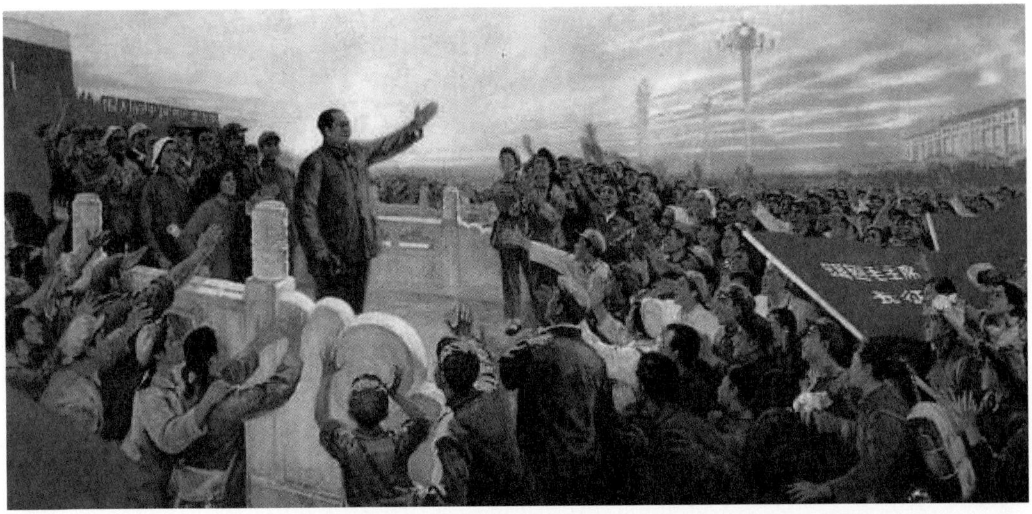

호우이민(侯一民), 진상이 외 4인, 〈우리는 반드시 프롤레타리아 문화대혁명을 완수해야 한다〉, 캔버스에 유채, 1972. 1966년 8월 18일, 톈안먼 광장에서 마오쩌둥이 전국에서 모인 100만 명의 홍위병들을 맞이하는 역사적인 순간을 그린 작품

체제 인사로 거듭나기도 했다.

중국미술의 암흑기

유년기에 문화대혁명을 경험했던 중국 5세대 영화감독 장이머우나 첸카이거 등의 작품을 보면 지식인이나 예술가 들이 머리에 죄명을 적은 고깔모자를 쓰고, 목에는 나무패를 걸고 홍위병들에게 핍박당하는 모습이 종종 등장한다. 홍위병들에게 린치당하거나 살해당한 사람들은 옛 지주나 자본가 계급 출신만은 아니었다. 수많은 문인들이나 화가들, 음악가들 역시 자신의 작품이 파괴되는 것을 목격하거나 혹은 자기 손으로 직접 불태워야 했다. 특히 예술의 자율성을 추구하고 내면세계를 묘사한 화가들은 정치적 파랑에서 벗어날 수 없었다.

당시 모든 시각예술은 마오의 아내 장칭이 선포한 원칙에 따라야 했는데, 여기서 벗어나면 가차 없이 탄압을 받았다. 미술계의 원로로 만인의 존경을 받고 있던 근대회화의 선구자 린펑몐林風眠이나 판톈서우潘天壽를 비롯해 리커란, 스루石魯와 같은 전통 화가들도 문혁 때 고초를 겪었다. 이유인즉, 그들의 그림이 사회주의 리얼리즘이라는 대세를 따르지 않았고, 부르주아의 퇴폐성을 담지했다는 것이다. 이런 화가들의 작품은 '흑화黑畵'로 분류되어 탄압받았다. 심지어 나치의《퇴폐미술전》을 연상시키는《흑화미술전》에 전시되어 대중의 야유를 받기도 했다. 당시 흑색은 사회주의를 상징하는 적색과 대치되는 색으로 인식됐다. 이 시기에 화가들은 화면을 온통 붉은 색조로 칠해 혁명정신을 담아내는 동시에 생존전략도 함께 모색할 수밖에 없었다. 대부분의 화가들은 문혁 당시 겪은 육체적, 정신적 고통의 후유증으로 자살하거나 다시는 붓을 잡지 못했는데 린펑멘이나 리커란은 훗날 명예회복 및 재기에 성공하고 많은 작품을 남겼다.

그중 린펑멘은 20세기 초 유럽 유학파 출신으로 중국 전통화에 서양화를 접목시키는 것에서 쉬베이홍과 쌍벽을 이룰 만큼 선구적인 존재였다. 다만 차이가 있다면 아카데믹한 화풍보다 서구 모더니즘을 추구하려는 경향이 강했고 결과적으로 쉬베이홍보다 더 진보적인 화풍을 구사했다는 평가를 받는다. 그가 교장직을 맡았던 베이징국립예전은 1920~30년대에 가장 영향력이 큰 미술교육기관이었다. 하지만 그 역시 문혁 시기 4인방에 의해 '흑화가'로 지목되어 집을 몰수당하고, 수십 년에 걸쳐 제작한 대다수의 작품들을 직접 공중변소에 버리는 등 자신의 손으로 자기 작품들을 폐기해야 했다. 그것도 모자라 상하이의 한 수용소에 4년이나 감금당했다. 1977년 마오의 죽음과 더불어 문혁이 종식되자 여든을 바라보는 노인이 된 그는 30여 년간 떨어져 지낸 가족들이 사는 홍콩으로 출국허가를 받아낸다. 그리고 죽을 때까지 중국 본토로 돌아오지 않고 홍콩에서 자신의 파괴된 옛 그림들을 하나둘 다시 그렸다. 한 편의 드라마 같은 삶이었다.

문혁의 광풍을 아슬아슬하게 피해간 예술가들도 편안히 그림 그릴 형편은 못 되었다. 1970년만 해도 베이징 제일의 미술학교인 중앙미술학원의 거의 모든 교수들이 오지로 하방되어 문혁이 끝날 때까지 붓

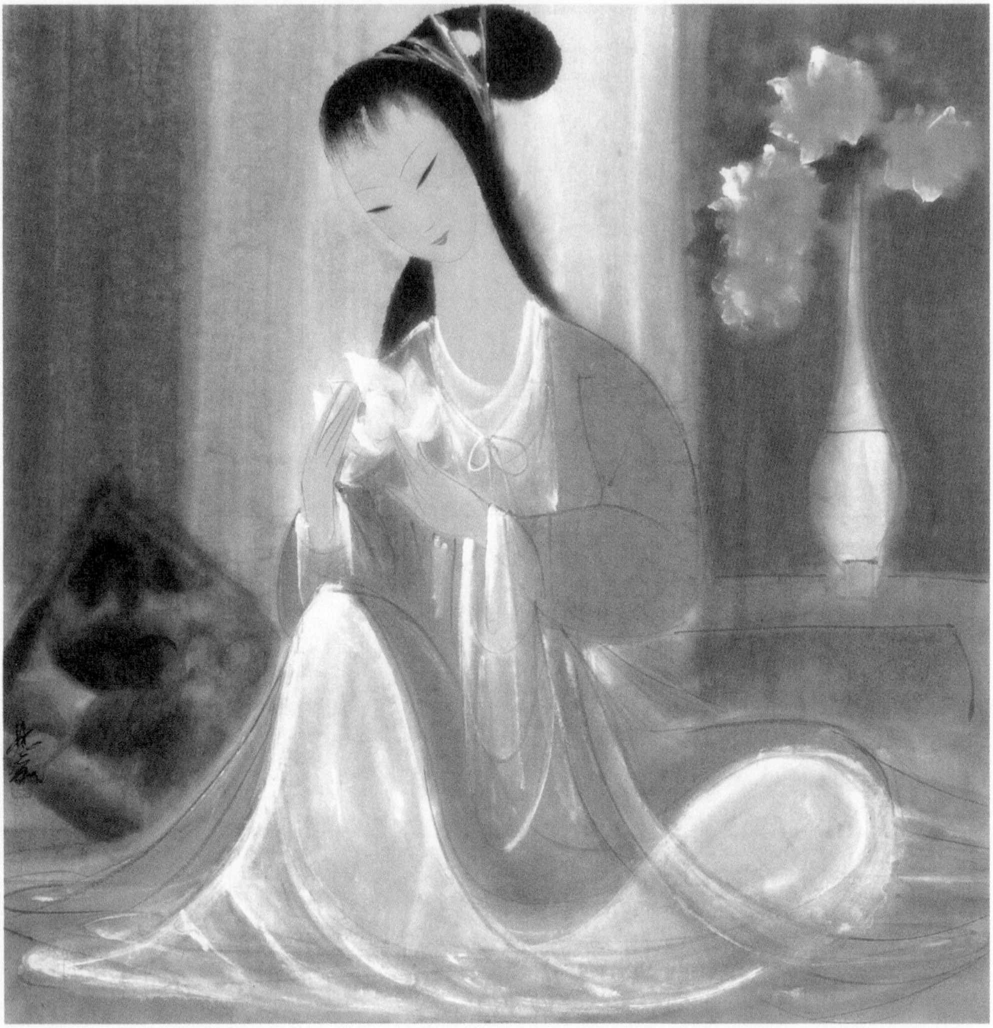

린펑몐, 〈꽃을 감상하는 미녀도〉, 채색수묵, 1960년대. 프랑스 유학파 출신인 린펑몐은 쉬베이홍처럼 서양미술을 중국화에 접목하여 중국미술을 개혁하는 데 앞장섰다. 그는 여성과 화조를 소재로 많은 작품을 남겼는데 전통적인 소재에 접목된 리듬감 있는 필선과 자유로운 색상 표현은 야수파의 영향을 받은 것처럼 보인다. 하지만 개성적인 그의 화풍은 신중국의 미술 정책과 맞지 않았고, 문혁 시절에는 흑화가로 지목되면서 린펑몐은 자신의 작품을 화장실에서 직접 폐기하는 비운을 겪었다.

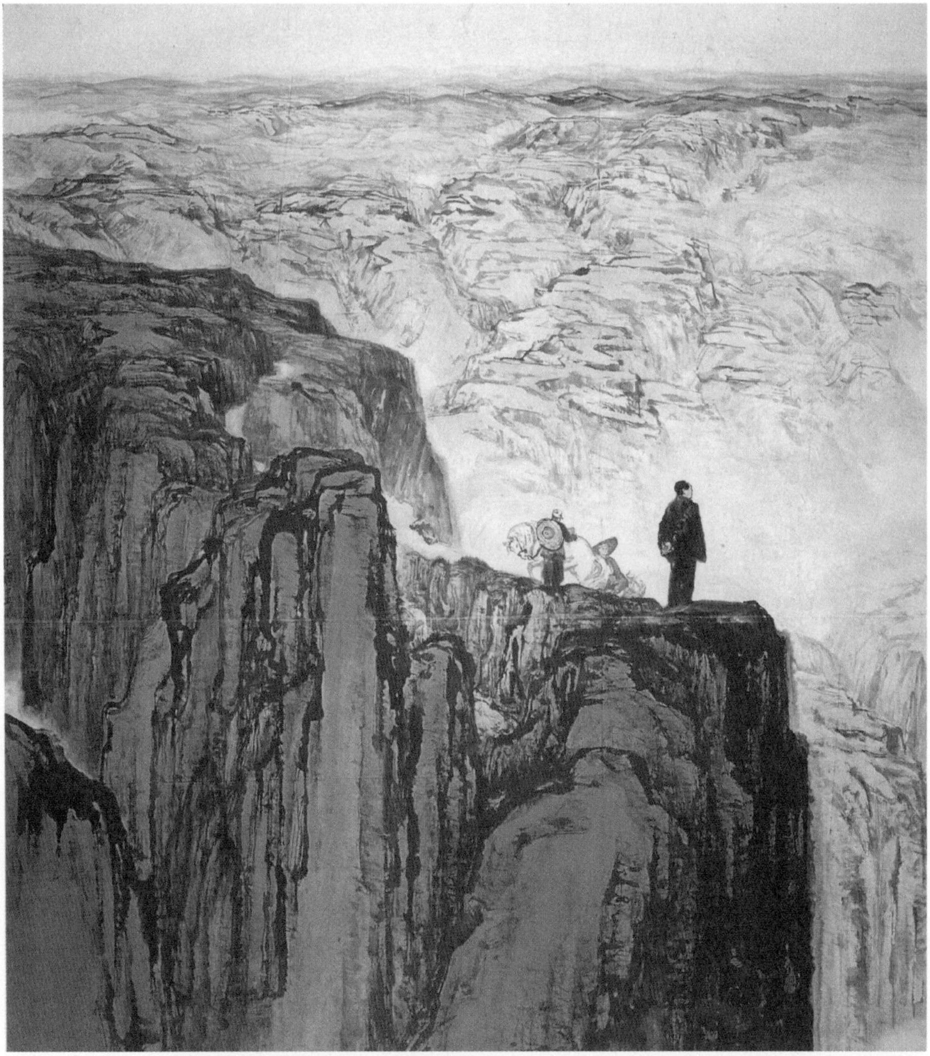

스루, 〈전전섬북〉(轉戰陝北), 채색수묵, 1959, 중국 국가 박물관. 중국 혁명역사 박물관에 전시될 용도로 제작된 이 작품은 붉은 고원이 펼쳐진 배경 뒤 절벽 위에 서 있는 마오쩌둥의 모습을 영웅처럼 묘사하고 있다. 하지만 마오쩌둥이 절벽에서 자살하려는 것처럼 묘사되었다는 이유로 스루 역시 흑화가로 낙인찍혀 탄압을 받았다.

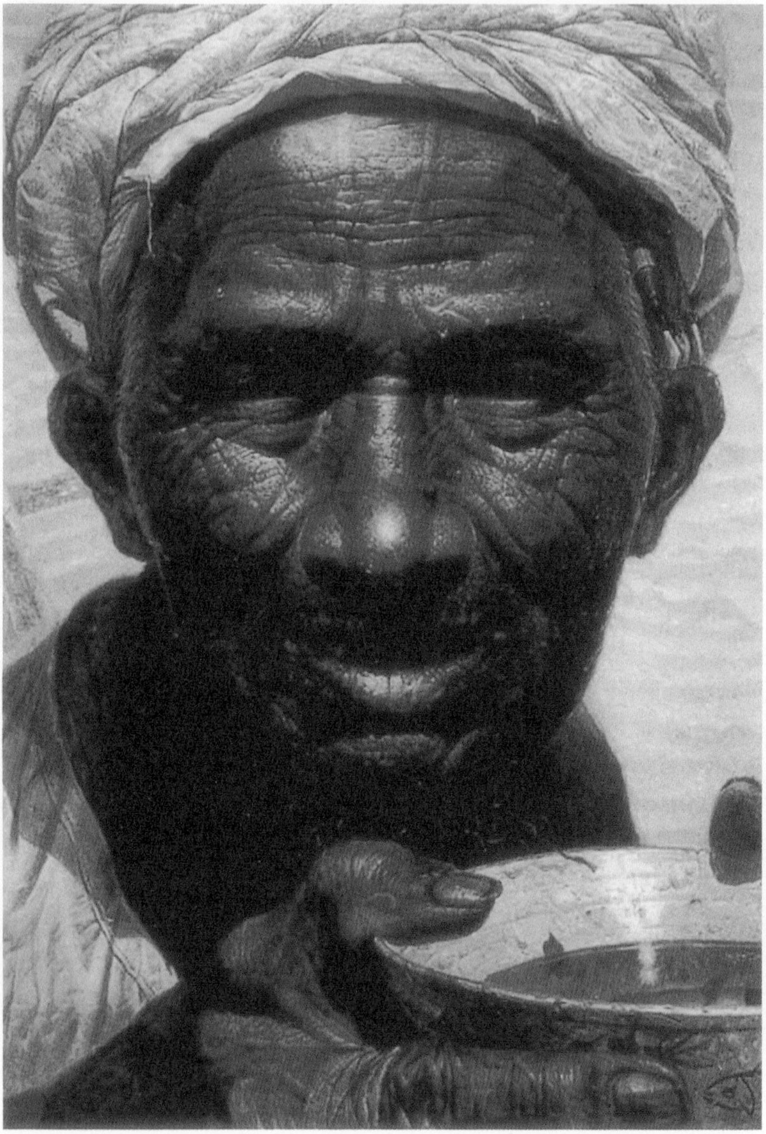

뤄중리, 〈아버지〉, 유화, 1980. 얼핏 척 클로스의 극사실주의 초상화를 연상시키는 이 작품은 홍위병 출신 작가가 문혁기 하방체험을 통해 시골 오지에서 만난 촌부들의 모습을 사회주의 선전화처럼 이상화시키지 않고 있는 그대로 드러낸 것이다. 이처럼 마오쩌둥이나 혁명영웅이 아닌 가난하고 초라한 농부의 얼굴로 화면 전체를 가득 채운 것은 신중국 건국 이후 유례가 없는 일이었다. 향토 리얼리즘의 대표작인 〈부친〉은 보편적인 중국의 아버지상으로 농부의 얼굴을 내세우며 마오쩌둥 숭배 속에 지워진 친아버지를 복원시키려는 당시 청년세대의 무의식을 반영한다.

한번 못 잡고 육체노동에 시달려야 했다. 미술학교는 물론 예술가협회나 미술 전문 출판사들도 활동을 멈추었다. 서양미술사에 중세 암흑기가 있었던 것처럼, 문화대혁명 시기는 중국미술의 암흑기였다. 적어도 1980년대 중반 중국 전역에서 아방가르드 미술운동이 일어나기 전까지는 말이다.

1976년 문혁이 종결되고 마오쩌둥도 세상을 떠나자 이 시기 예술가들은 문혁의 병폐와 후유증을 폭로하는 데 주력했다. 특히 상흔미술●, 향토 리얼리즘● 등의 새로운 사조가 이러한 징후를 짙게 반영했다. 이제 화면에서 신념으로 가득 찬 혁명영웅이나 신격화된 마오쩌둥은 사라졌다. 대신 연이은 투쟁에 지친 홍위병이나 초라하고 가난한 농부를 보편적인 중국의 아버지상을 통해 표현한 그림들이 등장했다. 이러한 작품들은 진정한 사회현실을 반영하고 고발하고자 하는 각성을 이끌어내기는 했지만, 조형적으로는 여전히 리얼리즘에 충실해 문혁기의 예술양식에서 크게 벗어나지는 못했다는 평가를 받는 것에 그쳤다.

● 상흔미술은 1978년 루신화(卢新華)가 상하이 『문회보(文滙報)』에 발표한 『상흔(傷痕)』이라는 제목의 단편소설에서 유래했다. 당시 큰 반향을 일으킨 이 소설은 문혁으로 고통받는 주인공을 통해 문혁의 야만성과 그로 인한 비극을 폭로하고 있다. 미술에서는 쓰촨미술대학 학생들이 주축이 되어 비극적 주제와 어두운 정서를 담은 작품을 발표했다. 청충린(程丛林)의 〈1968년×월×일, 눈 오는 날〉(1979)이 상흔미술의 대표작으로 꼽힌다.

● 향토 리얼리즘은 농민과 목동, 소수민족의 소박한 삶을 소재 삼아 홍위병 출신 작가들이 문혁기 하방체험을 통해 느낀 농민들의 정서와 척박한 농촌 현실을 반영하고 있다. 1980년 중앙미술학원 학생이었던 천단칭(陈丹青)의 〈티베트〉 연작과 뤄중리(罗中立)의 〈아버지〉가 대표적인 작품이다.

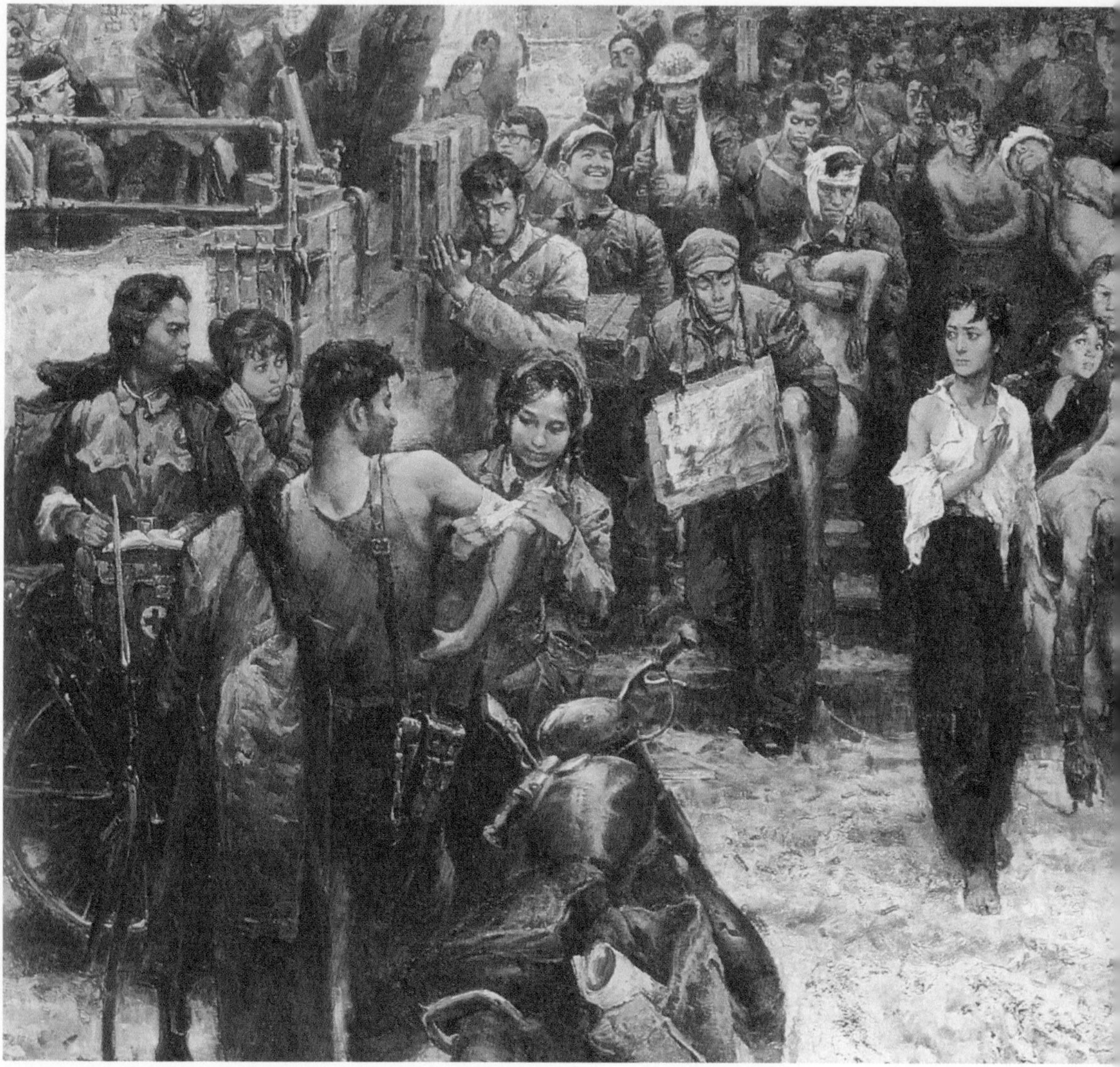

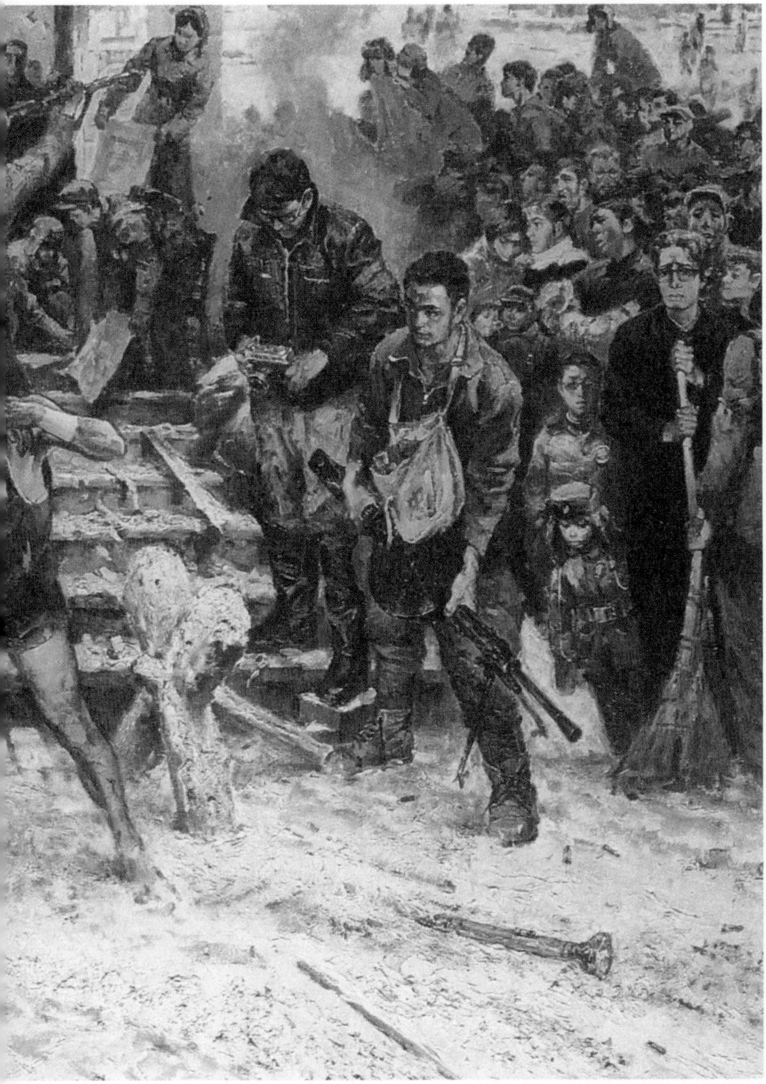

청충린, 〈1968년 ×월 ×일, 눈 오는 날〉, 캔버스에 유채, 1979. 홍위병들 사이에서 파벌 다툼으로 일어난 폭력적 충돌을 묘사한 작품이다. 눈 덮인 바닥에 흩어진 무기들과 낭자한 선혈은 방금 전까지 한바탕 격렬한 싸움이 일어났음을 명시하고 있다. 전반적으로 어두운 색감에 의기양양한 승리자는 물론, 패배자나 구경꾼들 모두 어리석고 무지한 시대의 희생양처럼 그려져 있어 음습한 느낌을 자아낸다.

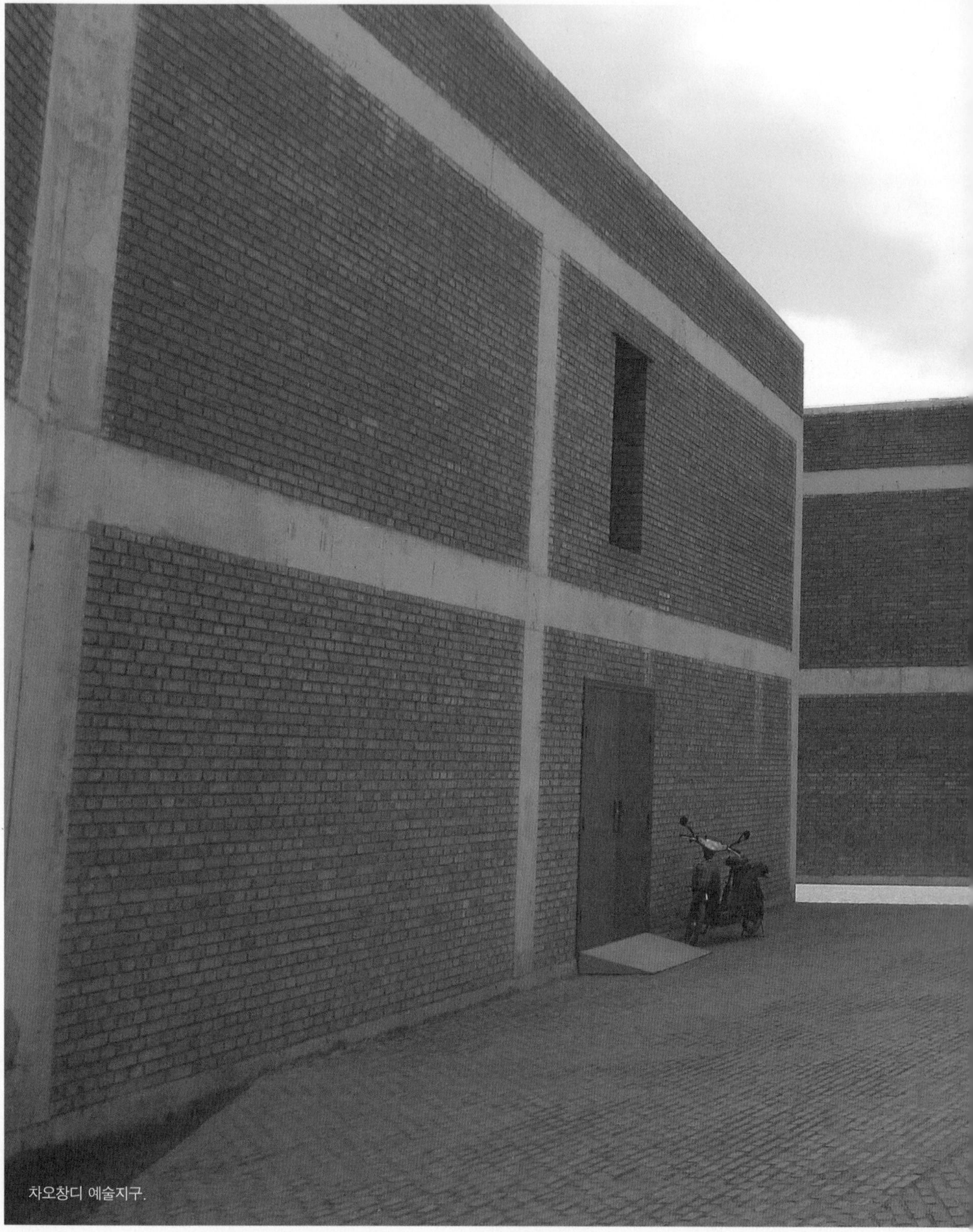

차오창디 예술지구.

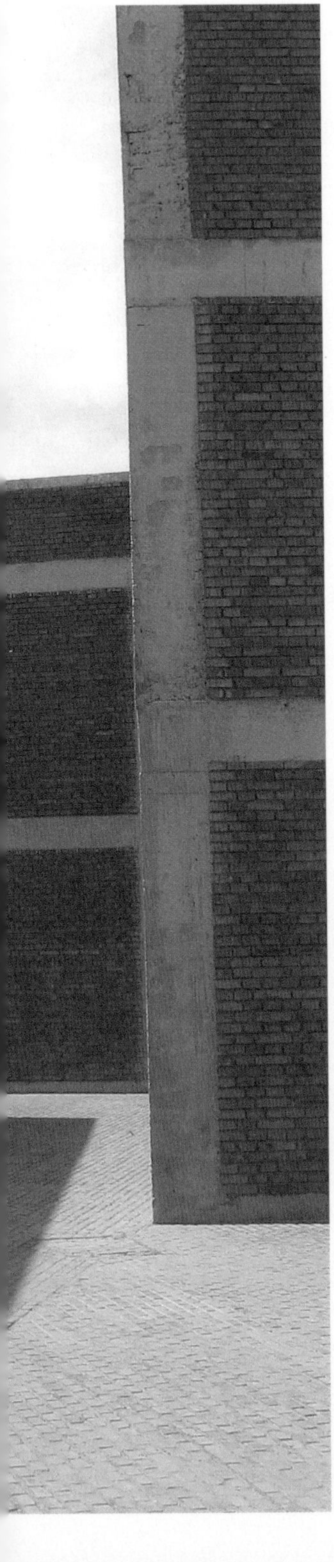

버려진 땅에서 예술가들의 해방구로

전 세계적인 중국 현대미술의 열풍에 발맞춰 베이징과 상하이 곳곳에는 2000년 이후 중국정부의 지원 아래 대규모 예술지구가 조성되었다. 예술지구는 중국 현대미술의 부흥의 현주소와 향후 전망을 예측하는 지표 역할을 한다. 규모나 분위기 면에서 유사점도 있지만, 차별성을 보이는 두 도시 예술지구를 거닐다 보면 중국 현대미술계의 전망과 문제점이 동시에 눈에 들어온다. 베이징에서는 정부에서 주도한 대규모의 굵직한 예술지구와 미술관들이 도시 외곽에서부터 건립되었다. 이에 따라 주류 미술관이었던 중국 미술관이 독점적인 지위를 일정 부분 상실한 느낌이다. 반면 상하이는 소규모의 개성적인 예술지구들이 도심 곳곳에 흩어져 있다.

미술애호가라면 도시의 특성에 맞게 구성된 베이징, 상하이 예술지구 각각의 매력을 알기에 그 어느 곳도 포기할 수 없을 것이다. 두 도시의 경제성장과 더불어 민간 차원에서 지어진 비영리 미술관은 개성 넘치는 문화센터 역할을 하며 중국 현대미술의 대중화에 크게 기여하고 있다. 두 도시의 예술지구는 끊임없이 확장되고 있어, 이곳의 지도는 적어도 6개월에 한 번은 업데이트해야 한다. 하지만 유명세를 치르며 관광지처럼 변질되는 모습, 치솟는 임대료 때문에 떠나는 작가들 등 개선해야 할 문제도 많다.

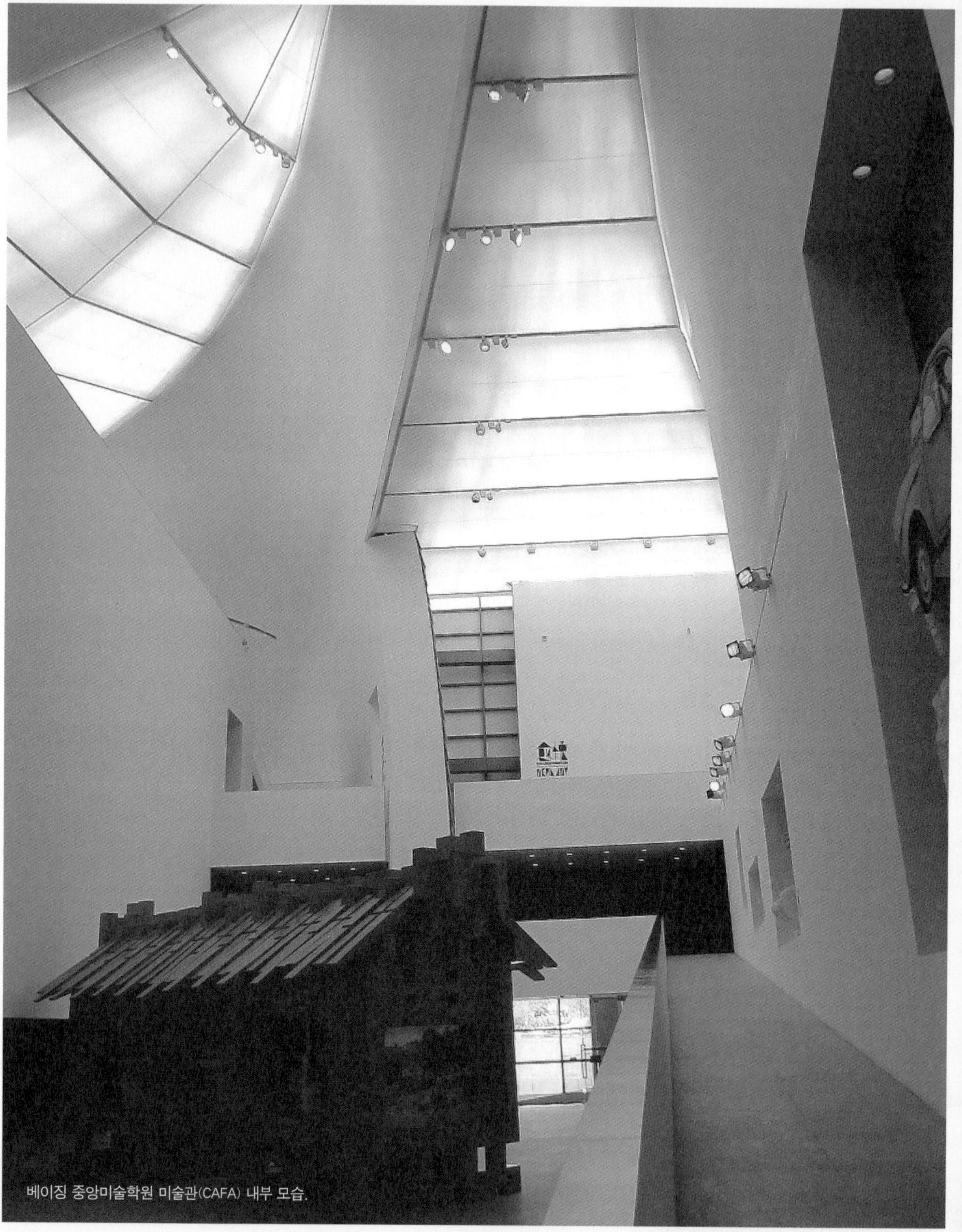

베이징 중앙미술학원 미술관(CAFA) 내부 모습.

베이징 예술지구

따산즈 798과 차오창디草场地, 지우창酒廠, 그리고 쑹좡宋庄이 몰려 있는 베이징 외곽 북동부의 차오양취朝陽區. 이 지역은 지난 10여 년간 급성장한 예술 신천지로 이제는 전 세계 예술인은 물론 일반 관광객들까지 열광하는 곳이 됐다. 시내 외곽에 띄엄띄엄 조성되어 있는 이 지역 예술구들은 매우 광범위해 하루에 다 둘러보는 것은 불가능하고, 최소한 2~3일에 걸쳐 천천히 돌아보는 것이 좋다. 아직은 도심과 예술지구를 바로 연결해주는 교통편이 없어 불편하고, 가까스로 목적지에 도착해도 그 방대한 스케일에 놀라고, 미개발된 농촌지대와 혼재된 쑹좡 같은 곳에 가면 망연자실하게 된다. 아무튼 점점 확장되고 있는 챠오양취의 예술지구에 가보면 2008년 베이징 올림픽을 계기로 1,000여 개의 미술관을 건립하겠다던 중국정부의 야심 찬 목표가 실현되고 있음을 알 수 있다.

중국 현대미술을 두루 살펴보고 싶은 여행자는 베이징 시내 중심부보다 왕징望京 지역에 숙소를 잡는 편이 좋다. 서우두 공항에서 가까운 이곳은 따산즈와 가깝고, 한국 교민들도 많이 모여 산다. 왕징 부근을 지나다 보면 마치 우리나라의 신도시에 온 것 같다. 수많은 한글 간판에 여기저기서 한국말이 들려오는 왕징에는 교민들이나 중국 교포들이 민박을 많이 운영하고 있다. 시내에서는 버스와 지하철을 몇 번이나 갈아타야 갈 수 있는 따산즈도 이곳에서는 택시로 기본요금이면 갈 수 있다.

여기서 소개할 베이징 예술지구는 따산즈, 차오창디, 쑹좡이다. 한때 아라리오, 표 갤러리 등 한국 갤러리들이 많이 진출했던 지우창은 최근 불편한 교통 등으로 갤러리들이 대거 철수한 상태라 다루지 않는다.

| 차오양취 |

진르 미술관

베이징 시내에서 외곽인 따산즈나 차오창디 예술지구로 넘어가기 전 징검다리처럼 끼어 있는 민간미술관이 하나 있다. 우리나라로 치면 코엑스나 테헤란로 같은 신생 비즈니스 거리로 유명한 지하철 1호선 궈마오国贸 역 주변을 조금 벗어나면 나타나는 이 미술관은 중국 최초로 민간 자본으로 세워진 현대미술관이다. 2002년 부동산 재벌 장바오취안張宝全이 설립한 이 미술관은 팡리쥔, 장샤오강, 웨민쥔 등 중국을 대표하는 작가들의 작품을 대거 소장하고 있다. 그 이름도 '오늘今日'의 중국 현대미술을 소개한다는 뜻을 담은 '진르 미술관今日美術館'이다.

진르 미술관의 면면은 여러모로 천안의 아라리오 갤러리를 떠올리게 한다. 미술관 앞마당에서 방문객을 맞아주는 웨민쥔의 '웃는 사람들' 군상부터 시작해서 아라리오 갤러리 옥외 광장에서도 볼 수 있는 왕광이의 〈유물론자〉 등 낯익은 조각작품들이 주변에 즐비하다. 조형물을 머리에 얹고 있는 붉은 벽돌의 건물 외관이 풍기는 인상이나 부동산 재벌 출신의 소유주가 문화사업에 투자한다는 점, 그리고 여러 조각작품들과 서점, 카페 등이 어우러져 이전에는 주목받지 못한 곳에 새로운 문화거리를 조성하고 있다는 점이 그렇다. 기존 작가들보다 젊은 작가들을 지원한다는 방침 역시 아라리오를 벤치마킹한 듯하다.

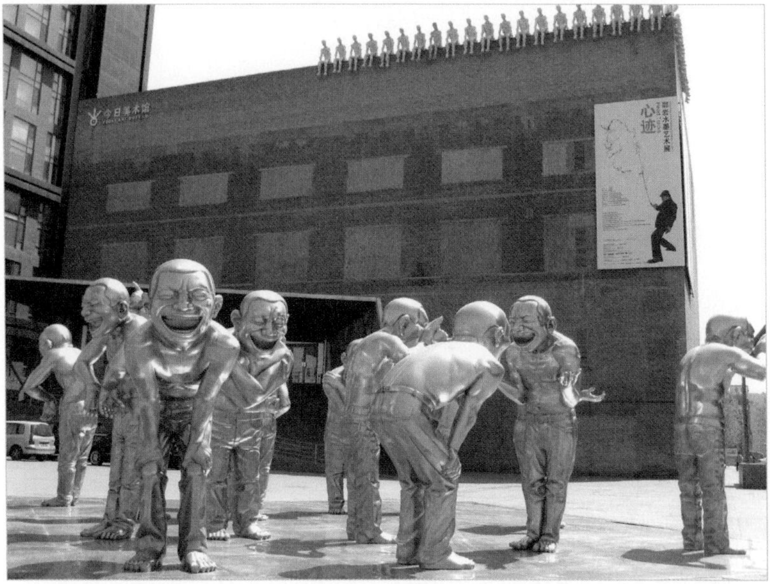

진르 미술관 전경.

이 미술관은 주로 중국 현대미술 작품을 소장하고 있으며, 대규모 설치작품도 너끈히 전시할 수 있을 정도로 공간도 넉넉하다. 미술관 바로 옆에는 화랑과 작가 레지던시가 들어설 예정인데, 중국 작가는 물론 전 세계 미술가들을 대상으로 입주 신청을 받고 있다.

2007년 진르 미술관은 중국 현대미술의 신호탄이었던 싱싱화회를 돌아보는《원점: 싱싱화회 회고전》을 열었다. 그 밖에 웨민쥔, 쑤이젠궈, 쉬빙, 장샤오강, 팡리쥔 등 중국 현대미술 대가들의 개인전은 물론 야니스 쿠넬리스, 마르크 데그랑샹, 번 슈바르츠 등의 해외 작가들을 소개하고, 우리나라 광주시립미술관장 황영성 작가의 개인전이 열리기도 했다. 『금일미술今日美術』, 『동방예술東方藝術』 등의 미술 잡지도 발간하고 있으며, 1층에 있는 예술서점은 베이징에서 손꼽히는 미술 전문 서점으로 중국 미술관에도 분점이 있다.

중앙미술학원 미술관

2008년 베이징 올림픽이 끝나고 왕징 화자디花家地에 미술 명소가 하나 생겼다. 일본인 건축가 아라타 이소자키가 설계한 엄청난 위용의 중앙미술학원 미술관이다. 이 미술관에 가려면 우선 중국 최고의 미술대학인 중앙미술학원 캠퍼스로 들어가야 한다. CAFA(Central Academy of Fine Art)라고도 불리는 중앙미술학원은 중국 최초의 국립미술교육기관이었던 국립베이징미술학교가 전신이며, 중국 유일의 국립미술대학으

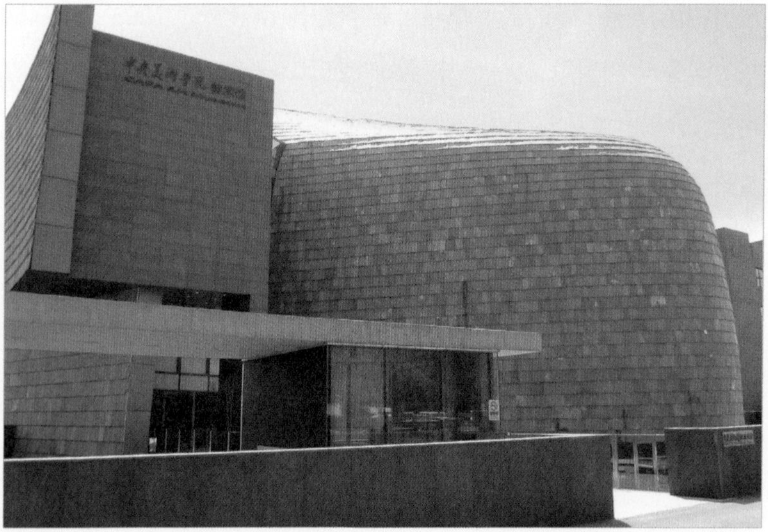

거대한 규모의 중앙미술학원 미술관.

로 2001년 화자디에 새롭게 캠퍼스를 지어 이주했다.

원래 이곳은 1950년 4월 국립베이핑예술전과학교와 화북華北대학 삼부미술과가 합병되면서 세워졌다. 이중 화북대학 미술과는 1938년 옌안에 세워진 루쉰예술학원 미술과에서 비롯되었다. 쉬베이훙, 우쭤런, 진상이, 장펑江丰, 구위안古元 등 저명한 예술가들이 이 학교의 원장이었고, 지금도 이 학교 출신 작가들은 중국 미술계에 막대한 영향력을 행사하고 있다. 교육과정은 회화, 중국화, 서예, 조각, 디자인, 미술학, 건축, 사진, 애니메이션, 공업 디자인으로 나뉘어 있다.

깔끔한 교정으로 진입하면 1분도 안 되어 미술관 건물 뒤편이 눈에 띈다. 부드러운 곡선으로 이루어진 비정형적인 건물 외관은 회백색 석재가 기왓장처럼 촘촘하게 뒤덮고 있어 마치 거대한 용이 똬리를 틀고

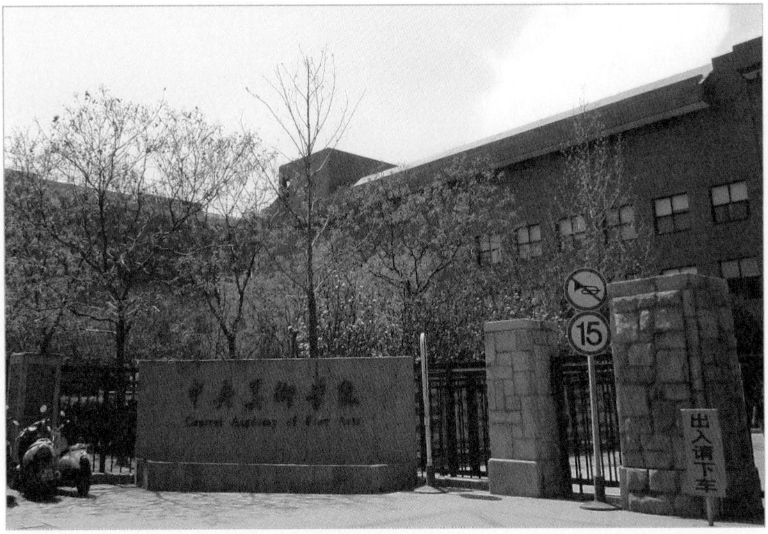

중국 최고의 미술대학인 중앙미술학원 전경.

정원에 누워 있는 것 같다. 대단한 위용을 자랑하는 건물이지만 소박한 재료로 지어 단아하고 격조 있는 느낌을 준다.

1953년 설립된 중앙미술학원 미술관은 원래 베이징 중심부 왕푸징 거리에 있었는데, 시설이 낡고 비좁아서 중앙미술학원 안에 현재의 미술관 건물을 짓고 이주한 것이다. 중앙미술학원 미술관은 중국 최대 규모의 미술관 중 하나이며, 동서고금을 막론한 전 세계의 미술품을 소장하는 데 주력하여 현재 13,000여 점의 미술품을 소장하고 있다. 한, 당, 송, 원, 명, 청대의 조각과 회화, 민속 공예품을 비롯해 근현대 및 당대의 저명한 작가들의 작품은 물론 중앙미술학원 학생들의 작품도 다량 보유하고 있다. 중앙미술학원에서 자체적으로 발간하는 미술이론서와 도판을 구비해놓은 1층의 서점은 중국 근현대미술에 관한 심도 있는 연구서를 찾고 싶다면 꼭 들러볼 만하다.

| 따산즈 798 |

798 예술지구

중국 6세대 영화감독 지아장커의 영화 〈세계〉(2004)의 무대는 베이징이다. 중국사회의 모순과 문제점을 적나라하게 드러내는 지아장커의 영화에서 베이징이란 도시는 독창적인 것과는 거리가 먼 것처럼 묘사된다. 올림픽을 앞둔 국제도시 베이징은 '산자이山寨'(모방, 복제품을 일컫

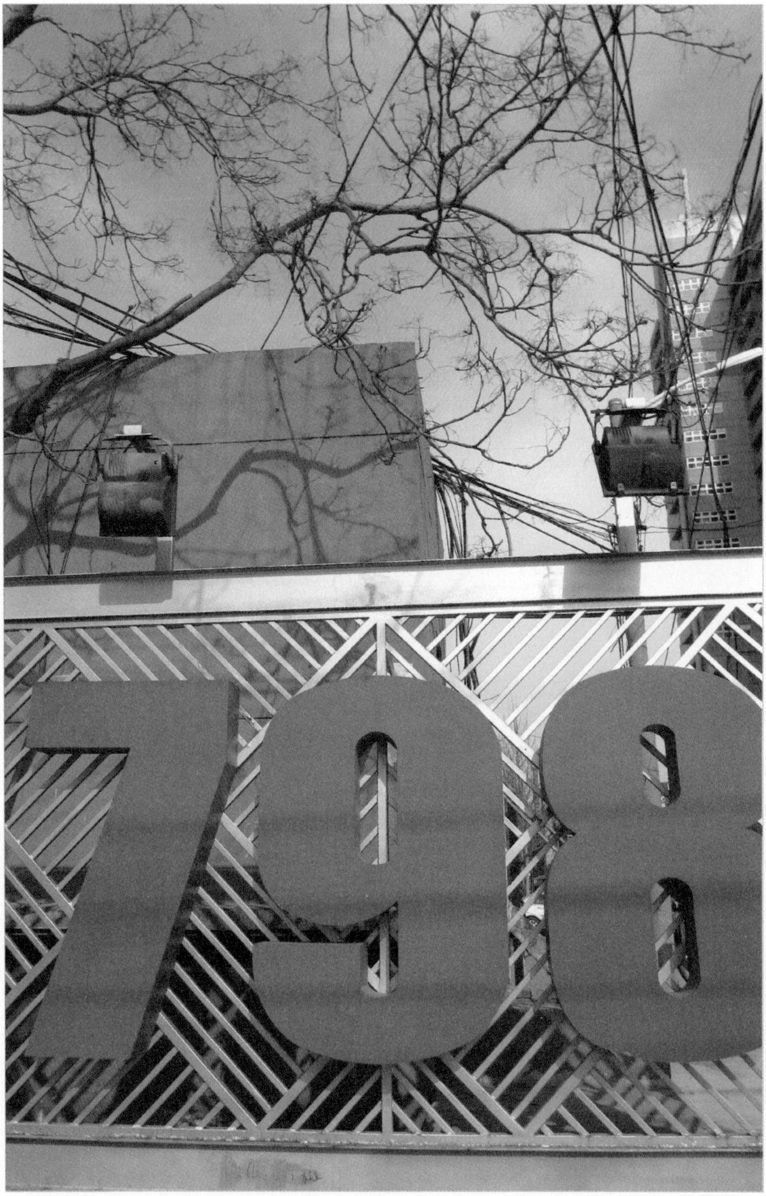

따산즈로 들어가는 입구.

는 중국 신조어)들로 아로새겨진 거대한 시뮬라크르 같은 도시다. 남녀 주인공이 각각 경비원과 댄서로 일하는 테마공원은 해외여행을 할 형편이 못 되는 서민들을 위한 곳이다. 정교하게 복제한 세계 곳곳의 관광명소는 모형 이미지를 통해 세상을 전유하려는 관람객들의 헛된 꿈처럼 공허해 보인다. 서방 자본주의 선진국의 규격화된 삶을 좇기 위해 마구 베끼고 흉내 내는 동안 중국 주류문화의 중심지 베이징이 점차 글로벌한 '짝퉁 도시'로 변질되는 것을 지아장커 감독은 경계하라고 외치고 있는 듯하다.

이처럼 우려를 사는 면도 있지만, 베이징은 천의 얼굴을 가진 도시다. 특히 독특하고 대범한 발상으로 이 도시에 독창성과 신선한 활력을 불어넣는 곳이 있다. 바로 과거와 현재, 그리고 사회주의 중국과 자본주의 중국이 만나 아슬아슬한 조화를 이루는 곳, 따산즈다. '중국의 소호'라는 별칭과 함께 불과 몇 년 만에 중국미술의 심장부로 성장한 따산즈는 전 세계의 관심을 받고 있다. 이제 '따산즈' 혹은 '798 예술지구'의 명성은 베이징 여행 관련 책이나 미디어에 의해 미술에 관심이 없는 사람들이라도 한두 번은 들어봤을 정도로 높아졌다.

베이징 외곽 동북부에 있는 따산즈는 1950년대 소련의 원조로 건설된 산업단지였다. 동독 건축가가 설계한 독일 바우하우스 양식의 공장들은 강도 8 이상의 지진도 견딜 수 있게끔 견고하게 지어졌다. 원래는 718 연합공장으로 시작했는데, 작업의 효율성을 높이기 위해 10년 후 각각 706, 707, 751, 761, 797, 그리고 798로 단위가 쪼개졌다. 이후 이곳은 반세기 동안 중화인민공화국 초기 전자제품과 군수품, 중공업 단지로 맹활약했다. 동독과 구소련의 정계 고위급 인사가 베이징에 방문할 때면 꼭 이곳을 견학했다. 덩샤오핑, 장쩌민, 류사오치, 주더는 물론 1961년 북한의 김일성도 무선전자산업기술을 참관하러 798에 들를 정도로 주목받는 곳이었다. 현재 798 내의 북한 갤러리인 만수대창작사 입구에는 김일성이 798에 방문했을 때의 사진 두 점이 놓여 있다.

하지만 전성기는 오래가지 못했다. 사회주의의 몰락과 개혁개방 정책으로 군수품 수요가 줄어들자 따산즈도 점차 쇠락의 길로 내몰려 몇몇 공장을 빼놓고는 거의 방치된 상태로 버려졌다. 그러다가 90년대 중반부터 작업을 위해 넓은 공간을 모색하던 중앙미술학원의 학생들이 따산즈 706 공장지대로 모여들어 작업실로 사용하기 시작했다. 무료나 다름없는 임대료에 널찍한 공장 건물을 작업실이나 갤러리로 쓰기 위해 주류 미술계에서 소외된 당대 미술가들도 하나둘 모여들었다. 현재 국제적으로 잘나가는 조각가 쑤이젠궈隋建國 역시 이곳에 작업실을 차렸다.

싱싱화회의 핵심 인물이었던 황루이도 2002년 798에 정착했다. 그는 따산즈의 역사적, 건축적 가치를 고려해 가급적 옛 모습 그대로 이곳을 보호하기 위해 각종 이벤트 및 문화활동을 벌여 '798 현상'이라는 신조어를 낳는 등 대성공을 거두었다. 게다가 90년대 중반부터 해외 경매에서 연신 최고가 기록을 갱신하는 중국 작가들의 활약에 고무된 중국정부는 2005년 이곳에 과감한 투자와 지원을 하여 엄청난 규모의 예술촌으로 거듭나도록 일조했다. 반체제, 반정부적 성향의 당대미술에 민감한 반응을 보였던 중국정부가 하루아침에 현대미술의 지지자로 돌아섰다는 사실이 참 역설적이다. 그리하여 어림잡아 400개가 넘는 화랑과 서점, 디자인 스튜디오, 카페와 바가 들어서며 오늘날의 따산즈로 탈바꿈한 것이다. 사실 런던의 테이트 모던처럼 더 이상 돌아가지 않는 공장이나 발전소를 미술관으로 개조하는 것은 놀라운 일이 아니다. 하지만 남북으로 0.8킬로미터, 동서로 약 1킬로미터에 달하는 대도시 외곽의 공장촌이 불과 몇 년 사이 수준 높은 문화지구로 바뀐 것은 획기적인 사건이다.

따산즈가 생기기 전까지는 중국에 현대미술가들의 작품을 선보일 전시공간은 거의 없었다고 봐도 무방하다. 그나마 구색을 갖춘 중국미술관에서는 아카데미 스타일이나 전통화 스타일의 작품을 선호해 전위미술을 하는 작가들에게는 문턱이 높았다. 특히 1989년 6·4 톈안먼 사태 이후 중국 전위미술가들은 반체제주의자로 낙인찍혀 정부로부터 감시를 받고 대중적 지지 역시 미미해서 집에서 마음에 맞는 사람들끼리 미술전을 열거나 외국 대사관을 빌려 소규모 전시를 하는 데 그쳤다. 그동안 음지에서 맴돌던 포스트 89 미술가들은 따산즈라는 양지에서 자신의 역량과 창의성을 마음껏 발휘할 수 있게 되었다.

따산즈의 가장 큰 매력은 옛 건물의 외양이나 공장시설이 그대로 보존되어 있다는 점에 있다. 공장지대에는 714, 706, 738, 798 등 각각의 번호가 매겨졌는데, 이것이 그대로 이름이 되었다. 지금도 녹슨 공장 철문마다 번호가 새겨져 있는데, 이젠 그 의미가 완전히 다른 맥락으로 읽힌다는 점이 흥미롭다. 평균 1,000여 평이 넘는 널찍한 공간과 높은 천장고의 옛 공장 건물은 갤러리가 들어서기에 최상의 조건을 갖추고 있다. 1960년대 뉴욕 소호의 버려진 공장을 개조해 스튜디오를 만들고, 그곳을 '팩토리'라 불렀던 앤디 워홀이 이곳에 왔다면 "바로 이거야!" 하며 무릎을 탁 쳤을 것 같다. 각 갤러리마다 내건 산뜻하고 모던한 간판이 아니면 이곳이 진짜 '공장'인지 '예술공장'인지 분간하기 힘들 정도다.

2003년 잡지 『뉴스 위클리』는 베이징을 세계 12대 도시로 선정하면서, 그 결정적인 이유로 따산즈를 들었다. 이에 고무된 중국정부는 2005년 이곳을 예술특별지구로 지정하고, 아낌없는 지원과 투자를 개시한다. 이렇듯 따산즈는 하룻밤 사이에 외양을 달리하는 유기체처럼 한 달 후면, 아니 자고 일어나면 어떤 모습으로 바뀔지 도무지 짐작할 수 없는 곳이다.

따산즈 798, 발전과 몰락의 기로에서

2012년, 4년 만에 다시 찾아간 798은 예전과 사뭇 다른 분위기였다. 여전히 공사 중인 곳이 많지만 공중에 거미줄처럼 얼기설기 드리워졌던 전선은 모두 땅속에 매립했는지 안 보이고 잘 정비되어 더 쾌적하고 깔끔했다. 전에 비어 있거나 공사 중이던 건물들은 모두 주인을 찾아 빈 건물이 거의 없었다. 새로 생긴 곳은 대부분 기념품가게, 옷가게 등이었다. 심지어 예전에 갤러리였던 곳도 카페나 상업공간으로 바뀌었고, 전엔 보이지 않던 노점상들도 즐비했다. 이젠 완전히 상업지구가 되어버린 서울 인사동을 보는 듯한 기시감이 들면서 마음 한편에선 우려가 고개를 들었다.

따산즈 798의 가장 큰 위기는 2008년 금융위기였다. 중국미술 시장에도 한파가 몰아닥친 직후 한 해에만 30~40여 개의 갤러리가 이곳을 떠났다. 임대료 상승도 미술 관계자들을 따산즈에서 떠나게 한 주요인이었다. 예술가들이 떠난 빈자리에 관광객을 겨냥한 카페와 상점이 들어선 것은 당연한 일이다. 하지만 금융위기의 빙하기를 견디고 살아남은 갤러리들은 여전히 활발하게 운영 중이고, 오히려 위기를 기회로 삼고자 새로이 찾아온 미술 관계자들 덕분에 현재 따산즈에서 어두운 그림자는 보이지 않는다. 예전엔 젊은 남녀들과 일꾼들이 드문드문 보였던 거리에는 어느새 관광버스가 수십 대씩 길을 점령하고 깃발을 든

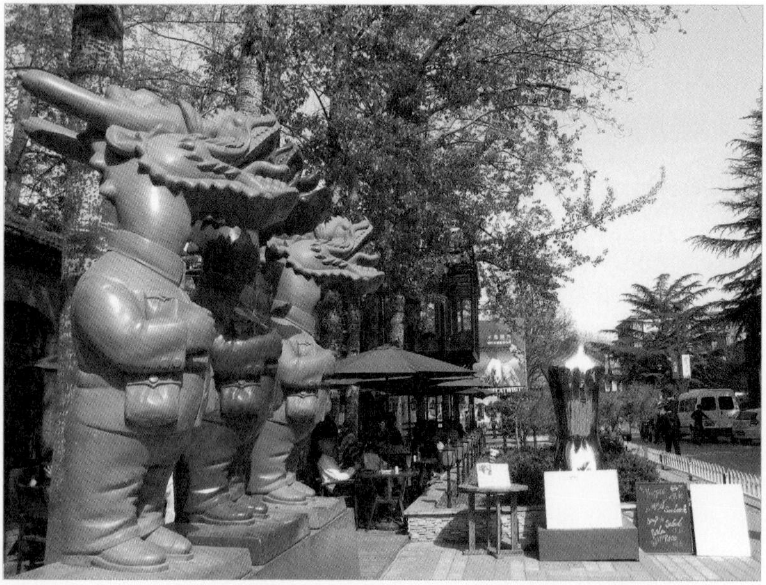

따산즈에는 갤러리와 미술관 외에도 카페 등 편의시설이 점점 늘어나고 있다.

가이드를 따라다니는 관광객들이 가득하다. 단체로 관광을 온 듯한 한국 사람들의 모습도 종종 볼 수 있다. 주말에 가면 클럽이나 갤러리, 카페 등에서 파티나 모임이 열리고, 교통 체증도 심하다. 전엔 상상도 할 수 없던 또 다른 에너지로 가득한 풍경이다.

이렇게 사람들이 몰리다 보니 미술작품 감상에 익숙지 않은 관객들에 의해 종종 작품이 훼손되는 일도 많아졌다. 심지어 회화에 손을 대거나, 설치작품을 소품처럼 들고 기념사진을 찍는 사람들도 있어 갤러리 관계자들의 스트레스가 이만저만 큰 게 아니라고 한다. 이 때문에 작가들이나 갤러리 관계자들이 상대적으로 조용한 차오창디나 쑹좡으로 근거지를 옮기는 경우도 많아졌다. 정부의 과도한 개입과 간섭도 문제다. 정치비판의 목소리가 담긴 작품이나 누드작품을 내걸었다가 갑자기 출동한 공안에게 뜯겼다는 뉴스가 빈번하게 들려왔다. 하지만 예전보다 더 세련되고 사람들이 북적이는 활기찬 따산즈를 더 좋아하는 사람들도 많을 것이다. 이렇게 가까이 있어야 관객이 예술작품을 더 자주 만날 수 있고, 아직은 이해하기 어려운 현대미술과 대화를 이어나갈 수 있기 때문이다.

따산즈의 외국인들

오늘의 따산즈를 만들기까지 중국 예술가들과 정부의 노력 외에도 외국인 컬렉터와 큐레이터 들의 활약이 컸다. 1980년대까지만 해도 현대미술의 불모지였던 중국에서 젊고 패기 있는 작가들의 가능성을 알아

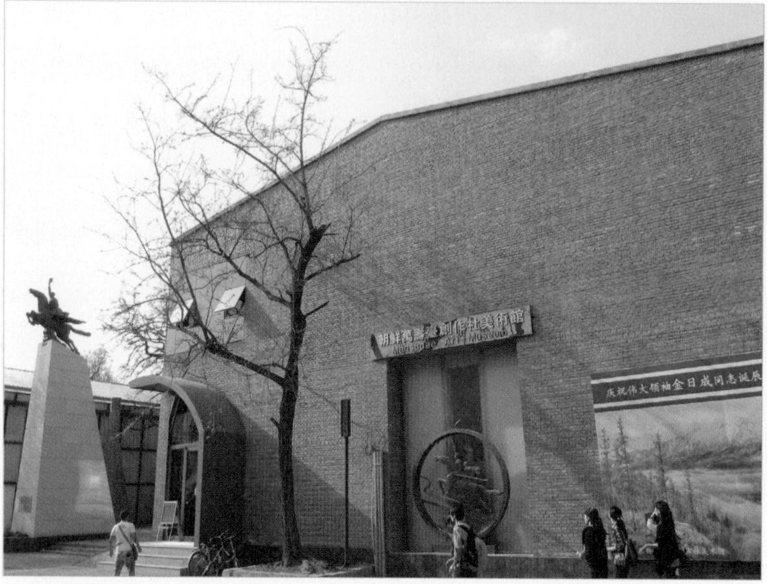

북한에서 운영하는 만수대 갤러리.

보고 무한한 애정을 보냈던 외국인 컬렉터나 큐레이터 들이 없었다면 지금의 따산즈가 있기까지 좀 더 먼 길을 돌아와야 했을 것이다. 초기엔 중앙미술학원 학생들의 작업실이 모여 있던 이곳이 복합예술단지로 변모하기까지는 로버트 버넬Robert Burnell이란 미국인의 공이 컸다. 그는 2003년 798에 'Timezone 8 Art Book'이란 이름의 서점과 출판사 분점을 차렸다. 베이징 미술 관계자들 사이에서 중요한 정보통으로 자리 잡은 타임존 8의 성공이 매스컴에 소개되면서 일본, 독일, 이탈리아, 벨기에 등지에서 영향력 있는 기획자들과 작가들이 하나둘 모여들기 시작했다. 그 결과 따산즈는 단시간에 다국적 화랑이 들어선 예술지구로 자리 잡았다. 타임존 8은 중국 최대 규모의 미술 전문 서점으로 전시 도록을 출판하기도 하고, 카페와 작은 전시장도 겸하고 있다.

중국 컨템퍼러리 아트의 아버지로 불리는 호주 출신의 브라이언 월러스가 세운 홍먼 화랑도 798에 분점을 냈으며, 일본의 유서 깊은 갤러리인 도쿄 갤러리도 일찌감치 798에 입주했다. 2007년 11월 개관한 린관 화랑林冠書廊은 덴마크 코펜하겐의 파우어쇼Faurschou 갤러리의 분점으로 개막전으로 로버트 라우센버그의 회고전을 대대적으로 개최했다. 1985년 라우센버그가 중국에서 처음 전시를 연 뒤 당시 중국 현대미술가들에게 끼친 막대한 영향력을 회고하는 차원에서 마련된 기획전이었다. 그 외에 앤디 워홀, 루시안 프로이트, 게오르크 바젤리츠, 웨민쥔, 데이비드 살리, 아이웨이웨이 등 쟁쟁한 작가들의 전시를 선보였다. 포스 갤러리와 표 갤러리 798 등 몇몇 한국 갤러리도 798에 둥지를 틀었다. 북한 만수대창작사에서 운영하는 만수대 갤러리처럼 북한 미술품만 취급하는 곳도 있다.

798 스페이스

미디어에 의해 가장 많이 소개되고, 따산즈의 분위기를 한눈에 파악할 수 있는 곳이 '798 스페이스'다. 따산즈의 트레이드 마크가 된 이곳은 2002년 황루이와 쉬융徐勇이 오픈했으며, 해마다 열리는 798 페스티벌의 본부로 사용되어 798의 심장부 역할을 톡톡히 하고 있다. 입구에 들어서면 국내에서도 전시를 가진 적이 있는 사진작가 쉬융이 운영하는 '798 포토 스페이스'가 눈에 들어오는데, 문화대혁명을 소재로 한 작

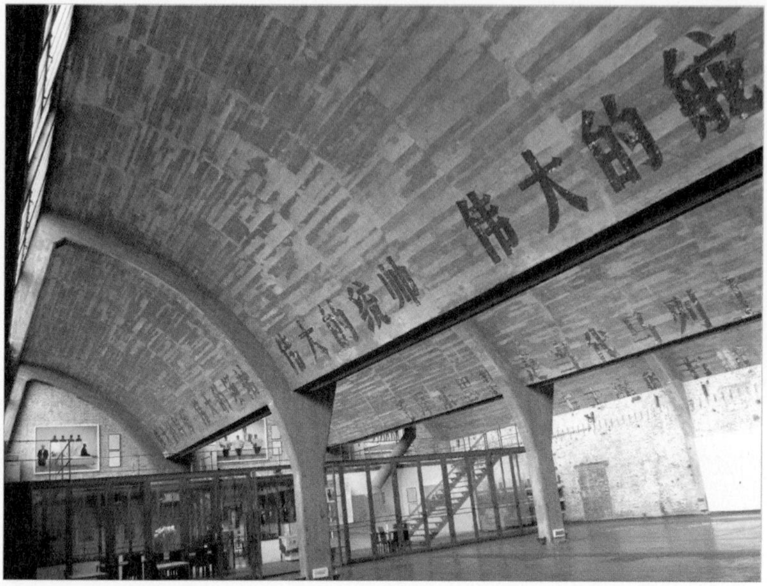

문혁 당시 새겨진 구호를 그대로 남겨 관광객들의 눈길을 끄는 798 스페이스 내부.

품 등 다양하고 재밌는 사진들과 포스터들이 많다. 조금 더 들어가면 798 스페이스가 나오는데, 천장고가 9미터에 이르는 이 바우하우스 풍의 건물은 드높은 아치형 천장이 무척 인상적이다. 천장 꼭대기의 커다란 유리창을 통해 자연광이 은은히 스며드는 가운데 중세 대성당 같은 위용이 느껴진다. 천장과 벽에 붉은 페인트로 써놓은 '위대한 마오 주석 만만세' '중국공산당 만세' 등의 빛바랜 구호를 지우지 않고 그대로 두어 방문자들로 하여금 지난날의 노스탤지어와 함께 차이나 키치의 느낌도 전달해 그 자체가 하나의 현대미술 작품처럼 보인다. 갤러리 안에는 선반이며 계량기 같은 기계들이 작품들과 함께 나란히 전시되어 있다. 매일 아침 이곳에 와 부지런히 일했을 노동자들의 흔적이 그대로 남아 있는 것이다.

전시장 밖으로 나가면 라운지, 스낵바, 서점, 비디오 및 영화 상영관 등의 부대시설이 이어져 관객들의 발길을 이끈다. 서점을 겸한 기념품 가게에는 마오의 얼굴이 새겨진 상품들이 관광객의 주머니를 공략하고, 중국 현대미술 관련 서적들도 서가를 가득 채우고 있다.

마오가 살아 있을 때, 부강한 사회주의 국가 건설이라는 창대한 꿈을 안고 출현한 이곳에서 나이키, 로레알 같은 자본주의 국가 브랜드의 이벤트가 열린다는 사실은 참으로 역설적이다. 문혁 시대의 사회주의 선전화와 자본주의 명품 상표들을 조합한 왕광이의 '대비판 시리즈' 같은 폴리티컬 팝 아트를 접했을 때의 느낌이라고나 할까? 어쨌든 중국 현대사와 미술사의 과거, 현재, 그리고 미래가 얽혀 있는 798 스페이스는 그 역사적 맥락과 존재감만으로도 작금의 중국문화를 전 세계에 알리는 교량 역할을 하고 있다.

울렌스 현대미술센터

만약 중국 미술계에서 가장 영향력 있는 외국인이 누구냐고 물으면 중국 미술인들은 벨기에 출신의 가이 울렌스Guy Ullens와 미리엄 울렌스Myriam Ullens 부부를 들 것이다. 아버지가 중국 외교관이라 네 살 때부터 베이징에 거주했을 정도로 중국과 인연이 남달랐던 가이 울렌스는 원래 벨기에에서 식품회사를 운영하던 사업가였다. 남작 출신으로 유럽 왕족들과의 교류가 활발했던 그는 예술품 수집가이기도 했는데, 사업

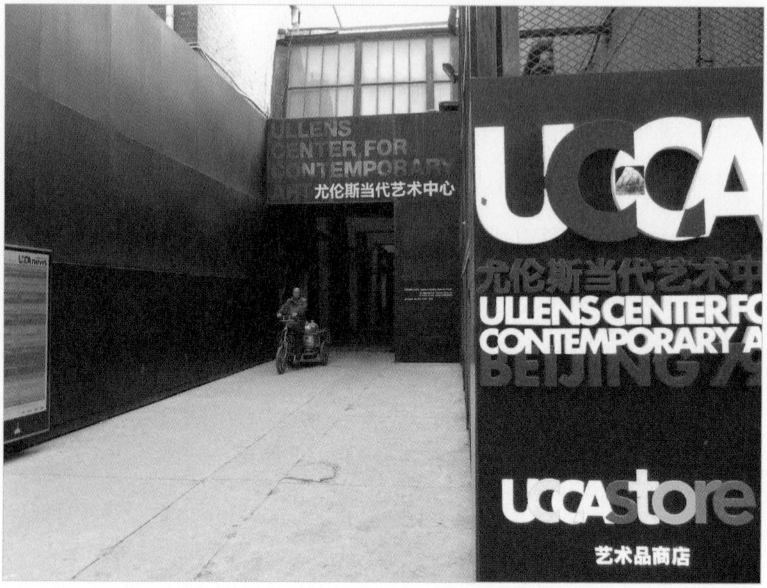

울렌스 센터 입구.

을 확장하느라 중국에 정착하기 이전에는 주로 중국 전통수묵화를 사들였다. 그러다 1987년부터 중국사회의 급격한 정치, 경제적 변화와 궤를 같이한 중국 당대미술 작가들이 선보이는 왕성한 에너지에 매료되어 젊은 작가들의 작품을 적극 수집하기 시작한다. 그가 처음 구매한 것은 왕광이의 작품이었다. 아무도 중국 현대미술에 관심을 갖지 않던 시절, 당시에는 미화 100~200달러면 지금 잘나가는 작가의 작품을 살 수 있었다고 한다. 엄청난 선견지명이었던 셈이다.

1991년 미리엄과 재혼한 후 가이 울렌스는 여생을 중국 현대미술의 발전에 투자하려는 듯한 양상을 보인다. 당시 무명이던 중국 작가들의 작품을 울렌스 부부가 열심히 사준 덕분에 작가들은 개선된 환경에서

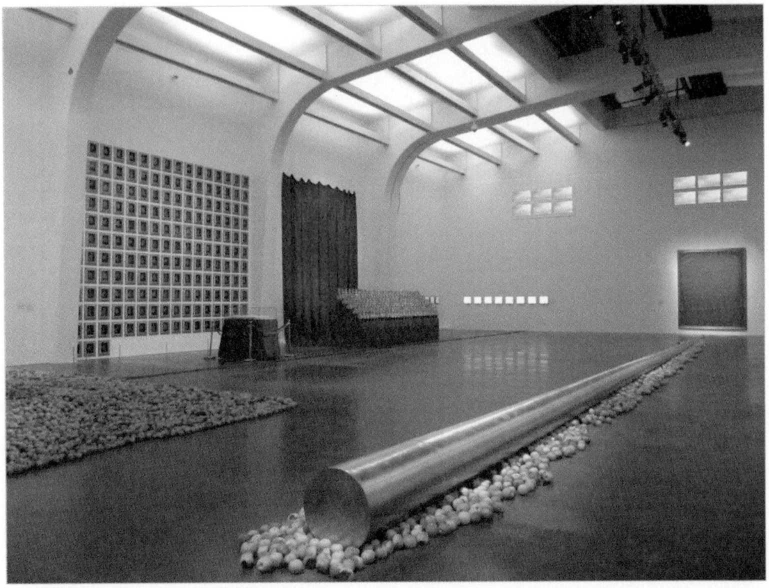

구더신의 회고전이 열리고 있는 울렌스 센터 내부.

작업에 몰두할 수 있었다. 가이 울렌스는 한 인터뷰에서 당시 자신이 작품을 사주었던 무명의 작가들이 지금은 국제적으로 유명해져 재규어를 몰고 다닌다는 말을 하기도 했다. 또한 자신들은 현재 중국 미술 작품 2,000여 점을 소장하고 있는데, 그중 80퍼센트가 현대미술 작품이고 20퍼센트는 전통미술 작품이라고 덧붙였다. 어찌 보면 이들 부부가 음으로 양으로 중국 현대미술 발전의 견인차 노릇을 한 것이나 마찬가지다. 여기서 멈추지 않고, 수차례에 걸쳐 해외에서 중국 현대미술가들의 대형 기획전을 열어 중국미술을 세계에 알리는 데 크나큰 공헌을 했다.

2002년, 울렌스 부부는 스위스에 '가이 앤드 미리엄 울렌스 재단'을 조성해 본격적으로 중국 미술계를 지원하기 시작한다. 2003년과 2005년에는 베니스 비엔날레에서 중국 프로젝트를 추진해 동시대 중국 작가들의 작품을 널리 알리는 한편, 유럽의 여러 미술관에 자신들이 소장한 중국 현대미술 작품들을 적극 대여해줘 전시가 열리도록 했다. 그리고 2007년 11월 5일, 울렌스 부부는 드디어 따산즈에 '울렌스 현대미술센터Ullens Center for Contemporary Art'를 개관한다. 이를 위해 그들은 소장품 중 윌리엄 터너의 수채화 14점을 팔아 자금을 마련해야 했다. 울렌스 센터는 중간 규모의 다국적 갤러리들이 밀집되어 있는 따산즈에서 규모나 내용 면에서 독보적인 수준의 아트센터다. 베이징에서 외국자본이 투자한 최초의 비영리 미술관인 울렌스 센터는 따산즈에도 큰 의미가 있으며, 울렌스 부부에게는 오랜 세월 중국미술에 기울여왔던 애정과 노력이 마침내 결실을 맺은 기분이었을 것이다. 울렌스 센터는 프랑스의 유명 건축가 장-미셸 윌모트가 내부 설계를 맡았으며, 바우하우스 스타일의 건물 내부를 모두 백색으로 개조했다. 이곳은 초현대식 종합아트센터로서, 기획전에 맞춘 강연과 작가와의 토론, 음악회, 영화 상영 등 광범위한 활동을 전개하고 있다. 798에서 단 하나의 갤러리만 볼 수 있다면 단연코 이곳을 방문해보라고 권하고 싶다.

하지만 잘나가던 울렌스 센터도 2008년 금융위기 때 된서리를 맞았다. 시장에서 중국미술의 거품이 꺼지면서 798에 입주했던 갤러리들은 하나씩 문을 닫고 철수했으며, 그 와중에 울렌스 컬렉션은 2011년 3월 4일 홍콩 소더비 춘계경매에 중국 현대미술 작품 106점을 출품했다. 이중 장샤오강의 〈영원한 내 사랑〉(1988)이 7,906억 홍콩달러(약

110억 원)에 팔려 중국 현대미술품 사상 최고가를 경신했다. 이 경매로 "울렌스가 중국 작가들의 그림을 팔아버리고 중국을 떠날 것"이라는 소문이 파다했고, 중국 미술계는 패닉에 빠졌다. 이에 울렌스는 한 매체와의 인터뷰에서 "내 아이들이 소장품에 그다지 흥미를 느끼지 않고, 예전의 전위미술가들이 이미 세계적인 작가로 성장했으니 후진양성에 매진하는 편이 낫다고 여겨 매각했다"라고 밝혔다. 게다가 이때 울렌스가 매각한 것은 모두 B급 작품들이고, A급 작품들은 여전히 소장하고 있다고 한다.

2011년 12월 1일, 울렌스 센터는 제롬 상스Jerome Sans에 이어 현재 중국에서 가장 활발하게 활동하고 있는 미술평론가 필립 티나리Philip Tinari를 관장으로 임명했다. 필립 티나리는 주요 중국 작가들의 회고전을 기획하고, 젊은 작가들을 물색하는 한편 해외 미술관들과의 전시교류도 추진하는 등 끊임없이 새로운 프로그램을 제시하고 있다.

롱 마치 스페이스

798에서 제법 큰 규모의 독립미술관을 찾고 싶다면 '롱 마치 스페이스Long march Space, 长征空间'에 가야 한다. '롱 마치'는 '대장정'을 의미하며, 이 갤러리에서 열렸던 대규모 프로젝트에서 유래한 이름이다. 영국 골드스미스 대학에서 큐레이팅을 공부한 전시기획자 루제盧杰의 아이디어로 1999년부터 시작된 이 프로젝트는 마오쩌둥과 홍군이 국민당의 공세를 피해 행했던 대장정(1934~35)을 모티프로 삼았다. 프로젝트에는

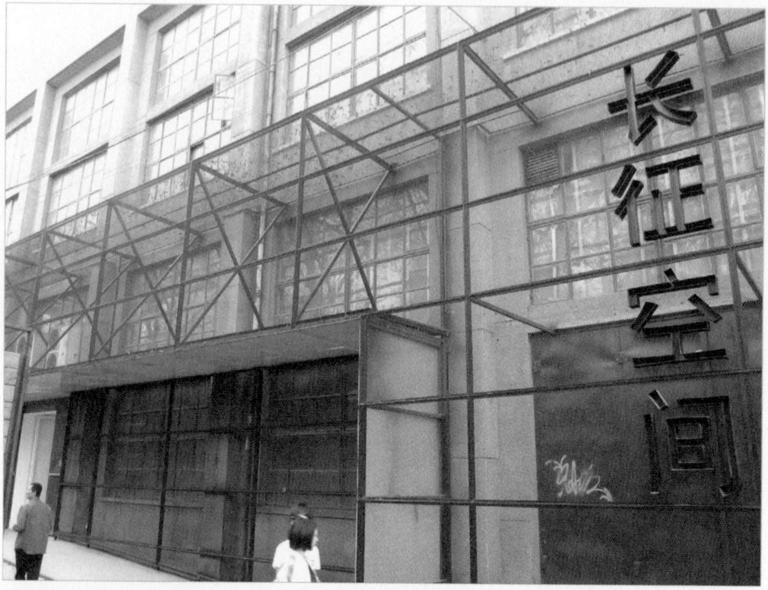

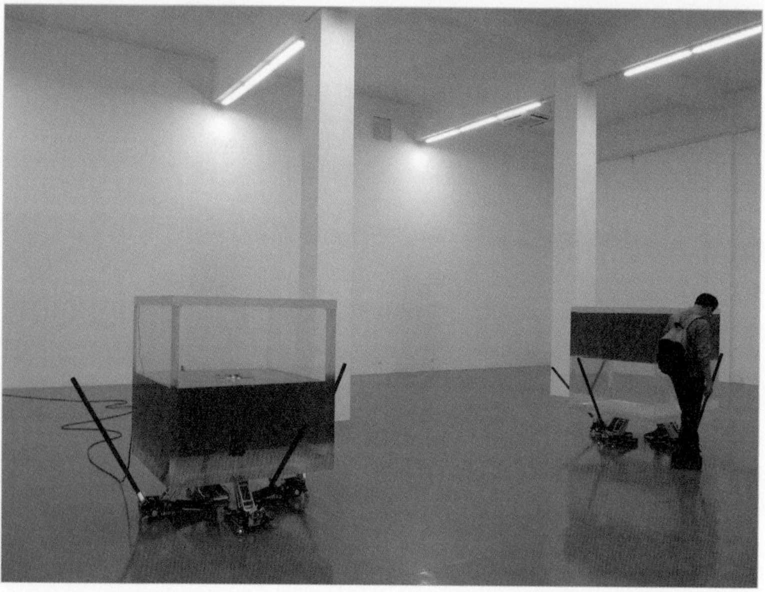

롱 마치 스페이스.

중국과 해외의 작가는 물론 여러 큐레이터들도 참여했으며, 그들은 대장정의 행선지를 따라 중국의 문화적, 예술적 자취를 살피는 한편 곳곳에서 퍼포먼스를 벌이며 학술대회를 열어 미술계의 주목을 받았다.

2002년 루제는 798에 전시공간을 확보하여 롱 마치 스페이스라 이름 짓고, 전시는 물론 심포지엄, 강연, 작가 레지던시, 출판 등 다양한 활동을 하며 국제 미술계와 중국 현대미술계의 가교 역할을 충실히 수행하고 있다.

루제는 "오늘날 중국미술은 발전을 위한 새로운 대장정에 나서고 있으며, 그것은 지리적, 사회적 풍경을 급속하게 바꾸어놓는 한편 동시대의 예술적 감성도 변화시킬 것"이라고 말했다. 롱 마치 스페이스가 꿈꾸는 새로운 대장정은 중국을 근거지로 하여 컨템퍼러리 아트를 향한 새로운 길을 찾는 것이다. 그래서 중국과 전 세계를 넘나들며 300명이 넘는 예술가들, 이론가들과 합심하여 국제적인 전시, 지역에 기반을 둔 교육 프로그램 등을 기획하고 있다.

도쿄 갤러리

1950년 도쿄 긴자에 문을 연 일본 최초의 컨템퍼러리 아트 갤러리 도쿄 갤러리는 1950~60년대 서구 아방가르드 미술 소개에 주력한 곳이다. 이브 클라인과 잭슨 폴록, 루치오 폰타나 같은 서구의 대가들은 물론 김환기, 이우환, 쉬빙, 차이궈창蔡国强 등의 작품도 소개했다. 2002년 다바타 유키히토가 유망한 작가, 기획자 들과 함께《베이징-도쿄 예술

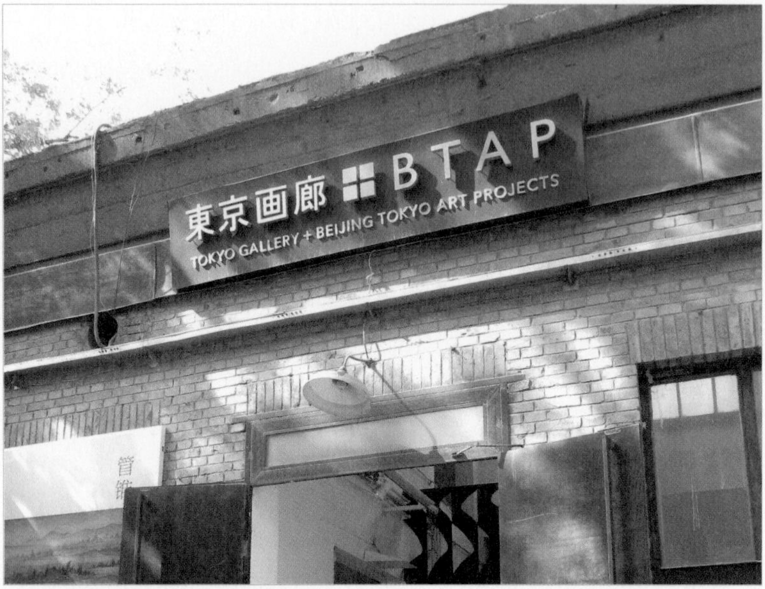

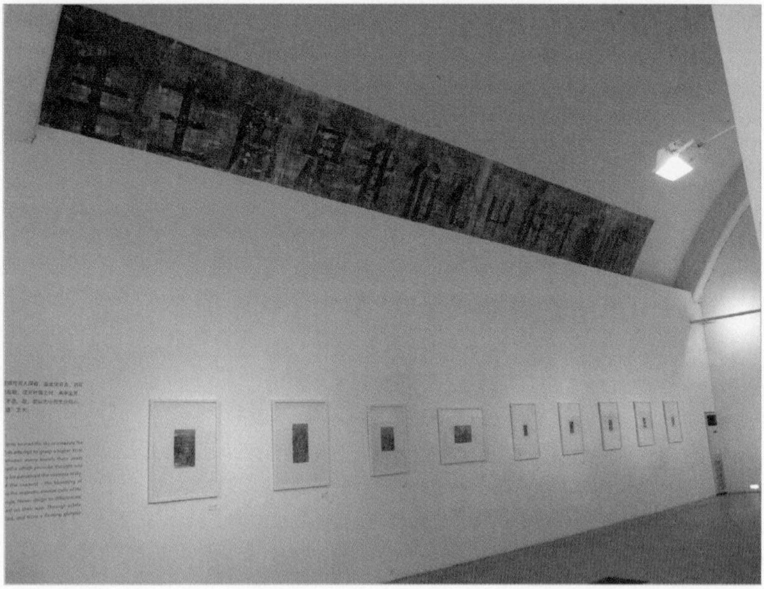

도쿄 갤러리.

프로젝트BTAP, Beijing Tokyo Art Projects》를 기획, 《표류하는 베이징Beijing afloat》 전시를 열었는데 관객이 많이 들어 대성공을 거두었다. 이에 힘입어 798에 '도쿄 갤러리東京畵廊, Tokyo Gallery+BTAP'를 세워 실험적인 프로젝트를 진행하며 서구와 아시아의 유망한 작가들을 양성하고 있다.

페이스 갤러리

1960년대 뉴욕에서 설립된 유서 깊은 화랑, 페이스 갤러리가 2008년 798에 세운 베이징 분관이다. 1950년대 지어진 대규모 공장 건물에 들

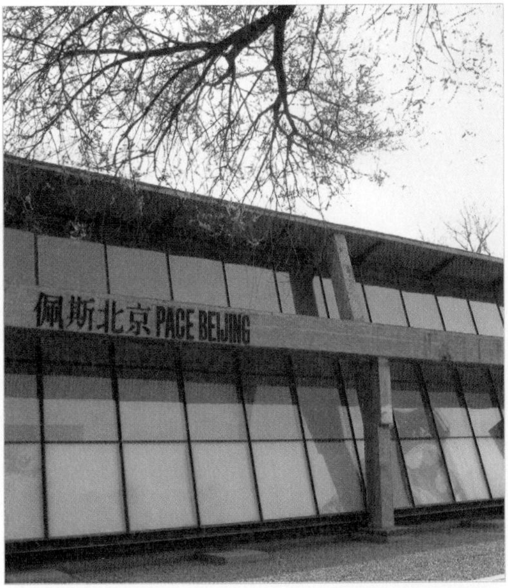

페이스 갤러리 전경.

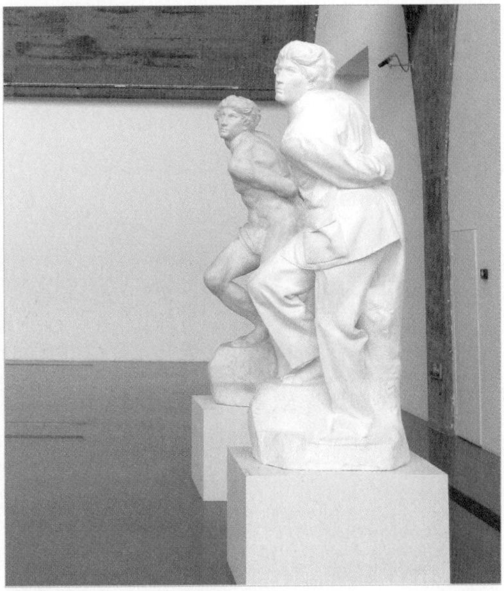

쑤이젠궈의 회고전 당시 페이스 갤러리 풍경.

어서 있다. 높은 천장에 설치된 통유리로 들어오는 자연광, 널찍한 공간은 798 스페이스나 울렌스 센터 못지않은 위용을 자랑한다. 웨민쥔, 장환, 쑹동, 장샤오강, 쑤이젠궈 등 주로 중국의 대표적인 현대미술가들의 작품을 소개하는 데 주력하고 있다.

포스 갤러리

2008년 금융위기로 인해 798에서 갤러리들이 하나둘 철수할 무렵, 위기를 기회로 이곳에 둥지를 튼 한국 갤러리가 있다. 바로 포스 갤러리富

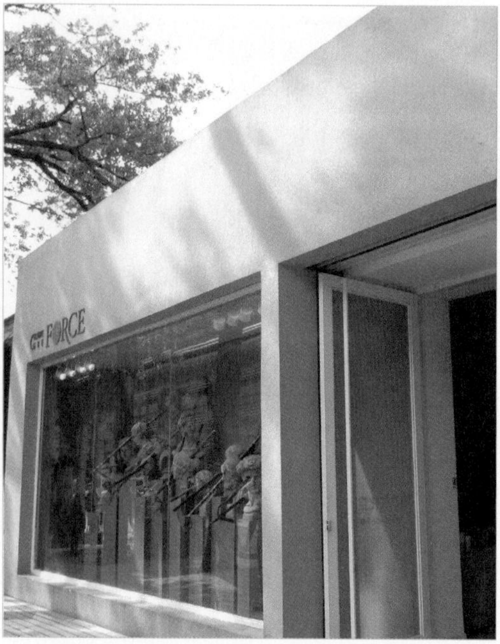

포스 갤러리.

思, FORCE Gallery로, 30년 동안 〈여우비〉, 〈후토스〉, 〈믹스마스터〉 등 한국의 애니메이션과 캐릭터 완구 산업을 이끌어 온 기업 선우 엔터테인먼트에서 2009년 798에 설립했다. 포스 갤러리는 중견 작가들이 함께 참여하는 전시를 주로 기획하며, 레지던시 프로그램도 운영하면서 한중 작가들의 활동을 지원하고 있다.

전속 작가로는 류근택, 이샛별, 이성구, 손지아 등 한국의 중견, 신진 작가 15명과 바이이루오白宜洛, 후친우胡勤武, 류팡劉芳 등 떠오르는 중국 작가들을 거느리고 있다.

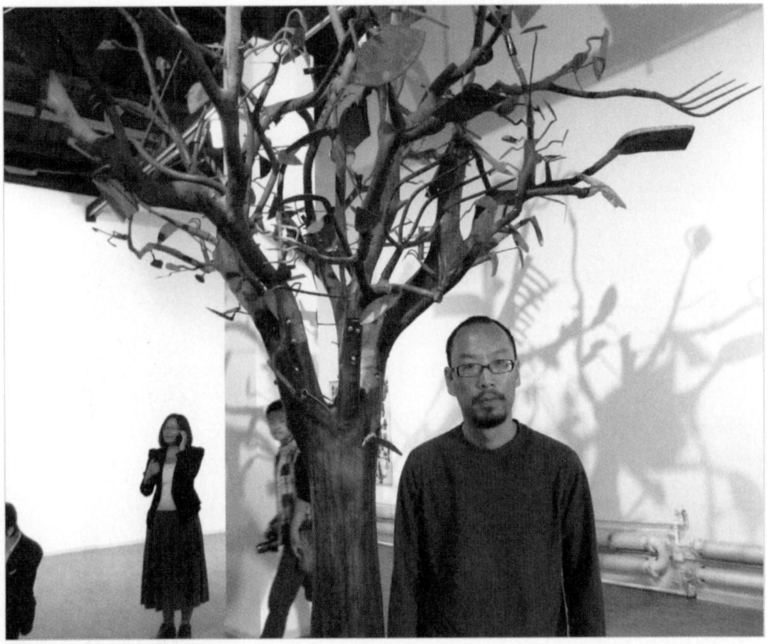

포스 갤러리 전속 작가 바이이루오.

| 798에서 만난 사람 |

형과 함께 798에서 '가오디 화랑高地畵廊, Highland Gallery'을 운영하고 있는 린란林欄을 만났다. 두 형제는 선양의 루쉰예술학원 출신이다.

가오디 화랑은 어떤 곳인가요?

중국 당대미술을 주로 다루는 갤러리입니다. 형은 폴리티컬 팝 작품을 좋아하고, 저는 동시대 유럽 현대미술 작품을 선호합니다. 그래서 대체적으로 두 가지 흐름을 아우르는 작품들을 동시에 선보이고 있습니다. 가능한 한 중국사회에 대해 통찰할 수 있는 작품들을 소개하려고 합니다.

따산즈에 한국 갤러리들도 많이 진출하고 있습니다. 그에 대해 어떻게 생각하시나요?

아리라오 갤러리의 베이징 진출을 시작으로 여러 한국 갤러리들이 들어와 좋은 성과를 올리는 모습을 보면서 저를 포함해 중국 미술계에서 신선한 자극을 받았어요. 한국 미술시장이 가진 저력이 인상적입니다.

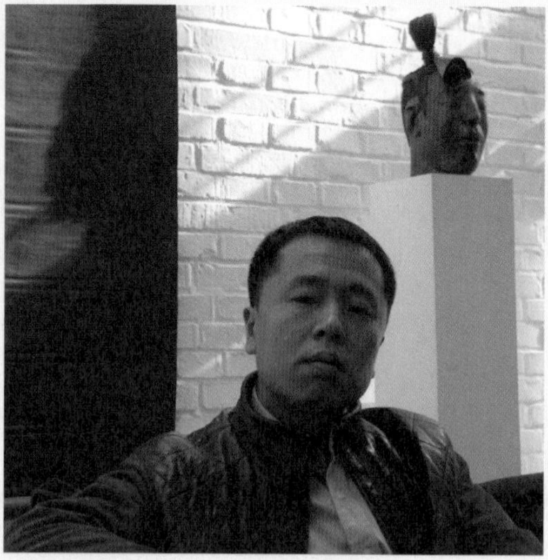
가오디 화랑의 큐레이터 린란.

현재 중국미술의 경향성을 어떻게 보시나요?

중국 당대미술은 역사가 짧고 아직 제대로 정리되지 못한 상태지만, 점차 기존의 폴리티컬 팝, 시니컬 리얼리즘에서 벗어나 개인의 내면이나 환경 문제, 올림픽 등 여러 문제에 관심을 가지며 다원화되는 추세죠. 하지만 여전히 체제 비판이나 음란물 관련, 종교적인 색채가 짙은 작품은 금기시되고 있습니다.

베이징과 상하이 미술의 특색과 차이점은 뭘까요?

베이징은 아무래도 중앙정부가 있고 문화부나 대사관을 통해 해외 미술계의 정보를 얻기 쉽고 교류가 용이하죠. 작가들의 작품도 전통에 뿌리를 두거나, 큰 주제를 가지고 대형으로 작업하는 경향이 있고 중국미술이 세계 미술계로부터 주목을 받기 시작하면서 중앙정부의 지원이 대폭 늘어나 나름의 권위를 획득했어요. 반면 상하이는 중앙정부의 통제로부터 비교적 자유로워 그것이 소재의 다양성을 낳는 원동력이 되고 있죠. 베이징의 작가들은 굵직한 주제나 사안에 몰두하는 데 비해 상하이의 작가들은 개인적인 문제에 관심을 갖는 게 특징이에요. 또 베이징은 쉬베이훙의 영향으로 테크닉을 중요시하고, 단체를 조직하는 것을 당연히 여깁니다. 일종의 생존 양식이라고 할 수 있죠. 반면 상하이 예술가들은 독립성을 중요하게 여겨 단체를 조성하는 걸 별로 좋아하지 않아요.

문화대혁명 시기 사회주의 리얼리즘이나 마오 양식으로 그려진 회화들은 실제로 보기가 참 어렵습니다. 왜 그럴까요?

저 역시 그런 그림을 직접 본 적이 없어요. 가장 큰 이유는 중국미술이 점차 세계 미술계에서 원하는 수준에 도달하자 그런 낡은 양식으로 그려진 그림들은 더 이상 찾는 이도, 제작하는 이도 없게 된 겁니다. 그나마 예전 것을 구하는 것도 무척 힘들어요. 전 몇 년 전 운 좋게 골동품 시장에서 마오 형상이 수놓아진 대형 걸개장식을 구한 적이 있어요. 한때 이런 작품들이 정말 흔했는데, 지금은 희귀해져 컬렉터들에게 가장 인기 있는 품목이 되었죠. 지금은 없어서 못 사는 지경이에요. 가짜도 수두룩하답니다.

| 차오창디 |

채소밭에서 예술지구로

798 예술지구 바로 옆, 차로 10분 거리에 조성되어 있는 차오창디는 원래 글자 그대로 베이징 시민들에게 공급하는 채소를 재배하는 마을이었다. 1999년 유명한 작가 겸 건축가인 아이웨이웨이가 도심에서 가까우며, 공항도로와 가까워 공항에서 도심으로 가는 차를 타기가 용이하다는 점, 그리고 철도가 지나가서 개발이 힘들다는 점에 매력을 느껴 이 지역에 건물을 짓기 시작했다. 2012년 현재 이곳은 '아이웨이웨이 빌리지'로 불릴 정도로 크게 성장했다. 이곳에는 스위스의 우르스 마일레Urs Meile 갤러리, 상 아트 갤러리, 벨기에의 F2 갤러리, 한국의 MK2, 미아 갤러리 등 약 20여 개의 외국 화랑들이 들어서 있다.

따산즈와 가깝긴 하지만 차오창디의 분위기는 확연히 다르다. 대체로 따산즈의 화랑들이 기존 공장 건물의 내부만 개조한 경우가 많은 것에 비해, 차오창디의 화랑들은 대부분 규모가 제법 큰 단독 건물을 새로 짓거나, 기존 건물을 안팎으로 새롭게 개조해 사용하고 있다. 무엇보다 798이 관광지화하면서 어수선하고 상업적인 분위기 일색이라면, 차오창디는 798이 잃어버린 초기의 신선한 충격을 간직하고 있다. 아이웨이웨이가 일정한 규격으로 미니멀하게 디자인한 2층 높이의 건물들에는 간판이나 이정표 하나 없고 인적도 드물어 처음 온 방문객들

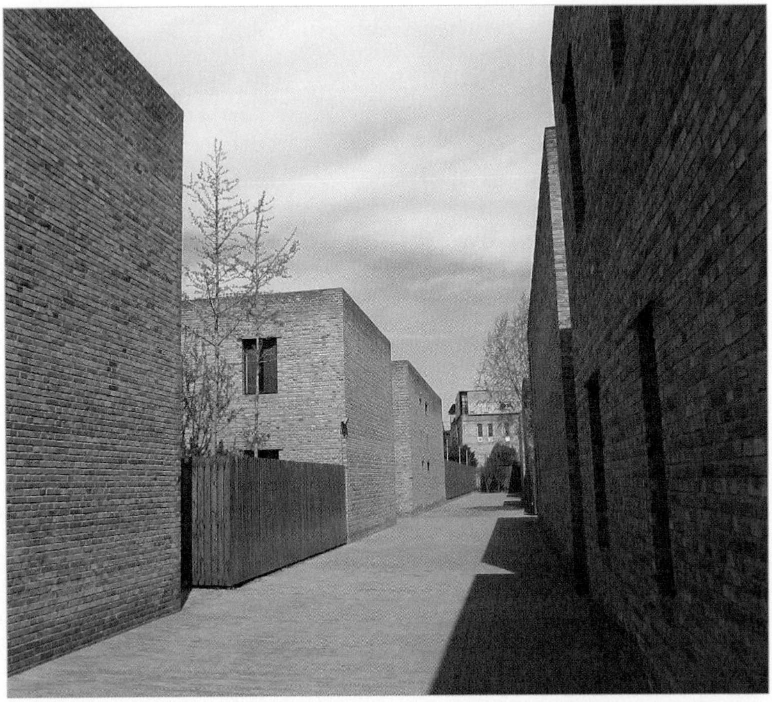

아이웨이웨이가 설계한 차오창디 예술지구.

은 잘못 찾아온 것은 아닌지 당황하기 일쑤다. 갤러리들이 넓은 부지에 듬성듬성 분포해 있어 전체적인 규모를 한눈에 파악하기도 힘들다. 떠들썩한 798과는 상반된 겉모습은 무척 무뚝뚝하고 불친절해 보이지만, 인내심을 갖고 블록과 블록 사이를 돌아다니면 숨은 보석 같은 갤러리들을 발견할 수 있다.

평소에는 인적이 뜸한 이곳도 1년에 한 번 미술계 관계자들과 관람객들이 대거 모이는 시기가 있다. 2010년부터 시작된 차오창디국제촬영제草場地撮影節라는 사진예술제가 열릴 때다. 이 행사는 해마다 4월 마지막 주에 일주일간 열린다.

차오창디의 외국계 갤러리

우르스 마일레 갤러리

스위스의 아트 딜러이자 갤러리 오너인 우르스 마일레가 베이징 차오창디에 낸 분점이다. 마일레가 중국 현대미술에 관심을 가졌던 1990년대만 해도 유럽에 중국 현대미술은 거의 알려지지 않은 상태였다. 1997년 스위스에 있는 그의 갤러리에서 개최한《차이니즈 컨템퍼러리 아트전》이 성공을 거둔다. 이때 거물 큐레이터 하랄드 제만Harald Szeemann

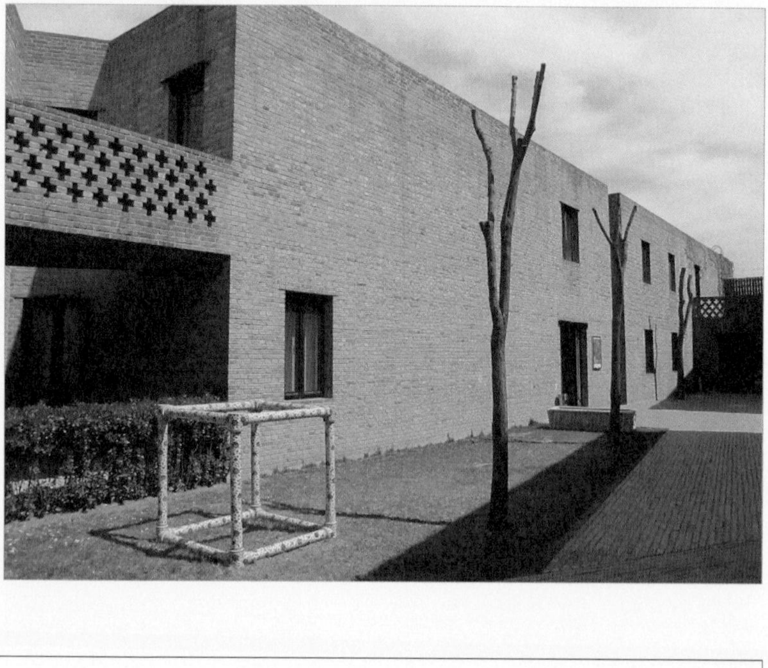

우르스 마일레 갤러리.

의 눈길을 끌어 1999년 베니스 비엔날레에 20명의 중국 작가들이 초대되면서 중국 현대미술의 세계화에 어느 정도 기여했다.

이 갤러리는 아이웨이웨이, 왕싱웨이王兴伟, 셰난싱谢南星, 딩이丁乙 등 중국 현대미술 작가들의 작품은 물론 유럽 작가들의 회화, 사진, 비디오, 설치작품 등을 다수 컬렉션하고 있다. 주변의 풍경도 재미있는데 갤러리 바로 앞이 서민들의 가옥과 좁은 시장 골목으로 이어진다. 베이징 외곽에 사는 서민들의 일상적인 모습과 외국 자본으로 지어진 으리으리한 갤러리 건물이 묘한 대조를 이룬다.

쓰리 셰도 사진 아트센터

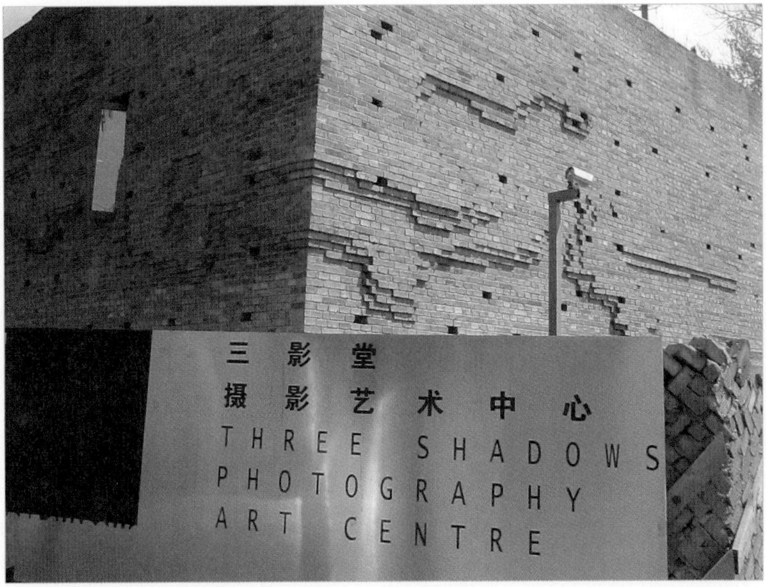

쓰리 셰도 갤러리.

'쓰리 셰도 사진 아트센터三影堂摄影艺术中心, Three Shadows Photography Art Center'는 2007년 6월에 제법 큰 규모로 오픈했으며, 중국 최초의 사진과 비디오 아트 전문 갤러리다. 컨템퍼러리 포토그래피 아트의 발전을 목표로 삼고 있으며, 예술적 파트너인 중국 사진가 룽룽榮榮과 일본 사진가 잉리映里에 의해 설립되었다. 아이웨이웨이가 설계한 건물로도 화제를 모았으며, 중국 및 서구의 유명 사진작가들의 작품을 주로 선보인다.

F2 갤러리

쓰리 셰도 사진 아트센터 옆에 있으며, 잘 가꿔진 중국식 정원과 중국 전통가옥 사합원을 모티프로 한 파사드가 눈길을 끄는 곳이다. 2005년

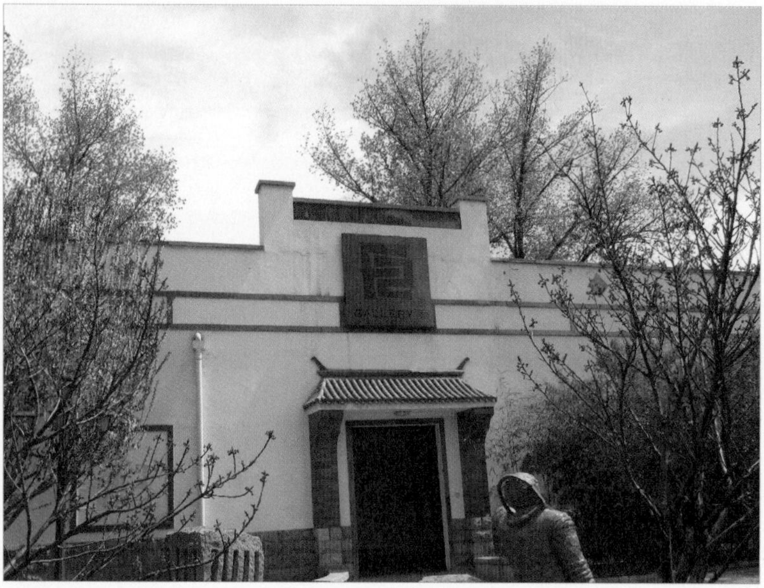

F2 갤러리.

동서문화 융합의 교량 역할을 할 목적으로 설립된 F2 갤러리는 개관 이후 장 미셸 바스키아, 키스 해링, 줄리안 슈나벨, 로버트 메이플소프 등 쟁쟁한 서양 작가들의 작품은 물론 마류밍과 같은 블루칩으로 떠오른 중국 현대미술 작가들의 작품을 선보여 화제를 모았다.

차오창디의 한국 갤러리

MK2 아트 스페이스

적갈색 혹은 짙은 회색의 건물들 사이에, 까마귀들 틈새로 날아든 백

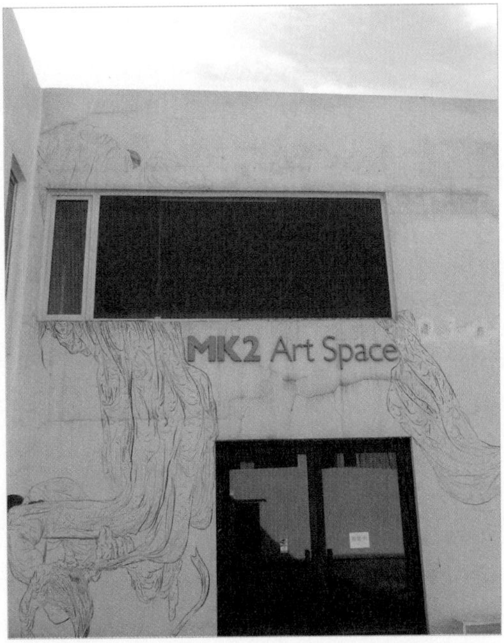

MK2 아트 스페이스.

로처럼 눈부시게 하얀 건물 하나가 눈에 들어온다. 독특한 외관과 색감으로 군계일학 같은 MK2 아트 스페이스는 지우창의 아라리오 갤러리처럼 직접 건물을 지었다. 시카고 아트 인스티튜트를 졸업한 후 베이징으로 건너와 MK2 아트 스페이스를 꾸린 선승호 대표는 건물을 짓고 남은 공간에 다른 화랑들도 불러 모아 차오창디에서 유일하게 아이웨이웨이의 영향력에서 벗어난 구역을 조성했다. MK2 아트 스페이스는 '현대 중국문화에 영향을 받는 예술가 혹은 그런 단체의 활동으로 세계문화의 다양화에 기여한다'는 기치 아래 주로 베이징에서 활동하거나 중국과 직간접적으로 연관된 작가들의 작품을 선보인다. 한국 화가로는 '유기적 기하학' 형태로 유명하고 MK2 아트 스페이스 인테리어 디자인에도 참여한 작가 홍승혜, 이소룡을 모티프로 작업하는 작가 신창용의 작품 등을 소장, 전시한다.

아트미아

아트미아의 전신은 2006년 현대 갤러리가 베이징에 지사를 설립했던 두아트 베이징이다. 이후 두아트는 1년 만에 중국에서 철수했고, 당시 두아트에서 관장으로 일했던 진현미 대표가 자신의 영어 이름을 따 만든 갤러리가 지금의 아트미아다. 한국에서 중문과를 졸업한 후 베이징대학교에서 비교문학 박사 과정을 밟은 그녀의 철학과 노력을 밑거름으로 탄생한 아트미아 갤러리는 중국미술은 물론이고 중국 내에서는 보기 힘든 서구의 유명 작가들의 작품을 소개하고 있다. 특히 2010년 3월에는 중국 근현대미술에 큰 영향을 끼친 케테 콜비츠의 회고전을 기획하여 중국 전역의 미술대학, 지방 공립미술관 등지에서 큰 반향을 얻었다. 이어서 피카소 사진전을 여는 등 중서 문화교류에 보탬이 되는 전시회를 꾸준히 기획하고 있다. 무라카미 다카시, 쩡판즈, 정짜이둥鄭在東의 작품을 다량 보유하고 있으며, 특히 쩡판즈와는 5년에 걸쳐 개인전, 그룹전 등 수차례의 전시와 행사를 진행하며 각별한 인연을 자랑하고 있다.

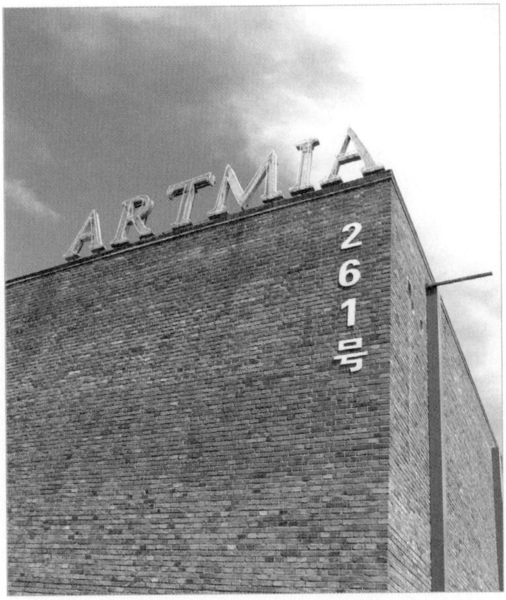

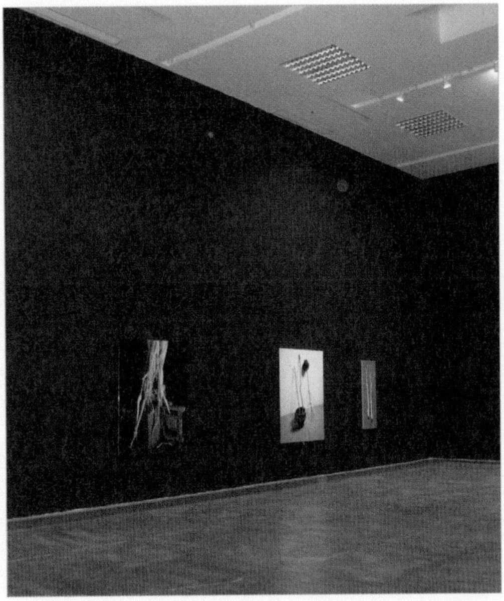

아트미아

| 쑹좡 |

도심의 오지에서 세상의 중심을 꿈꾸다

베이징의 예술지구 하면 많은 이들이 798이나 지우창, 차오창디를 떠올리지만, 사실 쑹좡의 역사는 798보다 훨씬 앞서 시작됐다. 베이징 도심에서 자동차로 40분 거리에 있는 쑹좡은 1980년대 후반 정부의 제재를 받던 중국 전위미술가들이 톈안먼 사태 이후 공동체를 이루며 살던 위안밍위안이 철거되자 임시방편으로 옮겨와 살았던 예술촌이었다. 위안밍위안이 철거되면서 이들은 뿔뿔이 흩어져 베이징 둥춘과 화자디 등으로 이주했는데, 쑹좡도 그중 한 곳이었다. 그곳으로 웨민쥔, 팡리쥔, 양사오빈楊少斌 같은 작가들이 이사를 했다.

도심 속 오지나 마찬가지였던 허허벌판 쑹좡에 예술가들이 정착하면서 주거지와 작업실이 하나둘 들어서기 시작했다. 현재 전국 각지에서 온 200여 명의 화가들이 쑹좡에 거주하며 작업을 하고, 작품도 판매하는 등 다양한 활동을 하고 있다. 쑹좡의 작가들은 열악한 환경을 함께 이겨내며 서로 끈끈하게 결집, 정보도 교환하고 친목을 도모하며 커뮤니티를 형성했다. 798 등 다른 예술구가 주로 갤러리 전시를 통해 관객과 작가를 간접적으로 연결시키고 있다면, 쑹좡은 여전히 작가들의 작업실이 중심인 작품 생산지로 볼 수 있다.

원래 베이징 외곽의 방대하고 낙후된 농장지역이었던 탓에 이곳을 방문하는 사람들은 방목 중인 양 떼와 버려진 농지, 그리고 마구 짖어대는 개들 때문에 놀라곤 한다. 사실 그 누구도 이 한적한 시골마을을 앞에 두고 이곳이 예술가들이 사는 공동체라는 생각을 하긴 어려울 것이다. 지은 지 얼마 안 되는 제법 큰 미술관을 찾아가도 미술애호가들보다는 동네 주민들이 아이들을 데리고 삼삼오오 모여 휴식을 취하고 있는 모습이 더 눈에 띈다.

사정이 이렇다 보니 쑹좡 미술관의 전시실 지킴이들도 거의 동네 주민들이다. 연령층도 다양한데, 방문객이 거의 없는 널따란 전시실을 지키면서 함께 수다를 떠는 주민들의 모습을 종종 볼 수 있다. 물론 잘 지어놓은 미술관들이 마냥 방치된 것은 아니고 제복을 차려입은 공안의 눈길은 이곳에서도 피해갈 수 없다. 차오창디에 아이웨이웨이의 존재감이 깊이 드리워져 있다면, 쑹좡에는 이곳의 발전을 위해 노력해온 중국 미술계의 대부 리셴팅의 존재감이 묵직하게 버티고 있다.

차오창디와 마찬가지로 쑹좡도 너무 넓어서 걸어 다니며 구경하기엔 어렵다. 택시도 인적도 뜸해 렌터카나 자가용이 필수다. 예술가들은 그들만의 조용하고 한적한 유토피아를 건설한 셈이지만, 방문객들에게는 오지 탐험과 맞먹는 체력과 인내심이 필요하다. 전시가 없을 때 대부분의 갤러리들은 비어 있거나 문도 닫혀 있다. 쑹좡을 제대로 견학하려면 아무래도 그곳에서 작업하는 작가와 친분이 있는 사람과 동행하는 편이 제일 좋다. 중국어를 할 줄 안다면 작가에게 먼저 다가가 마음의 문을 열고 대화를 시도해보는 것도 괜찮다. 이곳의 작가들은 대부분 작품에 관심을 갖고 찾아와주는 방문객들을 친절하게 맞아

준다.

쑹좡을 거쳐간 작가들 중 팡리쥔이나 웨민쥔 같은 이들은 국제적인 명성과 부를 거머쥔 대가로 발돋움했다. 이는 쑹좡에 중국 전역에서 꿈을 안고 상경한 작가들이 몰려들게 된 한 원인이기도 하다. 그리하여 현재 약 4,000여 명에 이르는 작가들이 이곳에서 작업을 하고 있는데, 비공식적으로는 7,000여 명에 달한다는 풍문도 들린다. 미대 입시를 준비하는 학생들까지 따지면 그 수는 더 늘어날 것이다.

하지만 이들 중 작품을 한 점이라도 팔아본 사람은 극소수이고, 나머지는 생계를 위해 유명 작가의 스타일을 흉내 내거나 아예 작품을 그대로 베끼는 무명화가가 대부분이다. 그래서 이곳에서 제대로 된 작품을 만나기란 하늘의 별 따기와 마찬가지다. 게다가 정부에서 2020년까지 쑹좡을 국제문화창조 산업단지와 관광지로 조성한다는 재개발 계획까지 추진하고 있어 앞으로 이곳의 성격도 어떻게 바뀔지 모를 일이다.

만약 운이 좋으면 쑹좡에 스튜디오를 갖고 있는 제법 유명한 현대미술 작가를 우연히 마주칠 수 있을지도 모른다. 하지만 덩치 큰 미술관만 몇 군데 있을 뿐, 쑹좡은 아직 제대로 정립되지 않은 상태다. 꼭 만나보고 싶은 작가가 있는 것이 아니라면, 이곳의 방문은 나중으로 기약하는 것이 나을 것이다. 가게 된다면 2005년부터 매년 10월에 열리는 쑹좡 아트페스티벌 시기에 맞춰 가볼 것을 추천한다. 이 시기에 가면 작가들의 작업실도 비교적 자유롭게 구경할 수 있고, 볼거리가 풍성하다.

쑹좡 미술관

2006년 쑹좡에 사는 주민들이 자발적으로 성금을 모아 세운 비영리 현대미술관인 쑹좡 미술관宋庄美術館은 그 규모가 압도적이다. 2층 건물 내에 있는 전시실은 천장고가 16미터에 달한다. 중국 현대미술 발전의 견인차 역할을 했던 유명 미술평론가 리셴팅이 관장을 맡고 있다.

베이징 당대예술관

베이징 당대예술관北京当代艺术馆, Beijing MOCA은 미국에서 활동하는 화가 친펑秦風이 2007에 설립한 비영리 미술관으로 중국 및 서구권의 현대미술 작가들과의 교류를 목표로 한다. 그 일환으로 매년 해외의 박물관과 연합하여 서너 차례의 전시를 갖고 독립 큐레이터를 지원한다. 그동안 전 세계 유명 화가들의 다양한 작품을 선보이는 데 힘써왔는데, 살바도르 달리, 게오르크 바셀리츠, 키키 스미스, 로버트 라우센버그 등의 작품을 선보였다. 또한 예융칭葉永青, 탄핑譚平, 허둬링何多苓 같은 중국 작가들을 해외에 소개하는 데도 주력하고 있다. 리셴팅, 가오밍루, 판뎬範迪安, 커티스 카터Curtis Carter 등 유명 평론가와 기획자들이 이 프로젝트에 참여했다.

상상 미술관

중국 최대의 미술관을 표방하는 상상 미술관上上美術館은 2006년 설립된 비영리 사립미술관으로 중국 내 최대 미술관 중 하나로 꼽힌다. 중국 및 전 세계의 현대미술 작가들의 작품 전시는 물론 국제 현대미술 자료 문헌고와 예술가들을 위한 작업실 등을 갖추고 있다. 정기적으로 국내외 미술평론가를 초청해 강연을 열고 큐레이터가 주관하는 학술 세미나 등 여러 행사를 진행하고 있다.

리광밍李广明 관장이 직접 설계한 10여 개의 원통을 합쳐놓은 듯한 독특한 건물 외관이 인상적이다. 이는 "하늘은 둥글고 땅은 네모지다"는 전통적 세계관인 '천원지방天圓地方'과 "자기관리는 네모의 원리에 따라 엄격하고 곧아야 하지만 타인과의 관계는 조화와 원융을 이뤄야 한다"는 중국인의 행동철학인 '내방외원內方外圓'의 원리를 반영한 것이다.

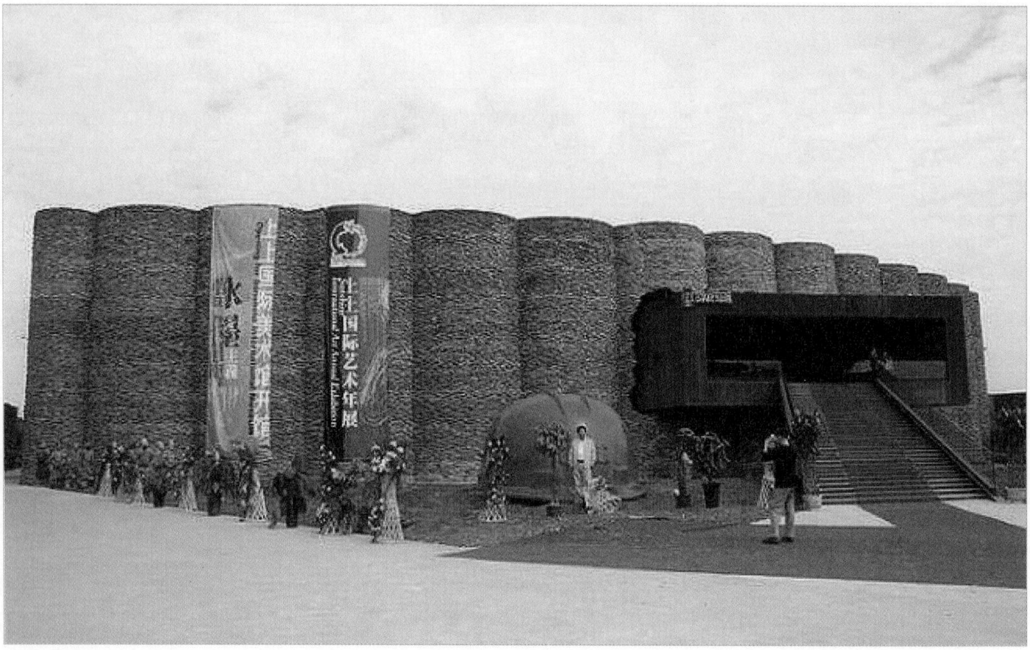

상상 미술관.

모든 장르의 예술과 교류하며 미술의 다원화를 이루어 세계적인 미술관으로 거듭나겠다는 포부를 건물로 드러낸 셈이다.

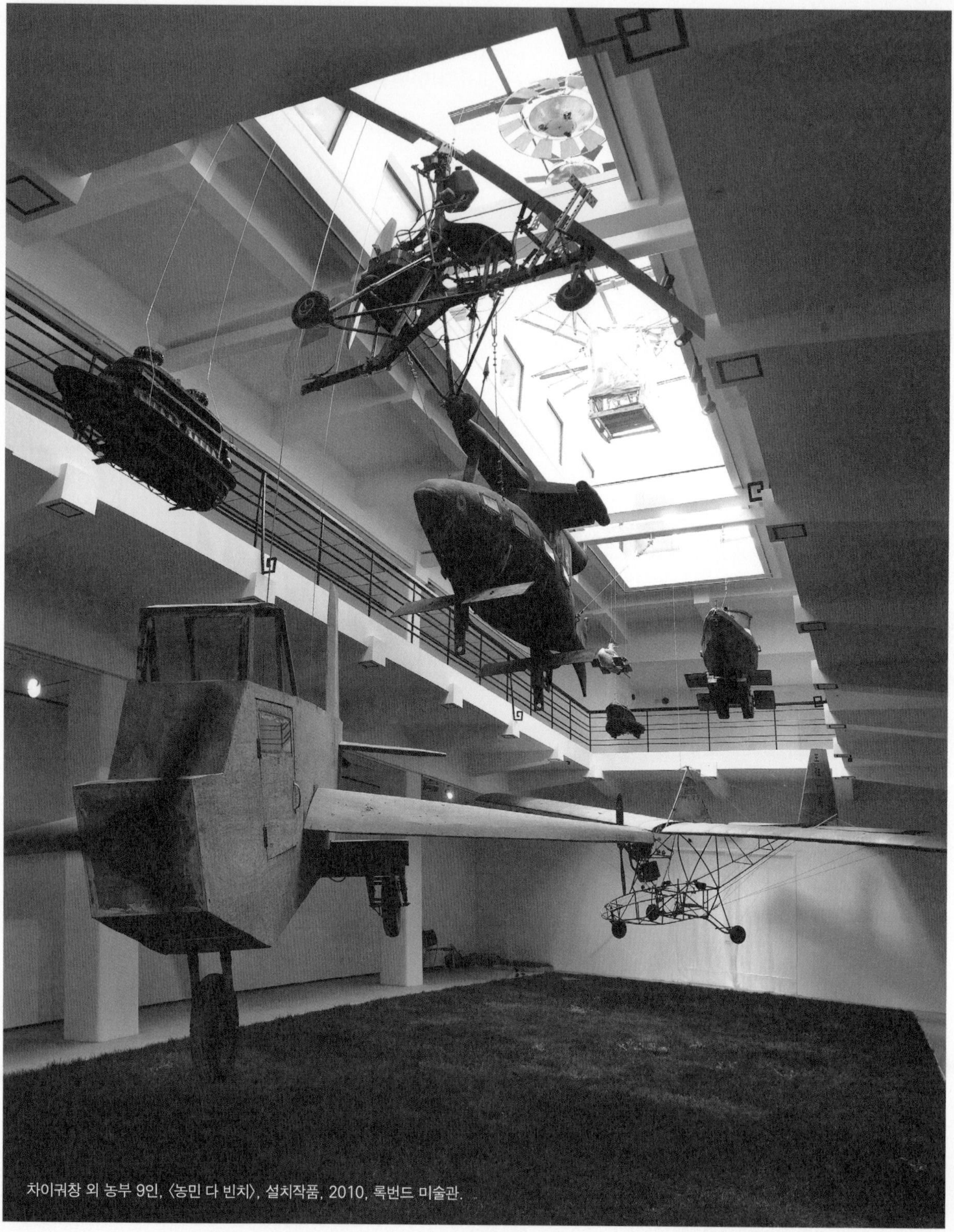

차이궈창 외 농부 9인, 〈농민 다 빈치〉, 설치작품, 2010, 록번드 미술관.

상하이 예술지구

가도 가도 끝이 없는 베이징 예술지구의 방대함에 지쳤다면, 상하이에선 한결 가벼운 마음으로 둘러봐도 좋다. 상하이 예술지구는 웬만하면 지하철을 통해 접근할 수 있으며, 홍팡과 같이 드넓은 곳도 있지만 대부분 한두 시간이면 훑어볼 수 있는 아담한 규모다. 도심 속에 점점이 흩어진 개성 만점의 갤러리들을 돌아보고 나면 상하이가 왜 국제적인 아트 시티, 아시아 미술의 격전지로 부상하고 있는지 충분히 납득이 간다.

하지만 상하이에서도 도시개발이라는 명목 아래 개성 있는 예술지구들이 해체되고 더 큰 예술지구로 통폐합되는 추세다. 상하이 도심 한가운데 있는 '웨이하이루威海路 696'이나 북동쪽에 있는 '상하이 와이탄 이수취上海外滩艺术区' 같은 예술구들은 얼마 전 완전히 사라졌거나 곧 해체될 예정이다. 둘 다 예술가들이 자생적으로 모여 소규모 공장지대를 개조해 작업을 하던, 가난한 예술가들의 해방구 같은 곳들이었다. 예술 공동체라기보다 좀 더 가족적인 느낌이 정겨웠던 그곳은 현재 도시재개발 사업으로 갤러리들이 모두 다른 곳으로 뿔뿔이 흩어져 기억의 뒤안길로 사라져버렸다. 현재 상하이에서는 2010년 엑스포가 열렸던 대규모 부지에 새로운 예술지구를 조성 중이다. 베이징 못지않게 상하이 예술지도 역시 얼마나 크나큰 지각변동을 겪을지 아직은 예측불허다.

| 와이탄 |

와이탄 예술구

복잡한 쇼핑가인 난징둥루를 남북으로 잇는 1킬로미터가 넘는 보행로를 벗어나 시원한 바람이 부는 곳으로 향하면 너른 황푸강과 동방명주가 한눈에 들어온다. 이곳이 바로 상하이 관광 명소 1번지 와이탄이다.

저마다 특색 있는 외관과 구구절절한 사연을 품은 근대건물들의 노천박물관 같은 와이탄. 상하이, 아니 중국대륙에서 부귀영화의 상징과도 같았던 이 건물들의 영화는 지금도 계속 이어지고 있다. 한때 다국적 기업들의 자존심이자 욕망을 상징했던 이 건물들은 현재 고급 호텔이나 명품 브랜드 숍, 레스토랑이나 미용실 등으로 변신해 예나 지금이나 일반인들에게 와이탄의 건물들은 문턱이 높다.

와이탄은 새롭게 떠오르는 미술 명소이기도 하다. 100년의 역사를 자랑하는 근대건물들이 리모델링되어 갤러리들이 하나둘 들어서서 어느새 이곳은 '와이탄 예술구'라고 불리고 있다. 고색창연한 건물 안을 재기발랄한 현대미술 작품들로 채우고 있는 미술관들은 와이탄을 더욱 격조 있고 에너지 넘치는 곳으로 만들고 있다. 상하이 엑스포를 전후하여 시 당국은 와이탄이야말로 역사적 건축물, 당대의 미학, 인문적 사유, 창의적 발상 등 4대 요소가 유기적으로 결합될 수 있는 수준 높은 예술의 중심지가 될 수 있다고 판단하여 본격적인 예술지구 조성

중에 있다.

아직 그 수는 많지 않지만 이곳에 있는 갤러리들은 관람객들을 세 번 매료시킨다. 우선 근대 문화유산인 미술관 건물이 시선을 끈다. 그 다음 세련되고 수준 높은 중국 현대미술 작품에 놀라고, 마지막으로 미술관 건물 내부나 옥상 카페에서 바라보는 황푸강과 푸둥의 풍경이 안겨주는 색다른 경관에 감탄하게 된다. 대부분 시 외곽에 있는 여느 예술지구에 비해 지하철 난징둥루 역에서 5분이면 도착해 접근성이 뛰어나다는 것도 큰 장점이다. 단, 와이탄 예술구의 갤러리들은 하나같이 오전 11시에 느지막이 문을 연다는 사실에 주의하자.

후선 화랑

와이탄의 근대건물들은 황푸 강변 남쪽에서 북쪽까지 1번부터 20번으로 번호가 매겨져 있다. 그중 3호 건물에 와이탄 예술구의 터줏대감격인 후선 화랑沪申画廊, Shanghai Gallery of Art이 있다. 1916년 이스트 아시아틱 컴퍼니와 인도 상업은행의 사옥으로 건설된 이 건물은 1961년부터 연합보험공사가 사용하다가 2001년 복합상가로 변모했다. '3 on the Bund'라는 영문명으로 더 잘 알려진 이곳은 와이탄에서 가장 트렌디한 공간이다. 1층은 조르지오 아르마니 매장, 2층은 패션 매장 '쓰리'와 '에비앙' 스파가 있고 3층이 후선 화랑이다.

2004년 1월에 오픈한 후선 화랑은 중국의 현대미술을 주로 다룬다. 엘리베이터를 타고 3층에 내리면 갤러리가 나오는데, 거대한 대리

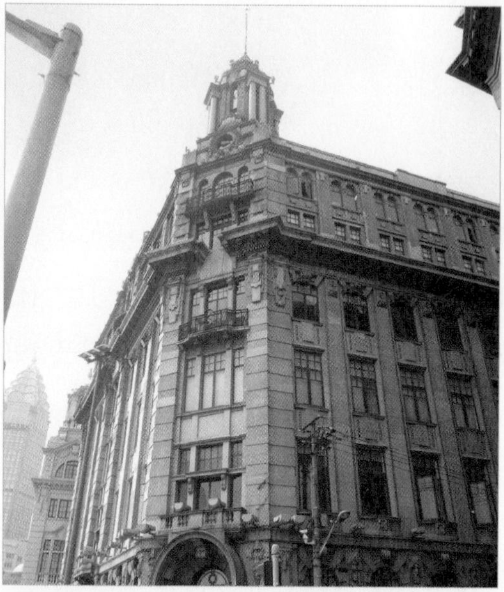

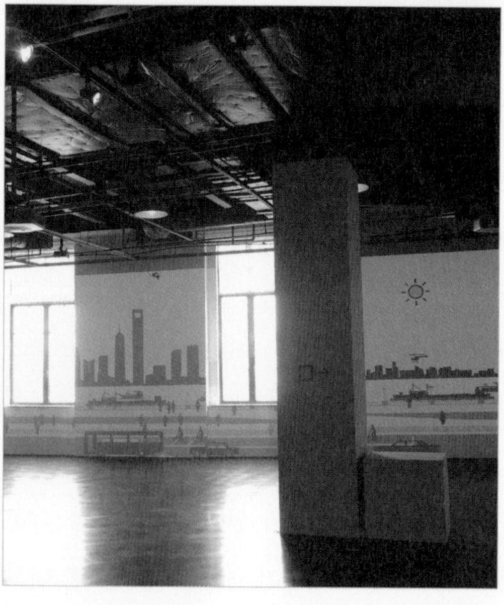

후선 화랑의 외관과 쉬빙의 작품 〈지상의 책〉이 전시 중이던 내부 모습.

석 기둥에 모던한 분위기가 물씬 풍긴다. 유명 건축가 마이클 그레이브스Michael Graves가 설계했으며, 회화, 조각, 사진은 물론 설치미술과 멀티미디어 아트 등 다양한 장르의 작품을 소장하고 있다. 쉬빙, 왕광이, 장샤오강, 구더신 등 세계적인 중국 작가들은 물론 전제陳杰와 장즈蔣志, 후샤오위안胡曉媛 등과 같은 70~80년대 이후에 태어난 젊은 작가들의 전시도 선보인다. 특히 갤러리 창문 너머로 보이는 황푸강과 건너편 푸둥의 풍경은 산책로에서는 볼 수 없는 색다른 전망을 선사한다.

록번드 미술관

와이탄 북쪽 끝 쑤저우 천 바로 아래에 위치한 록번드 미술관上海外滩美术馆, RAM: Rockbund Art Museum은 건물 자체만으로도 눈길을 끈다. 황푸 강변에 늘어선 건물군보다 규모는 작지만 아르데코 양식과 중국 전통문양이 결합된 보기 드문 형식의 건물이기 때문이다. 이 건물은 1932년 영국 건축가 조지 윌슨George L. Wilson이 지었으며, 한때 자연사, 공예품 박물관인 '상하이 박물관'으로 사용되기도 했다. 상하이 박물관은 중국 최초의 현대식 박물관이었다.

2010년 5월에 개관한 록번드 미술관은 6층 건물 전체를 사용하고 있다. 런던의 테이트 모던과 베를린의 노이에 미술관의 복원, 설계에 참여했던 영국인 건축가 데이비드 치퍼필드David Chipperfield가 이 미술관을 리모델링했다. 그는 건물이 지니고 있는 역사적, 문화적 의의를 최대한 살려 1930년대 아르데코 스타일의 외관과 인테리어를 그대로 살

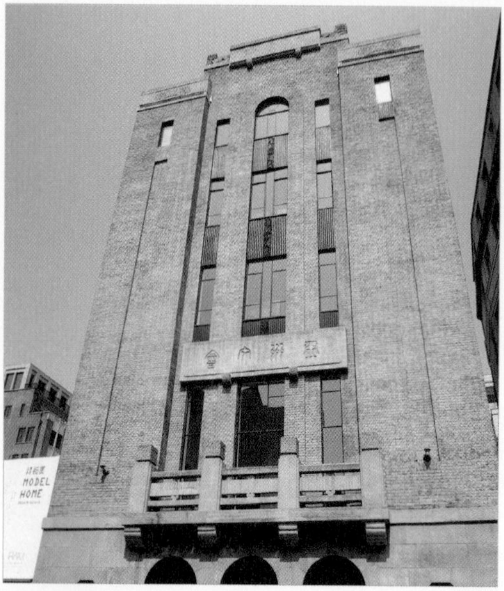

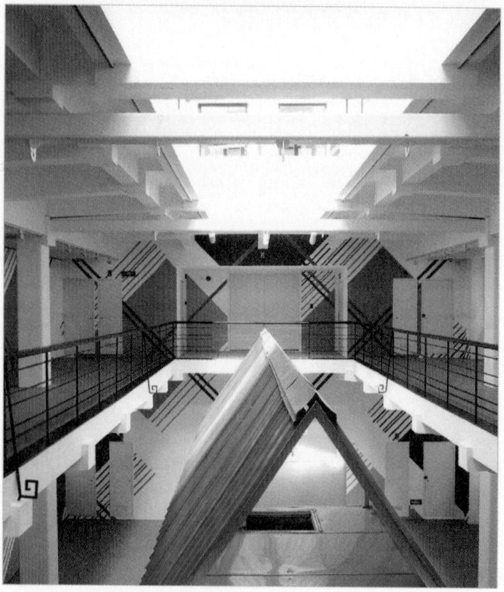

중서융합의 독특한 외관을 자랑하는 록번드 미술관 외관과 내부.

리고 미니멀리즘을 조합시켜 포스트모던한 분위기로 재탄생시켰다. 특히 건물 중앙 부분이 오픈되어 있어 대규모 설치작품 전시도 가능하다. 개관전으로 대형 작품으로 유명한 차이궈창의 전시를 했다. 그의 〈농민 다 빈치〉 프로젝트는 잠수함, 비행기, 로봇 등을 동원해 6층까지 꽉 채운 형태라 록번드 미술관의 공간을 매우 유용하게 활용할 수 있었다. 그 외에 쩡판즈, 장환 등 주로 중국 현대미술 대가들의 개인전을 했으며 한국 작가 최정화가 그룹전에 참여한 적이 있다.

전시 외에도 'Night@RAM'이라는 프로젝트를 통해 영화 상영, 문학, 공연, 뉴미디어, 음악회, 워크숍 등 다양한 프로그램을 운영하고 있다. 이를 통해 일반인들이 현대미술을 좀 더 친근하게 느낄 수 있게 해주고, 다양한 문화적 욕구를 충족시켜주면서 명실상부 와이탄의 문화 중심지로 자리매김하고 있다. 특히 미술관 맨 위층에 있는 테라스 카페는 와이탄 최상의 전망을 자랑한다. 2층에서 5층까지 이어지는 전시를 보고 6층에 가면 카페가 나오는데, 손에 잡힐 듯한 푸둥의 동방명주와 황푸강을 가로지르는 외백도교를 느긋하게 감상할 수 있다.

18화랑

와이탄의 근대건물 중 중심부인 18호에 위치해서 이름이 18화랑이다. 1923년에 신고전주의 양식으로 지어진 이 건물은 한때 스탠다드차타드 은행 상하이 분점이 있던 곳이다. 1949년 신중국 건설 이후 이 건물은 비어 있었지만, 현재 명품 브랜드 숍들이 입점해 있다. 2002년부터

2년간의 보수공사를 걸쳐 2004년 9월 옛 모습을 그대로 재현해 재개관한 이 건물은 2006년 '유네스코 아시아-태평양 문화유산상'을 수상하기도 했다. 이 건물 4층에 있는 18화랑은 와이탄의 새로운 예술 명소로, 주로 중국의 젊은 작가들과 큐레이터를 발굴하는 데 주력하고 있다. 전시하는 작품들도 대부분 세련되고 감각 있는 현대미술 작품들이다. 중국의 1세대 모더니스트 조각가이자 전위미술가인 왕커핑을 비롯해 줄리안 슈나벨, 장환, 장젠姜吉安 등 중국과 서구의 동시대 작가들을 소개하고 있다.

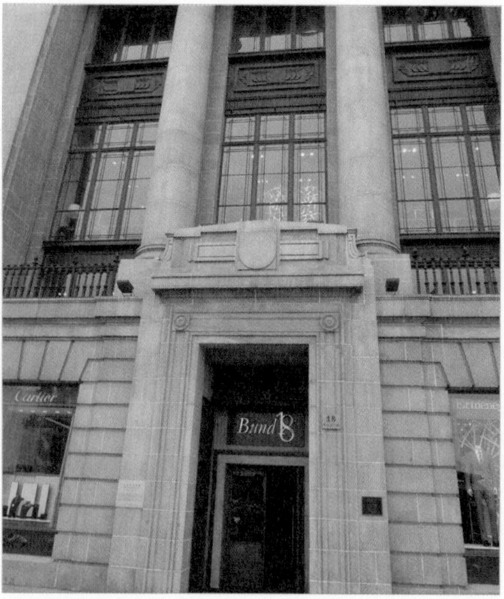

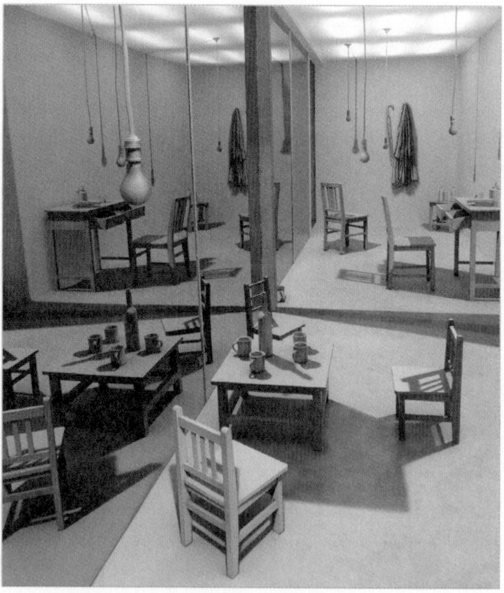

18 화랑의 외관과 장젠의 설치작품 〈두개의 방〉이 전시 중인 내부.

어라운드 스페이스

2006년에 설립된 어라운드 스페이스周圍藝術, Around Space'는 상하이에서 가장 영향력 있는 컨템퍼러리 아트 갤러리 중 하나다. 이곳은 한때 상 아트에서 일했던 천밍밍陳明明과 그의 남편 제프 쩌우Jeff Zou가 원래 웨이하이루 696이란 예술지구에 세웠던 갤러리다. 상하이 시내 서쪽에 있는 공장으로 쓰이다 버려진 근대건물들에 들어선 웨이하이루 예술구는 어라운드 스페이스와 작가들의 작업실, 영화공작소 등이 모여 있는 곳이었다. 그곳에서는 다른 예술구에서 느낄 수 없는 언더그라운드 아티스트들의 신선함이 있었다. 하지만 정부가 건물을 비즈니스 센터로

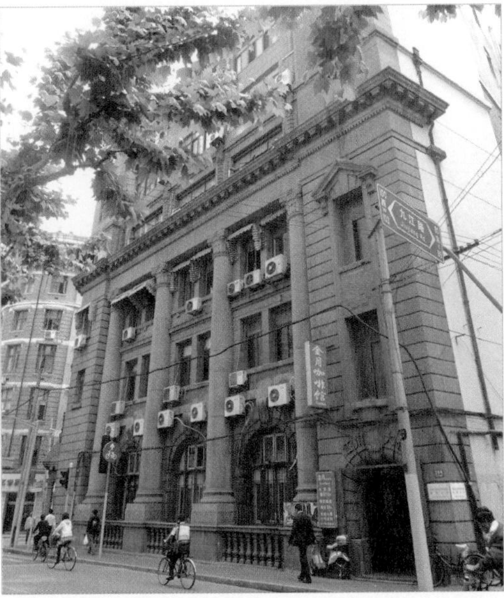

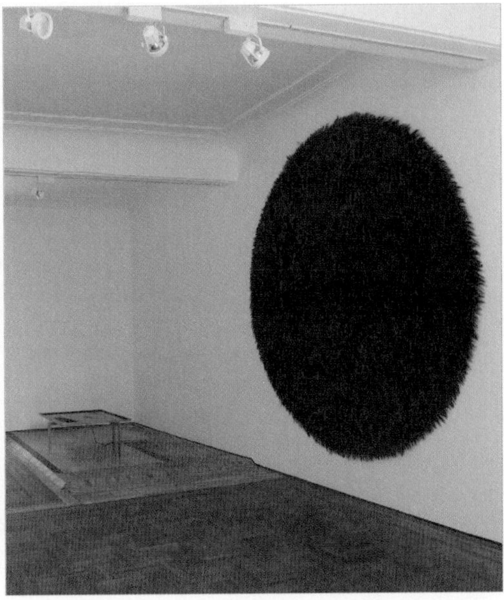

어라운드 스페이스 외관과 전시장.

개조하는 바람에 입주했던 화랑과 예술가들은 모두 철수해야 했다. 한동안 새로운 갤러리 부지를 물색하던 밍밍과 제프 부부는 2011년 6월, 와이탄의 근대건물 4층으로 이사했다. 아담한 규모의 어라운드 스페이스는 젊은 작가들의 차분하고 절제된 색감의 추상작품과 사진작품을 주로 소개하고 있다. 전속작가들은 한펑韩锋, 량빈빈梁彬彬, 여우리游莉 등 주로 1970~80년대에 태어난 젊은 작가들이 대부분이다.

스튜디오 루즈

와이탄의 개성파 갤러리 스튜디오 루즈Studio Rouge는 외관부터 남다르다. 영국 조계지였던 푸저우루에 검은 벽돌로 지어놓은 빅토리아식 건물은 지나가는 이들의 시선을 끈다. 고풍스러운 건물에 도발하듯 감각적인 핑크색의 인테리어를 덧입힌 이곳은 얼핏 보면 뷰티 살롱이나 패션 매장 같기도 하다. 이곳은 젊은 중국 작가들을 양성하는 플랫폼을 표방하고 있는 소규모 갤러리다. 2004년 와이탄에 스튜디오 루즈를 설립한 호주 출신의 큐레이터 조지 미첼George Michell은 신선하고 도전적인 중국 현대미술을 발굴하고자 한다. 이곳에 오면 회화뿐 아니라 유리, LED 조명 등 감각적인 재료를 사용한 새로운 작품들을 만날 수 있다. 천링강陈灵刚, 청웨이程伟, 마오위毛宇 등 주로 1970~80년대 이후에 출생한 젊고 감각 있는 작가들을 후원하고 있다. 2008년에는 M50에 분관을 설립했다.

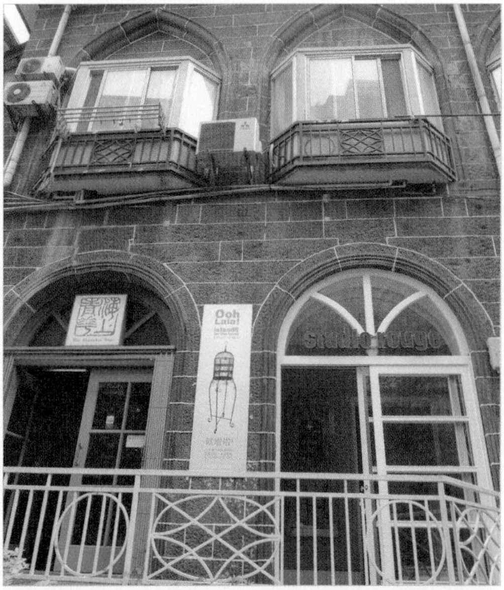

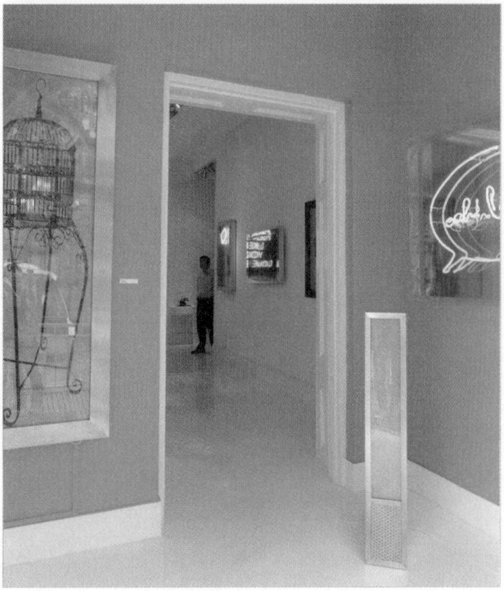

빅토리아풍 건물에 입주한 스튜디오 루즈의 감각적인 전시장.

| 어라운드 스페이스의 관장 천밍밍을 만나다 |

어라운드 스페이스를 시작하게 된 배경이 궁금합니다.

난징예술대학에서 디자인을 전공하고, 상 아트에서 일하다가 독립하여 웨이하이루 696 예술구에 화랑을 차렸어요. 그런데 시정부가 상업단지로 개발한다고 해서 2011년 이곳 와이탄으로 이사했지요. 그때나 지금이나 어라운드 스페이스는 주로 국제적 감각과 젊은 감성을 보여주는 동시대 회화나 사진작품을 선보이고 있습니다.

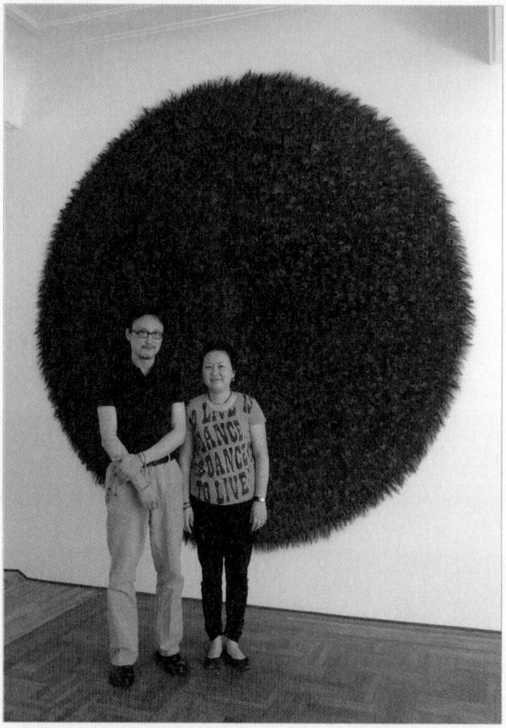

어라운드 스페이스 설립자 천밍밍 관장과 그녀의 남편 제프 쩌우.

금융위기 이후 중국 미술계에는 어떤 변화가 생겼나요?

2008년 금융위기로 수많은 갤러리들이 문을 닫았어요. 반면 꾸준히 좋은 전시를 기획하는 역량 있는 갤러리들은 살아남았습니다. 엑스포 이후 상하이 미술계는 꾸준한 성장을 보이고 있어요. 새로운 갤러리와 기존 공간을 재정비한 전시 공간이 증가하면서 동시대 미술을 소개할 수 있는 장소가 수적, 질적인 면에서 확대되었죠. 홍콩은 아시아 미술시장의 중심지로 떠오르고 있고요. 홍콩정부는 미술관의 세금도 감면해주고, 중국처럼 이런저런 규제가 거의 없어요. 중국이 경제적 성장을 이루면서 중화권 상류층 미술애호가들의 구매력이 홍콩으로 몰리고 있는 추세입니다.

요즘 상하이에서 활동하는 현대미술 작가들의 경향을 분석한다면?

상하이는 작가들의 그룹활동이 활성화된 베이징과는 달리 개인적으로 작업하는 작가들이 대부분입니다. 상하이의 작가들은 정치적인 이슈나 사회문제에 반응하기보다는 대서사에 반하는 추상미술과 일상을 소재로 한 작품들을 제작하는 경향이 큽니다.

최근 중국 젊은 작가들의 트렌드는 무엇인가요?

크게 중국 전통문화를 베이스로 작업하는 부류와 국제적인 조형언어를 기반으로 작업하는 부류로 나뉩니다. 후자는 주로 해외 유학파로 전 지구적 감성과 스타일이 몸에 밴 사람들이죠.

최근 상하이 미술시장의 분위기는 어떤가요?

베이징에 비해 상하이 미술시장의 규모는 작은 편이지만 자유분방하고 개방된 분위기라 외국인 아트딜러들이 많이 주목하고 있어요. 아직은 국내 투자자들보다 외국인이나 홍콩인 컬렉터들이 많죠. 아쉬운 점은 중국인 컬렉터들 대부분이 미술품을 작품이라기보다는 단기간에 이익을 보장해줄 투자대상으로만 여기는 거예요. 잘나가는 졸부가 미술작품을 샀다가 얼마 안 되어 가격이 떨어지면 바로 팔아치우는 경우도 봤어요.

그래도 부유층에서 미술계에 투자를 많이 하면 도움이 되지 않을까요?

그런 식의 투자는 별로 반갑지 않아요. 이런 사람들은 정부에서 미술관 건립용 토지는 시가보다 30퍼센트나 싸게 제공하기 때문에 그 차익을 노리는 것도 있어요. 진정으로 현대미술을 사랑해서 미술관을 짓는 부동산 재벌은 찾아보기 어렵습니다.

향후 중국 현대미술 발전을 위해 개선되어야 할 점은 무엇인가요?

전반적으로 중국인들은 현대미술에 대한 조예나 배경 지식이 너무 취약합니다. 이런 부분에서 개선이 필요하죠. 실제로 유명한 작가, 잘나가는 이름만 듣고 와서 작품은 보지도 않고 사는 구매자들도 많아요. 그나마 미술작품 구매의 90퍼센트 이상이 외국인들에 의해 이루어지고 있는 실정이지만 말이죠.

언제쯤 현대미술에 애정을 가진 일반 중국인들이 직접 미술작품을 선별하고 수집을 할 수 있게 될까요?

아마도 다음 세대에나 가능할 것 같습니다. 중국인들에게는 장기간 체계적인 미술교육이 필요합니다. 그나마 해외 유학파들이 중국에 돌아와서 수준 높은 미술애호가가 될 가능성이 있죠.

| 모간산루 50번지 |

M50을 가다

상하이 남부를 가로지르는 쑤저우강 주변에는 공장지대도 아니고 주거지도 아닌 한적한 동네가 하나 있다. 긴 담장 벽에는 중국에서는 좀처럼 보기 힘든 그래피티가 가득하고, 젊은 그라퍼들이 작업하는 모습도 볼 수 있다. 그 길을 10분 정도 쭉 가다 보면 'M50 모간산루 예술종합단지'라는 사인이 보인다. 베이징의 798처럼 대로변에 있지 않아 입구가 눈에 잘 띄지 않지만 아담하고 깔끔한 초입이 정감을 불러일으킨다.

'모간산루 50번지莫干山路50号'의 정식 명칭은 '춘밍이수찬예위안春明藝術産業園'이다. 원래 이곳은 1973년 민족방적공장으로 조성되어 창고와 사무실이 있던 곳이었다. 1990년대부터 쇠락해 거의 방치되어 있던 이곳에 1998년 대만의 저명한 건축가 덩쿤옌登琨艶이 작업실을 만들자, 곧 가난한 젊은 예술가들이 모여들어 지금의 예술촌을 형성했다. 2004년 이름을 'M50'으로 바꾼 뒤 불과 수년이 지난 현재, 중국 전역에서 몰려든 130여 명이 넘는 예술가들과 미국, 홍콩, 프랑스, 영국, 일본, 스위스 등 다국적 갤러리들, 영화제작사, 건축회사 등이 둥지를 틀고 미술애호가와 관광객을 끌어들이고 있다. 중간중간 가볍게 둘러볼 수 있는 골동품 상점이나 아트 숍, 레스토랑 겸 카페도 제법 많다.

버려진 공업지구에서 대규모 예술촌으로 변모하여 같은 여정을 걸었던 베이징 798과 비교하면 규모가 상당히 작은 편이지만, M50은 어느새 상하이 여행코스에서 빠지지 않는 관광 명소로 자리 잡았다. 매년 3월과 9월에는 갤러리들이 모여 연합전시를 개최하니 그 시기에 방문하는 것도 좋다. 아무래도 베이징 798보다 좀 더 일찍 조성되고 규모가 작아서 그런지 비어 있는 건물은 거의 없고, 예전에 공장이나 창고였을 법한 공간마다 크고 작은 갤러리들과 작가의 작업실이 21개의 공장동에 칸칸이 들어차 있다. 중국 예술지구의 큰 특징 중 하나인 갤러리와 화가의 작업실이 함께 있어 자유롭게 작업 중인 화가의 작품을

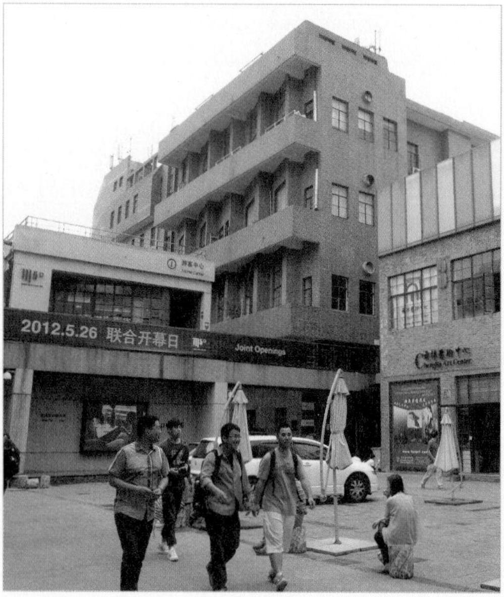

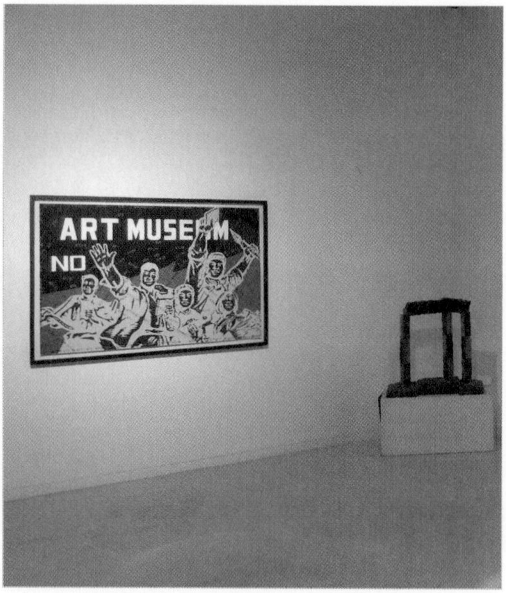

모간산루 풍경.

엿볼 수도 있고, 즉석에서 가격을 흥정해 작품을 살 수도 있다.

상 아트 갤러리

베이징 798에 울렌스 센터가 있다면 상하이 M50 16호 건물에는 상 아트 갤러리香格納畵廊, ShangArt Gallery가 있다. 이곳은 상하이 미술 관계자들이 단연 추천하는 곳으로, 수준 높은 전시를 선보인다. 스위스인 로렌츠 헬블링이 설립한 상 아트 갤러리는 그야말로 '시작은 미미했으나 끝은 창대한' 중국 최초의 해외 화랑이다. 1996년 헬블링이 상하이의 한 호텔 통로를 막아 전시장을 만들어 중국 최초의 사설 갤러리를 오픈했을 때만 해도 중국 미술계에는 미술시장이란 개념조차 없었다. 헬블링은 상 아트를 오픈하고 전 세계의 큐레이터와 박물관, 미술관 등지에 편지를 보냈다. 그 결과 저명한 스위스 출신 큐레이터 하랄드 제만과 가이 울렌스의 관심을 끌어내, 상 아트 출신의 중국 작가들을 국제무대에 소개하는 데 큰 공을 세웠다. 무엇보다 그는 상하이 출신 아티스트들의 잠재력을 일찍 발견하여, 1993년 상 아트 간판급 화가인 딩이와 리산李山, 위여우한 등을 베니스 비엔날레에 진출시키는 것은 물론, 왕광이, 쩡판즈, 저우톄하이周鐵海, 류젠화劉建華, 왕광이, 쩡판즈, 양푸둥楊福東 등을 세계적인 아티스트로 만드는 데 공헌했다.

2000년 바젤 아트페어에 참가한 중국 최초의 갤러리가 된 이후 상 아트는 꾸준히 국제 아트페어에서 활약하며 중국 현대미술 발전을 이끌고 있다. 이제는 중국 작가가 상 아트에서 전시를 한다면, 곧 국제무대에 진출해도 손색이 없을 정도로 기량이 뛰어나다는 의미로 통할 정도다. 2004년 모간산루로 이전하면서 상 아트 갤러리는 상하이에서 가장 오래되고 영향력이 큰 현대미술 갤러리로 변신했다. 런던의 저명한 미술 출판사인 테임즈 앤드 허드슨이 선정한 밀레니엄 이후 가장 유망한 갤러리 75곳 중 중국 갤러리로는 유일하게 이름을 올리기도 했다.

현재 상 아트는 중국 전역에 본점을 포함해 4개의 전시공간을 확보하고 있다. 우선 상하이에는 사무소와 전시실이 있는 상 아트 본점(빌딩16)과 대형 설치작품 전시공간인 H-space(빌딩18), 그리고 상하이 북부 타오푸 예술구에 대형 설치작품을 전시하는 복합전시공간이 있다. 베

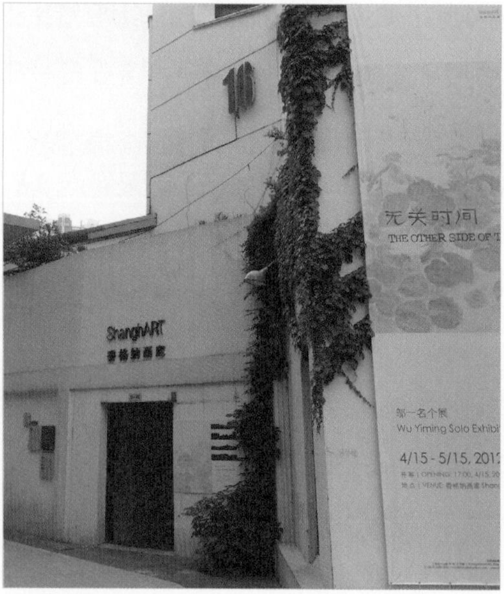

모간산루 내 상 아트 갤러리 본관.

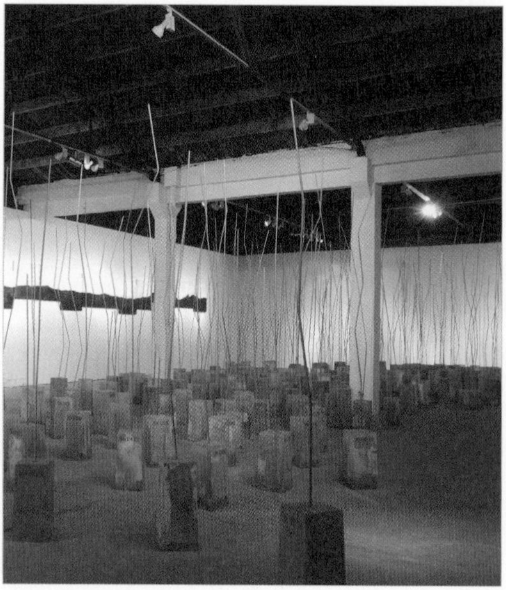

대형 설치작품을 전시할 수 있는 상 아트 H-SPACE.

이징 차오창디에도 상 아트 베이징을 개관했다. 전속 작가로는 선판申凡, 딩이, 리산, 스융施勇, 왕광이, 양푸둥, 위여우한, 쩡판즈, 저우톄하이, 자오반디赵半狄 등 40명이 넘는 최정예 국제적 아티스트들이 있다.

아트 신 웨어하우스

아트 신 웨어하우스Art Scene Warehouse는 베이징 따산즈에 있는 아트 신 차이나의 상하이 분점으로 M50에서 가장 규모가 큰 현대미술 갤러리다. 주로 젊은 현대미술 작가들의 세련되고 참신한 회화, 사진작품을 선보

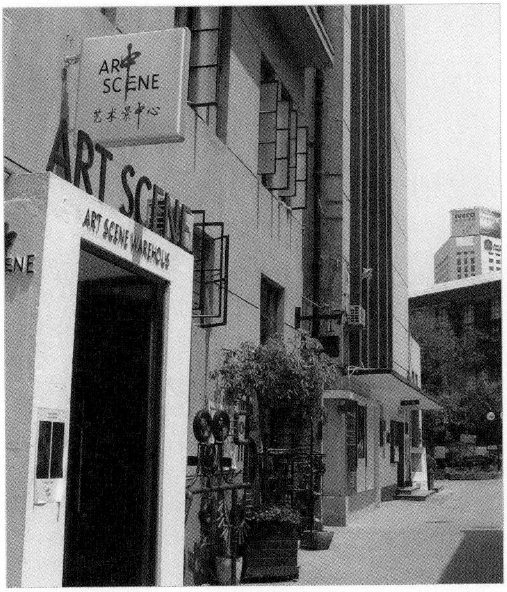

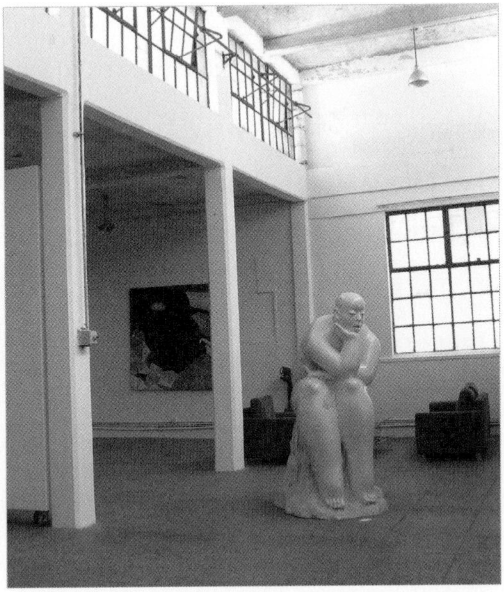

아트 신 웨어하우스 건물과 전시장.

이며, 미술작품 전시뿐 아니라 대기업과 합작한 패션쇼 등 다양한 이벤트를 열어 한적한 예술구에 활기를 불어넣고 있다.

2005년부터 중국 미술계의 새로운 얼굴들을 찾기 위해 미술공모전을 열고 있으며, 이를 위해 전 세계 미술관 관계자 및 전시기획자들을 초청해 20명의 작가들을 선정한다. 전속 작가로는 1970~80년대 이후에 태어난 젊은 작가들이 대부분이다.

이스트링크 갤러리

이스트링크 갤러리東廊藝術, Eastlink Gallery는 원래 프랑스 조계지였던 지역의 작은 건물에 있다가 더 넓은 공간을 찾아 2000년 쑤저우 항구 주변의 옛 공장부지로 이전했다. 이때 야심차게 중국 젊은 작가들을 발굴해 기획전을 잇달아 성공시켰는데, 가오 형제, 리잔양李占洋 등을 들 수 있다. 상하이 도심이 개발되면서 갤러리 건물이 철거되자, 이스트링크 갤러리는 M50으로 이전, 정착했다. 드넓은 전시공간을 확보하고 있으며, 전속 작가로는 창신苍鑫, 둥밍광董明光, 관스关矢 등 20여 명의 중견 및 신인작가들이 있다.

| 홍팡 |

제철소에서 예술지구로

베이징의 왕징처럼 한국 교민들이 많이 사는 상하이 서남부 홍차오 부근에 대규모 예술지구가 하나 있다. '홍팡紅坊' 혹은 붉은 벽돌의 공장 건물들 때문에 '레드 타운Red Town'이라 불리는 이곳은 예전에는 제철소가 있던 곳이다. 2005년부터 예술구로 지정된 홍팡은 민성 현대미술관

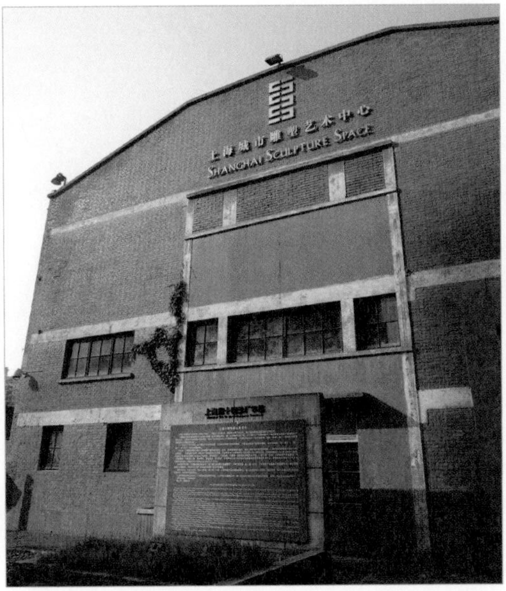

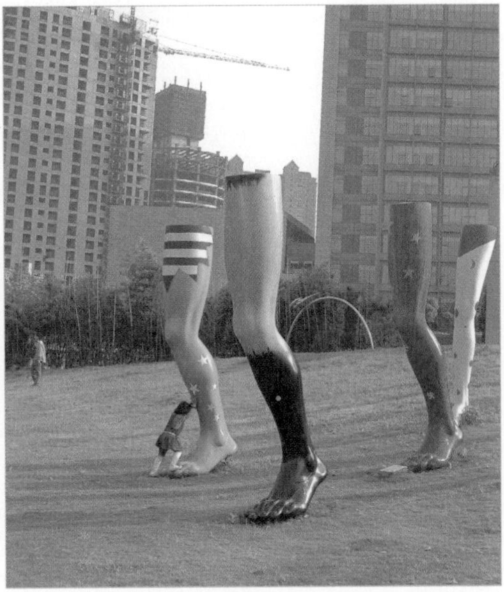

홍팡에 있는 상하이 조각예술센터와 옥외 전시장.

과 상하이 조각예술센터를 비롯해 예술가들의 작업실, 카페, 레스토랑 등이 들어서면서 상하이 서남쪽의 새로운 명소로 떠오르고 있다. 포화 상태에 이른 M50과 시내 곳곳에 흩어져 있던 소규모 예술구에 있던 갤러리와 예술가들이 하나둘 이곳으로 이주하면서 그 규모가 점점 커지고 있다.

홍팡은 과거 공장건물의 붉은 벽돌과 녹슨 철제 구조물들을 그대로 남겨둬 비주류 예술구의 느낌이 드는 한편, 잘 다듬어진 야외 잔디밭은 유원지 같아 묘한 대조를 이룬다. 다른 예술구와 차별성이 있다면 회화보다 조각작품이 많다는 점이다. 특히 도심에서 좀처럼 보기 힘든 광활한 잔디밭에 기발한 조각작품들이 흩어져 있는 조각공원은 시민들의 휴식처로 사랑받고 있다. 철강 공장 터의 철골 구조물의 특성을 그대로 살려둔 상하이 조각예술센터에는 조각 갤러리와 인테리어 및 디자인 회사 등이 입주해 있고, 미술서적 전문 서점을 비롯해 카페, 바, 비달사순 아카데미, 이탈리아 가구점 등도 함께 모여 있다. 전위적이라기보다 다소 상업적이고 키치스럽기까지 한 조각작품들이 취향에 맞지 않으면, 민성 미술관을 들러볼 것을 권한다. 중국 내에서도 수준 높은 현대미술 작품들을 볼 수 있을 테니 말이다.

민성 미술관

2008년 9월에 개관한 민성 미술관民生现代美术馆, Minsheng Art Museum은 예술 분야에 지원을 아끼지 않으며, 현지에서 가장 영향력 있는 컬렉터 그룹으로 알려진 민성 은행이 투자해 만든 미술관이다. 이곳은 아시아와 서구 현대미술의 교류와 전시를 기획하는 데 매진해왔는데, 특히 우리나라 미술계와 인연이 깊다. 2010년에는 윤재갑 씨가 디렉터로 내정되어 그해 8월《플라스틱 가든-한국 당대미술전》이 열리기도 했다. 이 전시에는 배병우, 최정화, 이용백, 김기라, 정연두 등 현재 한국 현대미술을 대표하는 작가 16명이 초대돼 작품 64점이 소개되었다. 중국의 대형 미술관에 한국인이 전시 총책임자로 영입된 것, 한국 작가들이 한자리에 대거 소개된 것은 현지에서 처음 있는 일이라 큰 화제가 되었다.

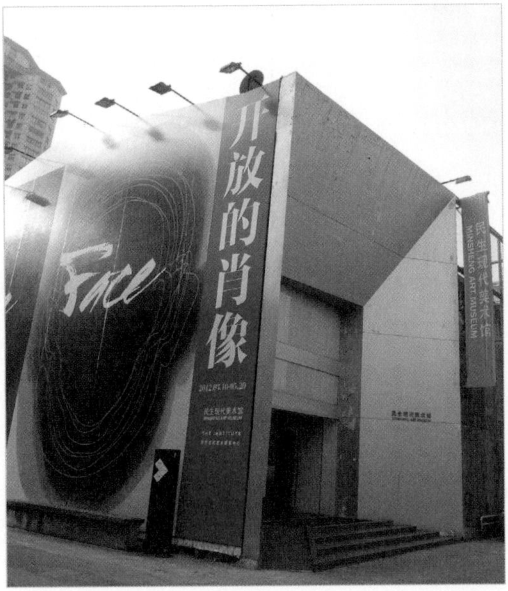

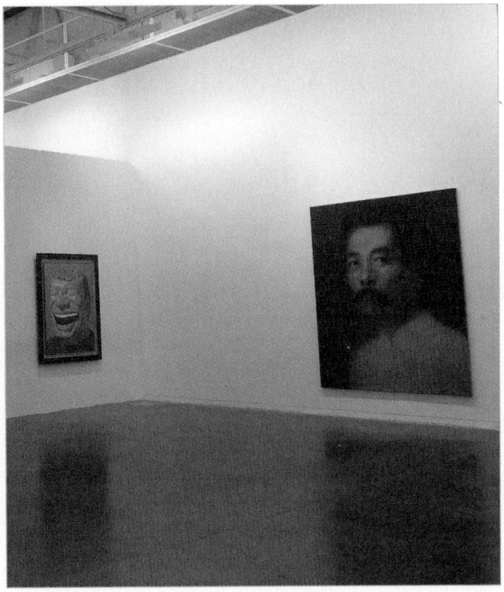

민성 미술관 입구와 전시장 내부.

민성 미술관의 학술연구소인 '민성당대예술연구중심民生當代藝術研究中心'은 수준 높은 미술이론서 및 도록을 발간하고 있다. 최근에는 『중국 컨템퍼러리 아트 30년사』, 『중국 비디오아트 20년사』 등 1979년부터 2009년까지 중국 현대미술사를 총망라한 학술서를 출간했다.

2012년 5월, 이곳을 방문했을 때는 《Face-개방적 초상》이란 타이틀로 76명의 중국 기성작가와 신인작가들을 한곳에 모은 기획전이 열리고 있었다. 1980년대에 주로 리얼리즘 계열의 작품을 선보였던 뤄중리, 폴리티컬 팝 계열의 위여우한, 왕광이는 물론 장샤오강, 예융칭, 마오쉬후이 같은 1940~50년대생 작가들부터, 60년대에 태어난 웨민쥔, 팡리쥔, 스융은 물론 인차오양, 양푸둥 등 70~80년대에 태어난 작가들을 한자리에 모은 대형전시였다. 예전과 작업 스타일이 180도 바뀐 작가, 시간이 흐르면서 서서히 진화하는 작가 등 다양한 스타일의 변천사를 엿볼 수 있고, 중국 당대미술의 세대별 특성도 어느 정도 구분할 수 있게 해준 의미 있는 전시였다.

| 민성 미술관의 전시총감독, 천시晨夕를 만나다 |

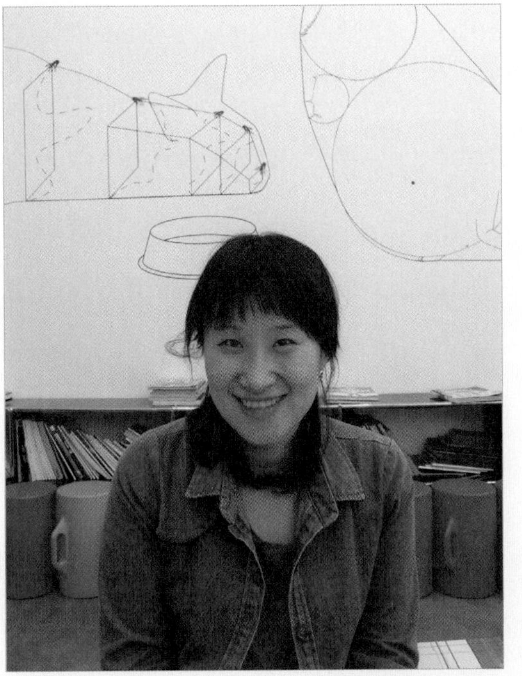

민성 미술관 전시총감독 천시.

향후 민성 미술관의 운영 방향 및 계획을 듣고 싶습니다.

2013년 우리는 일종의 새로운 전환기를 맞을 겁니다. 우선 내년 새로운 예술구로 이사를 할 예정입니다. 중국정부가 푸둥 엑스포 단지 내에 대규모 예술지구를 조성할 예정인데, 민성 미술관이 솔선수범해서 입주하기를 바라고 있거든요.

그렇게 되면 예전보다 더 영향력이 커질 것 같군요.

일단 시내 중심에서 가깝고, 임대료 면에서도 레드 타운보다 나을 것 같습니다. 정부에서는 2013년 민셩 아트 비엔날레를 단독으로 개최할 것을 원하고 있어요.

예전에 윤재갑 씨가 총감독이 되어 한국현대미술전을 개최한 적이 있었죠?

그때 상당히 인상적이었습니다. 중국에 한국미술이 소개된 적이 별로 없었는데, 한국 작가들의 기량이 매우 뛰어나서 놀랐어요. 저는 특히 구본창, 정연두 두 작가의 작업이 참 좋았습니다. 한국 작가들은 매우 사적이고 내밀한 개인의 감성을 표현하는 데 탁월해 보입니다. 버려진 공간과 일상에서 흔히 볼 수 있는 사물에 생명력을 불어넣는 작가의 관찰력과 섬세한 마음씨가 느껴져요.

민성 미술관은 중국 미술계에 어떤 영향을 미쳤나요?

민성 은행이 설립한 우리 미술관은 중국의 기업들이 예술과 문화 후원에 눈을 뜨고 투자하게 만드는 시초가 되었습니다. 민성 은행이 솔선수범해서 문화예술계에 투자하고 미술관을 지어 예술작품들을 구입하면서 많은 중국 기업들을 자극하고 귀감이 되었죠.

| 타오푸 M50 예술구 |

한적한 신규 예술촌

M50에서 택시를 타고 약 30분 정도 서북부로 향하면 '타오푸桃浦'에 도착한다. 시내에서 상당히 멀리 떨어진 이곳은 흡사 개혁개방 초기 시절 중국 중소도시의 스산한 모습을 연상케 한다. 높은 건물은 거의 없고, 소규모 공장지대에 물류센터 같은 창고만 눈에 들어오고 인적도 드물다.

2010년 6월 3일, 오래된 방직공장과 물류창고가 있던 웨이둥루 18호에 'M50 예술구 타오푸 분원'이 조성되었다. M50 예술구가 조성된 지 10년이 흐르면서 점차 포화상태가 되어가자 공간 문제를 해결하기 위해 서북부에 대규모 예술구를 조성한 것이다. 이를 통해 갤러리와 작가들의 공간에 대한 수요도 충족시키고, 경제적, 문화적으로 낙후된 상하이 서북부 공업지대를 발전시키고자 한 시 당국의 의지가 반영된 것으로 볼 수 있다.

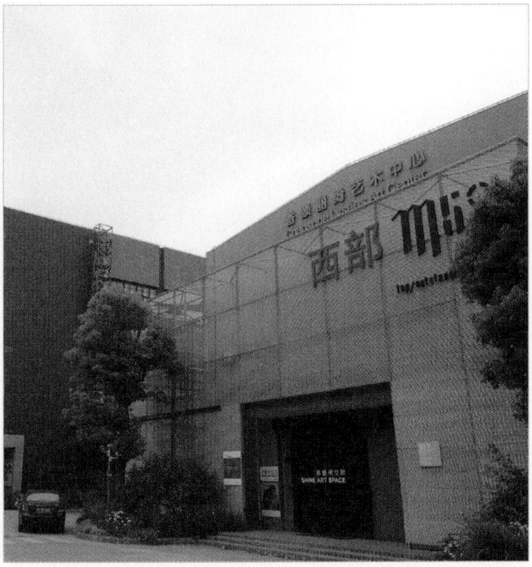

타오푸 M50 초입 풍경.

공장지대를 개조한 예술구치고는 여기저기서 예쁜 꽃들을 볼 수 있고, 건물도 말끔하게 단장되어 있다. 또한 카페 등 편의시설도 갖춰져 있어 반나절 코스로 나들이하기에도 좋다. 상하이 시내에서 꽤 멀지만 지하철 11호선 치롄산루祁連山路가 연결되어 있고 역에서 10분 거리라 찾아가기 어렵지 않다. 현재 이곳에는 상 아트 타오푸 예술창고를 비롯해 'ART BABA' 같은 갤러리들, 류젠화, 양푸둥, 선판 등 상 아트 소속 작가들의 작업실이 입주해 있다.

상 아트 타오푸

타오푸 예술구는 상 아트 타오푸香格纳桃浦展库'에 가기 위해서라도 꼭 들러볼 만하다. 2010년 방직공장 창고를 개조해 입주한 상 아트 타오푸는 중국 최초의 창고형 미술관이다. 지우창의 아라리오 베이징을 벤치마킹했는지 붉은색으로 창고 전체를 칠해 놓아 시선을 확 잡아끈다. 전시실은 전속 작가들의 대형 설치작품과 조각작품으로 채워져 있다. 대부분 상하이 비엔날레, 광저우 트리엔날레 같은 국제적인 행사에 전시되었다가 상 아트가 인수한 작품들이다. 본점인 M50에서는 공간이 부족해 수장고에서 잠자고 있던 대형 작품들이 한 공간에서 한꺼번에 전시되는 풍경은 그야말로 스펙터클해 크나큰 시각적

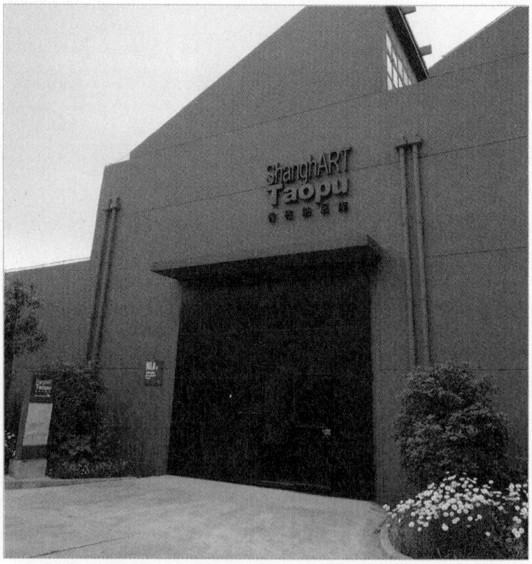

상 아트 타오푸.

충격을 선사한다.

안으로 들어가면 대규모 미술공장을 방불케 하는 공간이 나타난다. 가장 먼저 스칭이 공장 건물의 베니어판을 사용해 제작한 설치작품 〈공장〉(2009)이 눈에 들어온다. 전형적인 공장의 모습을 재현한 이 작품은 철거 현장에서 나온 가구들을 분해해 재조립한 것이다. 바로 옆에는 양푸둥의 대형 조각작품 〈푸른 기린〉(2008)이 있다. 흡사 고대 궁궐터에서 발굴한 듯한 고색창연한 기둥이나 서까래도 북방의 작은 마을의 석공소에서 만들어낸 작품이다. 이 작품은 2008년 광저우 트리엔날레 수상작이다.

전시장을 맴돌다 보면 낯익은 작가 왕광이의 조각작품 '대비판 시리

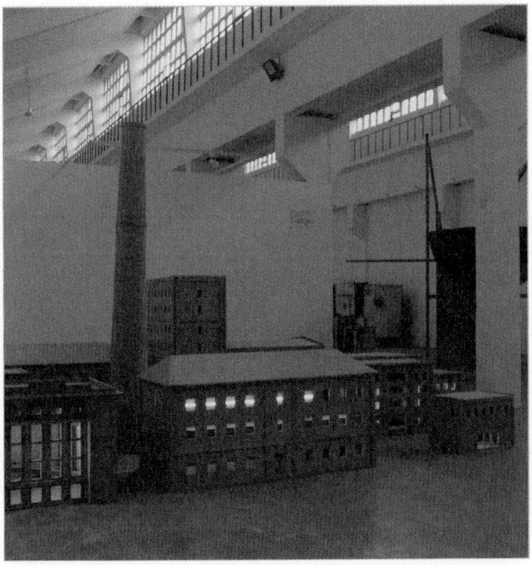

스칭, 〈공장〉, 컨테이너 목재, 가구, 2009.

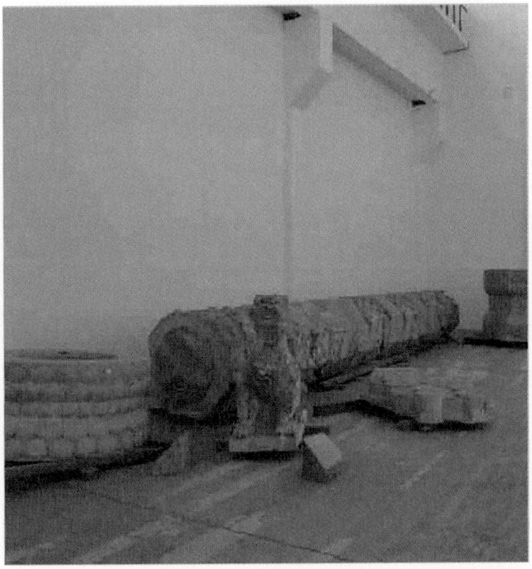

양푸둥, 〈푸른 기린〉, 조각, 2008.

즈'도 보인다. 아직 중국에 비디오아트 개념이 정착하기 전인 1994년 낡은 자전거 바퀴에 카메라를 장착하고 베이징 거리 곳곳을 찍은 주자朱加의 작품도 인상적이다. 마치 개혁개방 시대의 급변하는 중국사회를 반영하듯 360도로 어지럽게 회전하는 카메라는 1990년 중국사회가 품고 있던 시대상을 일깨운다. 그중 스케일 면에서 단연 압권인 작품은 상하이 출신의 작가 쉬전徐震의 〈공룡〉(2007)으로, 얼핏 영국 작가 데이미언 허스트의 절단되어 수조에 방부 처리된 동물 시리즈의 패러디처럼 보인다. 폭 9미터, 높이 3미터에 달하는 이 유리 수조 속에는 반으로 절단된 공룡 한 마리가 들어 있다. 전시실의 막다른 벽에 다다르면 선판의 대규모 설치작품 〈산수-황빈홍을 기념하며〉(2006)가 나타

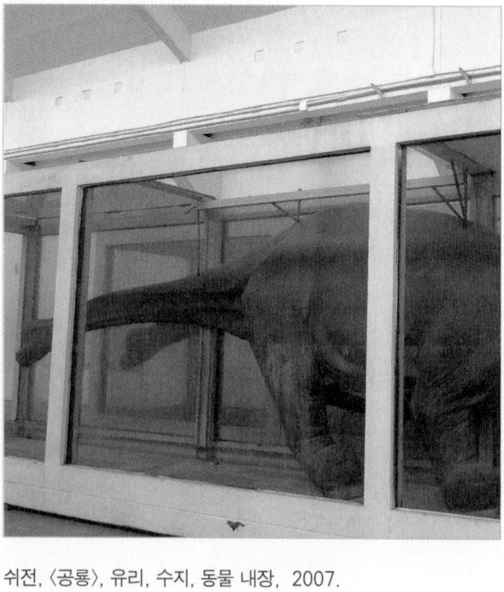

쉬전, 〈공룡〉, 유리, 수지, 동물 내장, 2007.

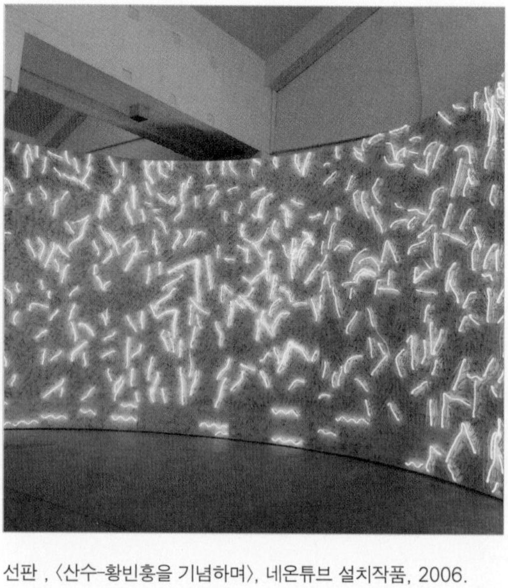

선판 , 〈산수-황빈홍을 기념하며〉, 네온튜브 설치작품, 2006.

난다. 폭 10미터, 높이 5미터의 대형 병풍을 펼쳐놓은 듯한 이 작품은 2,520개의 네온튜브로 구성되어 있으며, 7시간 내내 각 네온튜브에 차례로 불이 들어오면 2~3초 동안 짧은 음악이 연주된다. 거문고 현을 튕기는 듯한 소리가 흘러나오는데, 선의 모양과 길이에 따라 각각 다른 음이 나오도록 입력되어 있다. 전통 산수의 대가 황빈훙에게 영향을 받았지만, 번쩍이는 네온으로 이루어진 선들은 현대의 도시 풍경을 연상시킨다.

| 중국의 경매시장과 아트페어 |

중국미술 경매시장

중국은 서양과 달리 화랑보다 경매회사가 먼저 생겼고, 대부분의 미술품이 화랑이 아닌 박람회와 경매시장을 통해 거래된다. 개혁개방 전 중국의 미술시장은 1950년대 '공사합영公私合營'(국가와 민간이 공동으로 투자, 경영하는 것)을 통해 소규모로 형성되었으나, 문화대혁명 기간에 거의 사라지다시피 했으며 골동품 상점도 자취를 감추어 중국의 미술시장은 오랜 세월 침체기를 겪었다. 한동안은 서예작품과 문방구를 다루는 '룽바오자이榮寶齋', '둬윈쉬안朵雲軒' 등 소수의 국영 서예작품 상점과 문화재 수집 및 판매를 담당하는 국영 문화재 상점만 있었다. 문화재와 예술품은 지정된 장소에서만 거래할 수 있었고, 수천 년 동안 이어졌던 골동품이나 미술품을 수집하는 풍습은 민간에서 겨우 명맥을 유지했다.

중국이 미술품 경매시장에 본격적으로 뛰어든 것은 1990년대 이후의 일이다. 우선 1993년 베이징의 유서 깊은 서점 '중국서점中國書店'에서 제3회 도서축제에서 경매부를 설립한 이래 매년 옥션을 열고 있다. 이어 오랜 전통을 자랑하는 국영 서화점 룽바오자이와 둬윈쉬안이 각각 1994년, 1993년 '박매유한공사拍賣有限公司'를 설립하고 경매시장에 합류했다. 국제경매시장에는 1993년에 '중국자더국제문화진품경매유한회사中國嘉德國際拍賣有限公司'가, 1994년에 '베이징한하이예술품박매공사北京翰海藝術品拍賣公司', '태평양국제박매유한공사太平洋國制拍賣有限公司'가 발족되어 해외까지 업무를 확장했다. 2000년대 초반까지만 해도 20여 곳이었던 경매회사는 2004년 이후 50곳을 넘어섰다.

그중 2005년 설립된 중국 최대의 경매회사 '바오리北京保利国际拍卖有限公司, Beijing Poly International Auction Co., Ltd.'는 중국의 최대 국영 방산업체인 바오리 그룹을 모

회사로 두고 있다. 바오리는 중국 인민해방군 직영기업으로 무기 제조부터 청바지 생산까지 수만 개의 자회사를 거느린 그룹이며, 베이징에 폴리 아트 뮤지엄Poly Art Museum Beijing도 운영하고 있다. 바오리 경매는 2011년에는 연간 총 거래액 121억 위안(약 2조 1,540억 원)을 달성해 전 세계 중국 예술품 경매 분야에서 낙찰 총액 1위를 달성했다. 2012년에는 한국부를 개설하여 한국인의 경매 참여 및 정보 제공에 도움을 주고 있다. 이런 흐름에 따라 국제적인 경매회사도 차례로 중국에 둥지를 틀었는데, 크리스티는 상하이(1994)와 베이징(1995)에 사무소를 개설했고, 소더비도 1994년 상하이에 지점을 꾸렸다.

1997년 중화인민공화국 경매법이 제정되고, 2001년 중국이 WTO에 가입하고 부유층이 증가하면서 중국의 미술경매시장은 한층 뜨겁게 달구어졌다. 2000년대로 접어들면서 화랑들이 주최하는 아트페어가 생기고, 중국은 고미술, 모던 아트, 컨템퍼러리 아트 모든 분야에서 상위권에 속하는 나라가 됐다. 중국의 현대미술시장이 급성장한 배경에는 막강한 자본력과 애국심이 깊은 화교들이 자국의 작가 작품을 꾸준히 구매하고, 급속한 경제성장으로 중산층이 늘어났기 때문인 것으로 분석된다. 하지만 중국인들은 미술품을 투자의 대상으로 여기는 경향이 강해 투기 성격이 짙고, 위작 논란도 빈번해 중국의 미술시장은 아직 혼란스러운 상태다. 또한 최근 들어 중국 현대미술의 거품이 걷히면서 가격이 폭락하는 등 급속하게 자본주의의 길로 들어선 중국사회에 나타난 부작용이 미술시장에도 고스란히 반영되고 있다. 그런 와중에 2011년 중국은 전 세계 미술품 경매낙찰 비중 41퍼센트를 차지하여 미국과 영국을 제치고 세계 최대의 미술품 구입국가로 발돋움했다.

최고의 경매가를 기록한 중국미술 작품들

1995년 문화대혁명 시기 류춘화의 대표작인 〈마오 주석 안위안에 가다〉는

600만 위안(약 100억 원)에 낙찰되었고, 2007년 홍콩 소더비에서 쉬베이홍의 〈채찍을 내려놓고〉는 7,200만 홍콩달러(약 86억 원)에 낙찰되었다. 장샤오강은 2008년 〈혈연: 대가족 2〉로 2,642만 홍콩달러(약 50억 원)를 기록한 데 이어, 2011년 〈영원한 사랑〉이 5,490만 홍콩달러(약 76억 원)에 낙찰되며 중국 현대미술 사상 최고가를 기록했다. 중국화의 거장 리커란의 〈만산홍편〉은 2012년 베이징 바오리 경매에서 2억 9,325만 위안(약 544억 원)에 낙찰되었다. 이는 리커란 작품들 중 최고가였다.

2010년 이후에는 중국 미술작품 가격이 1억 위안(약 180억 원)을 넘기 시작했다. GDP 세계 2위, 백만장자 수 세계 4위에 오른 중국인들의 미술품 투자에 대한 관심은 점점 더 고조되고 있는 상황이다.

베이징 아트페어 CIGE

2003년부터 시작된 중국의 대표적인 아트페어로 최근 몇 년간 전 세계 미술시장에 아시아 열풍을 일으킨 주역이다. 본래는 1년에 한 번 열렸으나, 중국 미술시장의 성장으로 전반기와 후반기로 나눠 진행하고 있다. 중국 출신 인기 작가의 작품은 개막하자마자 매진되고, 추가 작품에 대한 구입 문의도 끊이지 않을 정도로 호응이 높다. 2012년에는 60개의 갤러리가 참여했다. 한중수교 20주년 기념으로 11개의 한국 갤러리와 작가 들이 대거 참여해 한국과 중국의 사진, 비디오, 회화, 조각 등 다양한 분야의 작품을 한눈에 볼 수 있는 행사가 열리기도 했다. **www.cige-bj.com**

아트 베이징 ART BEIJING

2005년부터 시작된 아트 베이징은 CIGE와 더불어 가장 중요한 아트페어로 꼽히며, 매년 4월 CIGE와 보름 간격을 두고 열린다. 2012년에는 전 세계 160개의 갤러리가 참가하여 급성장한 모습을 보였다. 롱 마치, 상 아트, 베이징 코뮌 같은 굵직한 갤러리들이 대거 참가했고, 한국 갤러리로는 포스

갤러리와 서울옥션이 참가했다. **www.artbeijing.net**

상하이 아트페어

1997년부터 시작된 상하이 아트페어는 홍콩 아트페어, 한국의 KIAF와 함께 아시아에서 가장 중요한 아트페어 중 하나로 손꼽힌다. 15년 동안 세계 50여 개 나라에서 1,000여 개의 갤러리와 경매회사들이 참가했다. 원래는 매년 11월 개최되었으나 2007년 설립된 Sh 컨템퍼러리 아트페어와 함께 9월에 공동으로 열린다. **www.sartfair.com**

중국미술 경매 관련 웹사이트

◉ 중국자더국제문화진품경매유한회사(中國嘉德國際拍賣有限公司, China Guardian Auctions Co., Ltd.) www.cguardian.com

◉ 베이징한하이예술품박매공사(北京翰海藝術品拍賣公司, Beijing Hanhai Auction Co.,Ltd.) www.hanhai.net

◉ 베이징폴리(北京保利国际拍卖有限公司, Beijing Poly International Auction Co., Ltd.) www.polypm.com.cn

◉ 베이징룽바오(北京荣宝拍卖有限公司, Beijing Rongbao Auction Co., Ltd.) www.rb139.com,www.art139.com

◉ 태평양국제박매유한공사(太平洋國制拍賣有限公司, Pacific International Auction Co., Ltd.) www.piac.com.cn

◉ 상하이 둬윈쉬안(朵雲軒) www.duoyunxuan.com

중국 국가박물관(中国国家博物馆)
주소: 北京市东城区东长安街16号 天安门广场东侧
관람시간: 9:00~17:00, 오후 3시 30분에 무료 관람권 발급 종료, 오후 4시 이후 입장불가, 매주 월요일 및 국가공휴일 휴관. 관람객은 서문에서 여권을 보여주고 신분증명을 한 다음 무료관람권을 받을 수 있다. 이후 공항검색대 수준의 철저한 검사를 받아야 입장할 수 있다. 유료 기획전시를 관람할 경우 북문 판매소에서 관람권을 구입해야 한다.
홈페이지: www.chnmuseum.cn

중국 미술관(中國美術館)
주소: 北京市东城区五四大街1号
연락처: 86 10 6410 6234/ 6401 7076
관람시간: 9:00~17:00, 오후 4시 입장 마감, 월요일 휴관
홈페이지: www.namoc.org

상하이 당대미술관(上海当代艺术馆, MOCA Shanghai)
주소:上海南京西路231号 人民公园
연락처: 86 21 6327 9900
관람시간: 10:00~18:00, 매주 수요일은 오후 10시까지 연장
홈페이지: www.mocashanghai.org

훙먼 화랑(红门画廊, Redgate Gallery)
주소: 北京市崇文门东大街东便门角楼楼上
연락처: 86 10 6525 1005
관람시간: 9:00~17:00
홈페이지: www.redgategallery.com

애로 팩토리(箭厂空间, Arrow Factory)
주소: 北京箭厂胡同38号(国子监街内)
홈페이지: www.arrowfactory.org.cn

쉬베이훙 기념관(徐悲鴻記念館)
주소: 北京市新街口北大街53號
연락처: 86 10 6225 2042/ 6625 2187
관람시간: 9:00~16:00, 월요일 휴관
홈페이지: www.xbhjng.cn

루쉰 기념관(魯迅記念館)
주소: 上海市虹口区四川北路2288号鲁迅公园内
관람시간: 9:00~17:00, 일요일 무료입장
연락처: 86 21 6540 2288
홈페이지: www.luxunmuseum.com

선전화년화예술중심(宣傳畵年畵藝術中心, Propaganda Poster Art Centre)
주소: 上海华山路868号 B幢OC室
연락처: 86 21 6211 1845
관람시간: 10:00~17:00
홈페이지: www.shanghaipropagandaart.com/

⊙ 베이징 차오양취

진르 미술관(今日美術館)
주소: 北京市朝阳区百子湾路32号4号樓
연락처: 86 10 5876 0600~6035
관람시간: 10:00~17:00, 춘절 휴관
홈페이지: www.todayartmuseum.com

중앙미술학원 미술관(中央美术学院美术馆, CAFA)
주소: 北京市朝阳区花家地南街8号
연락처 : 86 10 6477 1575
관람시간 : 9:30~17:30, 월요일 휴관
홈페이지: www.cafamuseum.org

⊙ 베이징 따산즈 798

798 스페이스(798時態空間, 798 Space)
주소: 北京市朝阳区酒仙桥路4号 798艺术区
연락처: 86 10 6437 6248
관람시간: 10:30~19:30
홈페이지: www.798space.com

울렌스 현대미술 센터(尤伦斯当代艺术中心, UCCA-Ullence Center for Contemporary Art)
주소: 北京市朝阳区酒仙桥路4号 798艺术区
연락처: 86 10 5780 0200
관람시간: 10:00~19:00, 월요일 휴관
홈페이지: ucca.org.cn

롱 마치 스페이스(长征空间, Long March Space)
주소: 北京市朝阳区酒仙桥路4号长征空间
연락처: 86 10 5978 9768
관람시간: 11:00~19:00, 월요일 휴관
홈페이지: www.longmarchspace.com

도쿄 갤러리(東京畵廊, Tokyo Gallery)
주소: 北京市朝陽区酒仙橋路4號, 798藝術區内陶瓷三街E02, 8503#
연락처: 86 10 5978 4838
관람시간: 10:00~18:00 (11월 ~3월 - 17:00), 월요일 휴관
홈페이지: www.tokyo-gallery.com

페이스 갤러리(佩斯北京, Pace Gallery)
주소: 北京市朝阳区酒仙桥路2号 798艺术区 8502信箱
연락처: 86 10 5978 9781
홈페이지: www.pacebeijing.com

포스 갤러리(FORCE Gallery)
주소: 北京市朝阳区酒仙桥路4号 大山子798艺术区 (南门) 100015
연락처 : 86 10 5762 6138/ 5762 6139
홈페이지: www.force798.com

⊙ 베이징 차오창디

우르스 마일레 갤러리(Galerie Urs Meile)
주소: 北京朝阳区草场地104号
연락처: 86 10 6433 3393
관람시간: 11:00~18:30, 월요일 휴관
홈페이지: www.galerieursmeile.com

상 아트 베이징
주소: 北京朝阳区草场地261号
연락처: 86 10 6432 3202
관람시간: 11:00~18:00, 월요일 휴관

쓰리 셰도 사진 아트센터(三影堂摄影艺术中心, Three Shadows Photography Art Center)
주소: 北京市朝阳区草场地155号
연락처: 86 10 6432 2663
관람시간: 10:00~18:00, 월요일 휴관
홈페이지: www.threeshadows.cn

F2 갤러리
주소: 北京市朝阳区大山子路东机场辅路南皋广汉堂院内
연락처: 86 10 6432 8831
관람시간: 10:30~18:00
홈페이지: www.f2gallery.com

MK2 아트 스페이스
주소: 北京市朝阳区机场辅路草场地255
연락처: 86 139 1176 2529
홈페이지: www.mk2art.com

아트미아
주소: 北京市朝阳区机场辅路 草场地261号
연락처: 86 10 8457 4550
홈페이지: www.artmia.net

⊙ 베이징 쑹좡

쑹좡 미술관(宋庄美術館)
주소 : 北京市通州区宋庄艺术园区宋庄美术馆
연락처: 86 10 8957 9897
관람시간: 10:00~17:00, 월요일 휴관
홈페이지: weibo.com/songzhuangartcenter

베이징 당대예술관(北京当代艺术馆, Beijing MOCA)
주소 : 北京通州區宋莊鎮大興莊500號
연락처: 86 10 8957 8367
홈페이지: www.bjmoca.org

상상 미술관(上上美術館)
주소 : 北京通州区宋庄镇小堡环岛东上上国际美术馆
연락처: 86 10 8957 9853
홈페이지: www.ssmuseum.com

⊙ 상하이 와이탄

후선 화랑(沪申画廊, Three on the Bund Gallery)
주소: 上海中山东一路三号三楼
연락처 : 86 21 6321 5757
관람시간: 11:00~19:00
홈페이지: www.threeonthebund.com

록번드 미술관(上海外滩美术馆, Rockbund Art Museum)
주소: 上海市黄浦区虎丘路20号
연락처: 86 21 3310 9985
관람시간: 10:00~18:00(화, 수, 일)/ 10:00~21:00(목, 토)
홈페이지: www.rockbundartmuseum.org

18화랑
주소: 上海市中山东一路18号4楼
연락처 : 86 21 6323 7066
관람시간: 11:00~21:00
홈페이지: www.bund18.com

어라운드 스페이스((周围艺术画廊, Around Space Gallery)
주소: 上海黄浦区四川中路294号408室(近九江路)
연락처: 86 21 3305 0100
관람시간: 11:00~18:00
홈페이지: www.aroundspace.org

스튜디오 루즈
주소: 黄浦区福州路17号
연락처: 86 21 6323 0833
홈페이지: www.studiorouge.cn

⊙ 상하이 모간산루 50(M50)

주소: 上海闸北区莫干山路50号 莫干山路艺术工厂

교통편: 지하철 3호선 中谭路站(중탄루잔)에서 하차, 택시로 5분 거리. 지하철 1호선 上海火车站(상하이훠처잔)에서 하차, 택시로 4~5분

상 아트 갤러리(香格納畫廊, ShangArt Gallery & H-Space)
주소: 上海普陀区莫干山路50号 16号楼, 18号楼
연락처: 86 21 6359 3923
홈페이지: www.shanghartgallery.com

아트 신 웨어하우스(Art Scene Warehouse)
주소: 莫干山路50号4号楼B座2层
연락처: 86 21 6277 4940
관람시간: 10:30~18:30, 월요일 휴관
홈페이지: www.artscenewarehouse.com

이스트링크 갤러리(东廊艺术上海, Eastlink gallery)
주소: 上海莫干山路50号 6号楼 5层
연락처: 86 21 6276 9932
관람시간: 10:00~18:00, 월요일 휴관
홈페이지: www.eastlinkgallery.cn

⊙ 상하이 홍팡

주소: 淮海西路570号, 近凯旋路
연락처: 6281 7382
홈페이지: www.redtown570.com

민성 미술관(民生现代美术馆)
주소: 上海 淮海西路570号 F座
홈페이지: www.minshengart.com

⊙ 상하이 타오푸 M50

상 아트 타오푸
주소: 武威路18号8号楼(近祁连山路)上海, 中国 200433
연락처: 86 21 3632 2097/ 86 21 6359 3923
관람시간: 10:00~18:00, 월요일 휴관

천변만화하는 중국미술과 나눈 짧은 인사

중국에서의 1년은 다른 나라의 7년과 맞먹는다는 말이 있다. 특히 2000년대 들어 중국 미술계의 변화는 상상을 초월한다. 2008년 베이징 올림픽이 끝나자마자 들이닥친 세계 금융위기로 문을 닫는 화랑이 속출하기는 했지만, 경제 위기가 미술계 전체의 위기로 이어질 것이란 염려는 기우에 불과했다. 서구의 동시대 미술현장과 거리를 좁히려는 중국 미술계의 노력은 흔들림 없이 이어졌고, 특히 폭발적으로 증가한 박물관이나 갤러리 등 외형적 성장과 중국 미술시장의 팽창은 그 유례를 찾아볼 수 없는 진풍경을 연출하고 있다.

베이징 올림픽과 상하이 엑스포를 발판으로 중국미술을 전 세계적으로 프로모션하려는 중국정부의 의지는 도시 풍경을 바꾸어놓았다. 베이징과 상하이에는 수많은 미술관과 박물관 들이 지어져 매년 어림잡아 100여 군데의 갤러리가 생기고 있으며, 중국의 기업들은 앞다퉈 대형 미술관 건립 프로젝트를 진행하고 있다. 상하이 미술관은 2012

년 10월 중화예술궁이라는 이름으로 상하이 엑스포 단지로 이전했다. 2011년 베이징 시 당국은 톈안먼 광장 동편에 있는 혁명 박물관을 4년 동안 리모델링한 끝에 세계 최대 규모의 국가 박물관을 조성했다. 또한 베이징의 대표적인 국립미술관인 중국 미술관은 올림픽 스타디움 근처에 대규모의 분관을 지을 예정이다.

무엇보다 새로운 작가와 미술을 꾸준히 선보이는 개인 화랑의 잠재력이 상당히 성장했다. 이는 기존의 주요 국립미술관들이 독점적인 위치를 상실하고, 기업과 해외자본이 투자한 대규모 민영미술관들이 부상하고 있음을 의미한다. 중국 내 정식으로 등록된 화가만 해도 무려 4,000만 명이 넘고, 그들 대부분은 제2의 웨민쥔이나 장샤오강처럼 대박이 나기를 기다리고 있다. 자연히 작가나 딜러, 컬렉터 같은 미술계 종사자들도 크게 늘어났다. 현대미술의 변방이었던 중국 미술계가 이렇듯 천변만화하는 현상을 자세히 들여다보면 이것이 마냥 거품이라고는 할 수 없을 것이다. 하지만 도심 재개발사업으로 재기발랄한 전위미술의 양성소였던 대안공간과 소규모 예술구들이 점차 상업화되고 임대료가 오르면서 젊은 작가들이 또다시 외곽으로 흩어지는 문제도 대두되고 있다. 또한 거대한 공간에 비해 빈약한 콘텐츠, 지역 주민과의 소통문제, 일반 관람객들의 수준을 고려하지 않은 무분별한 미술관 난립 등 중국 미술계가 해결해야 할 난관들도 만만치 않다.

양적인 팽창에 비해 질적인 성장은 아직 부족하지만, 내용 면에서는 한때 서구 관객들의 호기심과 기호에 편승한 마오쩌둥이나 문혁 시기 선전화 이미지의 범람이 한풀 꺾였다. 대신 개인의 내면, 전통문화의 탐색, 환경문제, 철거문제, 빈부격차 등 청년세대의 고뇌와 현 중국 사회의 문제를 담은 젊은 작가들의 작품들이 중국 미술계를 이끌고 있다. 반면 문화대혁명 이후 미술교육을 받고 개혁개방 이후 아방가르드 작가라는 타이틀을 달고 국제 미술무대에서 맹활약했던 소위 3세대 작가들의 행보는 다소 실망스러운 것이 사실이다. 이들은 지난날 천착했던 테마와 조형양식을 여전히 벗어나지 못하고 전시의 대형 이벤트화, 해외 대형전시를 통해 질보다 양으로 승부하는 느낌이다. 한때 '중국 아방가르드 미술=반체제 미술'이라는 공식이 생길 정도로 중국정부의 탄압을 받던 현대미술이 이젠 서구 상류층은 물론 중국의 신흥부자들 사이에서 인기를 누리고 정부의 인정을 받고 있다는 점은 무척이나 역설적이다. 체제비판적인 아방가르드 미술을 무력화시키는 가장 효과적인 방법은 이를 탄압하는 게 아니라 사버리는 것이라는 말의 진위 여부는 현재 이들 3세대 작가들을 통해 여실히 드러나고 있다.

이 모든 현상은 서양미술이 100년에 걸쳐 해온 일을 불과 몇십 년 만에 따라잡은 중국 미술계의 특수한 상황을 이해하면 그리 이상한 일은 아니다. 중국인들은 20세기에 온갖 정치적, 사회적 풍파를 겪었다. 신해혁명, 국민혁명, 공산당혁명, 문화대혁명을 겪었고 그 와중에 국공내전과 중일전쟁까지 치르지 않았는가? 이러한 격동의 세월을 온몸으로 감내한 중국인들의 지난날은 중국 현대미술의 크나큰 자산이다. 21세기 중국은 여전히 많은 문제에 직면해 있다. 밖으로는 세계 금융위기의 거센 풍파에서 살아남아야 하고, 안으로는 티베트 사태로 불거진 분규 및 빈부격차, 실업문제, 철거문제 등등 헤아릴 수 없다. 이곳의 예술가들이 이러한 중국의 사회문제는 물론 세계적으로 공통되는 이슈들을 끌어내 서구 미술계와 소통하면 '차이나/아방가르드'의 정신은 수그러들지 않을 것이라고 본다. 금융위기라는 혹독한 빙하기를 견뎌낸 세계 미술계의 황색공룡인 중국 현대미술의 도약은 계속 이어질 것이다.

이 책을 쓰는 동안 필자는 두 차례 중국으로 답사를 다녀왔다. 첫 번째는 중국 현대미술이 세계 미술계에서 가파르게 상승곡선을 그리며 절정을 향해 치닫던 2008년, 두 번째는 한때 과열양상을 보이던 중국 미술의 거품이 빠지고 분위기가 한층 차분해진 2012년이었다. 베이징과 상하이라는 두 도시의 스토리와 특징을 큰 축으로 중국 현대미술 현장을 직접 돌아보며 그 소리를 생생하게 담아내는 한편, 아편전쟁 이후 중국 근현대사와 미술사의 흐름을 잘 읽히도록 압축해 독자들의 이해를 돕고자 했다. 아직은 미술 전공자들에게도 생소한 중국 미술계의 현황을 역사적 맥락과 함께 한눈에 파악할 수 있도록 과거와 현재의 시간대를 드나들며 구성했다. 또한 제도권 미술관은 물론 다양한 갤러리, 대안공간을 돌아보며 중국 현대미술의 현주소를 전하고자 했다. 한정된 일정으로 인해 놓친 부분이 많아 아쉬움이 남는다.

이 책이 세상으로 나오기까지 참으로 많은 이들의 노고가 있었다. 갤러리에 불쑥 찾아와 이것저것 물어보는 이방인을 반갑게 맞아주며 많은 정보와 자료를 기꺼이 제공해준 베이징과 상하이의 수많은 갤러리 관계자들에게 감사를 전한다. 큰 도움을 준 MK2 갤러리의 선승호 대표, 따산즈 가오디 화랑의 린란, 상하이 어라운드 스페이스의 밍밍과 제프 부부, 민성 미술관의 디렉터 천시, 상 아트 갤러리의 큐레이터 안드레아에게 특히 고맙다. 이 책이 발간되기를 그 누구보다 고대하며 격려해주신 서양사학자 이광주 선생님, 작가이자 출판기획자인 박현찬 선생님께도 감사의 인사를 드리고 싶다. 이 원고가 세상의 빛을 볼 수 있도록 이끌어준 두성북스의 백은정 팀장과 편집을 맡아준 주상아 씨, 힘든 미술답사여행을 함께해준 미술이론과 동기 이성휘와 문혜진에게도 고마움을 전한다. 툭하면 어디론가 떠나버렸던 엄마의 부재를 잘 견뎌준 두 딸 고은과 하은, 공부와 육아를 병행하는 동안 일상의 버팀목이 되어준 남편과 어머니, 그리고 아마도 손녀의 첫 책 출간을 가장 기뻐하셨을 할머니 고 손옥근 여사에게 이 책을 바친다.

중국 현대미술의 얼굴들
베이징과 상하이, 두 도시와 함께 걸어온 중국 현대미술의 어제와 오늘

초판 1쇄 펴낸 날 2013년 8월 10일

지은이 김지연
펴낸이 이해원
펴낸곳 두성북스
주소 경기도 파주시 광인사길 226
전화 031-955-1483
팩스 031-955-1491
홈페이지 www.doosungbooks.co.kr
등록 제406-2008-47호
편집 백은정

ISBN 978-89-94524-11-5 03600

이 도서의 국립중앙도서관 출판시도서목록(CIP)은
서지정보유통지원시스템 홈페이지(http://seoji.nl.go.kr)와
국가자료공동목록시스템(http://www.nl.go.kr/kolisnet)에서 이용하실 수 있습니다.
(CIP제어번호: CIP2013012543)

책임편집 주상아
디자인 Studio Marzan 김성미
인쇄 미르인쇄
제책 효성바인텍
제책 방식 무선
종이 사양 표지 두성종이 유니트 233g/㎡
면지 매직칼라 120g/㎡
본문 바르니 70g/㎡